# 耕之愉 耘之悦

GENGZHIYU YUNZHIYUE

主编◎赵忠良

黑龙江人民出版社

**图书在版编目（CIP）数据**

耕之愉　耘之悦／赵忠良主编. — 哈尔滨：黑龙
江人民出版社，2019.1（2021.8重印）
ISBN 978 - 7 - 207 - 11621 - 5

Ⅰ. ①耕…　Ⅱ. ①赵…　Ⅲ. ①基础教育—教学研究
Ⅳ. ①G632.0

中国版本图书馆 CIP 数据核字（2019）第 019937 号

责任编辑：魏杰恒　崔　冉
封面设计：欣鲲鹏

**耕之愉　耘之悦**
主编　赵忠良

出版发行　黑龙江人民出版社
　　　　　地址　哈尔滨市南岗区宣庆小区 1 号楼（150008）
　　　　　网址　www.hljrmcbs.com
印　　刷　三河市佳星印装有限公司
开　　本　787×1092　1/16
印　　张　25.5
字　　数　450 千字
版次印次　2021 年 8 月第 1 版第 2 次印刷
书　　号　ISBN 978 - 7 - 207 - 11621 - 5
定　　价　78.00 元

# 序　　言

　　37 年的教师生涯,27 年的校长经历,思考最多的就是两个问题:"办什么样的学校,育什么样的人。"这又好像不是什么问题,或者难以解决的问题,因为国家的教育方针和育人目标摆在那儿,还思考什么呢? 其实话虽然这么说,全国这么大,不同区域、不同经济基础、发展条件、民族文化都对人的成长有不同的需求。当今时代飞速发展,现在同 10 年、20 年前相比,已不可同日而语。会多少知识,掌握了什么专业技能,过去很主要,而今就不可能以此为一生之托。知识经济快速发展,知识爆炸增长,想更多的掌握已十分困难。如何面对知识爆炸发展的未来,求生存、求发展、适应未来的发展需求,是我们教育人面临的最紧迫问题,这就对我们学校教师从理念到方法都提出了新的要求,是教知识、还是教方法? 办什么样的学校? 育什么样的人? 就是我们绕不过去而又必须回答好的现实问题。

　　2012 年 2 月,我从职业高中校长的位置调任佳木斯市第十五小学任校长,第一件事就是同全体同仁认真分析研究学校的发展方向、育人的基本理念,提出了各样的可能和假设,并付诸实践。在不断摸索中,我们深切体会到育什么样的人是办什么样学校的基础。未来的人一定是能够应对知识不断的增长,而又能够在纷繁的知识海洋中寻找、整合、应用自己所需要的知识,来发展自己。而在这种过程中,交流、合作、分享非常重要,而有效的沟通是基础。未来的学生,必须适应终身学习的需要,掌握科学的学习方法面对未来社会,找到幸福感。我们的学校就是要努力给学生营造适应未来发展的环境,立足于人的未来发展而开发课程资源、开展活动,搭建学生成长的平台,塑造未来世界公民。

　　有了这样的认识,我们确立了"文化立校、和谐与人、快乐发展"的育人理念,以"会学习、会生活、会做人"为小学阶段发展的目标。在这样的理念和目标的指引下,我们的教育活动、课堂教学、教研、评价等多体系的建立,都以培养学生主动探究知识的能力为培养重点,强调学生学习自主、探究、合作交流,学会自己克服学习中遇到的困难,利用信息手段整合各种资源解决问题,形成一种自主探究的思维品质、合作学习的学习习惯,自我成长。在这个过程中,体验成功的幸福和快乐。培养学生主动认识能力,提高学习效率。

在育人方面,通过"爱、礼、勤、纪、诚、创"六个字为基础的品德教育,对不同的年级提出不同的认知要求,让学生在践行中成长。我们以少先队主题活动为主体,开展一系列活动:"一年级我是光荣的苗苗团员、二年级我是光荣的少先队员、三年级阳光少年我十岁、四年级阳刚男孩聪慧女孩、五年级科技小达人、六年级我是十五小学优秀毕业生。"让学生在不同的年龄成长阶段有不同的主题体验,促进学生自我成长。做到"自立、自主、自律、自尊"。学校还设立"六大校园节日":植物节、科技节、体育节、读书节、艺术节、冰雪节,丰富校园文化生活。"以文化人、以文育人,"创造良好的成长环境。

小学是人生启蒙教育阶段,是人生第一步,一个好的习惯、一个好的行为品质、一个好的行为认知的养成,都尤为重要。六年的学校生活能给予学生的知识是有限的,但是学校帮助学生自我形成良好的素养,是他们能够享用终生、一个十分重要的行为品质。

六年多来,我们十五小人一直在不断积极的探索,努力前行,力求在育人方法上有新的突破,这期间走过不少的弯路,遇到过许多挫折,但我们依然彳亍前行。在此向我的同仁、我的团队深表敬意,此书成书就是要把这些年来教育教学实践中点滴思考与体会记录下来,供大家借鉴。这其中疏漏、错误在所难免,敬请方家指正。向所有为本书成书提供帮助、指导的专家、同仁一并致谢。

赵忠良

# 目　　录

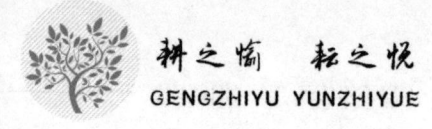

# 构建特色课程体系　打造优质特色学校

## 赵忠良

**内容摘要**:近年来,我国教育事业发展迅速,党的十九大对教育的发展提出了新的要求,指明了前行的方向。各小学也纷纷构建德育课程、学科课程和活动课程为主的三大课程,将课程进行合理整合,成为一个较为完整的课程体系。通过特色课程体系的构建,来打造优质特色学校,这是佳木斯市第十五小学发展过程中的一个主要任务。本文以佳木斯市第十五小学为例,分析构建特色课程体系的要点及打造优质特色学校的意义,并重点论述了构建特色课程体系对打造优质特色学校所起到的具体作用。

**关键词**:特色课程体系;优质特色学校;课程意识;思想观念

## 一、引言

在新课程背景下,开发特色课程是学生多样化发展的需要,也为陶冶学生情操,提高实践能力,形成个性特长,提供了探索的舞台。同时,开发特色课程也充分满足了教师专业发展的需要,对教师的发展和成长起着积极的推动作用。此外,开发特色课程还充分体现了一个学校的办学特色。因此,十五小学校要以特色课程的开发与研究为突破口,构建特色课程体系,从而创建出优质特色的学校。我们可以结合着实际情况,以家长和学生的要求为依据,依托特色课程的开发和构建来打造出一个有特色的学校。

## 二、研究的理论依据

美国哈佛大学教育研究院的心理发展学家霍华德·加德纳提出的多元智能理论认为人的智能特点和表现是不平衡的,个性教育应该充分尊重每个学生的优势智能领域,并努力挖掘每一学生特殊才能的巨大潜力。尊重学生及

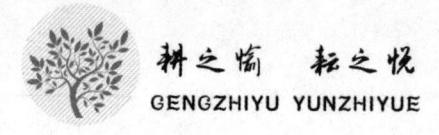

其个性,正视学生智能的多元性与差异性。这种理论的提出克服了长期以来学校教育只强调某个或某些方面能力培养的单一发展模式和局限,弥补了个体本身不同特点的不足。加德纳的多元智能理论为学生良好个性全面和谐发展提供了理论上的新支点,同时也为我们创建特色课程,促进学生特殊才能的充分展示提供了一个理论上的借鉴。

此外,对于"因材施教"中的"材",以往人们常常片面地以知识掌握的熟练程度或知识量的多少来评判。其实"材"可以包括许多方面,可以是知识,也可以是各种能力,每个人都可能在某方面成为人才。多元智能理论其实就对"材"的定义提供了极好的标准。正是基于学生成才观的转变,"特色课程"才在各种领域开设课程,以适应学生的不同需要,这正体现了因材施教的原则做到了有的放矢,是真正面向全体的教育。

## 三、构建特色课程体系的要点

十五小学以"文化立校、和谐育人、快乐发展"的办学理念为引领,加强教育教学管理,关注学生的终身发展,育人先育德,十五小学构建了以"人格教育"为基础,以"习惯养成"和"责任教育"为核心内容的德育实践课程。

1. 养成教育课程

让德育回归学生的生活,用生活来教育,为生活而教育,让学生能够学会生活。在养成教育中,以学习习惯、生活习惯、品行习惯为框架,在小学阶段培养人生 12 个 48 条好习惯,得到了家长和社会的大力支持。坚持开展系统的心理健康课程建设和活动,使心理健康教育成为重要的学校文化,在这一文化的浸润中,使"儿童身心健康"和"培养阳光少年"成为学校教育的重要基调。

2. 责任教育课程

确立每个人的责任,使校园里每个人都承担着自我成长的责任,享受成长的快乐,创造属于自己成长的尊严。每个人都承担着社会的责任,对家庭、对他人、对团队、对祖国、对民族、对人类的责任。这些责任的教育过程,都从小事做起。让学生感受到生活中的点滴情感,感受到人格的魅力,从而使学生逐渐走向民主与自由,自治与自律的自我管理的状态中。

3. 情感教育课程

教师要爱学生,给予学生以尊重,给学生以性情的陶冶和心灵的自由。

4. 渗透教育课程

将每一个教师的言谈举止都看成教育行为,营造自然而然的教育情境,让学生在不知不觉中被感染、被感动,进而受到潜移默化的教育。

5. 潜能教育课程

把学生的创造力量激发出来,将生命感、价值感唤醒和拓展出来。

6. 自我教育课程

发现并呵护学生心灵土壤中的每一株幼苗,帮助学生自我成长。

## 四、打造优质特色学校的意义

目前,学术界对学校特色的含义所持有的看法是不同的。中国教育学会会长顾明远教授认为,学校优质特色就是在办学方面,有自己的思想,有自己的理念,有独特的举措,为全校师生所认同,从而形成传统。这一观点具有独特的思考性,学校特色不仅是如此,也是一所学校能体现并推动学校整体发展的精神品质,是一所学校经过长期实践、发展、积淀而趋稳定、成熟的标志,是学校获得突破性发展的生长点,也充分体现出学校所具有的独特竞争力。它包含独特的办学理念、独特的管理机制、独特的教师群体、独特的校本课程等几个要素。学校特色和学校特有的历史与传统密切相关,它蕴涵于学校的文化品质中,特色是学校的生存点和生命力,是学校持续发展的能力和动力。"人无我有,人有我优,人优我特,人特我精"是学校特色的追求和主要特征。办学有特色,内涵有发展,培养有质量是强校之路,是提高办学效益的需要,也是学生个性得以成长张扬的需要,更是教育发展永恒的主题。

具体来看,优质特色学校表现在以下两个方面:一是本身的科学性和先进性;二是办学育人高质量、够品位、上档次。优质特色学校具有较大的自主权、具有鲜明的共性及个性的统一;有彰显校训的个性,严明的规章制度,生动扎实的教育科学实验,丰富多彩的课外活动;着力建设稳定精良的教师队伍;加强基础知识和技能训练;管理模式上注重简捷、高效。在特色教育创办过程中,只要我们的教育理念、教育机制、培养模式适应学生的潜能特征,个性品质,心理差异,他们就会产生自主能动的行动效应。因此,就要求教育的双方能实现恰到好处的对接,教育教学与学生个性心理需求实现零距离。为实现这一目标,十五小学近十年来始终在探索形成自己独特的办学思想、独特的办学内容和独特的办学策略、独特的管理模式,并取得相应成效,这些都有利于提升学校的办学品位,使学校实现高效、快速、规模化发展。

## 五、构建特色课程体系对打造优质特色学校所起到的具体作用

目前,有一些学校有准确的特色定位,但是缺少相应的校本课程作为特色建设的支撑,或者对课程没有做充分的论证,缺少系统性规划,评价欠科学等,

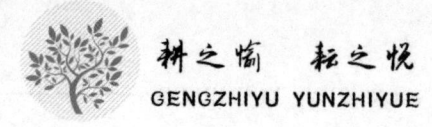

这些问题都将导致特色课程建设"轰轰烈烈开始,悄无声息收场"。因此,对校本课程做好规划论证,构建校本课程体系是特色建设的第一要务。为做好特色建设工作,十五小学规划了隐性课程和显性课程,实现了隐性与显性互补,全面和重点兼顾。学校对教材中丰富的人文教育资源进行了深入的挖掘,力求打造出以常规课程为基础的人文教育隐性课程。首先,加强校本培训,不断强化教师人文教育意识,引导教师用好、用活教材中的人文素养资源。其次,大力推进高效的课堂实验,对学生进行潜移默化的人文教育。该校的课堂教学改革始终是以"学"为中心,以"预习—交流—展示—点拨—检测"为课堂教学基本流程,以小组为学习、评价的基本单位,以培养自主、合作、探究能力为抓手,其根本目的是提高课堂效率。在实验中,学生可以获得持久而生动的人文教育,培养了自觉、自律、自信、担当、诚信、合作、谦逊等良好的品质,实现了人文教育的春风化雨、润物无声。具体体现在以下方面:

1. 学生个性在特色课程体系构建中得到了张扬

一是学生发展的空间得到拓展。特色课程的开发、实施,丰富了学科资源,延伸了学科课堂,拓展了学生发展的空间。如邵锦平老师的春蕾文学社,把特色课程与语文学科相融合,在活动、采访、调查、学习中让学生了解文学的各种表现形式,掌握各种写作方法,激发学生乐于用语言文字表达学校、家庭、社会生活及内心活动的潜在意识。经过一年的学习活动,有一批优秀的爱自然、爱家乡、爱亲人及有创新意识的文章在学校春蕾周报上刊登。培养了学生乐于创新、善于观察、勤于写作的语文素养。

二是学生发展的需要得到满足。本课程在开发过程中更多考虑的是我们学校的学生到底需要什么,喜欢什么,课程完全是为学生的需要而开设,特色课程就如同是把课程放在了开放式的货架上了,学生可以自由挑选,如学生对艺术类有兴趣的,可以选择参加"小小合唱团""琴艺在线""舞姿翩翩""小小画苑""笔尖艺术"等的活动,学生对动手实践感兴趣的,可以去参加"绢花朵朵""布艺风情""泥宝宝乐园""纸艺文化""精典厨艺"等活动班,如果学生喜欢创作,可以选择"动漫世界""连珠棋社""创意3D"等活动班,如果学生喜欢在活动中表现自己,那么就可以选择"呱呱口才""开心剧社""开心记者""大嘴巴ABC""春蕾文学"等活动班。如果学生喜欢运动,那还可以选择"快乐轮滑""乒乓飞翔""健步如飞"等活动班。这样满足了学生的多样化需求,学生学习的兴趣更浓了。

三是促进了学生素质的提升。近一年来,开放性个性化的课程学习,使大批学生受益,一批批优秀的学生脱颖而出,在市区乃至全国的比赛中取得了优异的成绩。

（1）十五小学开办校园广播站，《春蕾》报社以来，全校学生积极参加，涌现出大批优秀文章和多才多艺的优秀学生，并有部分优秀作品被市《红领巾报》刊登。十五小学出版了学生作品集《蝶翼》《童心灵动》《童年涟漪》。同时在十七届全国小学生作文考级中，十五小学有 15 名同学荣获一等奖，28 名同学获二等奖，16 名同学获三等奖，十五小学被中国语文报刊协会授予"作文考级培训基地"。

（2）通过体育特色课的开设，学生的体能得到锻炼，优秀的体育运动员不断涌现，在上届的区运动会上，十五小学取得了团体总分第一名的好成绩，李清泉同学打破了区 400 米纪录。同时十五小学的团体操表演获全区第一名。

（3）校合唱队在全区大合唱比赛中荣获一等奖，在市合唱比赛中获二等奖，并代表郊区参加了全市五四庆祝活动的汇报表演。

（4）十五小学 20 多名同学，曾在市少儿广播电台录制过节目，向全市少年儿童们展示古筝、电子琴、萨克斯演奏，及诗朗诵、快板等曲艺节目。并在全市演讲比赛中韩笑同学荣获二等奖，刘欣同学获区演讲比赛一等奖。

（5）十五小学学生的美术、书法、手工等作品曾多次在市杏花节活动中获奖。此外，二年四班的周春霖同学今年六月份在全国少儿口才比赛中，所朗诵的诗歌《老师的微笑》，被评为银奖。孙青英同学演唱的歌曲《隐形的翅膀》在全省少儿节目中播出。李欣欣同学参加中央电视台音乐快递节目，演唱的歌曲获一等奖。

（6）同学们在学校的四大节日上也有卓越的表现，科技节上的科技作品、手工作品、艺术作品受到了家长和老师们的赞扬，电子赛车比赛和纸桥承重比赛，展现了同学们动手能力和超群的才能。艺术节上，同学们的精彩表演受到了家长及区级领导的赞扬。另外在读书节、体育节上更是表现不凡。

学生在丰富多彩的校本特色课中自由地翱翔，快乐地学习，在这一舞台上不但激发了他们的兴趣，培养了他们的能力，同时更重要的是为他们未来的发展积淀经验。

2. 教师的专业在特色课程开发、实施中得到发展

一是教师的课程意识得到提升。随着特色课程的开发与实施，一系列的自学、集体学习、培训交流带来了我们教师思想观念的转变和课程意识的提升。在思维碰撞中，教师的观念发生了根本性的变化，他们开始由课程的最忠实的"执行者"向课程的"决策者"过渡。可以说，特色课程的开发，激发了教师自我发展的需要，催生了教师创新思维，构筑起了师生共同发展的平台。

二是教师的合作意识得到增强。特色课程的开发是校长、教师、学生、社会、家长方方面面成员共同参与的过程,是合作探讨反思的过程。它需要大家齐心协力,需要大家付出真诚与汗水。但是特色课程开发对学校的每一位教师来说,都是"大姑娘上花轿——头一回",因此在编写教材、教学过程中肯定会发现许许多多的问题,在来来去去之间,教师之间的交流多了,合作多了,教师在合作中逐步成长起来。

三是教师的研究能力得到提高。特色课程的开发是一个有组织、有目的、有计划的行动研究的过程,是一个开发与研究结合的过程。教师在这一过程中不断反思,不断扬弃,这样的过程实则就是一个不断提高的过程,在这样的过程中,教师的科研能力得到进一步的提高。

3. 推进了教学改革,学科课程质量得以提高

学科课程主要是指国家课程和地方课程,对此,十五小学以课堂为主阵地,重点推进课堂教学改革,注重对教学过程的管理,从根本上实现精细化、规范化的学科教学管理,以此提高学科教学的质量,打造学校的优质特色。

学校对备课管理的过程实行"对话"+"现场"的模式。首先"对话"备课,一是同学科教师在集体备课过程中的对话研讨交流。实施导学案教学,编写导学案应该按照"指定教师主备,形成初案;然后进行集体研讨,形成共案;再由骨干教师审核,形成导学案;最后由个人修改,形成个性预案进行课堂展示;再进行议课反思,形成精案"。二是领导随堂听课后,直接与授课教师的教案进行对话,看备课与上课内容是否是一致的,看备课组的通课流程,看教师的自主设计,同时领导针对上课内容与教师直接对话,对课堂存在的问题进行交流指导,并了解集体备课效度,强化备课的实效性。"现场"备课的方式是每学期组织一次青年教师、薄弱教师进行现场说课,骨干教师和备课组长进行现场评价量化;组织一次全体教师现场备课,教研组长和业务副校长进行评价量化。教师的集体备课不再流于形式,争相质疑研究的状况越来越明显,强化了备课的实效性。

4. 丰富的活动课程体系促进学生个性化发展

学校的核心领导力是课程领导力,学校课程在很大程度上决定着学生的全面发展。如何能站在学生的立场,理解、实施、开发、评价学校课程,让学校课程适合每个学生发展的需要将成为考量一个学校是否有内涵的重要尺度。学校在原有的十几种活动课程基础上重新规划了活动课程,目前共有综合实践、艺术、科学、信息技术、数学、英语、文学 7 大领域 30 余种小类课程,可以让学生根据自己的爱好来选择课程,每周安排固定的课时为全校学生开设活动

课程,让课程真正走向学生,通过活动课程来开发学生的智慧、释放其潜能,实现学生的个性化发展。

**5.学校特色在校本课程中凸现出来**

特色课程的开发,课题研究的实施,其最终目的是提高教育教学的质量和效益,促进学校、教师、学生的可持续发展。经过一年的潜心研究,学校的教育教学出现了前所未有的活力。"文化立校,和谐育人,快乐发展"的办学理念得到充分体现,并且正在形成"放飞童心,张扬个性"的特色教育。学校校风良好,学风严谨,受到家长、社会一致好评。通过特色课程的开发与实施这一途径促进了学校特色的逐渐形成。

**6.提升师生的素养与能力、营造书香校园、打造特色学校**

培养具有终身学习能力的人,首先教师要成为终身学习的人。十五小学将教师培训工作与学生阅读培养融合在一起,完善课程体系,让教师在以身示范的引领中提升、让学生在耳闻目染的熏陶中成长,让学校成为书墨飘香的校园,力求打造出特色学校。

(1)利用校本晨读进行国学教育

十五小学积极开展国学进课堂活动,学校整理编写了分低、中、高三段的国学校本读本,利用周二到周五早自习的时间开展诵读活动。学校要求班主任教师范读、领读并生动讲解释义与诵读要领,学生们齐读、轮读、配图读、配乐读、看视频读、表演读……在多种形式的读中感悟中华文化的博大精深与韵律美。每天清晨校园里朗朗的诵读声成为学校一道美丽的风景。

(2)利用学校阅读廊角培养学生的阅读兴趣

十五小学各楼层走廊都分布着造型各一的阅读角,由各学年班级学生们按照自己喜欢的方式命名书角、陈列展示自己最喜欢的书籍。有的叫书海扬帆、有的叫书海拾趣……有的班级展示童话作品最多,有的班级以陈列科技书为主……各班级学生自发管理书角,每班都有轮流小管理员,负责登记、看护图书,学生们渐渐养成爱护书的好习惯。十五小的课间和午休都会出现这样温馨的场景,学生们三五成群,聚集在各个走廊书角周围,或站或坐,静静的手捧一本图书,入神地看着。旁边走动的师生根本打扰不了他们,仿佛他们已经走入书中的世界。

(3)利用学校专项阅读课训练学生阅读技能

每周二下午第七节课为全校专项阅读课,师生们可以轮流到图书室阅读,教师利用这节课指导学生的阅读技巧,通过训练让孩子们学会阅读的方法,为快速阅读和有效阅读打好基础。

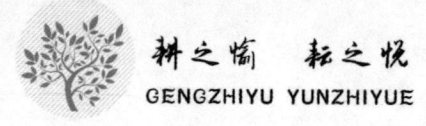

（4）利用教师书画训练熏陶学生的中华文化底蕴

每月的教师基本功训练，我们利用小黑板以古诗配画的形式进行粉笔字画展示。每次全体教师的作品均展览在各楼层班级走廊，这样做既是对教师的鞭策，更是对学生们无声的文化熏陶。老师们工整的中国字、绝佳的古诗以及精美的配图，不经意间会让孩子们入眼入心。

7."基地主题教育课程"是利用基地主题教育活动，净化学生心灵

十五小学积极整合德育教育资源，利用周边得天独厚的区域优势，构建三大教育基地——市消防支队、市福利院、烈士陵园。学校同三个临近单位建立联系，互助共建，每学期定期组织师生到三个基地开展活动。清明节到烈士陵园祭扫，举行少先队重温誓词宣誓、听烈士英雄事迹等活动，让先烈的事迹鼓舞学生，让学生知道共和国的建立和我们今天美好生活来之不易，激励学生从小立志报国，树立学生的爱国主义情感。八一建军节，组织学生到消防支队参加活动。跟消防官兵一起参加消防演练，学习逃生技能，掌握消防知识，树立安全意识，感受消防官兵一天的训练生活和他们不怕苦、不怕牺牲的精神。少先队爱心小组，每学期到福利院献爱心，照顾孤儿，给孩子们讲故事、一起做手工。学校爱心服务队，到敬老院照顾孤寡老人，给他们打扫卫生，梳头，表演节目。让学生在活动中净化灵魂，提升人格品质，在潜移默化中受到熏陶。构建特色课程，以特色育人，促进了教师队伍的专业化水准在不断提升；使学生在富有特色的主题活动和个性化的特色课程中茁壮成长，逐渐学会了学习，学会了生活，学会了做人，做到了双向共赢，从而有效提升学生和教师的核心素养。

## 五、结束语

综上所述，打造优质特色学校并不是简单将一些元素叠加起来，追求一种卓越的"个性化办学模式"的创建过程，也是一种特色文化积淀、生成的过程。学校要准确定位自己的发展目标及特色建设方向，构建适合学生综合发展的特色课程体系，走出一条创建学校特色、铸造教育品牌之路，实现"学校有特色、教师有个性、学生有特长"的发展目标。

## 参考文献

［1］张玉瑾《在文化引领下构建特色化的学校课程体系研究》[J]，《小学科学（教师版）》2015 年 06 期。

［2］魏杰《构建多元课程体系，打造优质学校》[J]，《天津教育》2016 年 10 期。

〔3〕徐玉斌《论新形势下如何构建小学特色课程体系》[ J ],《综合实践活动研究》2017 年 01 期。

〔4〕陈易胜《构建特色课程体系　打造特色学校》[ J ],《中小学校长》2013 年 07 期。

# 对当前小学生个性化发展的分析

赵忠良

摘要：小学教育不仅要教给学生知识，还有一个重要任务就是要培养学生良好的性格，发展学生健康的个性。人的个性是先天和后天的"会合"，且更多的是在后天的生活环境中逐渐形成的。因此，塑造学生良好性格，发展学生健康个性的关键，就在于努力培养学生良好的行为习惯。教师应根据不同学生的个性差异，采取不同的教育、教学方法。要重视对学生个性特长的培养，同时也要重视提高学生学法，从而起到相互促进的作用。本文主要分析了个性化教学对小学生个性化发展的意义以及小学生个性化发展教育状况不佳的原因，并提出了在小学个性化教学实践中必须要遵循的原则，在此基础上详细论述改善学生个性发展的新途径，为今后的研究提供一些有力依据。

关键词：小学生；个性化发展；教学方法；因材施教；道德教育

## 一、引言

长期以来，我国的小学教师总是忽视学生的个性特点，个性差异得不到承认，忽略了德育促进人个性发展的功能，无法根据自己的兴趣发挥出个体的主动性，其结果导致小学生不善于独立思考、缺乏自我表现能力等问题，从而对自身全面发展带来不利影响。在当前社会主义市场经济条件下，要求学校培养的人才必须具有独立判断、自立自理、自尊自信等独立个性特点，具备竞争和创新意识。因此，有必要对传统的小学教育进行改革，而小学生个性化教育就是对此进行的一项有益探索。小学生个性化教育是根据不同学生个体的个性特点，进行相应道德教育方式、内容、途径的设计、规划、实施，深入发掘出学生的发展潜能，把发展个性和实现人的全面发展有机统一起来，培养学生良好和完善的道德能力与素质。素质教育重视学生个性的发展，其核心是充分发展学生的个性。如何切实有效地在全面培养学生素质的基础上发展学生的个性,已成为当今广大教师亟待解决的问题。

## 二、个性化教学对小学生个性化发展的意义

1. 个性化教学是学生个性化发展的基本保障

我们现在常规的班级授课制,基本上满足了国家课程的教学需要,也能保证应试教育的知识传授的统一性。这种统一性的同质化却不利于人的个性化发展,不利于特长生的脱颖而出。因此,应该打破班级授课制,确保教学时间弹性化,让学生完成国家规定的教学内容后,有充足的时间保证学习自己喜欢的学习内容,做自己喜欢的事儿。将那些有相同兴趣的学生聚集在一起活动交流沟通,实现共同提高。

2. 个性化的教材是满足学生个性化发展的基本前提

国家规定的教学内容,是满足全体学生发展需要的,具有普适性。校本教材作为地方教材的补充,可以最大限度地满足学生个性化发展需要。各个小学也可以根据自己的校情学情,对资源开发教材进行整合,尽可能最大限度地满足本校学生的学习需要。由于各个学校的校情学情不同,校本教材就应该是极具针对性的。也可能是,不同的年度,不同的学生,就有不同的教材,不能保持一成不变。它可以不受学年段知识的限制,跨学段,跨学科,跨教材编排顺序,应该具有超前性、跳跃性的特点。教师应在教学中注意调整知识,跟上学生的学习需要。

3. 肯定学生的求异思维是鼓励学生个性化发展的需要

鼓励学生动脑,鼓励学生求异思维,抓住学生的灵光一现。教师要及时地肯定学生的想法,让学生做深入的探讨,多问为什么,不可以断然的否定。多鼓励可以增强学生的自信,也能发挥出学生的创造力,只有这样才是一个教育的智者。

4. 个性化的活动是满足学生个性化发展的需求

学校开展一切活动都要围绕教育教学进行。为了满足学生个性化发展的需要,学校要设计出有针对性的活动来激发强化学生的学习兴趣,给学生提供更多的展示自己,相互交流的机会,在活动中得到启发提高。除了校内活动外,还要走出校园,多参加校外活动、各种竞赛、科技参观,尽可能为学生创设出更多实践活动。

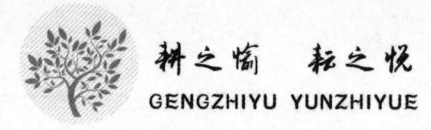

### 三、小学生个性化发展教育状况不佳的原因

中国传统的文化,尤其是儒家、道家文化,对于当前国内推行个性发展教育有相当程度的影响。个性发展教育是一种创新教育,而传统文化中的"大一统"、"共性至上"的群体原则并不利于学生独立意识、独特个性的培养;传统文化的功利思想不利于开展创新教育。传统文化把人分成九等,上下尊卑、等级森严。过分强调统一,忽视了个体的独立和自由。当代人的学生观还是把顺从、听话、老实看作好学生的标准,当代人的尊师观依然是以师道尊严、崇尚教师权威为主流。学生长期处于这种环境下,会时常表现出自信心不足、主动性、独立性、自学性和进取精神差,缺乏强烈的主人翁思想和创新欲望。传统文化中的中庸之道不利于培养学生的竞争意识,这对个性发展教育不能不说是一个很大的负面影响。

传统文化中封闭保守的心理不利于学生开放、创新思想的培养。长期以来,中国人养成了封闭保守的心理特征,不重视信息交流,相信自己的经验感觉,不愿与他人交流、探讨。这些都严重地限制了个体的性格、能力及主体性的自由发展。不利于培养学生的高尚品德和积极的生活态度,不利于学生形成良好的行为习惯,不利于学生独特的创造思维的培养,这直接不利于个性发展教育的开展。

由于这些原因,长期以来,国内大力推行的是应试教育,学校、家长、社会各界看重多的也是学校的升学率、就业率。在这种氛围下,所有的一切教学都是为升学、就业服务,这在一定程度上排除了思想品德教育,扭曲了智育,限制了体育和美育的发展,影响了学生个性的培养与发展。同时,学校迫于升学率或就业率的压力,就是在当前国内提倡素质教育的今天,对于学生个性发展教育也不敢贸然投入较多的人力、物力。从一方面讲,在处于应试教育向素质教育转型的过程中,无论是学校、还是家长甚至包括学生个人,对于素质教育都没有一个非常清晰的定位或者方向,在一定程度上束缚创新教育的发展步伐,限制了学生个性发展教育的推行与发展。

### 四、在小学个性化教学实践中必须要遵循的原则

小学教育如何顾及学生的个性年龄特征及思想品德基础,如何将教师主导作用和学生主体作用发挥出来,使教育内容更丰富,方法更灵活。这就需要在个性化教育实践中,必须应遵循以下原则:

1. 小学生的教育个性化道德教育,要坚持针对性原则

个性化道德教育,要针对小学生个体的个性特点,发扬其优良个性,鼓励和提倡特长,修正自身缺点,养成良好习惯,因材施教教育学生,使学生的个性能够顺应社会发展的需要。采取开放的态度,让小学生获取尽可能多的行为机会,表现自己,锻炼自己,发现特长,培养特长。

2. 小学生教育过程中必须突出学生的主体地位

教师在教育过程中必须要将学生的主体地位凸显出来,充分发挥其主动性和积极性。主体所具有独立、自觉、能动和创造的内在特性。外在道德观念必须为道德主体所认同,才能发挥出作用。教师要启发小学生作为活动主体,主动地参与各种道德教育实践活动,以此发展自主意识、自律能力,引导学生做生活的主人、学习的主人、实践的主人。

3. 小学生个性化教育,还应坚持长期性的原则

十年树木,百年树人,个性的形成和扭转是一个长期的过程。因此,个性化的教育需要教育者有充分的奉献精神。个性的形成,同时也是潜移默化的,这就要求必须充分注重学生学习、生活环境的建设,为小学生提供积极向上的道德教育环境,发挥出优秀文明传统对学生个性的熏陶作用。

## 五、改善学生个性发展的新途径

每个生命体都是不可替代、不可重复的,具有自身独立性,每一个生命体都是现实而具体的,因为每个人都有他的情感、意志、需要、兴趣、态度、个性、思想等等,直接表现为学生的个性千差万别。有的思维迟缓,有的思维敏捷;有的认真仔细,有的粗枝大叶。这些心理和行为差异,很大程度上构成了学生的个性差异。因此对人的尊重,也就是对人的独特性的尊重,包括尊重生命遗传的独特性,尊重个体生命成长的独特经验,及尊重张扬个体独特的表现方式,而不必过分受制于传统文化的思维影响。

社会民主与人的个性发展之间存在着互为因果的关系。社会的民主化程度越高,越有利于人的个性发展,因为社会的高度民主氛围可以为人的个性发展提供纵横广阔的时空,使人的个性发展的潜能获得充分的挖掘。在学校教育中师生关系的民主,即师生在教育过程中形成具有平等的人格关系和伦理关系,是当前学校教育民主化建设的一个重要课题,给学生的个性发展带来直接影响。

1. 充分尊重学生,培养自主意识

在教育上,以人为本就是要尊重学生的个性,发展学生的个性。一个受欢

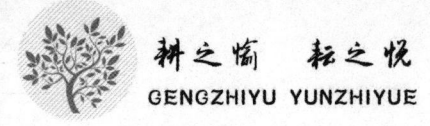

迎的教师，因为尊重学生，尊重人才培养的规律，人的才能、兴趣不同，而社会的需求也多种多样，做到"天生我材必有用"，人尽其才，才尽其用，这是对人才的最大尊重。

众所周知，小学生的身心发展既有共同的特点，又各自的差异，他们有着不同的身体素质、发育状况、意识倾向、认知能力、兴趣爱好及才能等。比如，有的学生喜欢文学，具有文艺创作能力；有的学生喜欢数学，能迅速准确地解答数学方面的习题；而有的学生则喜欢文体活动，在文体比赛中能拿到好的名次。因此，每一位教育者都必须要尊重学生，做善于发现学生个性、特长，做新时代的伯乐。另外，要播撒爱心，多激励表扬，少指责批评。我们倡导教师爱岗敬业、爱校如家、爱生如子，组织老师对特殊困难孤儿，及离异、单亲家庭学生、留守儿童，开展亲情结对"一帮三"关怀活动，给予这些学生生活上的关心，使其能感受到家庭的温暖，树立学习信心，端正学习态度，养成良好习惯，健康成长，成人成才。"亲其师，信其道"。情感教育是差异学生转化教育的前提，关爱学生是进行转化教育的基础，习惯养成是学生转化的保障，自尊、自信、自控、自强是差异学生转化的归宿，只有尊重学生，爱护学生，学生的人格及身心才能得到健康发展。

2.因材施教做好道德教育，发展学生个性

由于小学生所处的家庭、社会环境不同，同一年龄段的学生在思想道德品质上也同样存在着不同层次。对道德品质好、中、差不同层次的学生，要依据德育大纲提出的目的要求，着眼面向全体，对他们进行分层次的道德教育。例如：对思想品德处于中上位置的学生，应注重社会理想价值观念的教育，培养学生高远的思想境界和高尚道德情操；对后进生这一层次的教育，则按照循序渐进原则，首先应从他们的行为规范抓起，实行"学和行"的有机结合教育，使他们熟悉"知"，领会规范要求，并在实践中演练。

此外，因儿童身心的发展具有一定的差异性和不平衡性，即使是同年龄学生的个性发展也不尽相同。为了能充分调动每一个学生的学习积极性、主动性，在教学中我们就要充分重视每个学生的个别差异，坚决做到因材施教，在面向全体同学个性发展的基础上，有的放矢，充分发挥每个人的潜能和积极因素，弥补短处和缺点，选择最有效的途径，使具有个性差异的学生都能各得其所，获得最大限度的发展。

3.针对不同年龄阶段小学生的个性特点，进行由浅入深、由表及里、由行为到习惯的道德教育

随着年龄的增长，知识的积累，小学生道德教育随之呈现出一个从低到

高,由浅入深的进程。我们应根据不同年龄段学生的身心特点,以日常行为规范训练为基础,针对各个年龄段、各年级道德个性特点的不同,由浅入深、由初级到高级、有计划、有目的进行不同的道德教育,逐步形成正确的观念和行为习惯。

例如:年纪小的儿童比较容易理解具体性和情境性的行为,因此教师、家长要根据他们这方面的个性特点对其进行相应方式的道德教育。而对高年级的小学生来说,不仅要让他们理解道德行为的规则及基本步骤,还要使他们将其运用到具体的生活中去。

4.因势利导,培养特长

俗语说:"指有长短,树有高低",此话常用来形容人的才能差异,虽然我们不可能要求学生各个都能成为天才,我们也不可能将每个孩子都培养成天才,但我们也必须清楚地认识到,每个人都有适合他生存和发展的潜质,而作为教师就要能发现、诱导、培养学生的这些潜能,并使其大放异彩。另外,教师也要善于发现学生的一技之长,给予极大的关注,因势利导,有意识地培养其特长,为孩子的未来奠好基,铺好路。时代要求我们发展学生的个性品质,鼓励和培养学生的创新精神。发展个性品质,就是培养学生的独立性思维、独立人格。有人说,学校有多少个班主任,就有多少模样的学生,甚至说,什么样的校长造就什么样的学校。学生的个性差异是实实在在存在的。针对这一点来看,教师就应该在教学过程中设计一些开放性的,并有一定吸引力的问题,用以开发学生的智力,鼓励创新思维,允许学生"想入非非,异想天开"。学生的好奇心是不可忽视的,必须要给予保护,将束缚学生的有形或无形的枷锁解除掉,培养学生的兴趣与爱好,张扬学生的个性特长。围绕这同一个问题,允许学生提出不同的看法,鼓励学生勇敢地讲出自己的观点和见解,给学生自我发展的机会,还学生一个真实的自我。学生不仅要成为课堂文化学习的主人,还应当成为校园文化建设的主人。校园文化建设,事实上也是全面推进素质教育的一个重要阵地,因为它是课堂文化学习的延伸,它又可以反过来促进课堂文化学习。要让学生参与学校管理;参与活动组织;参与宣传教育。学生直接参与到校园文化建设中来,使广大同学进一步意识到自己在学校中的地位。学生不断增强主体意识的同时,也进一步强化了学生自我发展的能力。

5.针对各类小学生的性格差异进行个性化教育

（1）对于内向型的小学生,教师要多注意培养他们敏锐的反应和办事果断的作风。一般来说,"内向型"的小学生,不太善于与老师和同学们交往,做事情优柔寡断。在课堂上,这些学生普遍不愿意回答问题,也不积极参加课外活

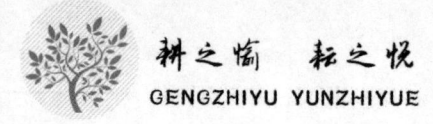

动。因此,教师对这类学生必须要有足够的诚心和耐心,要他们充分认识到自身存在的缺点,并引导他们与老师、同学主动交往,多安排外向型同学帮助他们,使他们乐于参加到各类学习和课外活动中去,最终能真正融入到班集体中,克服自己的孤僻感。不仅如此,还要鼓励他们多动手多动脑,思考问题时要求反应灵活等,逐步养成勤于动脑、善于思考的好习惯,不断修正自身的缺点。

（2）对于那些过于内向型的小学生要多加鼓励,培养其树立自信心和适应紧张学习的能力。性格过于内向的这类小学生多为女生,她们不爱说话,敏感、小心谨慎、自尊心强,但也有孤僻、狭隘、多疑、胆小的缺点。她们上课回答问题时会特别紧张,平时很少跟老师、同学接触。要多加鼓励这类学生,树立起他们的自信心,进行耐心的启发教育,促使他们能认识和改正自己的缺点。

（3）对外向型的学生,注重培养学生沉着、稳重的精神品质,进行有说服力的教育。外向型的小学生为人耿直、热情、果敢、有进取心、喜欢与人交往,但往往又脾气暴躁、粗心大意、性子急。对这类学生,要培养这类学生稳重、坚持到底的精神。对他们有时犯的错误,要进行有针对性、有说服力的批评教育,逐步改正自己的缺点。

（4）对过于外向型的小学生,则要培养他们的刻苦精神,并逐步养成做事认真、善始善终的好习惯。"过于外向型的小学生"的特点是机敏、灵活、热情,兴趣爱好广泛,但也有情绪波动性大等缺点。如果对他们进行了不当的教育,学习成绩就会逐渐下降成为双差生。因此,家长要协助和支持、配合,教育每一位学生学习注意力要集中,培养他们的刻苦精神,并逐步养成做事认真、善始善终的好习惯。

6. 精心设计活动,张扬学生个性

利用画廊、板报、校园网站,定期举办体育运动会、文化艺术节、科技技能节,开展合唱、舞蹈、征文、演讲、书画展等多项活动,为学生提供一个能够展示自我才艺的舞台,品尝成功的喜悦,充分调动起学生学科学、学知识、学技能的热情和求知欲。对学生来说,学校就意味着他们的第二个家,所以,只有优雅、洁净、文明、舒适的校园环境才能给学生"润物细无声"的良好心理影响。校园中亭阁假山、名人雕像、书画长廊、名人名言、校风校训以及各种宣传橱窗都会给学生美的享受及理性的思考。校园里繁花点点,绿草茵茵,学生在曲径廊亭中看书,受到了美的熏陶和道德的感染,在愉悦中受到教育,会自觉地形成一种积极向上的心态。

7.深化艺术教育,为学生个性发展搭建平台

只有全面贯彻教育方针,全面推进素质教育的办学方向,努力兴办艺术特色学校,积极传承中华优秀文化,才能为学生提供展示个性与特长的舞台。人的智力结构主要是由观察力、记忆力、思维力、想象力、活动力等因素组成,其中观察力是人们全面、深入、正确认识事物的一种能力。观察是人们认识世界,增长知识的重要途径;观察是思维的先导。它又是视觉艺术最基本的活动,我们面对年龄小的小学生,由于他们的知觉处在无意识性、情绪性比较明显时期,还具有好奇心、好胜心的特点,要对他们进行有目的、有计划的感知活动,让学生在直观感受中获得艺术美的享受,激发起学习的兴趣。如学校开展各类兴趣小组教学活动,有利于发展学生的素质。新课程实施以来,学校还成立了绘画、书法、乐器等兴趣小组;举办校内各种特长大赛,提高了学生的学习能力、实践能力、审美与表现能力和创新实践能力。

## 结束语

综上所述,小学教育作为基础教育的起点,为学生今后的学习奠定了坚实的基础。学生学习内容应该有一个尺度标准,这是必须完成的任务,但是还应该尽量避免教育的同质化。教师在教学过程中,要注重挖掘学生的其他潜能,发现他们的个性化潜质,用有针对性的教育内容,突出学生的特长。此外,在教学过程中,教师还要注重研究小学生的个性特点,了解每个小学生的个性差异,有计划、有步骤地对小学生进行教育,真正将教师的知识与能力转化为学生的个体智慧,促使学生逐步认识自己、调控自己,以促进以后自身个性化而又全面性的发展。但是,培养学生实现个性化发展仅仅依靠学校还是不够的,学校只能在极有限的时间和空间内进行矫正和引导,要努力拓展社会教育空间,形成以学校为主体,家庭教育为基础,社会教育为依托的优良教育氛围,促进小学生的全面、健康成长。

## 参考文献

[1]张林《小学生个性化发展的调查及对策研究》[J],《课程教育研究》2013 年 05 期。

[2]刘潇《实现小学儿童的个性化发展应采取的有效对策分析》[J],《时代教育》2013 年 10 期。

[3]彭龄《普通心理学》[M],北京师范大学出版社,2004 年版(3)。

[4]孙潇《加强学生注意力训练在小学课堂上的具体应用》[J],《科教纵

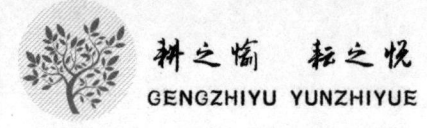

横》2013 年 10 期。

［5］陈鹏《新时期小学教育实效性对小学生的个性化发展产生的影响研究》[ J ],《现代阅读( 教育版 )》2015 年 12 期。

［6］崔兰《小学生个性化发展及行为习惯养成的分析》[ J ],《东方教育》2016 年 12 期。

# 强化小学教学管理　实现师生共同成长

## 赵忠良

**内容摘要**:教育永远是学校的主题,而教学质量则是学校的生命线,直接关乎到学校的生存和发展。由此一来,决定了小学教学在管理上具有的重要性。由于学校受到多方面因素的影响,所以要不断改进当前小学教学管理的现状,以此来提高小学教学的管理质量。本文以佳木斯市第十五小学为例,论述了小学教学管理的重要性,并指出小学教学管理的现状及存在的问题,在此基础上提出了强化小学教学管理的有效对策。

**关键词**:小学;教学管理;教学管理制度;教育管理模式

## 一、引言

21世纪,人类社会进入了一个崭新的时代——知识经济时代,知识经济呼唤教育改革,学校教学管理顺应时代潮流应运而生。人才、知识、民族素质和创新能力越来越成为综合国力的重要标志,成为推动经济和社会发展的关键因素。因此,加快教育改革和发展,加强学校管理,是我们顺应时代潮流、国家富强、民族振兴的现实基础。总的来说,可以将教学管理分为两个部分:一是教学的日常管理;另一个是学生日常学习的交流管理,这两个部分是学校管理中非常重要的部分。对于整个学校教学活动顺利运行而言,最重要的就是做好日常教学管理工作。现阶段的小学教学管理不遂人意,还存在着较多的问题。因此,需要小学教学管理者充分认识到当前学校在教学管理当中所存在的各种问题,只有这样才能够更好地加以解决,促进小学教学管理的科学合理化,从而提高小学的整个教学质量,让学校有一个更长远的发展。本年度佳木斯市第十五小学教学工作的开展紧紧抓住迎接国家教育均衡发展检查的难得契机,对各项教学管理工作高标准严要求。完善教学各功能室建设,加快

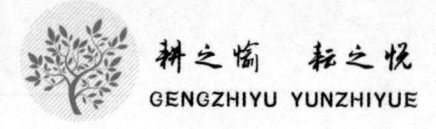

教育信息化步伐,深化新课改理念,夯实校本课程研究成果,在建设书香校园、科研引航、校本课程、信息化教研、艺体特色等方面取得一定的成果。

## 二、小学教学管理的重要性

小学是学生求学的第一阶段,作为启蒙教育将直接影响到学生今后的发展。一个良好的教学管理环境不仅可以培养学生的学习能力,为以后的学习打下坚实的基础,更有利于孩子综合素质的全面提升,激发创新意识和开拓性思维。跟随新课程改革的脚步,小学教学管理也需要进一步的改进。

## 三、小学教学管理的现状及存在的问题

### 1.教学方法陈旧,有待更新

小学生教育时期是学生学习生涯的关键时期,小学生教学过程不同于其他教学阶段,受小学生自身年龄阶段的限制,在基础知识方面较为薄弱,在教育教学过程中往往会出现学生听不懂的现象。因此,学生遇到一些生僻的知识时往往不能理解。另外,传统的教育方式是灌输式的教学,对学生的积极性激发不够,缺乏对小学生学习兴趣的发掘与培养,很多学生在学习过程中都只是按照教师的讲解,对各种知识等进行简单学习,没有体会到学习的乐趣,最终导致学生的学习效率并不高,小学生学习成果不明显,这就对小学的教学工作提出了更高的挑战。

### 2.没有充分落实素质教育教学理念

就素质教育的实施效果来看,仍没有充分落实素质教育教学理念。目前,小学教育教学过程中,依旧受到分数与成绩的支配,学习分数还是作为衡量学生学习能力与老师教学水平的关键。在小学教学过程中,对体育、音乐、美术等课程缺乏重视,而且很多任课老师并非相关专业的老师,由语文、数学等老师兼职教学的素质课程,不但缺乏专业的教学知识,所起到的教学效果也不佳,更谈不上素质教育教学。

### 3.管理手段行政化,缺乏人文关怀

当前,小学教育管理中比较突出的问题是教育管理模式传统而落后。具体体现在以下两个方面:首先,小学教育管理的主要手段依旧是行政手段。从特征上来讲,行政手段具有强制性和权威性,但是这种过于专制的教育管理模式,随着时代的发展和社会的进步而逐渐和时代的发展变化相脱离;其次,缺失人文关怀理念。在当前的小学教学管理过程中,普遍存在的问题就是缺失人文关怀理念。正是因为这种过于专制以及人文理念缺失的教育教学管理模

式的存在,才使得学生和教师在教学中的诉求得不到及时的回应和尊重,建立在严格规章制度下的教育管理模式,无法全面发挥出教师和学生的积极性和主动性,最终影响了师生主观能动性的发展。尽管学校各项严格细致的规章制度,着实为教育管理提供了强有力的支持,但是,正是因为这种过度的规范,才束缚了学生创造能力以及探索能力的发展。不仅如此,在教学管理的过程中,过分强调考试成绩的考核评价模式,使教师的教学以及学生的学习都充满了各种压力。尤其是对于五六年级的学生来说,面临着小升初的压力,使学生喘不过气。在这种繁重的学习压力下,发展学生的综合素质也并不容易。

4. 开展的课外实践活动不够

课外实践活动是课堂教学的重要补充,随着近年来素质教育的不断拓展,在教育过程中加强课外活动的拓展,是很多小学学校在教育过程中实施的一个重要措施。但是当前很多小学教育过程中,对课外活动的拓展比较少,往往注重一些实践理论课程的教育,缺乏一些生动形象的课外活动,普遍都是进行课堂教育,而且是传统的教育模式,学生处于一种被动接受的地位,最终导致学生在学习过程中兴趣不高。长期以来,我国小学生教育活动都比较重视课堂教学,忽视课外实践活动的教学效果,这一点跟西方国家的教学理念有一定的差异。缺乏课外实践活动导致小学生学习到的知识难以和实践相结合,对知识的掌握不够深刻,也难以激发小学生的学习兴趣。

5. 师资队伍力量不足

教师是学生学习过程中的重要引导,在学习过程中,加强教师能力素养培养是提高教学效率的关键。小学教师队伍当前还有待壮大和充实,由于当前社会对学生的综合能力素养的要求越来越高。因此,加强教师队伍的完善,需要加强"双师型"教师队伍的培训。当前,很多小学的教师都偏向于理论型教师,在日常教育教学管理过程中仍然采用比较传统的方法进行教学,实践教育的普及程度较低。

6. 过于重视硬件管理

在信息化时代,教学设备也是五花八门的,更新速度极快。因此,有的小学学校管理者认为只要引进购买先进的教学设备或仪器就可以显著提升小学教学质量。所以每年在购买教学设备及设备维护方面都会花费大量的资金。尽管重视硬件更新管理对小学生学习有一定的积极作用,但是因投入的资金与精力过多,致使小学学校管理者缺少足够的资金与精力来进行其他方面的管理工作,从而使小学生无法获得全面的教育,对小学生的长远健康发展也是极为不利的。

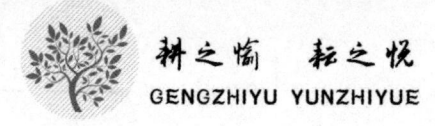

7.家庭教育和学校教育存在差异

在小学生阶段,家庭教育和学校教育处在同等重要的地位,但是目前我国小学生教育教学阶段普遍存在家庭教育和学校教育脱节的现象。家长受教育层次的不同,很难全面掌握小学生心理特征与学习状态,不能进行有针对性的教育。家长工作的繁忙,对小学生在学校的学习状况缺乏深入了解,很难使家庭教育跟学校教育同步开展。

## 四、强化小学教学管理的对策

### 1.健全学校教学管理制度,完善各功能室建设

十五小学充分利用促进教育均衡发展迎接国检的契机,完善健全学校各项教学管理制度。制定出台了详细的教学管理制度、教学工作考核细则;针对新的市、区学籍管理要求制定了十五小学籍管理细化方案,对新生入学、学生转入转出都进行了规范要求;要求对学校各功能室的规范管理和使用;开通区云校后,学校还特意制定了教师信息化工作考核方案及细则,信息化建设全面推开。

十五小学在区政府、区教育局的投入支持下,建了录播室、综合实践室、心理咨询室,完善了原有的微机室、科学实验室、语言学习室、美术教室、音乐教室、体育教室、舞蹈教室、图书阅览室,自筹资金积累建设了陶艺室、茶艺室、书画室、棋艺室、布艺室、绢花室、泥塑室、器乐室、创客室等校本课特色教室。除了在学科教学中应用各功能室外,每周四下午两节走读的校本特色拓展课均在各室中进行活动,各具特色的各室布置与专项活动深受学生们的喜爱,学校特意设立"科技节"展示汇报学生拓展学习的成果,成为学校的一大亮点。

### 2.结合小学学校的教育目标,更新传统教育观念

改革和创新传统的教育管理方式,改变管理的手段和方法是一个方面,但最基础的是要改变传统的教育管理理念和思想,从而保证和现代化的发展理念相符合。目前,小学课堂上学生缺乏积极性和生动性。在小学教育教学改革过程中,应该积极加强对教育教学过程中的各种活动的限制,规范教师的教育行为以及教育管理者的管理行为。在整体的教育观方面,应该本着宏观教育的理念,结合小学校的教育目标,凸显出学生的主体地位,从传统的以课堂教育为主的观念转变为以课堂教育和课外实践双重教育为主的观念,从而促使教育过程变得更加规范、理想,实现小学教育的跨越式发展。

### 3.建立完善的约束、激励制度

建立和制定规章制度,使学校的教学管理有序、科学,让管理有章可循,

有制度可查，规范办学行为，抓好教师的教学工作，这是学校教学管理应该追求的境界之一。但是，随着时代的发展，社会的进步，教师对民主的要求越来越高，越来越迫切。他们不喜欢领导盛气凌人的训斥和简单粗暴的管理，也不喜欢领导不负责，让教师我行我素、放任自流的管理。他们希望和欢迎领导能以民主的作风为学校创设一种民主和谐宽松的环境，使大家心情舒畅，和睦共处，自我约束而又自我完善。对教师的管理，实行过分严厉的控制固然不行。但也不能没有一定的控制措施，正确运用控制手段也是确有成效地实行对教师管理的不可缺少的方法。

因此，学校教学管理工作应该坚持"以人为本"的原则，建立各种奖励机制，调动教师的工作积极性，一是建立完善业绩考核办法，使工作量化、细化、目标化；二是将考核内容全面化、办法科学化、过程公开化，把考核结果作为评优、评先的主要依据；三是建立合理的内部分配机制，加大奖惩力度，真正体现多劳多得、优劳优酬，激励有效劳动。这种用制度管理人、约束人、教育人，这种人本化的管理是以共识和情感为基础的，对于主体意识突出的教师们将具有极大的感召力和影响力。通过约束能使人按要求去做，不放纵自己，不犯错误或少犯错误，我们在约束的同时要从激励着手，争取人心，寓约束于激励中，教师受到尊重、信任和理解时，才会自觉遵守规章制度，才会对教学工作有更大的积极性。总之，学校教学管理工作要重视人本管理，由此教师的管理才能获得成功。也只有对教师的成功管理，才能发挥教师的主动性、创造性，才能做到人尽其才，才尽其用，提高教学质量。

4. 加强改革传统教育模式及方法

教学改革是提高教育质量的必由之路，是搞好学校教学管理的主流思想，谁不善于学习，不善于改革谁就会落伍于时代。因此，优化课堂教学，推进教学改革成了当前首要任务。在新时期，要积极适应新时期对小学人才培养的实际需求，坚持做到课堂教学中以学生为教学主体，尤其是要掌握小学生的个性特征，在教学中不断激发学生的潜能，通过在课堂上设置一些相应的环节，使学生在学习的过程中可以不断强化对知识的领悟，从而提高他们的学习能力。要加强教师学生之间的角色互换，不断提高学习积极性。可以采用分层教学模式。分层教学模式能够顾及学生在知识的形成以及能力发展之间的差异，为教学带来契机，满足了不同层次学生的学习要求，为教学提供了新的思路。教师要下决心摒弃旧观念老教法，坚持以学生为主体，以问题为中心，优化教学过程，形成交流——互动式，启发——引导式、讨论——探究式、开放——发散式等新的课堂教学模式，以此应对"新课程、新教材、科目多、课时

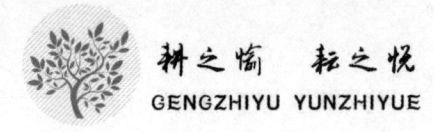
少、任务重"的教学局面,从而达到"少课时、轻负担、高效率"的教学质量目标。另外,还可以采取探究、发现式教学模式,也就是通过老师提供一些背景资料,让学生在特定的氛围中进行学习和发现,找出问题和难点、兴趣点以及价值点等。同时,还要加强小学教育教学管理过程中现代化教育手段和技术的应用,如在教育教学过程当中要安排学生进行讨论、表演、互动学习等,教育中尽可能多采取小学生喜欢的方式进行,促进师生以及生生之间的交流,打破传统的单一的理论教学形式,做到传统的教学手段与现代化的教育技术相结合,从而实现了小学教育的现代化,也在一定程度上提升了教育的感染力。

5. 提升师生的素养与能力、营造书香校园

为了培养具有终身学习能力的人,教师必须要先成为终身学习的人。十五小学将教师培训工作与学生阅读培养融合在一起,让教师在以身示范的引领中提升、让学生在耳闻目染的熏陶中成长,让学校成为书墨飘香的校园。

（1）利用校本晨读进行国学教育

学校积极开展国学进课堂活动,整理编写了分低、中、高三段的国学校本读本,利用周二到周五早自习的时间开展诵读活动。同时,学校要求班主任教师范读、领读并生动讲解释义与诵读要领,学生们齐读、轮读、配图读、配乐读、看视频读、表演读……通过多种形式的阅读,使师生能从中感悟到中华文化的博大精深与韵律美。

（2）利用学校阅读廊角培养学生的阅读兴趣

十五小学各楼层走廊都分布着造型各异的阅读角,由各学年班级学生们按照自己喜欢的方式命名书角、陈列展示自己最喜欢的书籍。有的叫书海扬帆、有的叫书海拾趣……有的班级展示童话作品最多,有的班级以陈列科技书为主……各班级学生自发管理书角,每班都有轮流小管理员,负责登记、看护图书,学生们渐渐养成爱护书的好习惯。十五小的课间和午休都会出现这样温馨的场景,学生们三五成群,聚集在各个走廊书角周围,或站或坐,静静的手捧一本图书,入神地看着。

（3）利用教师书画训练熏陶学生的中华文化底蕴

每月对教师基本功的训练,都是采取小黑板以古诗配画的形式来进行粉笔字画展示。每次全体教师的作品均展览在各楼层班级走廊,这样做即是对教师的鞭策,更是对学生们无声的文化熏陶。老师们工整的中国字、绝佳的古诗以及精美的配图,也能让学生入眼入心。

（4）利用学校专项阅读课提高学生的阅读技能

在全校专项阅读课上,师生们可以轮流到图书室阅读,教师利用这节课指

导学生的阅读技巧,通过训练让学生都能学会阅读的方法,为快速阅读和有效阅读打好基础。

6. 教学常规管理创新,加强教育信息化建设

当前教育要实现大发展,就必须要积极推进教育信息化建设,在加强落实日常教学常规管理的同时,也要重视培养教师教育信息化能力。

(1)建立学校资源库,实现教案的网络管理

十五小学率先在全区实行电子备课,学校教师全员电子备课上传学校资源库,教学领导通过网络远程可以随时对各学年学科教师的备课情况进行检查监督。全校教师的备课资源都可以实现校内自由资源共享,既丰富了教师的备课渠道,同时也从根本上缩短了教师的备课时间,提高了学校管理效率。

(2)尝试利用班级空间互动,推进三通两平台建设

应用云校后,我校组织师生开通空间,尝试利用班级空间下发通知、布置作业、上传学生学习资源,师生交流互动等。学校还出台了学校教育信息化考核方案及细则,对教师的信息化应用能力和工作效果进行考核打分,更有效地推进学校教育信息化的进程。

(3)利用云校等资源网,强化教师信息化授课

十五小学在引进优教网资源平台授课之初,就要求教师新授课必须使用在线课件或修改课件。同时,还要对一些教师进行抽查考核和专项培训。教师能熟练使用平台了,也就不会再有畏难情绪;用久了尝到多媒体的教学甜头,自然会积极主动应用。教师能熟练地使用网络平台,为当前有效应用云校资源打下了坚实的基础。

(4)落实信息化教研,探索信息化与教学融合

在常规学年集体教研的基础上,小学也可以尝试创新网络教研和跨学科教研。如:十五小学在国家教育资源平台上,成立了“十五小学教研话题吧”,每月定期在教研吧中发布研讨主题,全员发表见解讨论交流。学校还可以定期组织跨学科的以信息技术与学科教学融合为主题的现场操作教研,提高教学质量,增加师生间的交流,实现共同进步。

7. 与外界建立良好的联系,力求办好学校

由于学校主要是执行上级教育主管部门的指示,因此,很少与外界有过多的交流。在当今飞速发展的教育形势下,学校应该是一个开放系统,校长应从外界带来一些有关教育教学的新观念及研究成果,要与外界不断交流,尤其要从兄弟学校中借鉴成功的改革经验。加强与上级领导的联系,取得上级政府、教育行政部门更多的支持和配合。为了更好地实现学校的教育和培养

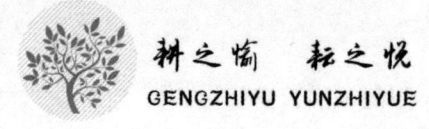

目标,校长必须明确家、校合作的重要性并要与家长建立一种亲切、友好的关系。学校要能为家长提供相应的教育资源,多组织家长参加到教育活动中来,并确保各项活动在时间上能保持连续性,在效果上能实现相互强化及促进。

8.加强教学管理需要全校师生团结

教育的重要任务和最终目的就要改善教学效果,要提升小学教学管理的有效性,就需要全校师生的团结合作和共同努力。无论是对国外还是对国内来说,成功的教学管理都需要整合校内外的各种力量和有利因素,其中包括教师、学生、家长和社会,只有全部成员主动参与到小学教育教学管理活动中,才能够大幅度地提升教学管理质量。目前,小学教学管理上存在着一定的困难,比如,有一大部分家长不愿意主动配合教师共同管理孩子,他们认为将孩子送到学校之后,学校就应肩负着全面教育和教学责任,如果教育不好应该由学校负责。此外,我国当前仍然处于社会主义初级阶段,国民的责任意识和整体素质都有待于提升,这就不利于顺利实施教学管理策略。由此可见,为充分发挥小学教学管理的作用,社会各界力量和人士应团结起来,共同合作,全身心辅助教学管理活动的开展。还要认识到小学教学管理工作得以顺利进行的基础是要先得到学校领导和教师的重视,充分调动起学校各方面的力量,与学生、家长和社会之间建立密切联系,在相互了解的前提下实现共同管理。

## 结语

综上所述,小学是启蒙教育的重要阶段,为提升学生的综合实践能力奠定了坚实的基础。在教育改革的推动下,小学教学管理过程中也发现了一些问题。因此,要不断加强全新的教育理念和教学方法的应用,深入落实素质教育的教学理念,充分实现家庭教育与学校教育的结合,再辅以课外实践活动的开展。要全面加强以人为本的教育模式的应用,以提高小学教学效率,最终实现师生共同成长。

## 参考文献

[1]张志红《新课程改革背景下小学教学管理中存在的具体问题及解决对策研究》[J],《教学与管理》2014 年 09 期。

[2]李娟《对小学教学管理中"以人为本"新模式的分析》[J],《电子制作》2015 年 07 期。

[3]王丽华《中小学教学存在的主要问题研究》[J],《教育教学论坛》2015

年 05 期。

［4］孙晓东《试论如何强化小学管理》[ J ]，《东方教育》2017 年 02 期。

［5］刘芳芳《简述新课改背景下如何应对小学教育教学管理中存在的问题》[ J ]，《中国校外教育》2017 年 10 期。

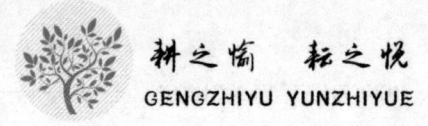
# 对小学教师培训模式相关问题的分析

赵忠良

**内容摘要**：小学教师的专业水平决定着教师的师德提高、教育教学技能的发展以及工作业绩。创新小学教师培训模式，对提高教师的教学水平，增强他们的心理素质和师德素养有重要意义，同时也在有利于培养教师的敬业精神。因此，小学教师的培训工作应该如何开展，要怎样构建出适合小学教学发展的教师培训模式就成为了当前学校管理者急需考虑的问题。文章主要从小学教师培训模式创新的重要性入手，并针对当前小学教师培训模式改进所采取的具体对策进行了详细的分析，从而推动小学教师培训工作的顺利进行。

**关键词**：培训模式；小学教师；教学；继续教育

## Analysis of the Related Problems in the Training Model of Primary School Teachers

Zhao zhongliang

（ Jiamusi fifteenth small schools in Heilongjiang Heilongjiang Jiamusi 154000 ）

**Abstract**：The professional level of the primary school teachers determines the improvement of teachers' professional ethics, the development of education and teaching skills and the work performance.

It is of great significance to improve the training mode of primary school teach-ers to improve the teaching level of teachers, to promote their mental health devel-opment, enhance the quality of teachers' morality, and train teachers' professionalism. Therefore, how should the training work of primary school teachers be carried out, how to build a suitable teacher training for the development of teacher training model has become the current school administrators need to consider the issue. This article mainly from the primary school teacher training mode innovation importance, and in view of the current primary school teacher training model to improve the specific measures taken in a detailed analysis, so as to promote the smooth progress of primary school teacher training.

**Key words**: Primary school teachers; Training mode; Continuing Education; teaching

## 一、概述

小学教师培训模式,是指在基础教育领域内,以提高在职教师的业务素质、师德水平、教育教学能力和自主发展水平为目标的培训机制、内容、方式和方法。所以,在理论创新的基础上构建符合当前教育发展的新的教师培训模式是十分重要的。在教师培训过程中,应运用参与的方式调动起教师的学习热情,发掘他们的潜力,使教师能真正成为学习的主人。在国家基础教育新课程改革通识培训中,可以采用教师参与式方法,推动小学教育教学改革,从而使整体教育水平得到提高。

## 二、小学教师培训模式创新的重要性

课程是由教师来实施的,教师作为实施者也能在一定程度上推动学校的长远发展,并且是关键力量,但是教师要转变自身的教学观念还需要一个艰难的转变过程。因此,就要扒开培训的表层土,下一番功夫去打破根深蒂固的东西,通过新的理念来转变教师的教学行为,这也需要教师的积极参与。传统的培训是以课堂为中心的,与实际的通识理论讲授出现严重偏离,也没能针对学校实际、教师工作实际来进行,所以教师之间、师生之间都缺少交流,这不利于成人间的相互学习。上述的这些问题不利于提高教师培训的积极性,同时实效性也不高。所以,必须要提高教师培训的有效性,对培训模式进行必要的创新。讲座辅导是小学教师培训采取的传统培训形式,从理论到理论都是培训所涵盖的内容,但是如何将理论落实到实践中才是教师最渴望的。从当前小学教育培训发展的基本形势来看,"互动式"培训、"自下而上"培训、"参与式"培训、"体验式"培训才是最受教师欢迎的,教师培训的主旋律是"自主、合作、探究"。这样的培训模式,就是没有将他们分成传统意义上的"教师"、"学

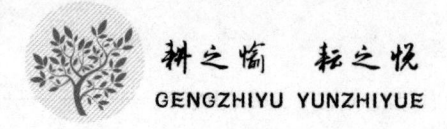

员",所有人都是平等的参与者,教师也不是被动的受训者,而是积极参与研讨的参与者。此外,应该为这些参加培训的教师构建一个全新的培训模式,改变讲座学习的实质性,此时案例分析就是重点,仅凭讲理论是不够的,教师还会在一些案例中潜移默化地接受理论。这种培训方式是全新的,采用此方式不仅能将新的学校文化构建出来,也为教师搭建了一个平等交流的平台,进而会改变他们的一些教育观念,促使其他方面也发生一系列变化。还有的为教师选择合作式、互动式的学习场所,营造出了一个良好宽松的学习氛围,让他们感受到参与培训的意义。

## 三、改进小学教师培训模式的对策

1.坚持专业理念,为教师专业化发展奠定基础

(1)结合师德现状,做好教师的职业道德培训

目前,我国部分小学教师缺少责任意识和大局意识,价值观滑坡、创新意识差,这些问题都反映出了教师的师德师风问题。为此,就要多组织教师参加培训,定期举办专题讲座,让教师能切身感受到职业的魅力,在付出中感受到快乐。可以开展教师职业道德演讲比赛,让教师关心学生、爱护学生,力求为学生们创造一个充满关爱的环境。同时,还要通过案例评析活动来帮助教师掌握学生的学习和发展规律,从多个方面满足学生的实际需求。

(2)融合理论指导,做好专业知识培训

要为教师提供专业培训,为他们提供进修的机会,使教师能够受到广泛的、同等的教育,并多给教师提供一些适宜发展的机会,提高专业修养。鼓励教师要多积累各方面经验,激发他们学习的积极性和兴趣,对教师间的能力方面所表现的差异要给予尊重,为他们创造必要条件获得成功。此外,通过对教师进行专业知识的培训,使他们能及时更新教育观念,改善自身的教育行为,从而掌握更有效的教育策略及方法。

(3)以学科分班制为单位进行探索

用分学科小班制的形式不仅能确保有计划的实施全部策略,同时也在一定程度上避免了表面上看热闹非凡,但其实质的背后是不和谐的局面。班级的成员分别来自于不同的学校,因此他们的学科背景、学校文化背景也都有所不同,但是他们必须要承受住挑战,分享相互间的经验。不仅如此,教师们在培训班中会结识许多新朋友,进而一个友好的学习共同体就形成了。通过长期的教学积累,一部分教师已经有了丰富的经验,所以在教学方面有了自己的特色,因此,在小组活动及专题讨论、课堂展示中,自身的才华和智慧就能够得

到了充分的施展。

2.采用新型小学教师培训组织运行管理模式

（1）"两线四级"的组织运行管理模式

目前,小学为了能顺利开展继续教育工作,建立了教育行政部门和业务主管部门的"两线四级"组织运行管理体系。对小学教师实行统一的继续教育管理,分级负责。省、市、县、乡有专门的管理机构和培训基地,有组织地开展教师继续教育工作,保证培训工作能顺利运行。省教育行政部门还要制定出小学教师继续教育的规划;组织编审教材;为各类教师安排继续教育的课程计划,指导他们继续教育工作。根据省统一要求,市（州）教育行政部门主要是负责制定本地区的小学教师继续教育实施规划和措施;负责审批本地区小学教师继续教育基地的办学资格;考核、评估并指导本地区小学教师继续教育工作;筹措和管理教师继续教育经费。

县（市、区）教育行政部门负责建设本县（市）小学教师继续教育基地;规划并组织实施小学教师继续教育培训;继续教育经费的筹措和管理;建立完善的教师继续教育管理制度和考核机制。乡镇教育管理部门有计划地组织教师参加继续教育,同时要筹集教师培训所需的相应经费。此外,小学校长要担负起组织在校教师接受继续教育的重任,将教师继续教育加入到学校工作的重要议程中去,各种形式的教师培训活动应多举办,这对于提高教师综合能力有重要意义。

（2）"三位一体"的组织运行管理模式

为了实现以教师培训促城乡教育均衡发展的目的,就有必要实施"农村教师素质提高工程"（以下简称"工程"）,该项工程采取的管理模式是三位一体运行模式。实现教育资源优化配置是提高农村教师整体素质的根本途径,也有利于促进城乡教育均衡发展。"工程"以政府招标购买培训的方式来开展,并且给予受训者提供免费培训服务,严格考核参训教师的培训情况,并根据绩效给予表现优异的教师物质奖励。在实施培训工作的过程中,省教育厅、培训院校、地方教育行政部门要建立起"三位一体"的管理模式,从而对培训工作加强管理和质量监控。制定、实施和管理教师的培训方案,以及资源建设、选配师资等环节都由教育厅负责。选送、组织与协调参训学员工作则由市、州教育行政部门负责。县、市（区）教育行政部门应组织好学员报道,同时为他们提供一些交通便利,保证每一位学员在培训期间的人身安全,同时也要敦促学员完成集中培训后的在岗研修任务。领导们也要按职责分工,协调完成培训任务。

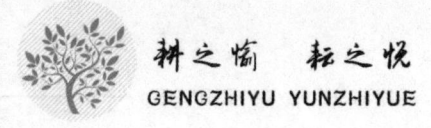
3.完善评价体系,为教师专业化发展提供保障机制

（1）师德师风的评价

对于培训效果的考核应从多角度、多方面入手,可以从学生评议、家长评议、教师互评和领导评议入手,利用问卷、民主测评等方式对培训效果进行仔细考核,同时将考核结果记入到教师师德档案中去,一票否决。

（2）师能的评价

对教师进行积极评价,主要采取教师自评、单位抽测、区级竞赛等方式。必须要用发展的眼光看待教师,对教师在工作中遇到的共性问题要深入研究、探讨,为他们提供帮助,让培训活动有效。

（3）专业发展能力的评价

提高小学教师的专业素养与实践能力是小学教师培训的根本目的,只有为教师提供更优质的学习资源,才能帮助教师在教育实践中思考和反思,在学习和实践中迅速成长起来。

4.举行研讨式、论坛式和对话式的互动活动

以往我们所选用的培训模式是将所有教师集中起来,安排一个班级进行统一授课,教师成为"学生"来接受培训,但是所有参加培训的学员都缺少和教师面对面交流的机会,这样就使彼此间缺失知识与知识的互融、智慧与智慧的交流,培训效果不佳。所以对教师的培训应该采用"说课"、"示范课"、"研讨课"等方式。教师要共同研讨教学中的难点、重点、疑点、弱点等,通过说课、观摩、评课等方式,教师就该课的特色、设计理念及教学思路等发表自己的看法。例如:

通过举办学科高峰论坛活动,所有的参训教师用个人提供的教学案例上示范课,大家可以对该课的优缺点进行总结,踊跃发言,这样有利于解决教师教学的疑难问题,也提高了参训教师的课堂教学能力。不仅如此,参训教师还能面对面与专家进行交流,从而产生思想碰撞,在宽松和谐的氛围中进行对话。在与专家交流的过程中,学员可以在课堂上将自己对教学的理解和困惑提出来,之后学科专家对这些具体问题进行有针对性的指导和培训,并提出有效的改进建议,使学员能解除疑惑。

5.提高教育技术能力

课程改革的根本目的是要培养小学生的创新精神,让学生活泼、生动地全面发展。针对这一情况,要实现学生的全面发展就必须要对教师的教学方式及学生的学习方式进行改进。应用教育技术的提高恰好是一个有效途径,同时也是成功实施新课改的必要条件。所以,实施教育技术能力培训项目能够

在短期内迅速提高小学教师的应用教育技术能力,这也是新时期基础教育课程改革形势下所面临的一个需求迫切解决的问题。从当前形势看,通过培训必须要提高小学教师的教育技术应用能力水平,使他们能向专业化方向发展。一般来说,培训应该由网络培训与现场培训两部分组成,缺一不可。由教师共同参与,一起研讨培训内容,得到共同提高。培训过程中可涉猎多个学科,其中包括:英语、语文、信息技术、物理、化学等。坚持以构建社会所需的专业化教师队伍为未来的教师培训项目的根本出发点,着重对素质教育和基础教育进行深化改革,力求打造一支具有较强教育技术能力的新型教师队伍,推动我国教育事业不断向前发展。

6. 开展参与式教师培训

目前,参与式教师培训很好地解决了传统教师培训缺少针对性和时效性的难题。参与式教师培训既来自于学校,也服务于学校,使得教师在教学工作中长期积压的实际问题得到彻底解决,理论层次明显提高了,视野也开拓了,使教师间的合作与交流逐渐增多。通过参与式的培训方式,促使小学教师的内在动力被激发出来,这对于教师培训成功与否起关键作用。另外,教师经过了参与式教师培训后,有很多平时无法克服的困难都可以克服了,也能以积极、主动的心态去完成教学任务。在参与的过程中,教师不仅提高了自己的教学水平和综合能力,还拓展了学识,增强了科研意识,从而教育理论水平得以提高,能很好地运用教育理论去解决一些实际问题,自己的观念能够及时转变。与此同时,通过参与式培训,很多小学教师都有了危机感,意识到如果自己不学习、不努力,就会被淘汰,从而自觉地开始学习,对一些课题进行深入研究,并取得了一些成果。总之,通过对小学教师大规模的基础教育培训,促使教师提高了新课程实施的能力,树立了正确的教育观、人才观。

## 四、结束语

综上所述,小学教师培训采取新的模式是一次新的尝试,教师可以和研究者、专家们一起探讨培训对教学方法改进的作用。通过培训不仅能提高教师的能力,也能在一定程度上改进自己的教学实践,进行合作学习,有利于培养一批专业化的教师队伍,这对教育改革来说有重要意义。

## 参考文献

[1]刘超《中小学教师培训中存在的问题及解决对策分析》,华中师范大学 2015 年硕士毕业论文。

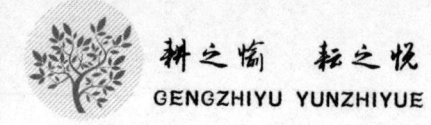

［2］齐颖、张海《中小学教师网络培训模式研究》［J］,《中国教育信息化》2016 年 08 期。

［3］冯群、陈延东《论以需求为导向的小学教师培训》［J］,《通化师范学院学报》2015 年 12 期。

［4］陈洪英《农村中小学教师培训模式分析》［J］,《吉林省教育学院学报（上旬）》2014 年 10 期。

# 对"以人为本"的小学学校管理模式的分析

## 赵忠良

**内容摘要**:随着新课改的实施和不断深入,为了能满足当代教育管理的发展要求,提高学生学习的积极性和主动性,并将教师的引导作用充分发挥出来,提高教学质量和教学水平,就要求各个小学在开展管理工作的过程中,要始终坚持"以人为本",全面提高学生的综合素质。本文从"以人为本"理念出发,分析了小学学校管理模式的现状及存在的问题,进而指出小学学校管理中推行"以人为本"的管理模式所具有的意义,并重点论述了"以人为本"的小学学校管理模式的具体运用,为今后的研究提供有力依据。

**关键词**:以人为本;小学学校;管理模式;管理质量

### 一、概述

小学教育阶段作为学生学习生涯的起步时期,有助于全面培养学生良好的行为品格。小学教育在小学生的思想启蒙方面发挥着重要作用,小学生的世界观、人生观和价值观正处于形成阶段。目前,小学学校的管理质量将直接关系整个小学教育发展能力。因此,各个小学学校需要采取科学合理的管理模式,尊重学生的差异化发展、个性化发展,为小学生的全面发展奠定坚实的基础条件。而"以人为本"的管理理念可以改变小学传统的管理模式和管理手段,有效提高学校的管理质量和管理水平。

### 二、"以人为本"的含义

"以人为本"的教育理念,主要是为了改变传统的教育管理模式,让学生成为学习的主体,促进学生的个性化发展,将知识传授与人文主义有效地结合在

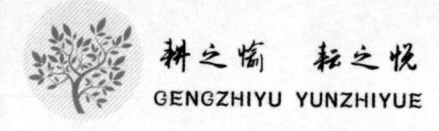

一起,激发学生的潜能,以此培养出现代化复合型人才,从根本上提高教学质量和教学水平。

### 三、小学学校管理模式的现状及存在的问题

1.教育观念陈旧落后,缺乏先进的管理经验

随着新课改的不断推进,小学教育与管理取得很大的进步,但是大多数管理者往往采用传统的教育观念来开展管理工作,并且大多数管理者缺乏先进的管理经验,只将前任管理者的经验作为学校管理的依据,这就严重影响了学校的发展。此外,还有很多管理者的管理模式缺少创新,不对教育活动进行深入的思考和研究,没有充分考虑到学生的个性化发展,对学生采取统一的教学方法,做不到因材施教,严重浪费了教育资源。学校的管理往往注重短期的利益,缺乏对教育发展形势的全面和客观认识,从而形成管理的缺陷。总之,部分小学的管理模式没有立足于学校的长久发展。

2.学校管理没有体现出民主性

在以往的小学管理实践中,校长掌握着学校全部的管理权力,或者由校领导全权把握学校的全部事务,教师在教学实践中的话语权很小,甚至没有,具体的教学过程基本上也只是根据领导的指示来开展工作,不能根据自身的优势或适合的教学模式进行教学。小学管理工作实践过程中权力的过于集中,导致小学管理缺乏民主性,学校管理模式过于单调。学校管理发展的进程应该有校长的印迹,但并不意味着校长掌握学校长远发展的绝对权,这样不仅会打击教师及其他教育工作者的积极性,也会妨碍学生创新性发展的实现。

3.学校管理只注重结果,忽视教学过程,教育功利化严重

在传统应试教育影响下,考试结果的好坏成为学校管理的重要目标,却忽略了学生个性化差异在教学管理中的重要性,也忽视了提高学生的思维创造性和综合素质,严重影响了教育事业的发展步伐。多数学校为了营建良好的社会声誉,纷纷致力于自身的成绩建设,以提高自身的行业竞争能力。学生的考试成绩成为了衡量教师教学成果的唯一指标,教育活动逐渐偏离教学初衷,小学管理实践的发展局限性越来越多,不利于学生的健康成长。学生为了获得更高的升学成绩,整日醉心于知识的死记硬背中;教师为了维持有效的教学效果,不断地研究提高成绩的方法,这就对教育参与者的主观能动性造成了限制。

### 四、小学学校管理中推行"以人为本"的管理模式的意义

"尊重人性"的管理属性是以人为本的管理模式的基本体现,在管理活动中倡导以理服人,公正处理。在学校管理活动中,教师应该重视德育工作,培养学生健康的思想意识,从而降低管理的难度,促进学生的健康成长。在以人为本的管理活动中,教师应该推行管理细节建设,做好卫生管理工作、德育教育工作和安全管理工作。在小学校园管理活动中,学校领导应该注重师资队伍的质量建设,经常性组织教师学习新型的管理知识,提升学校管理的人性化水平。完善校园管理的制度建设,确保学校管理制度符合学生的需要,对学生成长中养成良好的行为习惯有一定的帮助。优化学校行政管理结构中的组织体系,对本学期的教学安排和管理计划进行科学目标规划,满足学生成长和能力发展的需要。

### 五、"以人为本"的小学学校管理模式的具体运用

1. 抓好教学基础,全面发展学生的能力素质

在以人为本的日常教学管理活动中,教师应该注重提高学生基础知识的储备与运用能力,努力提高学生的素养。学校领导要多方面抓好当前的教学工作,对办学经费进行合理分配,从而提高办学质量。积极采购多媒体教学设备、白板教学工具、模型仪器等办学原材料,提高教学效果。在素质教育的日常管理中,抓好教学基础,办出教学特色。在以人为本的学校管理活动中,教师应该坚持"严纪律、宽管理"的形式,对学生的不良行为及思想意识进行及时纠正。根据小学生的心理特点及行为习惯,制定合理的教室纪律,规范学生的言行。学生的一切行动都由教师来安排,在教学活动中,学生必须要保持良好的秩序,不得喧哗、打闹。保持教室的清洁与卫生,不得随地乱丢废纸、废物,组织学生定期进行打扫卫生。为了提升教育的实效性,教师可以组织学生参加多种知识竞赛活动,养成良好的教育氛围。组织学生进行背诵经典教育作品比赛,鼓励学生多学、多读经典教育类作品,在听和看的过程中,端正学生的价值观和世界观。

2. 全面树立"以人为本"的教学理念

作为学生接受教育的初始阶段,小学教育阶段有利于培养小学生创新思维,学生能够在有效的学习活动中逐渐养成良好的学习习惯。为此,小学教育阶段的学生管理工作对整个小学教育而言,具有十分关键的教学价值。在小学生实际的学习过程中,任课教师与学生家长虽然在某种程度上演着完全不

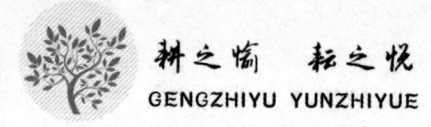

同的角色,但都对小学生健全发展具有不可或缺的现实意义。为此,小学校长及相关管理者需要及时有效地树立以人为本的办学理念,科学妥善地处理好小学生、学生家长、任课教师这三者之间的关系。小学学校需要充分爱护及尊重教师队伍及学生队伍,积极听取他们的心声,并在此基础上将各种各样的教学方针落实到实处。只有这样,才能充分调动教师队伍的工作积极性及学生学习潜力。例如,小学学校管理者深入关心每一位教师,充分了解其实际生活现状,及时有效地帮助教师解决实际问题,尽最大的限度满足教师实际需求。只有这样,才可以真正深化以人为本的管理模式。另外,以人为本的教育观念要求教师掌握学生的知识理解能力、接受能力等方面的情况,这是提高学生学习质量,加强学校管理的重要手段之一,应该引起学校管理者的高度重视,从学校领导、管理层、各科教师、班主任以及学生家长,将教育力量有效地统一起来,及时更新教育观念,以每个学生的学习诉求和生活诉求为重点,对学生进行管理,这样不仅可以提高学生的学习能力,而且还可以帮助教师形成爱岗敬业的教学观念,从而形成良好、和谐的学习氛围。

3.加强教育设施建设,为提高学校管理质量创造便利条件

想提高学校管理质量,就应该改变全校师生的学习任务及学习方法,还要加大力度投入到教育设施设备中去,为学校发展提供必要的硬件设施。学校教育设施建设主要包括以下两个方面。第一,教学场所建设。由于小学生的学习能力有限,教育的侧重方向在于知识的启迪和学习方法的传授,所以,学习时应将知识和实践结合起来,建造适合学生活动的学习场所,提高其参与热情。比如,在音乐教学时,应配备相应的音乐活动室和各种乐器设备,鼓励学生把在课堂学到的音乐知识运用到练习中,使其在实际操作中领会到音乐的真谛,激发其学习兴趣,为学生深层次的专业发展提供可能性。第二,教学设备建设。社会在不断地发展和进步着,电子技术的普及使人们的生产、生活工具发生了划时代的改变,教学器材也发生了很大变化,多媒体技术由此诞生。多媒体演示技术不仅可以以视频动画的形式为学生多方位地讲解知识,使课堂变得生动有趣,而且还可以利用网络连接为学生呈现更多的知识,拓展学生的视野,有助于加深印象。例如,在讲述自然知识时,利用多媒体设备,将电闪雷鸣、草木生长、鸟兽迁徙等自然现象以视频的形式加以展现,课本上枯燥的理论知识变成了形象、立体的画面,符合小学生的认知心理和水平,在很大程度上提高了课堂效率,最终能达到良好的教学效果。

4.重视道德教育与纪律管理,用柔性手段培养良好的行为习惯

学校在德育教育活动中应该积极与学生家长取得联系,并且在沟通的过

程中,让家长认识到小学生思想道德教育的重要性。经常性地组织家长开德育班会,引导家长在学生的行为表现中加强家庭教育,构建家、校联合的道德教育模式。在以人为本的管理模式中,教师要安排学生做好卫生工作,经常性地检查班容班貌,培养学生良好的卫生习惯。此外,要将中队辅导员和少先队的卫生管理作用充分发挥出来,确立文明检查岗的卫生指导工作地位。为了培养学生健康的饮食习惯,教师应该对学生室内吃零食、扔垃圾的行为进行劝导,以小组为单位安排纪律组长,对学生的违纪行为及时制止。对于一些无法及时处理的问题,纪律委员可以向管理老师进行汇报。安排优秀学生参加小广播站的宣传工作,以每日的卫生检查播音,向全校老师和学生汇报卫生保持情况,并且表扬卫生工作做得好的先进集体和个人。重视开展学校管理安全工作,以人为本的学校管理活动,应该保障学生的人身安全,促进学生的能力发展。在安全管理活动开展过程中,要建立新型的门岗登记和巡查制度,防止社会人员对学生的人身安全造成威胁。加强对学生的交通安全法规教育,引导学生了解交通基本常识。青少年的法制教育工作应作为重点,帮助学生远离一些不良诱惑。教师应该给予那些思想异常波动的学生更多时间,主动约其谈话,帮助其排除歪心杂念,以积极健康的心态投入到日常学习活动中。

5.不断优化学校内部教师队伍建设,深化以人为本管理模式的应用力度

小学生作为小学教育学校开展教学活动的主要核心,教师在教学活动及日常学生管理活动中处于指导地位,教师这一角色对小学学校管理活动而言,具有十分重要的作用。依据《教育法》中所提及的内容,教师在自身所处的教育院校中具有民主管理权利与义务,对小学学校内部的各项规章制度及学生日常行为规范具有提出自我见解及参与实际管理的权利。在《教育法》条例中:教师需要在日常教学管理过程中充分发挥自我教学权利,从小事中做起,不断落实与深化以人为本的教育管理要求。对教师这一角色来说,其一,需要不断提升自我行为修养、自我教学能力及综合素质,在全面尊重班级中每一位学生的基础上,侧重培养学生学习自主观念。其二,教师需要充分明确身为一名教师必须履行的教学职责。教师作为一份高尚光辉的职业,需要在日常学生管理活动中对班级学生进行深入了解,在学生遇到学习问题时在第一时间帮助其予以解决。为此,教师需要开展渗透教学管理,不断提高自身的综合素质,提高教学水平和教学质量,以此全面提升学校教育管理质量。

6.坚持人性化管理,保证学生德智协调发展

在学生管理的过程中,学生一旦犯了错误,教师应该以沟通理解为主,不应采用意愿强迫的方式管理学生。对错误行为认真分析,有利于个人成长,帮

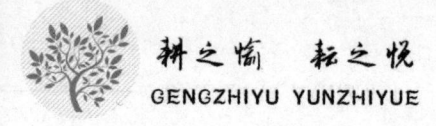

助学生认清自己的问题。对学生良好的行为表现进行鼓励,并且树立班级文明礼貌的小榜样,引导学生向讲文明、守纪律的榜样学习,从而在班级管理活动中培养学生健康的心理因素。打造以人为本的校园管理模式,教师应该在全班创设良好的文明氛围。利用板报制作和张贴横幅的形式,对学生的心理健康进行教育。在文明氛围建设过程中,应该以中华民族的传统美德教育为主,培养学生尊老爱幼、孝亲敬长的意识。教师在处理学生之间的矛盾时,应该秉持公平、公正的原则,以批评为辅、教育为主的方式进行处理,目的让学生认识到自己的错误,并且理解在班级生活中保持协调的人际关系的重要性。采用柔性管理的方式,给予学生必要的心理健康辅导,调节好学生的不良情绪。教师可以采用讲故事的方式,让学生明白道理,通过启蒙教育文学经典作品的解读形式,有利于塑造学生的人格。

7.动员全校师生,共同构建积极向上的小学学校

小学学校管理者应充分动员学校内的所有师生,共同构建以人为本的教学管理环境。为此,实际管理过程中,管理者需要充分发挥好自身领导者、教师队伍的教学管理作用,为校园内学生构建一个和谐友好的校园管理氛围。以小学学校领导者为主要核心,科学规划以人为本的教学管理模式落实方案。第一,小学学校领导需要积极树立以人为本的教学理念,实际校园建设过程中科学有效地渗透以人为本的管理理念;第二,校园内的任课教师应积极强化提高自身教学能力,不断丰富教学管理形式,进而更高效地创新出学生管理模式;第三,小学教育管理者要给予学生足够的时间自主学习,从根本上改善学生学习状态,进而充分发挥出学生自我学习能动性,彻底实现以人为本的教学管理发展目标。

8.加强人文关怀,建设健康、和谐的校园文化

作为学校管理的重要环节,营造和谐的校园文化是一种巨大的、无形的教育力量,并且也可以引导学生树立起正确的世界观和价值观。因此,在教学管理中,应注重校园文化的建设,营造健康、和谐的校园文化,注重人文关怀,使教师在校园中能感受到浓浓的人情味。例如:学校管理者可以组织教师、学生共同建设具有体现学校办学特色的校园文化长廊,包括教师科研成果、学生艺术作品、教师风采等几个内容的建设,将校园文化的人文性和艺术性充分体现出来,使教师、学生处于良好的环境中。在学校的发展中,教师发挥着重要作用,学校管理者应给予教师更多的人文关怀,这样有利于为教师营造一个轻松、具有人文关怀的环境,让教师树立一种强烈的责任感,使教师在今后的教学工作中更加努力。

校园文化建设主要包括物质文化和精神文化建设,其中,处于核心位置的是精神文化,应注重教师精神和人文关怀的修养。总的来说,以人为本的管理理念将教学过程中教师和学生的真实体验和心理感受作为重点,着重给予个人的精神鼓励和精神慰藉,从而使学生和教师在日常的学习和工作中,能够感受到来自集体的温暖。与此同时,文化建设主要包括校园文化以及相关的教学设备,这为开展教学活动和实施学校的管理也提供了重要的物质保障。教学环境尤其是校园环境,是学生学习和课外活动的场所,一个充满人文关怀的校园环境,可以为学生提供比较自由、愉悦的空间,有利于培养学生的高尚情操,促进学生身心健康的发展。

9. 注重学校管理和激励制度的建设

在以人为本的学校管理模式建设中,应改变传统的控制与约束的制度,制定合理的考勤制度和教案检查制度,充分发挥教师的积极性和创造性,使教师在教学中能按照自己的思路和方法来上课。在建立激励制度方面,应根据以人为本的教学管理模式的需求来完善:第一,建立岗位责任制,每位人员的岗位职责必须要明确,以保证整个教学质量;第二,建立岗位津贴制度,将每位人员的工作绩效与劳动报酬挂钩,充分调动管理人员的积极性和工作热情;第三,实行竞争上岗机制,通过建立公平、公正、公开的竞争平台来选择优秀的教学管理人员,以保证教学管理活动的顺利开展,只有教学管理人员的文化素质不断提高,教学管理人员才能做好管理工作;第四,实行年度考评制度,从德、能、勤、绩等四个方面进行考核评价,对表现优秀的教学管理人员,应给予一定的奖励,对表现较差的管理人员,应给予适当的惩罚,充分调动小学教学管理人员的工作积极性,使学校形成一种积极向上的工作氛围。

10. 加大国家和社会的支持力度,创造良好的社会环境

提高学校管理质量有助于促进社会主义精神文明建设,有利于增强国家软实力,国家和社会应给予帮助和支持。政府是教育机构强大的支撑,创建优质学校离不开相关政策。向学校投入大量资金,令学校有能力改进教学模式,各种设施设备能够与社会接轨,知识内容更具前沿性,为学生创造更加优越的学习条件;提高教师工资待遇,加大对教师的培训力度,有助于激发教师的工作积极性,提高教师的教学能力和水平,为教学工作提供更多有益的教学创意和思路。向学校开放优惠政策,扶植民办教育机构,增加教育市场的竞争力,从而促使学校的整体进步,力求为社会的发展做出更大贡献。加强社会对教育活动的理解和支持,要提高小学教师在社会中的地位,为他们提供一个更好的平台,使他们能更好地投入到教学工作中去。

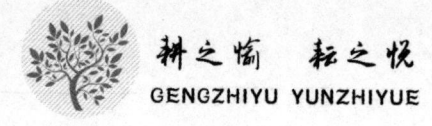

结束语

综上所述,在小学学校管理中,为建立以人为本的管理模式,教师应加强自身的管理水平,并尊重学生的人格,给学生提供一个宽松、舒适的学习环境。学校管理者应对教学管理引起高度重视,采用以人为本的教学管理模式,充分调动教学管理人员的工作积极性,确保教学管理活动的顺利开展。总之,小学学校要将"以人为本"的小学学校管理模式落实到管理工作中,针对小学管理的现状进行改进,转变管理理念,加强管理的民主性,同时加强对师资力量的培训与发展,促进学校的长远发展。

参考文献

[1]胡艳春《试论以人为本的小学学校管理模式》[J],《小学科学(教师版)》2015 年 09 期。

[2]张晓光《科学发展观指导下学校管理模式的创新》[J],《才智》2016 年 20 期。

[3]韦忠跃《以人为本,构建和谐学校——小学学校管理的科学性和有效性》[J],《科教文汇》2015 年 06 期。

[4]王丽香《以人为本理念在小学学校管理中的实施研究》[J],《新课程学习》2014 年 01 期。

[5]梁海龙《小学学校管理模式中"以人为本"理念的体现分析》[J],《教育艺术》2015 年 04 期。

[6]党亚民《坚持"以人为本",构建和谐小学校园——谈小学学校管理》[J],《新课程学习(下)》2015 年 01 期。

[7]黄静《"以人为本"的小学管理模式分析》[J],《现代阅读(教育版)》2014 年 05 期。

[8]杨艳平《完善我国中小学民主管理运行机制的对策》[J],《教育科学》2015 年 10 期。

# 试论小学校长如何开展
# 学校教学管理工作

赵忠良

## 一、概述

教学管理工作是学校的中心工作,也是学校管理中工作量最大、工作对象人数最多、涉及面最广的一项经常性工作。教学管理从思想上来说是哲学的,从理论上来说是科学的,从操作上来说是艺术的。这就要求现代学校管理者要有一个进步的管理理念,这与现代教育的使命是密切相关的。因此,小学校长应当顺应现代社会的发展要求,有效地实施学校管理工作。而在新课程改革背景下,小学校长的教学管理工作又面临着诸多困境与挑战。小学校长如何应对教学管理中的实际困难,并能按照新课程改革的要求建立和完善教学管理模式,也就成了当今小学教育工作者关心的重大问题。

## 二、小学校长管理的重要性

小学教学管理工作是学校管理的核心,校长在教学管理系统中也是处于核心地位和决策地位的。随着基础教育课程的改革,其中涉及多项内容,包括:学生培养目标的变化、国家课程标准的制定、课程实施与教学改革、评价体系的建立和师资培训以及保障支撑系统等,这是一个由课程改革牵动的整个基础教育的全面改革。改革的关键是通过校长来领导,真正落实到每个学校,推动改革内容得以实现。在新课程改革下,要对课程内容进行全面的整合,并对课程的实施和评价提出新的要求,改变传统的学校教学管理模式,使小学校长在教学管理中更加顺畅。

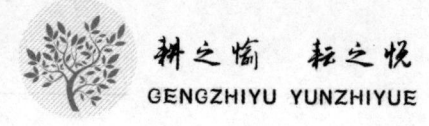

### 三、小学校长应具备的管理素质

（一）校长要掌握新课程理念

新课程改革是一次重大变革，小学校长要走在变革的前端，领导好新课程改革工作。小学校长要树立起新的教育理念，确立新的教育日标，改革过去传统的教学方式、学习方式和管理方式，引领教师在新课程标准的要求下，建立新的适应新课程要求的评价体系，带动学习方式的转变。

（二）校长要以情感人

校长要以情感人，走进教师的工作中、生活中去，理解教师、尊重教师的人格。用心对待每一位学生，真诚地对待教师、管理教师，对教职员工不分高低贵贱，不分亲疏远近，靠威信而不是权力来进行管理。同时，校长也要了解教师的教育教学能力及水平，也要对教职员工的家庭状况、性格特点、兴趣爱好、生活习惯等方面有充分的了解。能够经常深入到教职员工中去，善于与教职员工沟通思想，掌握教职员工思想动态，理解教职员工所急、所想、所愿。此外，要做好小学校长还要有更多方面的要求和更高的能力水平，调动起教职工的积极性。

（三）小学校长在学校管理中还要加强教师教学的创新

首先，必须加大教研教改的力度，以新课程培训、评优课、展示课、示范课等多种形式开展听评、改活动，从根本上改变教学方法。其次，加强教师队伍建设，要求教师能认真学习党的各项教育方针政策，贯彻党的教育方针，做到为人师表、无私奉献、大胆创新。第三，利用优质教育资源备好课、上好课，并且能熟练地掌握应用现代化远程教育设备，优化教学内容，保证学生能享受到优质的教育资源。

（四）小学校长必须树立起可持续发展的质量观

教育是人类可持续发展的一个重要组成部分，每一位小学校长都清楚，小学教育是基础教育、真正的教学质量不仅体现在对学生的现在负责，更要对学生的将来负责，因此要挖掘学生的潜能，创新教育认知，每个学生都可以成为不同层次的创新型人才苗子。

（五）小学校长要做好教学程序管理工作

要对教学工作进行科学的管理，小学校长就要按照教学工作的规律来进行工作，这样才能提高教学管理的目的性、计划性、科学性和有效性，从而达到提高教学质量，推动民主化教学管理，有效完成教学任务的目的。

### 四、小学校长教学管理面临的困境

（一）理论没有指导实践

传统的小学校长教学管理是组织和领导全体教师遵循党的教育方针，贯彻执行国家统一编制的小学教学计划及各科教学大纲，开展教学工作，提高教学效率和质量。小学校长在教学管理工作中是被动的执行者，对校长的自身素质及创造性要求都不高。由于校长自身观念没有及时转变，教师教学理念没有及时更新，就造成了校长提倡的理念与教师在课堂教学中的实际操作不一。新课程改革要求校长和教师要有新理念，要整合教学与课程，要学会反思，学会思考，转变学习方式。如果校长没有更新教学理念，教师依然用老方法教学就会造成操作不一，理论与实践相脱节现象就产生了。

（二）小学教学管理长期以来都以"分数"为重

长期以来，小学校长教学管理工作都围绕"分数"进行，学校也出现了片面追求升学率的现象。在面临残酷的竞争同时，校长只能是盯着学生的分数。在新课改实施后，校长和教师不仅要关注学生知识的获取，也要注重学生能力的培养、幸福感的获得等多个方面涉及的内容。此外，传统的考试评价制度是严重滞后于课程改革的，也阻碍了新课程的深入推进，从而使小学校长的教学管理工作困难重重。

（三）教师的素质教育还存在着滞后性

新课程改革要求教师在思维方式上学会独立思考，同时对教师的教学能力以及教学手段等方面也提出了新的标准和要求。在教学能力上，要逐渐形成自己的教学风格，有驾驭多种教学方式的能力，培养教师成为科研型教师。在教学手段上，要利用包括网络在内的多媒体技术进行教学。对于这些标准和要求，许多教师都感到自身的素质与之相差甚远，畏难情绪容易使教师安于现状，小学校长教学管理工作的难度也逐渐加大。

### 五、小学校长开展教学管理的对策

（一）转变传统的教学管理理念

小学校长不仅要按新课程的实施要求，树立为推进教学改革服务的教学管理理念，还要有捍卫教学管理理念的毅力和勇气。应该从传统的以应试教育的小学教学管理为主要理念，逐步转变为新课程改革所提倡的以素质教育为核心的小学教学管理理念。校长要顶住家长、社会等种种舆论压力，坚持正确的教学管理理念。小学校长还要将自己的教学管理理念转化为学校的规章

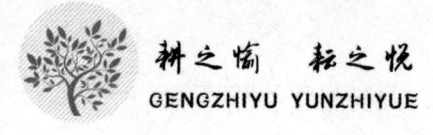

制度,通过教学制度管理的有效约束力将教学管理理念最终转化为教学管理实践。

（二）改变对小学校长及小学教育教学的评价标准

教育行政部门按照新课程改革的精神,要从源头上改变对小学校长及小学教育教学的评价标准。行政部门领导还要彻底地改变用应试教育评价模式去评价校长,评价小学的教学管理工作。校长要提高管理水平,不仅要考核学校的今天,还要考核学校的未来发展,考核学校的教学质量。只有这样,才能有利于新课程改革在学校层面的有效推进,才能使小学校长的教学管理方面工作取得推动作用。

（三）不断提高办学层次,增强学校的竞争力

在教育市场竞争日趋激烈的情况下,小学自身的生存及发展就成为一个十分严峻的问题。因此,校长要不断提高办学层次,增强学校的竞争力,为学生创设一个良好的成长环境,积极向上的人际环境及典雅的校园环境。应彻底改变传统的领导与被领导、管理与被管理的关系,建立一个和谐、民主的新型关系。同时,还要改革学校的课程体系和课程设置,建立更为灵活的课程管理制度。在实践的过程中,应逐步推行学分制,充分体现课程结构的基础性、选择性、多样性,不断增强课程内容与社会发展的联系。

（四）转变教学管理内容及方法

传统的小学教学管理内容更多地关注学生知识的获得,而忽视了能力的培养。在新形势下,不仅要强调知识、分数的教学管理内容,更要重视学生的能力培养,也要关注教师的教学业绩。无论是教师还是校长,都应该积极投入教学工作和教学管理工作中,加大力度推进课程改革,提高课堂教学质量。小学校长必须要结合学校实际,转变教学管理的内容,开发出富有校本特色的教学方案来。

校长通过深入课堂来了解教学实际情况,对教学工作进行具体的检查和指导,这是一种最有效的教学管理方法。校长身在课堂,能够及时掌握教学信息和动态。此外,小学校长还要结合小学教师的特点,使教师在新环境下塑造出自己新角色,以提高整体的教学水平。

（五）小学校长要以科学的管理手段保障学校的发展

小学校长作为学校的最高管理者,对学校的管理方式和管理效率都有着深刻的影响。推行学校管理的现代化、标准化和科学化就成了领导班子队伍建设一个突破口。校长应当发挥好模范作用,通过自身良好的管理思路,去改善整个学校管理队伍的思维模式。此外,校长还要对管理班子加以规范使管

理者有章可循。在学校管理会议上,要通过相互交流学习,提升管理者的素质,促进管理队伍的全面发展。

(六)小学校长教学管理中要体现出人文关怀

校长要牢固树立起"以人为本"的管理思想,并把教师看成是具有各种需要的人而不是工具。教师必须自觉遵守各项规章制度,为实现一定的教学目标努力工作。作为校长,也要给教师更多的关心和爱护,要为教师营造宽松和谐的心理环境,让教师能自由支配自己,应该根据自己的好恶有所选择地工作和学习。要设身处地地为教师着想,帮助教师解决工作和生活中的各种困难,尊重教师的各种合理要求,注重与教师间的感情交流。

## 结束语

总之,在教学管理中要实行民主管理,形成民主氛围,小学校长要用自己的实际行动营造民主氛围,把全面提高教学质量和提高教学效率有机结合起来。校长要主动听取意见,采纳群众建议,多为教师办实事、办好事,调动教师教学的积极性和学生学习的主动性。

# "三会育人"绽放学生精彩人生
# 佳木斯市十五小学基础品德教育
# 行动研究报告

## 赵忠良

### 一、研究背景

几组数据:我们对六周岁入学的一年级新生家长进行过连续两年的调查。

1.生活自理一项

能够自己穿衣吃饭的不足 10%。

2.基本礼仪一项懂得谦让的不到 20%

知道相互问好的不足 18%

这是一组令人担心的数字。六周岁的儿童发育应该是手脚协调,能有初步的思维能力,能做简单的体育运动,有初步的判断力,能按要求完成简单的活动。我们国家义务教育法规定儿童六周岁入学,也正是基于这样的科学分析做出的。

纵观小学阶段,在完成小学教育以后,学生能够自主学习、生活自理、懂得基本礼仪、心态阳光的、爱好体育运动的也不多。

这样的现状其实跟我们现阶段的独生子女人口结构有着直接的关系。正是这样的人口结构使我们的家长对独生子女给予了太多太高的希望,孩子成了家庭的全部。衣来伸手饭来张口,一切都由父母包办代替,父母忽视(抑或是根本没有意识到)孩子发育成长必须应该经历这个实践过程,这些经验的积累是孩子生活技能的实践积累,也是孩子基本品格的必要积累,这是不可替代的成长过程。

现阶段我们的小学德育教育缺少基础品德实践研究成果,教材不灵活,社会实践和学生价值思辨的课程少,德育教育脱离现实生活,效率低。

佳木斯市第十五小学地处市政新区,在校学生多数是市县周边新入城的人口,还有一些是在城务工的民工子女,这些孩子由于家境不同,家长受教育的程度不高,家庭教育有缺陷,学生各种习惯养成不好。

我国一九八五年《基础教育改革方案》明确指出,基础教育的目标是培养合格公民。《2012 版课改标准》在教育的目标上,明确指出基础教育是"立德树人"。

正是在这样的背景下,我们十五小学根据学生的实际适时提出了"三会育人"的育人理念,即:"会生活、会学习、会做人"。从 2012 年开始进行实践研究,并取得了初步成果,实践证明"三会育人"的理念可以让我们走出应试教育的藩篱,从精英教育关注的"成才"转向注重培养合格公民素质教育的"成人"

## 二、研究内容及基本观点

"会生活、会学习、会做人"是我们对学生进行基础品德培养的三个方面。

会生活——就是有最基本的自我生存能力,做心态阳光,身体健康,热爱生活的少年。

会学习——就是养成自主学习习惯,爱思考,敢创新,有广泛的兴趣爱好。

会做人——小学阶段要培养学生养成最基本的礼仪习惯,有最基本的是非判断能力,有健全的人格追求,有责任感,有爱心,乐于助人,热爱自然。

小学阶段是学生成长的关键时期,是学生基本品格形成的关键期,一个良好的生活环境(家庭、学校、社会)对学生健康成长是必要的。学生的品格形成是文明习惯反复强化训练的过程,由外在的行为强化固化为内在人格品质的心理反应。外在的强化干预可以促使学生行为的改变,这种习惯的内化可以使学生产生价值认同,形成固定的人格倾向。通过"会生活、会学习、会做人"三个维度,塑造学生健全的人格。提升学生内在人格素质。

## 三、研究目的

通过三个维度的实践研究,探索养成教育的不断强化的行为训练,对学生固化为内在品格的影响,提高德育成效,探求德育教育的新方法和新途径。

## 四、已有经验及预期成果

十五小学德育教育有着自己的特色,特别是以基地为素材的德育资源开发,市敬老院,武警支队,烈士陵园,就在校园四周,共建活动时间长。晨读的

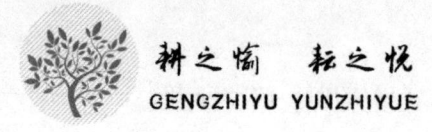

经典诵读坚持了几年,校园文化活动丰富多彩。但是德育教育不完整,形不成体系,活动是主体,缺少核心德育观念。

在此基础上,我们根据校舍新迁,生源变化的实际,提出"三会育人"的理念,着眼于三个维度,让德育教育更加的科学系统,形成完整的系列,一是基础德育教育(课本)加校本教材(《晨光阅读》校本教材);二是少先队一到六年级主题系列活动;三是以拓展课、校园电台、《春蕾》报社、科技节、体育节、艺术节、读书节等为平台注重学生基础品德的培养,不求各个"成才"但求各个"成人",落实素质教育的发展目标。为社会培养齐家治国的合格公民。

形成自己的"三会育人"德育特色,写出行动研究报告,总结研究成果出一本文集。

## 五、研究方法

行动研究法,在实践研究中不断调整方法策略。

## 六、研究过程

2012年3月我们在总结以前德育教育的基础上,广泛调研,反复思考,提出了"会生活、会学习、会做人"的理念。并列入学校五年发展规划,力争打造十五小学的育人特色。以两年为一个周期,以行动研究为方法,多维度、多角度进行"三会育人"实践研究。

1. 从《学日常规》入手,在一年级新生入学开始,从相互问候、举手说话、会倾听等基础礼仪养成教育训练。以文明礼仪行为训练为主,贴近学生生活实际训练,不断强化抓养成教育。

2. 以少先队主题系列活动为主线,按学生成长的阶段规律,设立主题活动,例如一年级是"我是光荣苗苗团员";二年级是"快乐加入少先队";三年级是"阳光少年我十岁";四年级是"聪慧女孩、阳光男孩";五年级是"星级少年";六年级是"我是十五小学优秀毕业生"。这样使得我们的教育更有针对性和实效性。

3. 利用四大节日开展系列德育活动。

学校每学年度都利用读书节、艺术节、体育节、科技节四大节日开展系列德育活动。

(1)科技节

为了更好地培养学生的综合素质,积极推动校园科技实践活动的蓬勃开展,本着"文化立校,和谐育人,快乐发展"的办学理念,以国家基础课程为依托开设了二十二门拓展课程,包括:开心英语、趣味数学、春蕾文学、春蕾剧社、春蕾报社、硬笔书法、演讲口才七门知识类课程;电子琴、舞蹈、绘画、二胡、口风琴、合唱、吹起号角七门艺术类课程;绢花、泥塑、纸艺、贴画四门手工类课程;同时还开设了开心轮滑、活动乐园、棋艺天地四门体育类课程。为学生们搭建起科技实践的舞台,促进了学生的个性化发展,挖掘了学生的潜能,使学生更好地获得知识、提高能力,为孩子们未来的发展奠定了基础。

在四月份召开为期两周的科技节,一、二年级的孩子们展示了泥塑、贴画、纸飞机;三、四学年的孩子展示了绢花、纸艺、科幻画、指桥承重竞赛等;五、六学年的孩子展示了小发明、电子赛车等。应该说,半个月的科技探索让同学们意犹未尽,时间是短暂的,但它留给同学们的记忆和影响将是深刻和长远的。孩子们在科技的世界里遨游,品出科技的味,读出科技的美。让科技融入到孩子们生活的每一个角落,让孩子们的梦想,在科技的促动下,飞得更高,更远。

（2）体育节

为了贯彻落实《中共中央国务院关于加强青少年体育增强青少年体质的意见》《学生体质健康标准》,让学生在丰富多彩的体育竞赛中,享受运动的乐趣,树立"我运动、我健康、我快乐、我成长"的理念,进一步推进新课程改革,深化素质教育,促进我校体育教育和艺术教育的发展,学校每年六月份召开体育节。为了真正体现"人人参与",活动时间历时一周。

体育节项目编排真正体现了"一高二多三化"。一高即锻炼价值高:各项目不仅促进学生各方面身体素质的提高,还进一步培养了学生吃苦耐劳、坚忍不拔、永不放弃的体育品质。二多即参赛班级多、参赛人数多:一至六年级全体学生全部参加,活动参与率100%。三化即活动项目形式多样。有五项集体比赛项目:拔河、火车赛跑、袋鼠跳接力、集体投准、鸭子赛跑等;五项个人比赛项目:跳绳、托球、30米跑、立定跳远、投飞镖等。同学们强烈的参与竞争意识为体育节创造了一个又一个精彩的画面,不管是竞赛场内,还是场外,到处都可以看到同学们奋力拼搏的激烈场面,呐喊助威的激动场景。各项比赛开展得如火如荼,将体育节推向了高潮。

体育节的成功举办,让同学们施展了才华,锻炼了能力,更显示了集体团队的精神。丰富了同学们的课余文化生活,还促进了各班级同学的情感交流,提供了相互学习的机会,同学们借体育节之风,积极开展体育锻炼,大大增强了自身的体质,素质得到全面的发展。

（3）读书节

"最是书香能致远,读书之乐乐无穷。"好书,像长者,谆谆教导;好书,似导

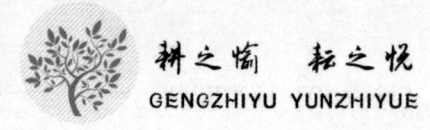

师,循循善诱;好书,如朋友,心心相印。读书,让人积累语言,丰富知识,陶冶情操,受益终生。为推动我校教育工作,激发学生读书热情,活跃校园文化,营造良好读书氛围,每年都在9月份开展了为期一个月的"幸福人生,一路书香"读书节活动。

读书节活动宗旨是:在家庭、社会、学校营造热爱读书、支持读书、尊重读书、读书光荣的良好氛围,激发读书热情,感受读书快乐。我们的读书节口号是:让读书成为习惯,让书香飘满校园。广大师生在短短的一个月时间里,不但提高了对读书的认识,丰富了文化底蕴,而且营造出书香缕缕的校园读书氛围。

特别是图书换购活动,是读书节的重头戏。通过换购,同学们的旧书得到再利用,低碳环保,体现了我校倡导的生态教育理念。在活动中锻炼了孩子们的人际交往能力、综合实践能力,同时激发了他们读书的积极性,使学校读书的氛围更加浓厚。

（4）艺术节

为加强校园文化艺术环境建设,发挥艺术教育的育人功能,营造良好的艺术教育氛围,促进学生德智体美全面发展,推进学校艺术教育的改革和发展,我校每年度均举办校园文化艺术节活动,活动的内容丰富多彩,有书画大赛、校园课间舞竞赛、古诗文竞赛、课本剧,还有器乐、舞蹈、朗诵、表演等各种文艺形式,艺术作品呈现形式多样化、风格多元化,达到百家争鸣,百花齐放的效果。应该说,艺术节的召开,为这所灵秀的校园增添了无穷的魅力和深厚的文化底蕴,更加夯实了我们十五小学的艺术规范化学校的基石。当艺术节的第一个音符在校园的上空飘荡,艺术已不容拒绝地走进了我们每一个人的生活,激荡在我们校园的每一个角落,融入我们学习生活的每一天。艺术的特殊美感在同学们心灵上留下了永远的美丽与精彩。

4.是教师言传身教,身正为师品高为范,教师的引领作用是学校文化的重要方面。我们要求教师以身示范,养成读书习惯,增加自己的文化内涵,举止优雅文明。为学生树立榜样。早上学校领导带班在校门口迎接师生到校,并微笑问好。下午放学学生分班站队离校,校领导值周教师同离校学生互相问好告别。

5.注重校园环境文化建设,用文化滋养学生的心灵。没有文化定位的学校是没有灵魂的学校,没有文化浸润,学生的精神世界就不会充盈。教学楼每个楼层都根据学生年龄特点,结合学校德育活动,分别以"爱"、"礼"、"勤"、"纪"为主题布置。厢一楼的安全教育板块,帮助学生从小树立安全意识,为创建平安和谐校园奠定了基础;厢二楼精选的古诗文,使孩子在潜移默化中得到古典文化的熏陶。我们还在上下楼梯处展示了孩子的作品,如刺绣、沙画、绘画等,挖掘了孩子的潜能,张扬了孩子的个性。教室的宣传板,不断记载着孩子的成长,文明之星、纪律之星、环境小卫士,等等,给孩子树立了身边的榜样。应该说,校园的每一个角落都勃发教育的力量,而这种教育跟随孩子的每一分钟,在促动,在引导,在鞭策,在约束,在规范……这种教育没有了说教,没有了惩罚,没有了强制,把孩子放置在这样的厚重背景里浸濡、熏陶,起到润物无声的作用。

6.家校结合避免学生人格错位发展。学生的第一教师是家长,学生最主要的学校是家庭,离开家庭教育谈教育是不完整的教育。我们通过家长学校,把我校的德育理念及教育方法,传授给家长,赢得家长的认同,并配合学校教育学生。我们要求家长对学生不骄纵、不放任、自己能做的事情自己做。家长不说脏话、粗话、文明行事,给学生创造良好的成长环境。

7.注重基地建设,给学生成长的空间。学校同消防支队建立警校共建单位定期活动,同福利院、烈士陵园建立共建关系,用基地的教育资源举行活动,达到育人目的。

8.办报纸、电台、园地给学生搭建成长平台。我校创办了以《春蕾》为题的校园周刊。春蕾校刊是传播学校教育教学改革的崭新载体,是展示师生精神风貌的窗口,是家校沟通的桥梁,更是孩子们张扬个性、表达心愿的平台。每周一期,迄今为止已经出版48期,共有《心灵桥》《童年风车》《金钥匙》等9个栏目,这学期又增设《春蕾文学创作》等3个版块,使春蕾报刊更具有实效性。《春蕾》的出版受到了广大师生和家长的欢迎,越来越多的孩子积极踊跃投稿,在《春蕾》的怀抱中逐步实现自己的小作家,小诗人、小记者的文学之梦。5.1班的李佳怡、5.2班的周易等28名同学的作品被市红领巾报刊录为佳作名篇。

我们在创办《春蕾》校刊的同时,又创办了红领巾广播电台,即《春蕾》电台,共设计佳作欣赏、英语广角、开心一刻、你点我播、才艺展示、生活小常识等六个版块,每周一、周四为红领巾广播的时间,队员们自编、自主持,受到了老师和学生的好评。学校充分利用红领巾广播台的宣传人、鼓舞人、教育人和培养人的作用,让校园广播站成为学校各年级综合评比情况的报告站。用舆论的力量,促进学校各班级学习、纪律、卫生等活动的开展,形成"比""学""赶""帮""超"的新局面。让校园广播站成为文明习惯的监督岗。表扬好人好事、批评坏人坏现象,净化学生心灵,提倡文明礼貌用语。做到好事有人夸奖,坏事有人批评。如今,红领巾广播电台已经成为小小的朗诵现场,在紧张的学习

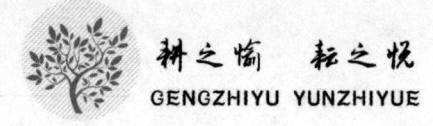

之余,听一听甜甜的童声朗诵出的优秀作文、唱出的甜甜歌谣、优美的音乐,学习的疲劳就会烟消云散,并激发各班级去评选出校园小记者、小编辑,从而培养学生写作兴趣。

## 七、现阶段成果

通过几年的实践,学生的精神面貌行为习惯有了很大的改变,学生各种文明习惯初步形成。一年级新生,在不到两个月的时间里,就能适应校园生活,学生在校在家学习自主,生活自理,行为自制。

# 尊重特点　遵循规律
# 尊崇传统文化让社会主义
# 核心价值观扎根校园

## 赵忠良

我们十五小学在认真学习、贯彻落实习近平总书记就培育和践行社会主义核心价值观一系列重要讲话精神的过程中，根据小学生的实际特点，以尊重特点，遵循规律，尊崇文化，让社会主义核心价值观扎根校园为主题，开展社会主义核心价值观教育。我们的主要做法是：

### 一、抓好三个进入，传授社会主义核心价值观

核心价值观进校园，让同学们在温馨儒雅的校园文化中，接受社会主义核心价值观教育。

在校园围栏突出位置悬挂"富强、民主、文明、和谐；自由、平等、公正、法治；爱国、敬业、诚信、友善"24 个字的大幅醒目标语，师生进校园的第一眼就能看到，牢记于心。在学校楼内走廊墙上，挂上了 20 多条社会主义核心价值观图板。在每个班级对应的走廊，各班根据自己的主题，布置主题墙。四层楼分别是"爱"、"礼"、"勤"、"纪"；厢楼是"诚"和"创"。主体墙上挂有古今中外的名言警句，重点突出对学生基础品德的培养，并辅以学生自己的学习心得体会。在校园的其他位置也蕴涵社会主义核心价值观的主体内容。如：校训："会学习、会生活、会做人"。对教师的要求：形象——美丽地工作、学习——智慧地工作、合作——快乐地工作；对学生的要求："美"出修养与特长、"学"出习惯与大气、"玩"出健康与情趣、"做"出责任与妙想。根据学生的成长与特点，不同学年都有不同内容和要求。例如："爱"，一年级要爱校园，六年级要爱社会。"信"，三年级说到做到，五年级立志成功。"纪"二年级按纪律要求做，

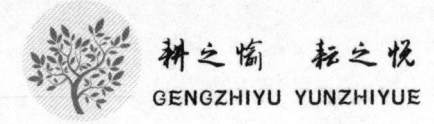
五六年级做守法公民等。学校还利用校园网络数字化优势和多媒体电子白板,在走廊电视播放宣传片,宣传社会主义核心价值观。学校创作组制作了十几部核心价值观方面的微电影。如《爱国》《文明》《和谐》等以及好人好事典型微电影教育片,利用课余时间循环播放,起到了很好的效果。创建"红领巾校园电台",开辟传播社会主义核心价值观的新途径。学校电台每天播放校园发生的事,表扬好人好事,指出不文明行为。学生在辅导教师的指导下,自采自编自播,成立小记者队。在采编中提升学生是非善恶价值标准,提高分辨是非能力。还出版《春蕾校园周报》。每周一期,分校园新闻,精彩美文,谜语,小故事,小知识等几大栏目版块,给师生搭建锻炼自己成长施展聪明才智的平台,传播社会主义核心价值观。

优秀文化进课堂,感知社会主义核心价值观。课堂是小学生成长的重要基地。我们从教材中挖掘社会主义核心价值观的内容,利用英雄人物,古代先贤的智慧,从优秀传统文化中,提炼社会主义核心价值观的精髓,自编国学教材《晨光积累》,规定早自习期间阅读记忆。通过古风古训,让学生懂得诚信、讲友善、爱祖国、敬师长,将社会主义核心价值观内化于心。还依据小学的特点编排了礼仪童谣,挂在学校主题墙上。有《形象礼仪》《同学礼仪》《行走礼仪》《尊师礼仪》《升旗礼仪》等等。我校自编的德育教材《明礼导航育德教育读本》,规定了言谈基本礼仪、仪态举止礼仪、生活中的基本礼仪、校园的基本礼仪等四大项行为规范,成为学生的导航读本。还出版学生文集《蝶翼》《花影》《童心涟漪》《童心灵动》。教师文集《耕之愉》《耘之悦》处处体现爱岗敬业的好风尚。通过这些举措使广大师生做人有品格,做事有品位,生活有品质。

通过丰富多彩的活动进头脑,铭记社会主义核心价值观。充分发挥少先队的作用,根据学生成长的年龄特点,制定了六大少先队主题系列教育活动。对一年级新生,学校先让他们努力成为苗苗队员,有一个过渡,有一个目标。通过评比,优秀的可以加入苗苗队员,在二年级才可加入少先队员。让一年级新生体会到,凡是都要经过努力才能获得。在二年级上学期,让优秀的苗苗队员,分批加入少先队,让他们感受到做少先队员的光荣。三年级,今年我十岁,这是一个从幼年到少年的转折期,学生应该学会自己管理自己,初步知道自己对学校、家庭、社会要有责任、有担当。四年级,培育"阳刚男孩、聪明女孩"。男孩儿要求坚强勇敢有毅力,女孩儿阳光聪慧快乐,注重学生意志品格培养。五年级,"争做星级少年"。我们通过一系列科技、文化、知识竞赛活动,评选出"文明之星""科技之星""智慧之星""劳动之星""发明之星""才艺之星""孝心之星"等一批星级少年。努力发现每个学生的闪光点,挖掘学生身上最优秀的品质,帮助他们树立正确的人生观、价值观。六年级,"我是十五小优秀毕业生"。鼓励学生完成好学业,规划好人生目标。

为更好地让社会主义核心价值观入脑入心,积极整合德育教育资源,构建三大德育教育基地——市消防支队、市福利医院、烈士陵园。这三个单位都在校园周边,是得天独厚的区域优势。我们同三个单位建立联系,互助共建。每学期定期组织师生到三个基地开展活动。清明节到烈士陵园祭扫;少先队举行重温誓词宣誓,听烈士英雄事迹,让先烈的事迹鼓舞学生,知道共和国的建立和我们今天美好生活来之不易。激励学生从小立志报国,树立爱国主义情感。八一建军节,到消防支队参加活动。跟消防官兵一起参加消防演练,学习逃生技能,掌握消防知识,树立安全意识,感受消防官兵一天的训练生活和他们不怕苦、不怕死的精神。少先队爱心小组,每学期到福利院献爱心,照顾孤儿,给孩子们讲故事、一起做手工。学校爱心服务队,到敬老院,照顾孤寡老人,给他们打扫卫生,梳头表演节目。让学生在活动中净化灵魂,提升人格品质,在潜移默化中受到熏陶。

## 二、抓早抓小抓细,从身边的榜样学起,感知社会主义核心价值观

认知社会主义核心价值观,就要抓早抓小抓细,慢慢渗透感知、理解。"早",就是从娃娃抓起,学生入学第一天,就开始核心价值观渗透,做合格的"十五小学生",从生活习惯入手,扣好第一个扣子,走好人生第一步,让孩子从小养成好习惯。懂的简单的是非标准。"小",就是从身边的小事做起。思想家老子讲过:"天下难事必作于易,天下大事必作于细"。父母和老师共同教育孩子,从身边小事做起,不乱扔垃圾,不嘲笑他人;遵守交通规则,不闯红灯;爱自己,爱父母,爱同学;学好每一天的课,认真完成作业,按时上学。利用学生手册,记录学生点滴进步,并及时鼓励表彰。像评星级少年,主题班会。让学生自我评价,相互评价,让学生在成长过程中,接受帮助。主动地、心悦诚服地接受来自父母、长辈、老师的批评。善恶标准内化于心,外显于行,真正地认知社会主义核心价值观。"细",就是从细节做起。"勿以善小而不为,勿以恶小而为之"。注重小事,关注细节,积小善,成大德。扔点垃圾,踏几次草坪,少写一次作业,跟父母长辈提过分要求,讲吃穿,比条件,耍脾气顶撞父母。这些细节小错不及时纠正将铸成大错。父母和老师要及时纠正孩子的过错,不放纵,不娇惯,用正确的行动,正确的思想,正确的方法教育学生,引导学生。

小学生价值观、人品形成的过程中,身边的父母、师长、伙伴对学生的成长

影响作用特别大。他们的言行举止,往往会成为学生最好的参照,成为学生的榜样,为此,我们开展了评比"我心目中的好爸妈""我心目中的好老师""我崇拜的好同学"活动。每年将评出的明星教师、学生的先进事迹在墙报上展出,好爸妈在家长会上介绍经验,让学生在身边的榜样身上学习感知核心价值观。学校先后树立了以邵锦平为代表的多名优秀教师。邵老师多年来笔耕不辍,克服病痛,坚持办"春蕾"校报。每天审稿几十篇,带领四十几人的小记者队,深入校园角角落落,指导学生学会观察,以正确的视角审视发生在师生身边的人和事,以客观的正确态度编辑报道,弘扬社会主义核心价值观。其他如管理有方,和蔼可亲的优秀班主任孔祥鹤;耐心细致,诲人不倦的优秀辅导员温宝玲;无怨无悔,甘于奉献的魏伟等多名教师,都成为全校师生学习的榜样。

　　为推动学榜样活动,学校还开展了"优秀少年争卡晋级活动",学校教育组,制定了三种卡:绿卡(成功起航卡)、黄卡(成功扬帆卡)、红卡(成功超越卡)。获"成功超越卡"多的学生,在学期末授予"优秀少年称号"。他们的照片、主要事迹在春蕾报刊、校广播站栏目节目播出并颁发证书。六年一班的康健是班长、校少先队大队长。入学以来无怨无悔地帮助学习、生活中有困难的学生,荣获了"爱心之星"的美誉。崔捷是五年二班班长,校少先队副大队长。品学兼优、多才多艺,活泼热情,学习成绩一直名列前茅,多次被评为校级"三好学生"、"优秀少先队员"、"优秀班干部",成为少数的"全能之星"。六年一班有名从市福利院转来的女生,刚来学校时不但经常逃课还偷窃同学物品。班主任徐老师对她晓之以理,动之以情,一次次找她谈心,了解情况,解决生活上的困难,还组织同学们帮助她补习功课。老师的耐心教导,同学们的宽容、友善的帮助终于使她幡然醒悟。现在的她不但上课注意听讲,而且热心帮助有困难的同学,光荣地成为传递友爱的"星级少年"!她的进步得益于践行社会主义核心价值观的友善与诚信!如她一样后进生转变的事例,在我校有很多,这种喜人的局面让我们看到了"优秀少年争卡晋级活动"的实效性。

## 三、从"三个层面"聚焦,践行社会主义核心价值观

　　贯彻社会主义核心价值观是一个由知、到信、到行的渐变过程,要达到外显于行,内化于心,知行合一,立德树人的目标。我们让学生在做人与做事的实践中锻炼自己,学校重点是抓好三个层面的教育。一是爱国——培育师生"天下兴亡、匹夫有责"的国家情怀。利用升旗、重大节日(国庆节、八一建军节、七一党的生日)进行爱国主义教育。鼓励师生读报、读书,了解老子、孔子,

知道岳飞、文天祥、林则徐；祖冲之、苏轼、王羲之；狼牙山五壮士、雷锋、张丽莉、杨利伟。从先贤身上获得智慧，从英雄事迹中获得力量，从小养成爱国、爱人民的情怀。经常写心得，谈感受，在校刊交流发表，在主题班会上讨论。还要求师生每学期至少读一本好书（学生家长共同读），增强青少年爱国情感，立报国之志，树强国之梦。二是处事——培养仁爱共济，立己达人的社会关爱精神。我们利用拓展课内容，成立各种社会调研小组，开展社会调查，让学生关注环境，懂得环保，遵守社会公德，强化他们的公民意识，增强他们的社会责任感。全校师生每学期两次参加"走进社区爱护环境，建设美丽社区"的主题公益行动。让他们知道中国梦从我的梦开始。让他们学会关心他人，帮助有困难的人。三是修身——知荣辱、守诚信、敢创新，做有自信、懂自尊、能自强的合格公民。教师，立德修身，人伦之楷模，在成人成事成就学问中成就自己。苏联霍姆林斯基请教师记住："你不仅是自己学科的教员，而且是学生的教育者、生活的导师和道德的引路人。"在教书育人中践行社会主义价值观，我们要求教师要有躬身为教，许身孺子的无比热诚；领导要对教师有情至于善，理达于通的挚爱真情。为教师搭建成长平台。我们开展明星教师评选、骨干教师培训，让教师在工作中体会人生的价值。在教和育德过程中体会做人师的高尚，体会为国塑人的历史责任感和使命感。

　　学生在"孝"、"礼"、"信"文化精髓中寻求力量，从形神统一的学校文化建构中，深化社会主义核心价值观。让优秀的传统文化，铸就文明和谐的高雅校园文化品格，"以文化人"，"以文育人"。为搞好三个层次的教育，我们开展了"四个五"活动，要求学生做到："五要"并举、"五会"共生、"五格"齐辉、"五节"并重。五要：好奇、梦想、合群、关爱、自信。五会：书画、阅读、讲演、乐器、礼仪。五格：体格、性格、品格、人格、国格。五节：科技节、体育节、植物节、艺术节、读书节。今年三月的科技节，是同学"中国梦、我的梦"起航的时刻。纸飞机比赛、纸船承重比赛、自制电动车比赛，在市电教馆进行了科技展览。今年四月份是植物节，是同学们亲近自然的启程。动手写观察日记、栽种喜欢的绿色植物，明白了一些植物的生长习性。五月份是体育节，使同学们懂得健康，爱生命，强体魄。以趣味性体育活动项目为主，包括健身、游戏、跳绳等体育项目为主，培养同学们的自主锻炼兴趣，养成科学健身的习惯，注重耐力和特长培养。十月份是艺术节，是全校师生美的陶冶，才艺的展示。每年一次大型演出，师生同台献艺，是一种审美教育和艺术创造的完美结合。十一月份是读书节。提高人格品位，增加生命的厚重。每个节日都贯穿整个学年，定期集中展示。

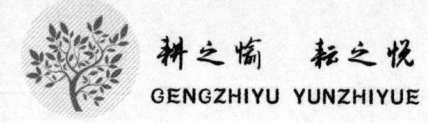

　　通过学校培养和践行社会主义核心价值活动的开展,我们十五小学校"师乐道,生乐学"。形成了"懂关爱,守诚信,知礼仪"新的校园文化氛围,社会主义核心价值观已经根植校园。

# 文化立校——引领师生共同成长

赵忠良

佳木斯市第十五小学坐落在佳木斯市政府新区,比邻市政府,周环长安新城、英伦尚城、荷兰城、新福苑等几大住宅集中区,是佳市郊区唯一的一所城区学校。

面对社会经济的飞速发展,探索与之相适应的现代教育成为所有教育者的共识。国家中长期发展纲要指出,我国当前的教育目标是提升全民族素质,培养创新型人才。而传统的成才教育侧重的是少数精英的提升,与之相对应是存在弊端的应试教育,为此,我校提出了"成人"教育理念,即关注所有学生的成长,探索以更人文的教育方式促进学生的全面发展。在探索的过程中,我们的思想越来越汇集于两个字——"文化"。

一个良好的理念的坚持,必然形成一种先进的育人文化,这种育人文化既是学校的特色也是学校的灵魂。面对教育的激烈竞争,我们审时度势,确立了"文化立校、和谐育人、快乐发展"的核心办学理念,将学校文化渗透于学校的方方面面,以学校文化凝聚师生精神,以学校文化铸造学校品质。并在探索实践中提出了"和谐育人、育和谐人"的行动口号。我们倡导学校管理的和谐,人际关系的和谐,课程教学的和谐;我们追求师生共同获得学科的全面发展、人格的全面发展、民族精神与世界公民、世界眼光的和谐发展。全校师生从此踏上了走内涵发展、特色见长的实践之路。

## 一、营造环境文化,创设育人氛围

进入校园,首先映入眼帘的就是气势恢宏的铜雕,古典文化与现代文明融合的构图彰显着我们的育人理念。看似普通的校徽,却蕴含着深邃的文化内涵。数字 15 以帆船和海燕的形象构成"飞"的汉字,寓意在十五小师生的团结

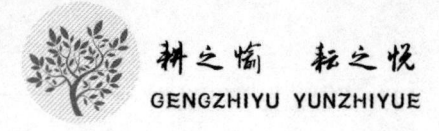
和谐氛围下,孩子能在沃土上自由播撒知识的种子,收获未来成功的希望,勇于在知识的海洋上高高飞翔。

宽阔的塑胶运动场,成为孩子安全活动的乐园。弯曲的甬路绿地、欧式的主体楼造型,渗透着轻松、愉悦的校园氛围。步入教学楼,最先进的电子白板投影设备实现了班班通,功能齐全的微机室、实验室、音乐室、电子琴室等为孩子们提供了各种学习实践的场所。异彩纷呈的走廊文化展示着孩子们的特色作品,各个班级、楼层的精心布置传递着温馨的气息,真正达到了一班一品,一层楼一种文化。学校还开辟了科技实践园、do re mi 音乐乐园、读书长廊等活动空间,给师生营造了放飞梦想、幸福成长的精神家园,创设出和谐的育人氛围。

## 二、构建德育文化,重视主体参与

文化是德育的根基,活动是德育的载体。学校对学生的教育向来都是德育和智育的统一体,学校通过精心设计的各种活动,把条条框框的说教变成潜移默化的行为影响和环境影响,让学生在良好的生活文化和学习文化的滋养下自然成长。让学生在学习知识的同时,更懂得知识以外的感恩与亲情、友善与真诚。通过活动的外显内化聚焦成人教育。

以发展的眼光,为学生创设了独具特色的"读书节"、"科技节"、"体育节"、"艺术节"四大校园活动节,让学生在积极参与中充分展示自我,建立阳光的心态,培养良好的学习生活习惯,激发积极向上的进取精神和认真钻研的探索精神;建设了贯穿小学六年的少先队"我参与、我成长"主题系列活动,让学生在贯穿整个六年生活的操作活动中,逐步认识和规范自己的言行,一步步获得身心的健康成长;提出了"三五少年"——即"五要"、"五会"、"五格"的目标培养,通过"五要"并举,"五会"共生,"五格"齐辉,真正培养出思想品德优秀,身体心理健康,知识基础扎实,综合素质全面的小学生;开辟了学生自主的"春蕾校报"、"红领巾广播站",所有主创在教师的指导下一律由学生自主采、编、播完成,成为我校的特色媒体与展示平台;创建了"温馨教室"的评比活动,意在建构温馨育人环境的同时,更注重建构温馨和谐的育人文化;学校还借用每周的升旗仪式、每学期的开学典礼等仪式教育以及各类特色节日作为我校的人文教育阵地,让孩子在传统教育中得到精神的洗礼,让孩子在行动中心灵得到升华。处处渗透着我校建设以"爱心·真诚·合群"为核心词的学校德育体系,强调主体参与的学校文化思想。

### 三、关注课堂文化，强调减负增效

学校不光是学生的世界，学生的精神家园，也是广大教师专业发展的平台，实现自我价值的精神归宿。学校将培育具有"高尚的师德修养，刻苦的敬业精神，扎实的专业知识，娴熟的教学技艺，理性的思辨能力"师资队伍作为建设目标，积极创建有理想、有激情、有才华、和谐发展的教师团队。

坚持每周进行教师"三字一画"的基本功训练，并实行等级晋升制度。我们还倡导教师个人要做到"三个一"，即：上一堂好课，写一手好字，会一种才艺，激励教师业务自修。面对新技术、新知识、新方法，我校适时开展多种业务培训，如新课标培训、学习设计理论培训、多媒体应用技术培训、学科教学与多媒体整合培训、网站应用技术培训、电子白板使用培训等，扫清教师进行现代教学的障碍。

在深化校本培训过程中，逐渐形成"引领·互助·共享"的校本研修文化，"师徒结对"、"教研互助组"等形式让教师间成为互助提升、引领分享的快乐团队，催生了"理想·激情·多能"的团队精神文化。

教学质量是学校的生命线，教研教改是不断提高教学质量的基石。我校积极创建"对话·互动·生成"减负增效的课堂教学文化。每周特意安排出周三、周五下午的集体教研时间，要求教师要精备细讲，有针对性的辅导，上精品课。利用每月一次的学年学科走讲课活动，让教师在反复的对话互动中，不断生成新的教学策略与思想，及时修正完善自己的教学行为。

我校还以学生的自主学习为教学教研的主攻方向，确立了省级重点课题"提升小学教师学习设计能力的实践研究"。积极探索"以学为主"、"以学定教"的主体教育，强调教师"课前、课中、课后"设计，确立了"三三"教学模式，教师自发建立网络科研群，学校也在校网站上开通了科研论坛专区，让教师们在实际教学中不断验证、反思、交流、改进，形成"善思·实证·创新"的项目科研文化，最终达成减负增效的精品课堂目标。

### 四、开发课程文化，达成多元整合

建设以"多元·选择·整合"为核心词的课程结构，强调科学合理，是我校又一文化思想。我们在重视国家课程的基础上，还特别重视校本课程的开发，积极拓展学生的求知领域。

"让国学走进课堂，让课堂融入生活"，传承中华的经典文化，弘扬民族美德是我校一贯的教育主张。为此，学校选取了《三字经》《论语》《经典古诗

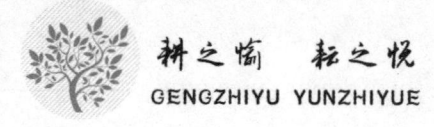

词》等中的精髓,整理形成校本教材《晨光积累》,并开设经典诵读礼仪课,让孩子们"读圣贤书、立君子品、做有德人"。让优秀的传统"经典文化"浸润学生的心灵。

2012年初,我校召集学有专长、身怀绝技的教师,致力于多样化拓展课程研究。本着"全员参与、培养兴趣、拓展能力"的原则,结合学生年龄特点,开设了航模、纸艺、泥塑、舞蹈、器乐、轮滑、剧社、摄影等二十二门拓展课程。挖掘学生的多种潜能,为学生未来发展奠基,为学生人生奠基。

经过一年的实践,证明校本课程极大地丰富了学生的学习资源,拓宽了学生学习的面,增强了学生学习的兴趣,调动了学生自主学习的积极性,营造了快乐成长的氛围,更为他们未来的定向发展奠定了基础。

### 五、探索管理文化,实现激励成长

学校一直倡导建设以"科学·人文·自觉"为核心词的学校管理,强调学校科学建制、人文管理。

为实现教育教学的提质增效,我校大胆尝试实施分科教学。采取全员参与教学的方法,将教师从繁重的劳动中解脱出来,用更多的时间挖掘教材的深度和宽度,拓展探索的空间,让教师在专业上获得更长足的发展,出精品课做学者型教师。

在教师管理上,由过去以惩戒为主转变为以激励和引导为主的评价机制。学校根据教师的特长特点,采取定岗定量的教师考核办法,教师工作量化更能客观反映出教师工作的量和质。这种做法以引导为主,突出通过科学的评价,引领教师专业发展,给教师指明工作的方向。而公正的目标管理,及时的奖励机制,极大地调动了教师的工作积极性,学校变制度约束为自我约束,使努力工作成为教师们的一种自觉行为。

在"文化立校"思想的引领下,十五小人迸发出巨大的激情和潜能,创特色、争名校,实现了师生的共同成长。

在全员努力下,我校2012年被评为省级标准化优秀学校、优秀小学教研基地。尤其在各学科教师的素养比赛中我校教师均展现出过硬的业务素质和良好的精神风貌。先后获得:省"小学语文教研基地"、省"英特尔未来教育基础课程教学应用优秀学校"、省"课题管理先进单位"、省"小学写字实验教学先进单位"、省"小学阅读活动先进集体"、市"教育科研先进单位"、市"小学课堂教学研究先进单位"、市"小学新课程现代信息技术教研先进单位"、区德育工作先进学校、区艺体工作先进单位、区校园文化先进单位等多项荣誉称号。

　　同时学校将两年来的师生活动进行整理,形成了经典校本教材《晨光积累》,礼仪校本教材《明礼、导行、育德教育读本》,教师案例集《耕之愉》,教师反思集《耘之悦》。学生作品集《蝶翼》《童心灵动》《诗情诗韵》。

　　学校的崛起在于先进的思想理念,学校的发展在于文化的深邃内涵,学校的腾飞在于特色的创办铸造。回首过去,有艰辛也有成绩,展望未来,有困难更有希望。我们十五小人将一路求索,努力把十五小学办成特色鲜明、自主开放、学生喜爱、教师热爱、家长满意、社会认可的品牌学校。将"十五小文化"发扬光大!

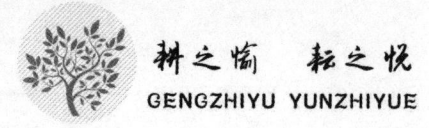

# 文化引领培育品位教师
# 精致教育塑造品质学生

## 赵忠良

实施素质教育是当前教育改革的主旋律,是关乎国计民生的大事,是推动社会进步、提高民族素质的根本。事实证明,人只有在充分发挥主观能动性,并不断体验成功获得愉悦感才能激发出个人无限的潜能,实现能力的全面提升。因此,佳木斯市第十五小学一直秉承"文化立校、和谐育人、快乐发展"的核心办学理念,在教学工作中积极创设快乐自主的师生文化氛围,通过教学活动不断实现师生的快乐成长,并将学校文化渗透于学校工作的方方面面,以学校文化凝聚师生精神,以学校文化铸造学校品质。

### 一、在继承与发展中铸造"理想·激情·多能"的团队精神文化

(一)制度激励,在继承中求发展

多年来学校在教育教学的最前沿积极探索实践。学校不仅要创设出人人积极参与的学习氛围,更要培养教师形成探索合作的求疑意识,能教善教、教有所获的钻研精神。我校教师要做到:重形象—美丽地工作;重学习—智慧地工作;重合作—快乐地工作。为此,学校成立了由校长率领的教研组织机构,形成校长—教学组—学科小组—教师 四位一体的教研管理网络,并制定了一系列激励性的教研制度,包括学校教研管理制度、教学研究制度和集体交流制度、听评课制度、教师学习制度、教研考核制度,教研奖励制度等,以制度为约束和动力,促进教师的学习常态化,教研常态化。同时,学校将校本教研列为教师工作绩效考核的比重增大,用细化量化的方式促进教师校本研修的质量,培育团队精神文化的形成。

（二）文化引领,在发展中求提升

书香的浸润是教师最好的文化营养,学校每学期赠送教师一本自选读物,设立师生读书节,积极建设书香校园,催生教师的理想与激情。学校积极倡导教师个人做到"三个一",即上一堂好课,写一手好字,会一种才艺。鼓励教师成为"三新教师",即有新理念,懂新技术(信息技术),会新方法。教师业务自修要做到"五个一":每人学会一项特长,每学期读一本教育理论专著,每月自制一份多媒体课件,每周上交一份书画作品,每日教学有反思,以此实现教师的多能。学校除每周固定的教学基本功"三字一画"的训练外,还积极开展教师业务竞赛活动,不断铸造"理想·激情·多能"的团队精神文化。《数学课程标准( 2011 年版 )》出台后,学校组织教师学习,并对全校各学科教师进行了新课标知识的闭卷考试,张榜公布成绩。每学期初和学期末,学校都有固定的教学基本功竞赛、教师朗读比赛、说课竞赛、教师课堂教学竞赛。以赛促学、以赛促训,提升教师的教学素养。学校还积极组织教师参加上级教研部门的各种培训活动,回校再进行二次培训,真正达到一人学习全校受益。

## 二、在追求与实践中打造"引领·互助·共享"的校本研修文化

（一）实施两个工程,在引领互助中实现教师个人成长

学校积极实施名师建设工程和青蓝工程,加大对名师的选拔培养力度和对青年教师的帮带力度。努力搭建名师培养对象与帮扶对象的展示平台,促进教师的快速成长。学校建立了单独的名师培养档案和师徒结对档案,要求学期初有计划,成长有记录,教学有汇报课,交流有讲座稿,期末有总结,详细记载成长的过程。目前学校拥有省市级教学能手 13 人、区级教学能手 26 人、市级骨干教师 15 人、区级骨干教师 23 人、各级学科带头人 18 人,学校教研基地建设活水不断。

（二）建设信息化环境,在分享交流中助推教师能力提升

学校多年来一直加大对学校信息化教学环境的投入,率先在全区实现了班班通,实现学校网络全覆盖,为学校教师的互助共享提供了更广阔的空间。学校充分利用网络资源,成立了教研群,定期上传教学资料,教师独立下载学习。学校按月检查教师的自学笔记,教师上交学习心得体会;学校在国家教育资源平台成立佳木斯市第十五小学教研工作室话题吧,教师可以针对学习的内容在网上留言提出问题或者参与问题的讨论交流。学校实行电子备课,建立了学校资源库,资源库里包含了教案、课件和相关的资源,教师可以自由地上传、分享、借鉴。目前,学校资源库已有几十 G 的教学资源。

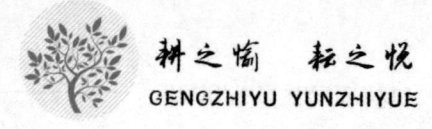

（三）夯实学科教研,在互助合作中探索教育技术与学科的融合

学校紧抓团队建设,促进现代教育技术与学科的融合应用。我们按照学年、学科的自然划分成立了 12 个学习应用互助组。由组内的骨干教师任组长,组内成员结对帮扶,做到组内一人懂带动全组学,应用进课堂。学校在教师初步掌握电子白板功能操作的基础上,根据教师所任学科、学段特点,组织教师成立专题应用研究组,进行白板与学科融合开发。例如:高段数学组重点研究利用白板演示各种平面与立体图形的组合分解在课堂教学中的应用融合。各组有侧重点的研究成果分阶段在学校内交流共享,使电子白板应用与学科融合研究深入有效,事半功倍。

### 三、在陶冶与凝练中形成"自主·合作·交流"的课堂教学文化

课堂是教学的主阵地,学校将理论研究与课堂展示有机结合,定期将学科小组研究成果通过课堂教学展示出来,全体教师集体观摩,共同研讨,反思改进。而现代多媒体教学设备也为教师的课堂教学、展示交流提供了便利。学校通过抓好集体备课、课堂展示、课后研讨 3 个环节,落实校本教研,积极建设"自主·合作·交流"的课堂教学文化,实现课堂的快乐高效。首先我们在常规集体备课的基础上增加了专题性备课,如开学初的学科教材梳理式备课、学期中的问题研究式备课、学期末的归纳总结式备课,让教学研究既有分散又有集中,既有引领又有自主空间。学校每学期固定开展全校性的"快乐、自主、高效"课堂教学竞赛;同时设立了教研组"月走讲"制度,要求学科教师每月走讲一 次,采用学年学科"单元接力""同课异构""师徒汇报""骨干引路"等多种形式,展示共享教研成果 。

学校还致力于"以学为主"的课堂教学研究,创建了"三三教学模式",即做到:"课前三分析"—课标分析、教材分析、学情分析;"课中三设计"—学案设计、任务单设计、练习设计;"课后三反馈"—乐学反馈、能力反馈、成绩反馈。形成了固定的任务单设计类型和三反馈量表模板,任务单为学生解决知识难点搭建了扶梯,反馈表为课堂质量提供有效的数据监测,极大地促进了教学的改进与增效 。学校实施滚动研究,本学期在原有"三三模式"的基础上,又开展了各学科专项模式课研究,如语文拼音教学模式课研究、识字教学模式课研究、语文口语交际模式课研究等,通过这些研究,引发教师对于专项教学的深入思考,寻找激发学生最有效的教学策略,并为年轻教师的规范教学树立可参照的范本。

课后研讨交流是发现问题、解决问题、提高教研质量的重要环节,为此每

次展示课后我们均留足教师间的互动研讨时间。月走讲活动要求教研组教师课后研讨修改形成二次精案;师徒汇报课要求加入说课和反思的环节;全校主题教学赛课后召开大型的研讨交流会,教师间针对课中问题进行答课、辨课,思维碰撞出智慧的火花,令涉猎的问题研有深度,最终达成减负增效的精品课堂,形成"善思·实证·创新"的项目研究文化。

## 四、在精致与特色求索中构建"多元·选择·整合"的课程结构文化

在新课程背景下,特色课程的开发是学生多样化发展的需要。学校积极构建"多元·选择·整合"的课程结构文化,在开齐开全国家、地方课程的基础上,大力开发校本课程,建设"拓展课程体系",打造特色课程品牌,实现"三会育人"(会学习、会生活、会做人)的教育目标。

学校在面向学生和家长调查研究的基础上,充分挖掘教师自身的才艺和潜能,促进教师一专多能全面发展。2012 年学校首批开设了涵盖艺术、科技、体育、知识等门类的 22 门特色课程,全校学生自主选择喜欢的科目,打破班级界限,统一利用每周四下午固定的两节课进行"走班"制上课。在两个年度研究实践的基础上,结合学生实际,对已开发的特色课程又进行整合,摒弃了一些学生不喜欢,实效性不强的课程,新增了 6 门课程,并结合学生年龄特点将部分课程分为高低两段。目前我们共开设 24 门课程,现已形成固定的校本教材。学生也积累形成了作品集《蝶翼》《花影》《童年涟漪》等。学校还利用"科技节""体育节""艺术节""植物节""读书节"等五节,定期开展活动,展示特色课程的学习成果,使学校真正成为学生的学园、乐园、实践园。

让国学走进课堂,让课堂融入生活,传承中华的经典文化,弘扬民族美德是我们一贯的教育主张。为此,学校选取了《三字经》《论语》《经典古诗词》等,整理形成校本教材《晨光积累》和《国学经典读本》,并开设经典诵读礼仪课、设立"读书节"、创办"春蕾周刊"和"春蕾广播站",让学生"读圣贤书、立君子品、做有德人"。

经过几年的实践,校本课程极大地丰富了学生的学习资源,拓展了学生的求知领域,挖掘了学生的多种潜能,增强了学生的学习兴趣,塑造了学生的人格品质,营造了快乐成长的氛围,更为他们未来的定向发展奠定了基础。

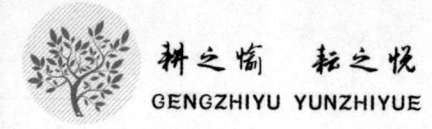

# 让每一位教师都走上校本教研的
# 幸福之路

## 赵忠良

2006 年,校本教研如和煦的春风,吹遍了佳城大地。佳木斯市第十五小学被确定为佳木斯市首批小学校本教研基地。学校十分珍惜这一机遇,以饱满的热情、锐意创新的精神积极投入到基地建设当中。几年来,学校紧承时代脉搏,致力于"教师业务高素质、学生学习高品质、课堂教学高效益",紧紧围绕"新课程、新课堂"这个主题,抓住教师专业发展这个根本,立足校本教研,推进基地建设的内涵发展,促进教师专业成长。

### 一、在理性学习中追求积淀

随着课程改革实验的深入,教师的教育思想、教学方法、教学过程发生了改变,同时也遇到了越来越多的新问题。为了拓展教师的视野,借他山之石攻我校之玉,学校每学期都不定期选派领导和教师跨出校门到上海、哈尔滨等地的知名学校观摩学习。

学校还相继举办了"在新课改理念下如何备课""如何进行教学预测与反思""如何撰写教育教学案例"等专题讲座,组织教师学习了《走进新课程》《给教师的建议》《教育科研有问必答》等书籍,开展了以"新课程伴我成长""我与教育科研"等为主题的教师论坛。现在,学习内化已经成为教师个人和团队成长、学校发展的需要,校本教研由形式走向实践。

### 二、在常规教研中追求扎实

教育研究始于课堂,解决与课堂,服务于课堂。课堂是校本教研的主阵地。几年来,我们以课例为载体,以帮助教师解决教学中的实际问题为主,把日常教学工作与教学研究融为一体。

（一）自我反思，促进内省

在课程改革实验的进程中，每一位教师都会面临一些具体的、特殊的问题，这就需要我们教师以个体自主活动的方式开展研究，学校在校本研究中注重培养教师独立参与意识，坚持在自我实践中反思，在通航观察中反思。通过分析与评议，参照与比较，学他人思自己，形成独立性思考和创造性见解。学校先后整理编辑了《主体性教育实践与体会》《科研组长话教研》《教学案例》《教学反思集》。

（二）同伴互助，共同发展

同伴互助即把个体的研究引向集体的研究，我们注重教师在"做中学"，把教学中的问题当作专题，经过群体教研进行诊断、设计、实践、反思，以课例展示理念，让理念回归课堂。学校先后开展了"同课异构""学年走讲"等专题教研活动，将校本教研的重点指向课堂教学。通过实践、运用，解决了教学中的一部分疑难问题，实现了"新课程、新课堂"的初衷，增加了教室之间的切磋、学习、分享的机会，增强了教师团体协作的意识。同样，我们学校也在这种朴素而扎实的校本教研中稳步前行。

（三）课题引领，研有深度

学校早在1999年就提出"特色立校、管理强校、科研兴校"的办学思想，积极地把教育科研纳入议事日程，把在"十五"期间省级科研课题"主体性教育的实践研究"融入课改之中。随着课程改革的不断深入，我们又把"如何落实课改中的三维目标"与学校"十一五"省级重点课题中的"在教学中进行德育渗透"研究结合起来。让老师们带着问题而来，使研究既有主题、贴近教学，又解决了课改中的实际问题，使校本教研具有深度。

## 三、在校本教研中追求发展

（一）以活动为载体，展示自我

为了使新理念，新方法固化为教师的行为，学校每学期都坚持开展教师全员参与的业务大比武活动，举行了"践行新课程，同上一节课""骨干教师示范课"等主题教学竞赛。2007年面向全区学校举办了"小学教研基地教学开放日"活动。2008年在全区进行了"自主、快乐、高效"课堂教学开放日活动。2009年，学校在全区召开了"运用远程资源，促进课堂教学"现场会。2011年学校结合市比赛要求组织全校教师进行了绘图、计算、素养答题、才艺展示表演、课堂教学五项内容的"教学素养大赛"。

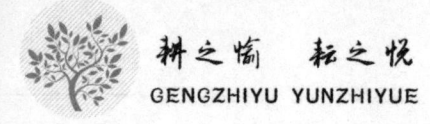

（二）以校本课程为基点，创建学校特色

一所没有特色的学校是不可能成为名校的。我们认为只有充满个性和特色的学校才能带动学校的整体发展，提高学校的办学品位。为此，学校以校本课程为基点，创建学校特色，充分利用远程教育资源提供了大量媒体资料，积极开发校本课程。其中写字教程是通过播放让学生掌握字的笔顺，指导学生书写；美文欣赏是学校课程的又一特色，教师借助图文并茂、声像同步的形式，让学生欣赏、练读，提高朗读与审美能力。同时，学校还编写了《明礼、导行、育德》教育和《晨光积累》读本。应该说校本课程的开发和利用是学校落实校本教研成果的体现。

几年来，十五小学突出发展这个主题：激励学生主动发展、引领教师专业发展、促进学校可持续发展。学校的教学工作也迈入了一个新的台阶，涌现出一大批省、市、区级骨干教师与优秀青年教师。学校先后获得省小学写字教学先进单位、省阅读教学先进学校、示范性学校、市小学教研基地、市"百家讲堂"课堂教学团体一等奖、市教师课堂教学技能比赛团体一等奖、市小学课堂教学评价团体一等奖、市首届数学教师素养大赛团体二等奖、市小学基础教育改革先进单位、区校本培训先进单位等多项荣誉。

校本教研是一项长期而艰巨的工作，目前我们队这项工作的理解和实践还处在比较浅的层面上，还有很多实践的问题需要改进与完善。

一是进一步弘扬爱岗敬业的精神，引导教师形成主动研究的意识。让他们在实践中不断体会成长的快乐，进步的愉悦和职业的乐趣。

二是建立并逐步完善行之有效的校本教研评价机制。保证校本教研的深入性与持久度，评价机制的跟进是我们下一步工作的当务之急。

校本教研唤醒了我们教学内心深处的成长欲望，在教育科研的幸福路上，我们是刚刚启程，也许我们还不优秀，但是，我们正走在通往优秀的路上。

# 依托网络教育教学服务平台
# 创建智慧校园

## 赵忠良

信息技术的发展与应用加快了教育的现代化的步伐。在以网络为载体的信息时代,大数据、云时代、互联互通语境下,办什么样的学校,育什么样的人,一直是校长认真思考的问题。信息网络技术的进步,极大地改变了人们的生活,也给教育带来了很大的冲击。校园的管理,课堂教学,成长评价都因网络的发展而改编。知识呈现的方式更加的直观可视,校园管理更加智能便捷。教师的教,学生的学,都不同以往。人们获取知识的渠道更加的多样化。学习的方式泛在化,不再受时间地点的影响。个性化学习成为可能,碎片化学习成为主流,教师不再是知识库,学生也不再是被动地接受知识。借助网络人们可以实现自己的梦想,改变自己的生活方式。网络的普及发展必定改变学校的育人方式。新的网络文化必定成为校园文化的一部分。为适应这种变化,改变学校的管理方式,让管理更加高效便捷,学习更加自主、有针对性、个性化成为学校育人的新常态。

十五小学在新的网络语境下,以网络为平台打造智慧校园,探索数字化时代的育人方式,让网络成为资源、工具、载体,培育新的校园文化。实现立德树人的办学目标,做了一些有益的探索实践。

历史回顾:

我们的智慧校园发展大致分为三个阶段。

一是2012年以前,以网络的介入教学为标志,以投影仪为主体课件数字化呈现。教师实现了网络应用技术的普及,信息应用技术的掌握成为十五小人的基本技能,为以后的信息技术介入教学管理,打下了坚实的技术基础。

二是2014年以前,以交互式电子白板的普及,网络进班级为标志,"三通

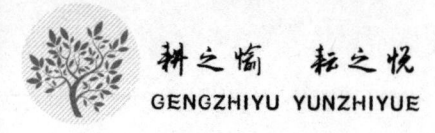

两平台"的应用,数字技术的高效得到极大释放,资源手段多样化,知识的呈现方式更加灵活多变,教和学效率呈几何基数增长,慕课、微课、优课资源的共享极大地方便了教育教学,教师专业成长个性化,校园管理尝试数字化、智能化。科学,简约,高效成为核心观念。

三是 2015 年以来,校园网络升级( 100 兆 )无线网络的全覆盖,"优教班班通"的资源的引进开通,校园教育教学管理全面数字化升级,固定、移动终端互联互通,创建智慧校园成为可能。学生,教师,家长,学校无障碍交流,时时交流,个性化学习,泛在化学习,碎片化学习成为新常态。国家、地方、校本课程拓展( 十五小学开设二十四门拓展课程 )高质高效,课程开设更加广泛,教师不再是知识的传输者,真正成为学习的参与者、组织者、合作者。微课、慕课、翻转课堂线上线下时时互动交流,自主学习,合作学习成为获取知识的主要方式。大数据、云技术的应用使教育教学管理更加科学、高效、智慧。

现实发展:

有了这三个发展阶段的基础,十五小学教育教学管理向数字化靠拢。创建数字校园,智慧校园成为十五小人的共识。我们从几个方面发展:

## 一、创建信息化课堂——打造高效自主个性化的学习环境

信息化课堂,将现代先进的信息技术与学校管理和教学活动深度结合,运用信息技术构建管理程序和互动程序为平台,公共教育资源和校本教育资源共建共享为重要内容,以师生互动、合作探究为重要课堂教学模式,旨在探索信息化环境下,实现以学生为中心的个性化教与学 。

1. 提高学生的学习兴趣

信息化课堂上,能够实现生动形象、高效互动的教学,有效激发学生的学习兴趣,提高学习主动性,养成良好的学习习惯,有效提升学习成绩 。

2. 实现个性化的教与学

信息化课堂,以学生为学习主体,全程关注学生的学习状态,针对每位学生制定个性化教学方案,满足学生不同的学习需求,增强学生的学习主动性,从而大幅提高学习成绩。

3. 实现"增效减负"

信息化课堂,能够体现"素质教育"的本质,打破传统教学模式,提高课堂效率,提高学生的学习能力和成绩,减轻师生负担,实现"增效减负"。

4. 提升教师专业水平

通过信息化课堂,教师可接受名师的专业指导,享用精品资源,互动交流,

从而不断提升教师专业化水平。

5.加快学校信息化步伐

信息化课堂,更加满足国家对教育信息化部署的要求,使学校紧跟时代步伐,促进信息化教学发展,学校走在信息化课改最前沿。

6.提升学校核心竞争力

信息化课堂,有利于学校数字化校园环境建设,实现智能化管理与教学,提升教师教学水平和学生学习成绩,扩大学校在当地的影响。

7.推动教育课程的发展

信息化课堂可以有效缓解学校教学资源匮乏的问题,由过去的有什么样的教师开设什么样的课,到有什么样的资源开什么课,学校可以根据自身特色发展需要,有选择的开课。慕课、微课、线上线下师生共同学习,成为教学常态,也培养了学生独立获取知识的习惯品质。享受与发达地区孩子同等的优质教育资源,实现学校、家庭和社会相结合的现代先进教育模式,促进学校特色发展。

## 二、创设网络教学系统——打造高效的教学服务平台

网络教学系统是信息化课堂的功能载体,是为学校、教师、学生、家长量身打造的互动式智能化网络教学平台。适用于学生在教师引导下的课前、课中、课后的学习和辅导。该系统将信息技术和教学全面深度融合,通过资源、测试、作业、讨论等教学活动,使学校、教师、学生、家长相互配合,形成家校共同体,合力打造教学新模式,全面提升学校教育教学水平。

## 三、创建学校应用平台—打造智能化管理系统

针对学校管理的特点及需求,我们设计了教师管理、学生管理、教学各课过程管理、知识体系管理、资源库管理、公告管理等功能,帮助学校轻松、高效管理教学工作,提升教学质量,打造高品质办学质量。

管理科学智能——建设信息化管理,充分利用信息化手段,集合全体学生、教师、家长的在线智能系统,实现全程动态管理学校。

操作实用简单——实现了学校师生信息的收集,年级、学科、教师的匹配,校本资源的共建共享,教学情况的跟踪,覆盖了日常主要教学活动和管理且操作简单,可轻松完成教学管理工作。

网络绿色安全——每台学生用机都安装了绿色上网控制软件,可严格控制学生上网时长和软件使用,确保网络环境安全绿色,使学生远离网络弊端。

应用自由方便——除了电脑 Pc 端外,网络教学系统还可以使用手机、苹

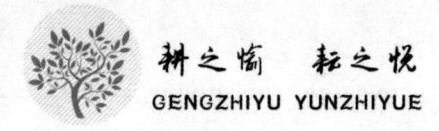
果平板、安卓平板随时随地登录访问,使学校领导、老师无论是在学校、家里,只要有网络即可对学校的教学工作了如指掌。

## 四、创建教师应用平台一打造互动式教学助手

一站式备课—网络平台中预制有试题库、教案、课件等精品资源,帮助教师实现一站式备课,开拓备课思路,创造性完成教学设计。

精准分析学情——智能化成绩统计、试卷分析,学生月考、期中、期末成绩自动排序生成;每位学生、每套试卷、每道考题的答题情况,精准展示。

减轻教师负担——提供海量精品备课资源,智能出卷、大大减轻教师负担,提高教师教学效率。

增强教学互动性——课上分组讨论、课下互动答疑等交互机制,让师生互动、生生互动畅通无阻。

提高教学针对性——针对学生层次,分成不同小组,实施分组备课、分组发布测试、作业、讨论话题等,满足不同学生的个性化学习需求。提升教师专业水平,看名校名师的优质示范课,每月两次零距离接触权威教育专家,突破专业发展瓶颈,实现快速成长。

## 五、创建学生应用平台一打造个性化学习空间

实现自主学习——学生可以根据自身特点和学校情况,选择适合自己的课程,自主调整学习进度,针对自己薄弱科目,着重成果,强化训练,有针对性的提高。

获得多次学习的机会——在网络教学系统下,学生可以获得老师的教案,还可以获得学校和外部资源,使学生获得多次学习机会。

个性化学情诊断——及时发布测试成绩,查看带有详细解析的错题本,获得针对性学情诊断,准确发现学习漏洞,快速弥补学习短板。

掌握高效学习方法——通过"七步高效学习法",对每周所学内容进行思考、巩固、形成固定的学习模式,建立自己高效的学习方法,实现成绩快速提升。

互动式学习不单调——讨论、发帖、答疑、交流学习机制,让学习不再单调。

## 六、创建家长应用平台一打造动态化跟踪窗口

1.全程监测孩子的学习动态及学业数据分析,有效掌握孩子学习情况;

2. 了解孩子学习内容，依靠课程资源有针对性地进行家庭教育辅导；

3. 了解学校重要通知，及时接收教师对孩子在校表现的反馈信息；

4. 快速有效地与教师、学校进行沟通交流，促进孩子健康成长。

## 七、信息化给十五小学课堂教学模式带来的变革

1. 变革的教室——拓展教与学的空间

信息化课堂教学模式，充分利用互联网构建了开放式学习平台，囊括了校内外优质教育教学资源，形成了有网络就有课堂，突破了时空限制，实现了随时随地学习模式，大大扩展了教与学的空间。

2. 变革的资源——创设新型教学资源

信息化课堂教学模式，将教师上课资源变为学生的学习资源，从单一的书本资源丰富为多元的音视频直观资源，分知识点的学习内容资源，实现了学习内容与学习方式的整合，形成了新型教学资源。

3. 变革的教学理念——实现翻转课堂

信息化课堂教学模式下，教师从传统的"知识库"型教师，转变为"指导师"型教师，不但是信息的输出者，更是课堂活动的设计者、组织者和参与者，通过互动教学平台和信息化手段，实现自主式、启发式和探索式教学。

4. 变革的学习观——实现个性化自主学习

信息化课堂教学模式，主张学生自主学习，培养学生多方面的学习能力，学生从之前的被动接受到课前、课中、课后的自主学习，真正地成为学习的主体。变成了一种自主的、互动的、个性的学习形式。

未来展望：

创建数字化校园环境——校园文化融入网络文化

形成新的学习文化，泛在式学习、自主化、个性化学习成为获取知识技能的常态。

引入创客文化，培养学生创新意识和创新精神，提高学生动手实践能力。打造创客实验室，形成从数字化设计到3D打印的自造过程。

实现网络多终端的互联互通，实现无障碍交流，校园管理智能化。

开源课程体系，拓展课程维度，实现有限课程无限拓展，提高学生综合素质和科学素养。

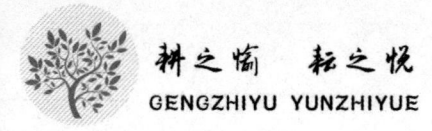

# 走出教师评价误区,促进教师专业发展

## 赵忠良

教师是学校最为宝贵的人力资源,教师的思维境界、工作质量、潜在能力的调动运用发挥,可以转化为较高的办学效益。教师的专业发展决定他完成社会赋予他的教书能力的发挥,科学、合理、公平、积极地评价教师,能最大限度地调动教师的工作积极性,是促进教师发展,提高教师素质的有力措施,也是学校科学管理教师的基础。实施素质教育推进新一轮课程改革,关键在教师。科学合理地进行教师评价,促进教师专业发展,是一个必须认真研究和实践的课题。

### 一、教师评价的误区

(一)调查表明,13.5%的教师、34%的校长认为评价的目的是为了鉴定、考核,是一种管理性手段,忽视了教师评价的未来性、激励性、发展性、多元性、改进性、内在主体性等方面。

(二)目前,教师评价从结构上看是一种自上而下的单向鉴定性评价,即校长(评价)→教师(评价)→学生,缺乏充分的信息和依据,带有较大随意性,这种单一评价系统没有形成反馈系统,而且也不可能充分调动评价主体和评价客体的积极性和主动性。

(三)评价制度的功能未充分发挥

由于目前教师评价制度结构不合理及对教师评价认识不清,教师评价的整体功能未能充分发挥,教师评价制度的主导功能即导向、激励、调控等功能没有建立,也不可能得到充分发挥。

## 二、完善教师评价制度

（一）明确评价目的

教师评价的目的：充分发挥教师评价的导向、激励、改进的功能，通过评价过程反馈调控教师工作，不断总结、改进、调动广大教师积极性、创造性，最终促进教师专业发展、教学质量的提高。

（二）确定规范的评价

对于教师评价的依据应是：正确的教育价值观、学校的教育目标、教师的根本任务及国家颁布的有关教师职业道德规范要求。在此依据上，应该逐步明确以师德为首的内容体系。其中包括：第一，教师的师德水平。教师要热爱教育事业，热爱教育对象——学生，工作要兢兢业业，认真负责，要坚持既教书又育人。第二，教师的法制意识。教师要坚持依法施教，要贯彻、履行各种教育法律、法规所赋予的责任、任务、要求、义务，要严格对待课程计划、教学大纲，完成教学任务，要自觉维护受教育者和未成年人受教育的权利。第三，教师的知识结构和水平。教师既要有广播的文化基础知识，又要有精深的专业学科水平。在现代教育中，还要有丰富的教育科学和教育理论知识。第四，教师的工作能力及水平，教师要有课堂教学的教育能力，良好的道德行为和科学知识的传授能力，班级等学生群体的管理能力，家访及做学生思想工作、心理疏导的能力。第五，教师的工作业绩。教师做班主任或其他教育工作的效果，教师学科教学成绩，教师著述、论文、报告、科研成果。在诸项评价内容中，尤以师德和法制观念为要，在很多评价中采取师德和依法施教的一票否决，如每学期教师的述职和考核出现了严重违反师德和违犯教育法规之事，考核则为不合格。

（三）制定完善的评价方案

1.教师自我评价

教师自评是主要倡导的评价形式，也是教师评价中最重要的措施之一，它能促进教师教学能力的提高和专业素质的发展。学校管理者可依据课程改革的理论和本校师资情况，拟定 A 类和 B 类评价内容和标准，每个教师可根据自己教育教学素质和教育教学能力两个方面的内容，以及自己所教学科的特点，找出自己的发展优势和不足，然后把拟定的改进要点和改进计划，作为 C 类的评价内容和标准，形成一个教师自我分析表。比如：在教学能力方面的教学目标中，学校把"教学目标"定位 A 类目标；将"把学生培养成学习型的学习者"作为 B 类目标；教师也可对学生尊重、让学生有发言权、培养写作精神、关注学

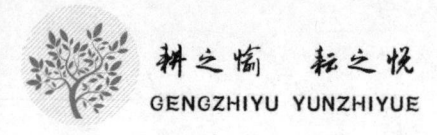

生思想行为方法和社会价值观念的发展作为 C 类的目标。同时教师还要注意在教学发展中,利用不同方式写出教学发展体会、教学日记、周期性总结等形式的自我监控总结材料。

2.注重学生对教师的评价

学生作为教育的对象,是直接参与者,他们对教师的教育教学活动有着最直接的感受和判断。因此,教师首先让自己和学生建立平等、和谐、民主的师生关系;然后,通过学校管理者向学生定期召开学生专题座谈会(一般每学期两次专题会),作为定性评价;与此同时,教师自己还要不定期地召开学生专题座谈会(每学期不得少于四至五次),作为灵活性、过程性评价;学校还在校内设立学生评教教师教学专题信箱,让性格内向、不敢在教师面前评价教师的学生,通过写信的方式,敞开自己的心扉,说心里话。一周开一次信箱,一月做一次总结,也可设计学生问卷,让学生通过纸面答卷的形式,完成对教师的评价。

3.关注家长对教师的评价

学生家长作为学生的父母和教育投资者之一,自然十分关心自己孩子在校受到什么样的教育。促进家校协同也是学校教育的重要职责。因此,家长评价教师是家长的一项权利,也是促进家长了解学校和教师,形成家校合力的有效途径。根据这一理论,学校定期召开学生家长会,征求家长对学校,特别是对教师的评价;教师每学期要按时完成全班学生家访工作,及时了解孩子在家的表现和家长对教师的评价,并认真做好记录;学校定期举行家长开放日,让家长主动地、积极地参与听课、评课活动,了解老师的素质和教学能力;由学校和任课教师联合向家长发放调查问卷,让家长对教师的教学和学生学习进行评价(可以在平时,也可以在家长开放日)。

4.教师对教师的评价以及学校管理者对教师的评价

在教师评价中,教师对每一位教师的评价,应是全面的、细化的和量化的。依据这一特点,每学期进行教师对教师的评价,评价的内容包括:一个教师的职业道德、教育观念的转变、先进教育教学理论的学习、教学常规的落实、教改实验的进展、课堂教学的设计、改进与效果等。

学校管理者在操作评价中,首先要参与教师对教师的评价,与教师个人单独进行交流;在交流过程中,学校管理者要肯定教师的优势,指出教学中存在的不足之处,提出提高发展建议。其次,学校管理者的重要任务是组织、协调、平衡和总结各个评价主体评价活动。再次,学校管理者要把平时的定性评价、定量评价、分解性评价、稳定性评价、过程性评价和灵活性评价等,在一个学期中,进行积极整合,形成一个比较客观的、实在的总结性评价的成果。

### 三、发挥教师评价的促进作用

（一）导向作用

对教师评价的指标体系和评价标准是教师评价过程自然会具有的导向功能。

（二）激励作用

教师评价可以使被评价者看到自己成就和不足，能够激起干部教师发扬优点，促进人们工作的主动性与热情，激励人的全部精力投入工作、学习，驱动被评价者的内部活力。因而评价在客观上也对学校、干部、教师起督促作用，激励其内部潜藏的积极因素的发挥。

（三）反馈矫正的作用

通过评价的反馈作用，及时获得教育过程，教育效果的信息，可以使我们客观、准确地把握学校工作或教师工作的情况，也可以使我们清楚地看到学校工作或教师工作中长处和短处。这样便于学校和教师经常调节工作的目标进程，及时调节，及时强化，及时矫正，使学校和教师的工作不断地得到完善、改进，从而达到提高工作质量的目的。

（四）鉴定作用

对一所学校，一位教师进行评价，必然会有评价的结果，这评价的结果对学校、教师有鉴定的功能，只要评价的指标，评价标准是科学的、全面的、客观的，那么评价的结论也必然是科学的、全面的、客观的。因此通过评价来对学校、教师的工作进行鉴定也是必然是客观的、科学的、全面的。

现代学校管理改革中，教师评价制度的实施与完善越来越受到重视，成功的教师评价制度有助于提高教学的质量，有助于确定教师是否需要及需要接受怎样的培训，有助于形成良好的学生和教师间的交流关系等等。合理完善的教师评价制度既是促进教师专业发展的有力措施，又是纠正缺点、发扬优势的有效途径，更是一项深层次的教育改革，是新一轮课程改革顺利实施的强有力的保障。

# 在继承和弘扬中华传统文化的活动中培育和践行社会主义核心价值观的探索实践

## 赵忠良

党的十八大以来关于贯彻社会主义核心价值观,习近平总书记发表了一系列重要讲话:"中华民族伟大复兴需要以中华文化繁荣发展为条件","培育和弘扬社会主义核心价值观必须立足于中华优秀传统文化"。"中华文化代表着中华民族独特的精神标识"。

小学阶段是学生价值观形成的重要阶段,也是学生学习习惯,生活习惯,行为习惯养成的关键期。为学生创设适合年龄段发展的文化环境,为学生提供内容丰富形式多样的教育内容,为学生树立"人伦之楷模,万世之师表"高尚示范显得尤为重要。

学校是传授知识,传播文明的场所。文化是传播文明发展文明的载体。如果文化是一个学校的品格,那么,教育的精神便是学校的灵魂。品格的高雅与否,更深层次地源于学校内在的精神。文化是学校教育的精神内核。没有文化遵循的学校教育是没有灵魂的教育。以文化为统领,用文化滋养学生的心灵,用文化关怀学生的人文情怀,促进学生的精神成长,是学校教育的历史责任。

十五小学以"文化立校,和谐育人,快乐发展"为理想追求,确立了以"会学习、会生活、会做人"为办学目标的理念。在践行社会主义核心价值观的活动中,确立了以继承和弘扬优秀传统文化为重点的德育教育体系,培育和践行社会主义核心价值观。按照"三进"要求(进教材、进课堂、进头脑)制定详实活动方案,培育和践行社会主义核心价值观。

### 一、从三个维度贯彻社会主义核心价值观：

1. 从形神统一的学校文化建构中,弘扬社会主义核心价值观。

让优秀的传统文化铸就文明和谐的高雅校园品格"以文化人"。我们努力打造精致教育,用文化铸造有灵魂的教育。

五千年文明的中华优秀文化的道德基础是"孝"。"百善孝为先"……爱国、爱家,从"孝"开始。"孝"是"爱"之根,爱之源。

为人之道是"礼"。"不学礼,无以立","礼"是内修,"仪"是外达。"礼"是举止,更是观念。是家风的核心。"道德仁义,无礼不成"。

处世之道是"信",人无信不立……

我们注重在小学阶段,让学生守"孝悌",尊"礼仪",重"诚信",在内修外达中养成良好行为习惯,做举止得体,知书达礼的合格小公民。

我们自编国学教材《晨光积累》,其中,包含了《三字经》《千字文》《百家姓》《论语》《成语接龙》《古诗诵读》等内容,规定早自习期间阅读记忆。自编德育教材《明礼导行育德教育读本》,规定了言谈基本礼仪、仪态举止基本礼仪、生活中的基本礼仪、校园的基本礼仪等四大项行为规范,成为学生的导行读本。出版学生文集《蝶翼》《花影》《童心涟漪》《童心灵动》;教师文集《耕之愉》《耘之悦》。用这些举措提升师生人格品质。打造品牌学校,塑造品位教师,培育品质学生。以文"化"人,让国粹涵养生命。

学校开设了"二十四门拓展课",给学生搭建成长的平台。学生每周四下午有半天时间,选择参加二十四个兴趣班,有艺术类(书法、绘画、舞蹈、合唱、二胡、电子琴、口风琴);手工类(绢花、纸艺、泥塑、服装设计、厨艺);体育类(象棋、围棋、军旗、五子棋、跳棋、轮滑、速滑);科技类(航模、动漫);文学社团(春蕾报社、小记者站、英语村)。学生根据自己的喜好,积极参与各种技能和才艺的学习,在和谐的氛围中快乐成长。在创造的过程中历练才智。

我们还请市消防大队的辅导员到学校上校园安全课;请社区民警进课堂给学生上法治课;请区交警大队辅导员给学生上交通安全课……

我们强调课堂教学中的"三位一体",关注课堂教学的教学育人价值。即课堂教学的:

价值塑造(注重学生文化品格的提升)

能力培养(注重实训、创新思维训练)

知识传授(少教多思、知行和一)

使课堂不仅是传授知识的殿堂,更是师生命发展,精神成长的载体,也是

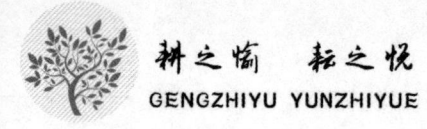

人格教育的主阵地。在课本知识中涵养智慧生命

我们创建"红领巾校园电台",《春蕾校园周报》。确立"五大节日"( 植物节、科技节、体育节、艺术节、读书节 )。

我们学校的基础德育教育,从"孝"、"礼"、"爱"、"勤"、"信"、"创"六个字开始抓起。在继承和发展中承接历史和未来。

我们认为:文化弘扬不是简单的枯燥的说教,而是以人影响人的全方位的浸润。

2. 在丰富多彩的校园活动中,聚焦和践行社会主义核心价值观

让快乐传承校园诚信友善,塑造高尚和谐的校园精神文明。

三大基地——弘扬社会主义核心价值观的阵地。

整合区域德育教育资源优势,构建三大德育教育基地。市消防支队,市福利院,烈士陵园都在校园周边。这是得天独厚的区域优势。我们同三个单位建立联系,互助共建。并每学期一次,定期组织师生到三个基地单位开展活动。清明节到烈士陵园祭扫,八一建军节到武警支队参加活动。

少先队——宣传社会主义核心价值观的主渠道。

充分发挥少先队,德育教育主渠道的作用,结合学生成长的年龄特点,渗透社会主义核心价值观。我们根据学生成长的年龄特点,制定六大主题系列活动:一年级:我做合格小学生;二年级:我是光荣的少先队员;三年级:阳光少年我十岁;四年级:阳刚男孩、聪慧女孩;五年级:争做星级少年;六年级:我是十五小优秀毕业生。

"四五"活动——践行社会主义核心价值观的平台。

要求学生做到:"五要"并举,"五会"共生,"五格"齐辉。"五节"并重。

"五要"——好奇、梦想、合群、关爱、自信。

"五会"——书画、阅读、讲演、乐器、礼仪。

"五格"——体格、性格、品格、人格、国格。"

"五节"——科技节、植物节、体育节、艺术节、读书节。

科技节:中国梦我的梦起航的港湾。纸飞机比赛、纸船承重比赛、自制电动车比赛、市电教馆的科技展览……

植物节:亲近自然的旅程。写观察日记、动手栽种喜欢的植物。

体育节;生命绽放的舞台。懂健康,爱生命,强体魄。

艺术节:美的熏陶,才艺的展示。

读书节:提高人格品位,增加生命的厚重。

3.让浓郁温馨内涵外显的校园文化环境,浸染传播社会主义核心价值观让精美的环境涵养师生平等自由的智慧生命。

在校园主体墙突出位置挂上几句话:

校训:"会学习、会生活、会做人"。

还有诸葛亮《诫子书》中的一句话:"非学无以广才,非志无以成学"。

对教师的要求:形象——美丽地工作
　　　　　　　学习——智慧地工作
　　　　　　　合作——快乐地工作

对学生的要求:美——美出修养与特长
　　　　　　　学——学出习惯与大气
　　　　　　　玩——玩出健康与情趣
　　　　　　　做——做出责任与妙想

教学楼内部按春夏秋冬布置环境,用佳市自然风光点缀。突出家乡美,教育学生爱家乡。在每个班级对应的廊角,各班根据自己的主题布置主题墙。一楼走廊是"爱";二楼是"礼";三楼是"勤";四楼是"纪";厢楼是"诚"和"创"。突出学生自己的心得智慧。

我们强调校园环境文化建设,用廊角文化突出社会主义核心价值观,突出注重古典文化的环境氛围。营造温馨优美的校园环境,让师生在潜移默化中受到熏陶,以文育人。积极构建一个充满生态智慧的环境,让精美的环境涵养师生的生命。

## 二、从三个层面落实社会主义核心价值观

爱国——培育师生天下兴亡、匹夫有责的国家情怀;

利用升旗、重大节日(国庆节,九一八,八一建军节、七一党的生日)进行爱国主义教育。鼓励师生读报、读书、了解老子、孔子、孟子;知道岳飞、文天祥、林则徐;祖冲之、苏轼、王羲之;狼牙山五壮士、雷锋、张丽莉;从先贤身上获得智慧,从英雄事迹中获得力量,从小关心国家大事,关注国家发展。写心得,写感受在校刊交流发表,在主题班会上讨论,强化国家意识,增强爱国情感,立报国之志,树强国之梦。并要求师生每学期读一本好书(学生家长要共同读)。

处世——仁爱共济,立己达人的社会关爱精神;

我们利用拓展课内容,开展社会调查,让学生关注环境,懂得环保。强化他们的公民意识。增强他们的社会责任感。全校师生每学期两次"走进社区爱护环境,建设美丽社区"的主题公益行动。每学期一次去福利院活动。让他

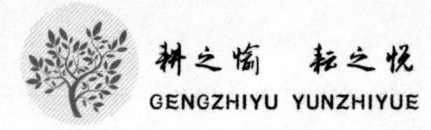

们学会关心他人,帮助有困难的人。

修身——知荣辱、守诚信、敢创新,做有自信、懂自尊、能自强的合格公民;

教师:立德修身,在成人成事成就学问中成就自己。

我们要求教师要有躬身为教,许身孺子的无比热诚;领导要对教师有情至于善,理达于通的挚爱真情。

我们开展明星教师评选,骨干教师培训,让教师在工作中体会人生的价值。

学生:在"孝"、"礼"、"信"文化精髓中寻求力量,规约自己言行。我校依据小学的特点编排了礼仪童谣,挂在学校主题墙上。有《形象礼仪》《同学礼仪》《行走礼仪》《集会礼仪》《尊师礼仪》《升旗礼仪》《课堂礼仪》《学日常规》。

我们要求:

领导:尚思、善思、思有所获。

教师:尚教、能教、教有所成。

学生:尚学、会学、学有所得。

## 三、在三个过程中弘扬社会主义核心价值观

1."寻"(心有榜样——向善之心)、寻找身边的楷模。我们开展了星级少年评比争卡活动。

2."树"(胸有目标——行为参照)

我们挖掘身边教师学生典型,树立榜样。挖掘优秀师生精神世界的闪光点,体会他们人格品质。引领师生共同成长。创设气象万新校园生活文化和工作文化。

德才兼备,润物无声的优秀教师邵锦平

专业扎实,循循善诱的骨干教师齐悦

管理有方,和蔼可亲的优秀班主任孔翔鹤

耐心细致,诲人不倦的优秀辅导员温宝玲

创新不断,智慧主任姜海燕

无怨无悔,甘于奉献的魏伟

"爱心星级美少年"——康健,女,13岁,担任六年一班的班长、校少先队大队长。她是个品学兼优的学生,尤其是心地善良,自强不息,无怨无悔帮助学习、生活中有困难的学生,成为同学中最贴心的"爱心大使"。她自强自立,关爱他人的事迹在校园广泛传颂。

"全能星级美少年"——崔捷,女,11岁,担任五年二班班长,校少先队副

大队长。她品学兼优、多才多艺,活泼热情,学习成绩一直名列前茅,舞蹈,朗读等综合表现尤为突出。她从小受到严格的教育和良好的熏陶,是老师的得力小助手。连续多次被评为校级"三好学生"、"优秀少先队员"、"优秀班干部",成为少数"全能星级美少年"。

"宣传星级美少年"——崔俊泽,男,11 岁,担任五年一班 的学习委员。他最大的特点是积极参加学校组织的各项活动,并在活动中以身作则,极具号召力,被评为受欢迎的"宣传星级美少年"。

3."做"(人有信念——人格底线)

我们开展了"优秀少年争卡晋级活动","星级少年"(文明之星、科技之星、智慧之星)评比活动。

结合学校系列德育活动,我们学校教育组,特制定了三张卡:绿卡(成功起航卡)、黄卡(成功扬帆卡)、红卡(成功超越卡),用来表彰先进,鼓励更多的同学在学校学习、生活等方面表现得更好,同时我们在全校还开展了"争成功卡活动",只要同学们按照学校的要求,使自己在各方面能取得进步,取得成功,就能得到一张成功卡。争卡的原则是:十个红花得一个绿卡,十张绿卡得一个黄卡,五张黄卡得一个红卡。获"成功卡"多的学生在学期末给予光荣称号,他的照片、主要事迹在校春蕾报刊、校广播站栏目播出,颁发证书。

我们还开展"明星教师"评比活动。为教师搭建成长平台。鼓励教师脱颖而出。树名师,创名校一直是我们的追求。"教育强,人则强;师之优,人则优;良师能兴邦"。教师要用心灵去塑造灵魂,要用自己的生命去塑造生命。

## 四、从三个切入点领会社会主义核心价值观

"早","从娃娃抓起"

学生入学第一天就开始核心价值观渗透,做合格的"十五小的学生",注重从生活习惯入手,养成良好习惯,走好人生第一步。

"易",小事做起"天下难事必做于易,天下大事必作于细"

不乱扔垃圾,不嘲笑他人;遵守交通规则,不闯红灯;

爱自己,爱父母,爱同学;

学好每一天的课;

"细",从细节做起"勿以善小而不为,勿以恶小而为之"。

注重小事,关注细节,积小善,成大德。"不积跬步无以至千里,不积小流无以成江河"。

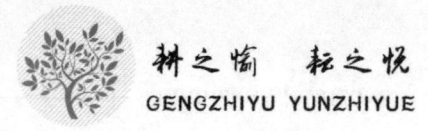

# 关于提高新时期德育工作实效性的探讨

赵忠良

　　面对 21 世纪科学技术突飞猛进、知识经济飞速发展的信息化时代,学校德育工作面临更多更新的挑战。党中央国务院《关于适应新形势进一步加强和改进中小学德育工作的意见》指明了新形势下学校德育工作的方向,提出了学校德育的新要求。德育是教育的重要组成部分,内涵十分广泛,它包括:爱国主义、社会主义和共产主义、世界观、人生观、价值观的教育;法制、纪律教育;道德品质教育和学生日常行为规范的培养教育。德育就是要通过有效的方法和手段使德育内容内化成青少年的自觉行动,从而来指导青少年的日常行为,完成学校教书育人的任务,达到培养社会主义合格人才的目的。

　　在社会巨大变革的新时期,社会的政治、经济、文化与生活大环境均发生了深刻的变化,人们的思想观念、是非标准、生活方式、就业方式、社会和心理环境、人口和家庭结构及获取信息的渠道等等都发生了相应的变化,这些都从不同的侧面和角度对学校德育提出了更新的要求。换句话说,新的历史时期,德育工作将面临复杂环境和严峻的挑战。

　　目前学校的德育工作,常常遇到德育现状与客观环境的变化不相适应的矛盾。这种矛盾使德育工作者普遍感到学校德育的实际收效与投入相比十分不协调,结果是收效甚微,事倍功半。可以说现实中的德育工作远远达不到人们和社会对青少年的期望,有时甚至出现德育工作"等于零"的结果。面对德育工作中的问题,德育工作者常常感到"束手无策,无能为力",甚至"一筹莫展"。党中央国务院就加强新形势下德育工作的实效性已提出了要求。那么,如何提高新时期德育工作的实效性呢?

## 一、德育实效性问题的分析

1. 现实方面存在的问题

①德育现状与社会变革出现不相适应的矛盾在社会大变革的新时期,社会的经济、政治、文化与生活等大环境对德育工作有较大的影响,出现发展中不平衡的矛盾。

②"问题"学生增多,青少年犯罪率上升

德育一直是学校的首要工作。但一段时期以来,受社会一些负面的影响和教育上重"分"轻德、盲目追"分"的功利主义的影响,出现了学生中的严重两极分化:一部分忙功课,忙升学,而另一部分(认为高考或中考无望的)则不思进取,自我放弃,甚至发展到旷课逃学在社会上游荡的地步,导致问题学生增多。其表现为:校园早恋,无故旷课、打架斗殴、厌恶学习、校园暴力……有的学生还出现严重的心理障碍。据统计资料表明:近年来青少年犯罪率呈上升趋势,且犯罪手段成人化倾向严重,手段残暴恶劣。许多未成年人的校园暴力惨剧、家庭暴力惨剧触目惊心,时不时发生在我们的身边。令党中央震惊,令全社会震惊,使教育工作者不得不陷入深深的思索中。

③青少年学生选择能力差

改革开放以来,国门打开了,国外先进的高科技与资产阶级意识形态同时涌入国门,成人与青少年同步接受新信息,一时间好的、坏的、美的、丑的、健康的、亚健康的、甚至黄色的信息一起来到我们面前。而青少年的身心均处于发育阶段,因而造成有的学生的人生迷茫,无所事事,追求享乐,盲目崇拜,步入人生误区。

2. 问题存在的理论分析

①人的知、情、意、行的统一

每个人的身心发展都是有其自然规律的,都要经过从认知→情感→意志→行动这样一个发展过程。新时期学校德育工作实效不强的原因之一是德育往往留在空洞的口头说教上,脱离实际。德育目标订的大而远,虚而高,违背了孩子的身心发展规律。因此,在指导每个学生从内化到外化自己行为时,学生好坏不辨,无所适从,因而德育收不到应有的实效。

②树立现代社会的人文主义道德观

当今,素质教育是适应时代发展和未来挑战的必由之路,而素质教育的本质是培养人和塑造人。教育最终是要培养健康、合格的人才。德育不是空泛的说教,其功能是要弘扬人性,使人回归自然,充满爱心。目前,许多先进的国

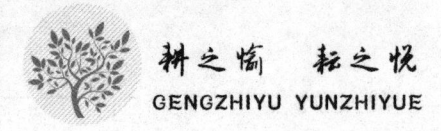

家在社会道德观念方面的教育都日益趋向这种人文主义的大道德观念,提高人文素质。所谓人文素质是指做人应具备的基本品质和基本态度,包括按照社会要求正确处理自己与他人、个人与集体、个人与社会、个人与国家乃至个人与自然的关系。人文素质教育简单地说,即培养人文精神的教育,通常人们把人文教育看作是关于人类生存目的的教育,亦即教会学生"如何做人","为何而生",如何很好地处理人与自然、人与社会、人与人之间的关系,并较好地解决个人自身的理想、意志和情感等方面的问题。

人是一切社会活动的主体,所有教育活动,包括德育都要从尊重人开始,以人为本,调动人的积极性;要培养人,关心人,给人以发展提高的机会,宏扬人的意识性;要帮助人、爱护人,宏扬人的生物性;同时要满足人的合理要求,满足人高层次的需要和自我实现的需要,服务于人,服务于自我,最终达到人的社会性与生物性的和谐统一,使教育者和受教育者在教学过程中促进彼此个性的创造发展。因此,德育必须用人类社会公认的七大道德观念来教育学生,即:生态道德观、人类道德观、社会公德观、职业道德观、家庭道德观、学习道德观和自我道德观。最终达到人的可持续发展的目的。

③加速学生的社会化

德育管理的实效其实就是德育工作实际达到的目的和收到的效果,只有社会要求,学校要求与学生个体自我设计之间的矛盾统一时,才能使德育目标得以实现。我们德育工作者的责任就是要研究如何把健康的、积极向上的、有利于社会和人共同发展的价值观、道德观、伦理观灌输给我们的学生,使之能在选择上达到个人的需要与社会的需要相统一。

## 二、提高新时期德育工作实效性的基本方法与对策

1. 确定目标要切实有效

学校德育要遵循少年儿童的心理特点及认知规律办事,要求青少年从日常行为习惯入手开展近距离、小目标、经常化的德育活动,使社会要求、学校规范"内化"成他们自己的道德行为标准。比如:要按时到校、要爱护公物、上课要认真听讲、要刻苦学习、要独立完成作业、着装要大方朴素等等,从一点一滴的小处做起,低起点,严要求,使学生在社会、家庭、学校三个环境中所接触到的每个社会人都能成为德育工作者,天天检查,人人关心,久而久之就会收到"润物细无声"的德育实效。

2. 打"预防针"增加抗体

过去的学校德育进行的都是正面教育,讲的都是社会人间的真、善、美,总

怕学生接触到反面的"假、丑、恶"现象。其实,社会是丰富多彩的,也是复杂纷繁的。总是香花与野草并生,真、善、美与假、丑、恶并存。因此,笔者认为应当适当地运用一些"假、丑、恶"的事例从反面对学生进行教育,当然,这种教育是要在分析、批判的基础上进行的。就像人的肌体打"预防针"用的疫苗,可使健康的肌体增加抗病毒能力那样,使学生增强抗体,自觉起来抵御不良的思想与行为,达到预防为主,超前控制。教育学生学会拒绝那些"假、丑、恶"现象,从而达到德育的目的。

3.净化"真、善、美"环境

在学校德育工作中,我们仍然要始终如一地歌颂人间真、善、美,让学生学会热爱。从爱自己的爸爸、妈妈开始,学会爱家庭、爱环境、爱劳动、爱学习、爱学校、爱家乡、爱社会,最终达到爱祖国、爱人民的最高境界。要使德育内容分层合理,从小到大,便于内化。可考虑从以下几个方面入手:

①抓好思品课的教学,树立良好的学风、班风、校风,使德育贴近生活,便于实践。

②营造良好的学习氛围,开展"文明校园"活动,使校园文化建设健康向上,以利于学生身心发展。

③利用各节日、纪念日,开展丰富多彩的教育活动,利用每次升旗仪式及时总结反馈一周内的各类信息,弘扬正气,表扬好人好事,把不正之风消灭在萌芽状态之中。

④制订阶段性的小目标。如:第一周应做到什么,下周再要求什么,循序渐进,使德育步子小一些,实一些。突出德育的实效性和可操作性,树立德育层次观,根据学生不同的年龄,不同的社会角色,提出不同层次的要求。

4.树立大德育观

大德育观即德育的社会观。具体是:要求德育从我们所处的时代大背景上去思考、观察各种德育现象;把学校的德育工作放在整个社会的大潮流中去探索思考。在学校树立"三全"德育思想,即:全员德育——所有教职工都是德育人员,全校师生要共同参与。全方位德育——学生所有教材都是德育教材,充分挖掘各科教材中的德育内容,对学生进行政治思想品质教育。全过程德育——将学校所有活动均视为德育活动,抓住一切时机,全面渗透思想道德教育,形成"人人都抓德育,事事与德育有关"的德育工作大环境。

5.构建"三位一体"的教育网络

江泽民同志在《关于教育问题的谈话》中指出:"不仅要加强对学生文化知识教育,而且要切实加强学生的思想政治教育、品德教育、纪律教育、法制教

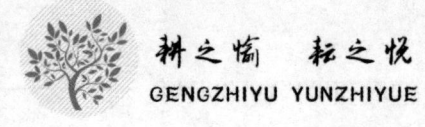

育"。"加强和改进教育工作,不只是学校和教育部门的事,家庭、社会各个方面都要一起来关心和支持。"

学校、家庭和社会总体教育目标是一致的。如何全面实施德育大目标,相互结合,取长补短,形成三位一体的德育网络是提高德育整体实效性的基础,也是从全局上根本转变德育薄弱现状的关键所在。学校也可与社区联手充分发挥社区的德育优势,形成多层次多渠道合力网络的德育大格局,使学生在校与在家的 5 + 2 时间内都能接受健康有益、积极向上的品德教育,收到事半功倍的效果。

6.重视德育管理者基本素质的提高

学校德育工作的群体是学校每个教职工,他们对德育工作的认识、自身素质和德育工作意识程度以及德育管理者的工作能力、学习能力、指挥协调能力和对新事物的敏锐性都直接影响学校德育工作的功效。因此,要抓好师资队伍建设,要注重师德培养,注重教师队伍整体素质的提高。

总之,在党中央"全社会都应关心教育"的倡导下相信通过学校、家庭与社会三方面共同努力,一定可使学生从思想品德和行为习惯的控制,动机的激励达到自我控制、自我管理,最终实现德育工作最优化。

德育始终是一个全社会的大课题,要扭转新时期德育工作之薄弱局面,收到良好的德育实效,不但需要教育工作者的积极努力,同时还需要全社会的关心、支持和帮助。让我们共同来营造适应青少年成长的大德育环境,给学生以好坏、是非的肯定评价,使社会道德在他们身上迅速内化,转化为他们自身的道德行为习惯,从而促进中华民族之未来整体国民素质的整体提高。

# 创建和谐校园的探索与实践

## 赵忠良

和谐校园,应该是一个民主法治、公平正义、诚信友爱、充满活力、安定有序、和谐发展的文明校园。创建和谐校园有以下途径:

### 一、实行民主,依法治校

学校要用邓小平理论和"三个代表"重要思想武装全体员工,大力加强学校领导干部、党员、教师和学生的政治理论学习,做好释疑解惑、凝聚力量、坚定信心、鼓舞士气的思想工作。按照和谐校园的标准,大力倡导公平、正义、宽容的理念,紧密贴近实际,贴近生活,贴近师生,做到尊重人、关爱人、依靠人,努力提高思想政治工作的针对性、实效性、吸引力和感染力。用师生喜闻乐见的形式,深化"三观"教育、爱校爱岗教育和师德师风教育,形成相互尊重、相互关心、相互理解、相互支持的良好氛围,使学校环境有利于人人想干事、人人能干事、人人能干成事,使党政一心、干群一心、师生一心,共同建设和谐校园。

建设和谐校园,学校要以科学发展观为指导,切实改进治校方式,做到科学治校、民主治校、依法治校。要坚持校务公开,充分尊重民意,善于广集民智,真正做到依靠师生员工办学治校。要善于将办学过程中产生的行之有效的新经验,群众实践中涌现出来的首创精神,认真加以科学地总结、提升和引导。应通过党内的民主程序,形成党组织的主张,并通过教代会等,让学校的重大事项和涉及教职工切身利益的重大决策,成为全校师生员工普遍遵循的行为准则,推动工作朝着理性的、正规化的方向前进。加强管理制度建设,合理划分学校各级组织的职能,明确工作程序和要求,明晰学校管理活动的责任归属,实现学校资源各要素的有效配置,从而提高领导水平和管理能力。要把制度建设贯穿于学校建设与发展之中,建立健全科学的制度体系,完善领导体

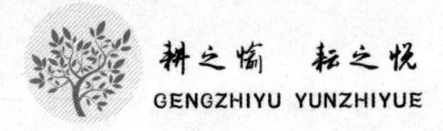

制,创新工作机制,用制度来规范和调节各种关系,使一切活动都有制度可依,有制度可循,建立健全决策落实机制和责任追究制度,加大对制度执行情况的检查力度,定期对重要决策的执行情况进行跟踪反馈,从制度上保证决策执行的质量和效率,切实提高决策执行的科学化、民主化水平。

## 二、建设先进的校园文化

先进的校园文化既包括浓厚的学术氛围,丰富的文化生活,和谐的人际关系,文明的生活方式,良好的校园环境,共同的价值取向,还包括学校的校容校貌,学校建筑特色以及校园的绿化美化等。师生员工既是文化建设的主体,也是文化建设的客体,既是学校文化的创造者,又是学校文化的接受者。建设和谐的校园文化,要坚持用学校文化所蕴含的人生信仰、道德观念、审美情趣等丰富多彩的文化因素去引导和塑造师生员工,共同建设高尚、健康、文明的校园文化。学校要创建安全、健康发展的环境。要树立"以生为本,安全第一"的思想,注重安全和心理健康教育,消除各种安全隐患,杜绝校园暴力,确保学生的人身安全。要加强学校的保安保卫工作,完善"安全管理规定",制定"突发事件应急预案"。对"问题学生"要耐心帮教。还应针对学生的生理、心理特点,加强心理疏导,让学生以平和的心态学习和生活。同时,教师要优化自己的情感,以健康的情感去感染、教育、鞭策和激励学生,与学生平等、友好地相处,化解生生之间、师生之间的矛盾与摩擦,给学生创建安全稳定、健康和谐的成长环境,培养学生的积极心态、坚强意志和健康人格,促进学生全面和谐发展。

建设先进的校园文化,创建和谐的教育服务。要完善教育设施,开发教育资源,为学生搭建展现风采的舞台,使学校成为学生成长和发展的乐园。如设计校徽、悬挂国旗、校训、名人画像、名言警句。建设高标准的图书阅览室、实验室、科技活动室、电脑室、多媒体教室、生物标本陈列室等。创办英语角、校报、光荣榜、作业展等。举行校园文化艺术节及各类比赛。开设校本课程和开辟德育基地、德育展室、校园网站等。组织学生进社区、进工厂、下农村等进行社会实践和考察,以开放性、丰富性、多样性激发学生的学习兴趣和求知欲望,为学生创造畅通、灵活、自由的学习、实践、体验、发展、创新的时间和空间,挖掘学生的潜能和创造力,培养学生的创新精神和实践能力。

## 三、提高教育教学质量

教学质量始终是学校的灵魂,是学校的生命线,提高办学质量是学校工作永恒的主题。质量要体现于学生培养的全过程。提高教学质量的关键在教师，要通过各种政策和机制，调动和鼓励广大教师热爱教学，精心教学，创新教学，把更多的精力投入到教学中去，投入到提高教学质量中去，为每一位优秀人才脱颖而出创造条件，形成人人都做贡献，人人都能成才的氛围，充分激发广大教师的创造活力，培养更高质量的人才，创造更高水平的科研成果，促进师德和教风的不断优化。要想方设法改善教职工的工作、学习和生活条件，使每个人都心情舒畅，把师生员工的根本利益实现好、维护好、发展好。

课堂教学是学生学习的主要形式。为了切实减轻学生过重的课业负担，我们学校一直坚持把提高学习质量的中心放在课堂教学上，坚持向课堂的40分钟要质量、要效益。学校建章立制，出台了集体备课制度、上课管理制度、作业批改制度、自习辅导制度，以制度来规范教学，并切实落到实处。同时我们学校把教师角色和教学行为的改变及教法、学法的改革作为教学改革的重点来抓，倡导新课程的教学改革理念。(1)在教师角色方面，倡导教师是学生学习的促进者，是教育教学的研究者，是课程的建设者和开发者，是社区型的开放的教师。(2)在教学行为方面，要求教师在师生关系上，要尊重赞赏。在教学关系上要帮助引导，在对待自我上强调反思，在对待与其他教育者的关系上，强调合作。(3)在教师教法方面，提倡精讲多练。(4)在学生学习方式方面，提倡自主、探究、合作。为此每学期都开展中年教师的示范课活动、骨干教师的展示课活动和校级优质课大赛活动，多次举办教学论坛活动。通过这些活动为教师们交流、学习搭建平台，从而优化课堂教学，促进学生和谐成长。为了保证教学质量，我们还在教学上实行了三大举措：根据"木桶理论"狠抓落后生，根据"森森效益"狠抓学习纪律，根据人才需求，狠抓综合素质教育。通过创新教学，极大地促进了学生成绩的提高，实现了减负后成绩不下反而上的良好局面。

教育科研是和谐校园发展的不竭动力。为此，我校实施了科研兴校战略。具体措施有：(1)加大科研投入，建设了校园网、多媒体教室、电子备课室，并为每个教研组配备了一台电脑。(2)在教学研究方面，成立了专门的教科研组织——教科室。教科室确定了"以研究为基础，以教学为中心，纵横结合，协调发展"的指导思想，实行"教科室—教研组—备课组"三级科研管理方式，认真开展"研课—说课—讲课—评课"一体化活动。(3)定时研讨，及时总结。教科室每月组织一次教研组长例会，各教研组每周举行一次教研会议。会议定主题，定中心发言人，根据"发现—提出—筛选—归纳—研究—解决"的程序确定的课题，科学地开展研究工作，对工作中出现的问题及时纠正，发现成功的

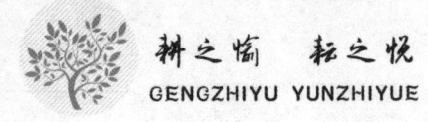

经验、做法,立即推广。(4)建立"课案引领"的教研方式。即在教学实践中,以教研组为单位,把遇到的典型案例、教学实例进行整理,为教科研实验服务,用新的教学理念,科学的研究方法,解决出现的新问题,使教研和科研协调发展,相互促进。(5)扎实开展课题研究工作。各课题组教师认真做好科研札记撰写和案例实录等工作。课题成果的推广应用激发了教师们的工作热情和干劲,极大地推动了学校的教育教学工作。

### 四、团结和睦,和谐发展

1.和谐的人际关系。要实现人际关系的和谐,组织对个人要做到公正、公平,要尊重和保护每个人的合法权益。个人对组织,要多讲一点服从,多看一点大局,多做一点贡献。个人与个人之间,要多一点尊重,多一点爱心。个人对自己要多一点自律,加强自我修养,学会"修己以敬"。各级领导干部要始终与师生员工同呼吸、共命运、心连心、重实际、说实话、办实事、求实效,全面贯彻尊重劳动、尊重知识、尊重人才、尊重创造的方针,形成人心思进、团结和谐、共促发展的良好氛围。不论是领导干部还是教职工,大家常存前瞻之心,以大局为重,看得高一些,想得远一些。常存慈善之心,相互关爱,互相支持。常存满足之心,乐观积极,知足常乐。常存安静之心,光明磊落,心怀坦荡。常存和悦之心,严以律己,宽以待人。这样,一个更加团结和睦、文明进步的和谐校园就会呈现在大家面前。

2.良好的师生关系。学校郑重提出了"充满童心、规范言行、善待学生"的十不准的规定,即:不体罚学生,不讽刺挖苦学生,不冷落歧视学生,不当面指责学生,不粗暴制止学生言谈等等。科学的发展观要以人为本,对学校而言就是要提高课堂教学效益,变讲得好为学生学得好,充分体现以学生为主体的思想。广大教师要放下架子,把学生放在心上,视学生为子女、朋友,蹲下身子和学生说话,走下讲台给学生讲课,充分展现教学过程的魅力,品味教学成功的喜悦。同时,不断提高自身修养,提升人格魅力。全体教师对照学生喜欢的老师的标准,努力塑造自身素质,争当学生喜欢的教师。学校多次评选受学生喜欢的教师标兵,90%以上的教师被评为标兵。这项活动的开展使师生关系大为改善,一个民主、平等、真诚、和谐的师生关系已经形成。

# "三会育人"显特色,实践创新育英才

## 赵忠良　王　蕾

　　构建学校特色是《中国教育改革和发展纲要》对学校教育改革提出的要求,抓特色建设、创"特色学校"已成为当前深化教育改革新的突破口,更是学校优化管理、丰富内涵,提升学校品位的重要举措。几年来我们第十五小学在秉承学校"文化立校、和谐育人、快乐发展"办学宗旨的基础上,坚持走"以管理求效益,以效益求质量,以创新求特色,以特色求发展"的办学之路。聚焦"全人教育"的人才培养模式,关注学生的快乐成长体验,形成了具有独特个性而又浸润校园文化底蕴的"会学习、会生活、会做人"——"三会育人"办学特色,为达成学生"拥有幸福人生"的终极发展目标而奠基底色。

### 一、营造优雅的环境文化,创设"三会育人"氛围

　　佳木斯市第十五小学始建于 1958 年,是一所有着 58 年历史的老校,为市首批示范小学。2012 年学校迁址市政新区、赵忠良接任校长以来,学校焕发出了勃勃生机。评为省标准化建设先进学校、佳市小学示范教研基地。学校占地面积 20000 平方米,欧式风格教学楼面积 6780 平方米,餐厅面积 1300 平方米。学校现有教学班 23 个,在校学生 767 人,专职教师 53 人,现已成为一所功能齐全,设备先进的现代化小学。

　　进入校园,首先映入眼帘的就是气势恢宏的铜雕,浮雕镌刻着孔子像与儒家经典的礼仪思想,古典文化与现代文明融合的构图,传达出学校倡导的三会育人的教育思想。看似普通的校徽,却蕴含着深邃的文化内涵。数字 15 以帆船和海燕的形象构成"飞"的汉字,寓意在十五小师生的团结和谐氛围下,孩子能在沃土上自由播撒知识的种子,收获未来成功的希望,勇于在知识的海洋上高高飞翔。

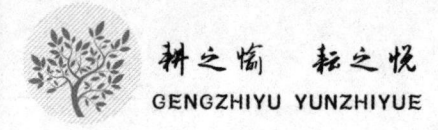

宽阔的塑胶运动场,成为孩子安全活动的乐园。弯曲的甬路绿地、欧式的主体楼造型,渗透着轻松、愉悦的校园氛围。步入教学楼,最先进的电子白板投影设备实现了班班通,功能齐全的微机室、实验室、音乐室、电子琴室等各室为孩子们提供了各种学习实践的场所。异彩纷呈的走廊文化展示着孩子们的特色作品,各个班级、楼层的精心布置传递着温馨的气息,真正达到了一班一品,一层楼一种文化。学校还开辟了科技实践园、do re mi 音乐乐园、读书长廊等活动空间,给师生营造了放飞梦想、幸福成长的精神家园,创设出和谐的育人氛围。

## 二、构建德育主题教育文化,渗透"三会育人"思想

德育是学校教育的灵魂,是学生健康成长和学校工作的保障。几年来学校一直坚持"德育为首、能力为先"的教育理念,在德育工作中,积极倡导建设以"爱心、真诚、合群"为核心词的学校德育,通过少先队活动、德育活动、节日文化、基地教育等各种主题教育活动,在学生自主参与的过程中渗透"三会育人"的思想,使学生真正成为"会学习、会生活、会做人"的阳光、健康、合格的公民。

1.利用少先队主题教育活动,规范学生操守。

充分发挥少先队的作用。根据学生成长的年龄特点,制定了六大少先队主题系列教育活动:一年级主题——我是苗苗队员。对一年级新生,学校先让他们努力成为苗苗队员,有一个过渡,有一个目标。通过评比,优秀的可以加入苗苗队员,在二年级才可加入少先队员。让一年级新生体会到,凡事都是要经过努力才能获得。二年级主题——快乐加入少先队。在二年级上学期,让优秀的苗苗队员,分批加入少先队,让他们感受到做少先队员的光荣。三年级主题——阳光少年我十岁。这是一个从幼年到少年的转折期,学生应该学会自己管理自己,初步知道自己对学校、家庭、社会要有责任、有担当。四年级主题——"阳刚男孩、聪慧女孩"。男孩儿要求坚强勇敢有毅力,女孩儿阳光聪慧快乐,注重学生意志品格培养。五年级主题——"争做星级少年"。我们通过一系列科技、文化、知识竞赛活动,评选出"文明之星"、"科技之星"、"智慧之星"、"劳动之星"、"发明之星"、"才艺之星"、"孝心之星"等一批星级少年。努力发现每个学生的闪光点,挖掘学生身上最优秀的品质,帮助他们树立正确的人生观、价值观。六年级主题——"我是十五小优秀毕业生"。鼓励学生完成好学业,规划好人生目标。少先队的六大主题教育,不仅让我们看到学生的成长如行走的阶梯,有坡度,有层次,也见证了"成人"教育果实的丰盈殷实。

2.利用德育主题教育活动,培养学生品行。

我校确立了"爱、礼、勤、纪、诚、创"六大德育主题教育活动,对学生进行社会主义核心价值观教育。学校根据学生的成长特点,对不同学年都有不同内容和要求。例如"爱",一年级要爱校园、爱父母、爱同学等,六年级要爱社会、爱祖国。"信",三年级说到做到,五年级立志成功。"纪",二年级按纪律要求做,五六年级做守法公民等。通过活动、体验、训练,把中华文明的核心道德理念演绎为:爱、礼、勤、纪、诚、创,并对应细化学生的行为要求,从而内化成优秀的品格。

同时,学校还利用校园网络数字化优势和多媒体电子白板,在走廊电视播放自制宣传片。学校创作组制作了十几部微电影,如《爱国》《诚信》《文明》《勤学》等以及好人好事典型影像片,利用课余时间循环播放,起到润物无声的教育效果。学校创建的"春蕾校园电台"和"春蕾周报"作为特色媒体,成为提升学生是非善恶价值标准,提高分辨是非能力,传播正确价值观的新途径。更是学生锻炼自己成长、施展聪明才智,有效传播德育主题文化的平台。

3.利用校园节日主题活动,锻炼学生能力。

学校设立了科技节、体育节、艺术节、读书节、植物节、冰雪节"校园六大主题节日"活动,为学生营造多元化的学习氛围,培养全面发展的价值取向。每年三月的科技节,是同学们"中国梦、我的梦"起航的时刻。纸飞机比赛、纸船承重比赛、自制电动车比赛、飞机航模比赛、"小物品,大变身"的科技作品制作竞赛,市电教馆的科技展览等活动,精彩纷呈,培养学生的动手能力。每年四月份是植物节,是同学们亲近自然的启程。动手写观察日记、栽种喜欢的绿色植物,总结一些植物的生长习性,学会热爱生活和自然。五月份是体育节,以趣味活动,健身、足球、跳绳等体育项目为主,培养同学们的耐力和特长。使同学们懂健康,爱生命,强体魄。同时大力弘扬足球活动,全校性地开展韵律足球操,各种足球竞赛,让孩子们爱上足球,现在我们学校已经成为全国的足球基点校。十月份是艺术节,是全校师生美的陶醉,才艺的展示。每年一次大型演出,师生同台,是一种精神风貌和艺术的完美结合。十一月份是读书节。提高人格品位,增加生命的厚重。冬季来临,北国冰天雪地,我们又迎来冰雪节,冰雪文化如火如荼,学生们在雪雕艺术中陶冶情操,在冰雪活动中锻炼体魄,放飞梦想。学校的每个节日都贯穿整个学年,全员参与,定期集中展示。

通过校园六大特色活动节培养学生热爱科学,热爱读书,热爱运动,热爱生命的精神品质。让学生们能在艺术氛围中陶冶情操;在阅读中获取知识;在拼搏中增强自信;在播种中收获快乐;在实践中放飞梦想。

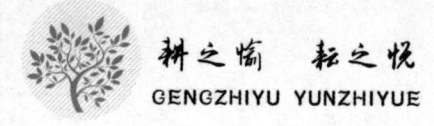

4.利用基地主题教育活动,净化学生心灵。

学校积极整合德育教育资源,利用周边得天独厚的区域优势,构建三大德育教育基地——市消防支队、市福利院、烈士陵园。我们同三个临近单位建立联系,互助共建,每学期定期组织师生到三个基地开展活动。清明节到烈士陵园祭扫,举行少先队重温誓词宣誓、听烈士英雄事迹等活动,让先烈的事迹鼓舞学生,让学生知道共和国的建立和我们今天美好生活来之不易,激励学生从小立志报国,树立学生的爱国主义情感。八一建军节,组织学生到消防支队参加活动。跟消防官兵一起参加消防演练,学习逃生技能,掌握消防知识,树立安全意识,感受消防官兵一天的训练生活和他们不怕苦、不怕死的精神。少先队爱心小组,每学期到福利院献爱心,照顾孤儿,给孩子们讲故事、一起做手工。学校爱心服务队,到敬老院照顾孤寡老人,给他们打扫卫生,梳头,表演节目。让学生在活动中净化灵魂,提升人格品质,在潜移默化中受到熏陶。

### 三、关注教学高效课堂文化,落实"三会育人"核心

教学质量是学校的生命线,教研教改是不断提高教学质量的基石。学校关注学生在课堂教学中"三会育人"理念的落实,积极创建"对话·互动·生成"减负增效的课堂教学文化,有效开发特色拓展课程体系建设,使学校的课堂真正成为让学生会学习、会生活、会做人的学堂。

1.在常规课堂教学中培养学生的学习品质。

学校以培养学生的自主学习为教学教研的主攻方向,确立了省级重点课题"提升小学教师学习设计能力的实践研究"。积极探索"以学为主"、"以学定教"的主体教育,强调教师"课前、课中、课后"设计,确立了"三三"教学研究模式,即"课前三分析——课标分析、教材分析、学情分析;课中三设计——学案设计、任务单设计、练习设计;课后三反馈——成绩反馈、乐学反馈、能力反馈"。让教师通过课前精准的学情分析,找出学生学习新知的困难点;并在课堂中设计有效的任务单,引发学生自主学、合作学、创新学,探究知识的来源过程,融汇新旧知识的贯通,夯实新知的掌握,最终达成减负增效的精品课堂,让学生成为具备终生学习能力的人。

2.在拓展课程实施中激发学生的成长需求。

在新课程背景下,特色课程的开发是学生多样化发展的需要。学校积极构建"多元·选择·整合"的课程结构文化,在开齐开全国家、地方课程的基础上,大力开发校本课程,建设"拓展课程体系",打造学校特色课程品牌,实现学校"三会育人"的教育目标,催生学生的多种生活情趣。

本着"全员参与、培养兴趣、拓展能力"的原则,整合教师的特长资源利用每周四的下午开设特色课程,共计包括艺术类、科技类、手工类、体育类等24门特色课程,建立起学校学生的文化、技能基地。教师在实践操作中创编了独具特色的24门校本教材。

学生发展的需要在这里得到满足。本课程在开发过程中更多考虑了学生到底需要什么,喜欢什么,课程完全是为学生的需要而开设。特色课程就如同是把课程放在了开放式的货架上了,学生可以自由挑选,如学生对艺术类有兴趣的,可以选择参加"小小合唱团""琴艺在线""舞姿翩翩""小小画苑""笔尖艺术"等的活动,学生对动手实践感兴趣的,可以去参加"绢花朵朵""布艺风情""泥宝宝乐园""纸艺文化""精典厨艺"等活动班,如果学生喜欢创作,可以选择"动漫世界""连珠棋社""创意3D"等活动班,如果学生喜欢在活动中表现自己,那么就可以选择"呱呱口才""开心剧社""开心记者""大嘴巴ABC""春蕾文学"等活动班。如果学生喜欢运动,那还可以选择"快乐轮滑""乒乓飞翔""健步如飞"等活动班。这不仅满足了学生的多样化需求,学生学习的兴趣也更浓了。特色课程的开发、实施也丰富了学科资源,延伸了学科课堂,拓展了学生发展的空间。如邵锦平老师的春蕾文学社,把特色课程与语文学科相融合,在活动、采访、调查、学习中让学生了解文学的各种表现形式,掌握各种写作方法,激发学生乐于用语言文字表达学校、家庭、社会生活及内心活动的潜在意识。

通过开放性个性化的课程学习,极大地丰富了学生的认知和兴趣,全面培养了学生各方面的综合素质和能力,达到"和谐育人,育和谐人"的目的。一批批优秀的学生脱颖而出,在市区乃至全国的比赛中取得了优异的成绩。

(1)开办校园广播站,《春蕾》报社以来,全校学生积极参加,涌现出大批优秀文章和多才多艺的优秀学生,并有部分优秀作品被市《红领巾报》刊登。学校出版了学生作品集《蝶翼》《花影》《童心灵动》《童年涟漪》。同时在十七届全国小学生作文考级中,有15名同学荣获一等奖,28名同学获二等奖,16名同学获三等奖,同时我校被中国语文报刊协会授予"作文考级培训基地"。

(2)通过体育特色课的开设,学生的体能得到锻炼,优秀的体育运动员不断涌现,在上届的区运动会上,学校取得了团体总分第一名的好成绩,李清泉同学打破了区400米纪录。同时学校的团体操表演获全区第一名。

(3)校合唱队在全区大合唱比赛中荣获一等奖,在市合唱比赛中获二等奖,并于今年代表郊区参加了全市五四庆祝活动的汇报表演。

(4)我校20多名同学,曾在市少儿广播电台录制过节目,向全市少年儿童

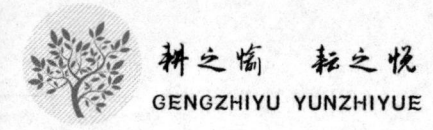

们展示古筝、电子琴、萨克斯演奏,及诗朗诵、快板等曲艺节目。并在今年的全市演讲比赛中韩笑同学荣获二等奖,刘欣同学获区演讲比赛一等奖。

（5）我校学生的美术、书法、手工等作品曾多次在市杏花节活动中获奖。此外,我校二年四班的周春霖同学今年六月份在全国少儿口才比赛中,所朗诵的诗歌《老师的微笑》,被评为银奖。我校孙青英同学演唱的歌曲《隐形的翅膀》在全省少儿节目中播出。李欣欣同学参加中央电视台音乐快递节目,演唱的歌曲获一等奖。

（6）此外同学们在学校的六大节日上也有卓越的表现,科技节上同学们的科技作品、手工作品、艺术作品受到了家长和老师们的赞扬,电子赛车比赛和纸桥承重比赛,展现了同学们动手能力和超群的才能。艺术节上,同学们的精彩表演受到了家长及区级领导的赞扬。另外在读书节、体育节上同学们更是表现不凡。

学生在丰富多彩的校本特色课中自由地翱翔,快乐地学习,在这一舞台上不但激发了他们的兴趣,培养了他们的能力,同时更重要的是为他们未来的发展积淀经验。

特色课程的开设对学校的影响也是十分深远的,它使学校重新认识自己的教育角色、教育功能,让我们体会到:一个学校只有不断创新改革,创造适合学生、社会的教育才能获得社会和学生的认可。

## 四、总结"三会育人"成果,追求永无止境

在特色学校的创建中,我们的教师在发展,特色育人理念早已走进内心,有些已经彰显,有些隐于无形,教师队伍的专业化水准在不断提升;我们的学生在成长,学生在富有特色的主题活动和个性化的特色课程中,逐渐学会了学习,学会了生活,学会了做人,有效地达到了我校"三会"育人的育人目标。

教师的发展,学生的成长,自然推进了学校不断走向规范和健康的发展道路,春风沃土花正红:学校先后荣获省"小学语文教研基地";省"英特尔未来教育基础课程应用优秀学校";省"课题管理先进单位";省"小学写字实验教学先进单位";省"小学阅读教学研究先进单位";省"标准化学校";市"教育科研先进学校";市"小学课堂教学研究先进单位";市"小学新课程现代信息技术教研先进单位";市"小学数学素养比赛二等奖","小学语文素养比赛二等奖";区名校,区"课改先进单位";区"远程教育先进单位"等多项荣誉。同时在2014年和2015年,《黑龙江教育》和《佳木斯教育》的记者先后来我校深入采访,并撰写了专题报导,分别介绍了我校的办学特色和学校的发展事迹。

对于我们的工作给予了充分的肯定,这既是一份荣耀,又是工作的动力。

十年树木,百年树人,第十五小学已经走过了几十年的历程。创建特色学校是我们十五小人共同的使命,我们正前行在特色兴校的路上。今天,十五小学人肩负着新的历史使命,正以矫健的步伐,豪迈的气度向新的目标大步迈进。

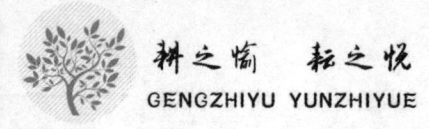

# 构建特色课程，提升核心素养

## 赵忠良　姜海艳

党的十九大对教育的发展提出了新的要求，指明了前行的方向。在这之前，教育部也公布了"以培育核心素养"为主题的新一轮课改。核心素养的培育，是全面贯彻党的教育方针，深入推进素质教育的举措，突出了 21 世纪对人才培养的基本要求。我校在"文化立校、和谐育人、快乐发展，给学生一个幸福的人生"理念指引下，突出"三会育人"——会学习、会生活、会做人的教育目标，一直在教育实践中落实对学生核心素养的培育。

### 一、构建特色课程理念，提升核心素养

基础教育的使命是奠定每一个儿童学力发展的基础和人格发展的基础。那么在小学阶段，我们如何构建科学的课程体系，为孩子的未来发展奠定必备的品格和关键的能力，使之能成功应对未来的挑战？

十五小学到底秉承什么样的儿童观，给孩子们提供更好的教育？如何做好课程的顶层设计，让课程有效地服务于学生的发展？成为十五小在课程建设中着力思考的课题。

"让每个孩子都健康、快乐、幸福地成长"是我们十五小学全体师生的教育愿景，也是十五小的价值追求。我们追求的不是浅层次的孩子们的兴趣教育，而是要真正推动学生主体发展，为儿童提供适切的教育，促进他们全面、生动、主动的发展。

依据教育部发布的《中国学生发展核心素养》提出的 3 个方面、六大素养、18 个基本要点，我们将以往碎片化的课程进行整合、梳理，把学校的课程设计为"扎根课程、绽放课程和飞扬课程"三大课程模块。通过必修选修结合、长短课时并行的操作策略，让素养在儿童心中落地生根。

## 二、探索特色课程体系,提升核心素养

1.“扎根课程”:——用基础积淀人生底蕴

“扎根课程”是十五小学的“基础学力课程”,它包括国家课程、地方课程和校本国学课程。

在夯实国家基础课程中,我校以培养学生的自主学习为教学教研的主攻方向,积极探索“以学为主”、“以学定教”的主体教育,强调教师“课前、课中、课后”设计,确立了“三三”教学研究模式,即“课前三分析——课标分析、教材分析、学情分析;课中三设计——学案设计、任务单设计、练习设计;课后三反馈——成绩反馈、乐学反馈、能力反馈”。让教师通过课前精准的学情分析,找出学生学习新知的困难点;并在课堂中设计有效的任务单,引发学生自主学、合作学、创新学,探究知识的来源过程,融汇新旧知识的贯通,夯实新知的掌握,最终达成减负增效的精品课堂,让学生成为具备终生学习能力的人。

“让国学走进课堂,让课堂融入国学”,传承中华“经典文化”,弘扬民族美德是我校德育校本课程特色,学校选取《论语十则》《经典古诗词》《成语接龙》《千字文》等中的精髓,整理形成校本教材《晨光积累》及《国学经典诵读》,在开设经典诵读礼仪课程的基础上,把国学经典和学校特色自习结合起来,让孩子们“读圣贤书、立君子品、做有德人”,让优秀的传统经典文化浸润学生的心灵。

2.“绽放课程”:——用兴趣放飞童年梦想

“绽放课程”是兴趣培养的课程,即拓展提升课程,属于选修课,是为促进学生特长发展而设置的,以社团活动的方式呈现。学校成立了“科技、艺术、体育、知识、实践”五大类社团,各类社团共有30多门课程。学校本着“全员参与、培养兴趣、拓展能力”的原则,整合教师的特长资源。把全校1－6年级的28个教学班的全体学生,按照他们自主选择的课程重新编班。利用每周四的下午二、三节课进行“走班”制上课。

学生发展的需要在这里得到满足。课程在开发过程中更多考虑了学生到底需要什么,喜欢什么,课程完全是为学生的需要而开设。特色课程就如同是把课程放在了开放式的货架上了,学生可以自由挑选,如学生对艺术类有兴趣的,可以选择参加“小小合唱团”“琴艺在线”“舞姿翩翩”等社团;学生对动手实践感兴趣的,可以去参加“绢花朵朵”“布艺风情”“精典厨艺”等社团;如果学生喜欢创作,可以选择“动漫世界”“创意3D”等科技类社团;如果学生喜欢在活动中表现自己,那么就可以选择“呱呱口才”“开心剧社”“开心记者”等社

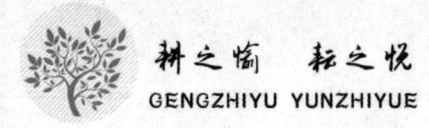
团;如果学生喜欢运动,那还可以选择"快乐轮滑""乒乓飞翔""健步如飞"等体育类社团。这样满足了学生的多样化需求,学生学习的兴趣更浓了。

学生对拓展课程有了自主权,自然要学会对课程学习的自我管理,"我选择——我负责",既然选择了就不能轻易中途放弃,而是要将自己的兴趣特长爱好坚持下去。作为一所小学,学校不是要给孩子多少专业的学习,而是要有这样一个平台,让孩子有兴趣的发生聚点,发展自己有责任担当。经过几年的学习活动,学生们的自我管理能力都有了一定的进步。

有不少家长反映,他们的孩子曾经沉迷于网络游戏,反复教育无果,是学校的动画制作及3D课程转变了他们的兴趣,使他们喜欢并且入迷,成为编程高手;还有的孩子因为喜欢跳舞而变得饮食很健康;足球队、冰球队的小队员们因为喜爱运动锻炼提高了做作业的效率……由此校园里多了些探究迷、写作高手、健身达人、艺术新秀……校本课程给予不同个性的孩子,不同能力水平的孩子以更多的思维想象空间,更多动手创意的空间,这些课程可以从玩一玩、想一想到做一做、练一练、创一创的飞跃,可以从自主学习到自信学习再到自由学习的飞跃,这样的学习,学生收获的更是学会学习的认知能力,是积极投入实践的态度。

通过开放性个性化的课程学习,极大地丰富了学生的认知和兴趣,全面提升了学生的核心素养,达到"和谐育人,育和谐人"的目的。一批批优秀的学生脱颖而出,在省市区乃至全国的比赛中取得了优异的成绩。

通过特色课程的开发,教师在实践中编写了《特色课程教材》,形成了《特色课程评价体系》,设计了《特色课程纲要》。同时学校还打造了陶艺室、茶艺室、棋艺室、厨艺室、布艺室、绢花室等20多个特色课程教室。真正做到了把"知识为本"的教学转变为"核心素养为本"的教学。

特色课程的开设对学校的影响也是十分深远的,它使学校重新认识自己的教育角色、教育功能,让我们体会到:一个学校只有不断创新改革,创造适合学生、社会的教育才能获得社会和学生的认可。

3."飞扬课程":——用实践引领学生未来

"飞扬课程"是"开放实践课程",包括"少先队主题课程"、"节日课程"、"基地主题教育课程"和"德育主题课程"四个方面。

(1)"少先队主题课程"是利用少先队主题教育活动,规范学生操守。

充分发挥少先队的作用。根据学生成长的年龄特点,制定了六大少先队主题系列教育活动:一年级主题——我是苗苗队员。对一年级新生,学校先让他们努力成为苗苗队员,有一个过渡,有一个目标。通过评比,优秀的可以加入苗苗队员,在二年级才可加入少先队员。让一年级新生体会到,凡事都是要经过努力才能获得。二年级主题——快乐加入少先队。在二年级上学期,让优秀的苗苗队员,分批加入少先队,让他们感受到做少先队员的光荣。三年级主题——阳光少年我十岁。这是一个从幼年到少年的转折期,学生应该学会自己管理自己,初步知道自己对学校、家庭、社会要有责任、有担当。四年级主题——"阳刚男孩、聪慧女孩"。男孩儿要求坚强勇敢有毅力,女孩儿阳光聪慧快乐,注重学生意志品格培养。五年级主题——"争做星级少年"。我们通过一系列科技、文化、知识竞赛活动,评选出"文明之星"、"科技之星"、"智慧之星"、"劳动之星"、"发明之星"、"才艺之星"、"孝心之星"等一批星级少年。努力发现每个学生的闪光点,挖掘学生身上最优秀的品质,帮助他们树立正确的人生观、价值观。六年级主题——"我是十五小优秀毕业生"。鼓励学生完成好学业,规划好人生目标。少先队的六大主题教育,不仅让我们看到学生的成长如行走的阶梯,有坡度,有层次,也见证了"成人"教育果实的丰盈殷实。

（2）"节日课程"是利用校园节日主题活动,锻炼学生能力。

学校设立了科技节、体育节、艺术节、读书节、植物节、冰雪节"校园六大主题节日"活动,为学生营造多元化的学习氛围,培养全面发展的价值取向。每年三月的科技节,是同学们"中国梦、我的梦"起航的时刻。纸飞机比赛、纸船承重比赛、自制电动车比赛、飞机航模比赛、"小物品,大变身"的科技作品制作竞赛等活动,精彩纷呈,培养了学生的动手能力。每年四月份的植物节,是同学们亲近自然的启程。动手写观察日记、栽种喜欢的绿色植物,总结一些植物的生长习性,学会热爱生活和自然。五月份是体育节,以趣味活动、健身、足球、跳绳等体育项目为主,培养同学们的耐力和特长。使同学们懂健康,爱生命,强体魄。同时大力弘扬足球活动,全校性地开展韵律足球操,各种足球竞赛,让孩子们爱上足球,现在我们学校已经成为全国的足球基点校。今年我们学校的女子足球队获全市第二名的好成绩。十月份是艺术节,是全校师生美的陶醉,才艺的展示。每年一次大型演出,师生同台,是一种精神风貌和艺术的完美结合。十一月份是读书节。提高人格品位,增加生命的厚重。冬季来临,北国冰天雪地,我们又迎来冰雪节,我校的冰雪文化如火如荼,学生们在雪雕艺术中陶冶情操,在冰雪活动中锻炼体魄,放飞梦想。学校的每个节日都贯穿整个学年,全员参与,定期集中展示。

我校通过校园六大特色活动节培养学生热爱科学,热爱读书,热爱运动,热爱生命的精神品质。让学生们能在艺术氛围中陶冶情操;在阅读中获取知识;在拼搏中增强自信;在播种中收获快乐;在实践中放飞梦想。

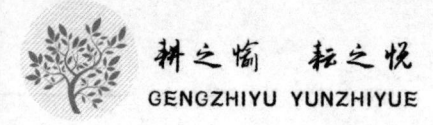

（3）"德育主题课程"是利用德育主题教育活动,培养学生品行。

我校确立了"爱、礼、勤、纪、诚、创"六大德育主题教育活动,对学生进行社会主义核心价值观教育。学校根据学生的成长特点,对不同学年都有不同内容和要求。例如"爱",一年级要爱校园、爱父母、爱同学等,六年级要爱社会、爱祖国。"信",三年级说到做到,五年级立志成功。"纪",二年级按纪律要求做,五六年级做守法公民等。通过活动、体验、训练,把中华文明的核心道德理念演绎为:爱、礼、勤、纪、诚、创,并对应细化学生的行为要求,从而内化成优秀的品格。

同时,学校还利用校园网络数字化优势和多媒体电子白板,在走廊播放自制宣传片。学校创作组制作了十几部微电影,如《爱国》《诚信》《文明》《勤学》等以及好人好事典型影片循环播放,起到润物无声的教育效果。学校创建的"春蕾校园电台"和"春蕾周报"作为我校的特色媒体,成为提升学生是非善恶价值标准,提高分辨是非能力,传播正确价值观的新途径。更是学生锻炼自己能力、施展聪明才智,有效传播德育主题文化的平台。

（4）"基地主题教育课程"是利用基地主题教育活动,净化学生心灵。

学校积极整合德育教育资源,利用周边得天独厚的区域优势,构建三大教育基地——市消防支队、市福利院、烈士陵园。我们同三个临近单位建立联系,互助共建,每学期定期组织师生到三个基地开展活动。清明节到烈士陵园祭扫,举行少先队重温誓词宣誓、听烈士英雄事迹等活动,让先烈的事迹鼓舞学生,让学生知道共和国的建立和我们今天美好生活来之不易,激励学生从小立志报国,树立学生的爱国主义情感。八一建军节,组织学生到消防支队参加活动。跟消防官兵一起参加消防演练,学习逃生技能,掌握消防知识,树立安全意识,感受消防官兵一天的训练生活和他们不怕苦、不牺牲的精神。少先队爱心小组,每学期到福利院献爱心,照顾孤儿,给孩子们讲故事、一起做手工。学校爱心服务队,到敬老院照顾孤寡老人,给他们打扫卫生,梳头,表演节目。让学生在活动中净化灵魂,提升人格品质,在潜移默化中受到熏陶。

构建特色课程,以特色育人,促进了教师队伍的专业化水准在不断提升;使学生在富有特色的主题活动和个性化的特色课程中茁壮成长,逐渐学会了学习,学会了生活,学会了做人,达到了双向共赢,从而有效提升了学生和教师的核心素养。

# 有效利用"学习设计"，
# 实现"三会育人"目标
## ——"提升小学教师学习设计能力的实践研究"

### 王　蕾

## 一、课题提出的背景、目的和意义

### 1.课题的提出

新课程的实施将一个理念新颖、视野开阔的教学新时空，呈现在老师们的面前。改革的浪潮打破了传统的"满堂灌"和以教师为主体的师生格局，把教育的主题转换到了学生身上，他们的学习热情、情感世界、主体能动性受到了广泛的关注。要落实"尊重学生"、"尊重创造"、"面向全体"的教学方式，不仅要求教师转变观念：一切从学生的学出发，而且必须具备良好的学习设计能力，通过有效的学习设计使新课程的目标在教学中得到不折不扣的落实。

随着社会经济的发展，越来越多的农民工子女涌入城市，地处城乡接合部的我校也自然成为农民工子女的集聚地。由于农民工自身的文化素质相对较低，在孩子的教育问题上认识不够，平时又忙于打工，没有精力关注孩子的学习，更没有能力辅导孩子的学习，因此我校学生学习能力层次差异较大，学业成绩参差不齐，给教师的教学带来困难。

经过调查发现，目前我校教师的学习设计能力普遍较弱，主要表现在："重教材轻学情"、"重过程轻目标"、"重传授轻反馈"等问题上，学习设计的质量普遍不高，影响了教学的有效性。究其原因，主要是教师对于"学习设计"的理念认识模糊不清，同时缺乏独立设计的意识，教学时过度依赖教科书及参考书，并逐渐在依赖中丧失了独立性和创造性，导致学习设计能力得不到提高。

随着我国人口出生率的下降，学生入学人数逐年减少，我校的学生人数也

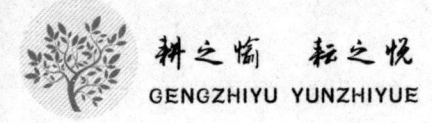

逐年在减少,目前基本形成每班 30 余人的小班额。而小班化让学生受教育的时间、条件得到改善,师生交往的频率加大、机会增多,如何抓住这一有利时机,通过有效的学习设计,在课堂教学中师生互动,共同建构知识,营造民主和谐的氛围,使教师的学习设计真正关注到所有学生的发展,落实我校会学习、会生活、会做人的"三会育人"思想,成为亟待研究的问题。

基于上述背景,我们认为,要将新课程的理念落实在实际教学中,真正解决实践层面的问题,就有必要开展"小学教师学习设计能力提升的实践研究"以尽快提高教师学习设计的能力,从而提高教学效能,推进新课程改革的有效实施。

2. 研究目的

通过提高教师学习设计能力的研究,努力构建新课程理念与教学实践的立体桥梁,在实践中引领教师实现"三大转向",践行"三三模式",促进教师专业化发展,提升学校的教学质量。这正是本课题研究的目的所在。

①转变教学理念,实现"三大转向",促进教师专业化发展。

通过研究转变以教师的教为本位的教学观转向以学生的学为本位的价值观;以书本知识为本位的价值观转向以学生发展为本位的价值观;以静态教案为本位的备课观转向以动态方案为本位的设计观。提升教师的学习设计能力,促进教师专业化发展。

②构建学习框架,践行"三三模式",提升学校的教学质量。

本课题研究将探求学生的最近发展区,构建学生学习的"支架",践行"三三模式"即:实现课前三个分析(课标分析、教材分析、学情分析);课中三个设计(学案设计、任务单设计、练习设计);课后三个反馈(乐学反馈、成绩反馈、能力反馈)。帮助教师提高课堂教学效率,提升学校的教学质量。

3. 研究意义

①本课题的研究,积极探索提升教师学习设计能力的有效途径和方法,形成一定的理论经验,为教师的专业化发展提供成功范例。

②我校为郊区重点扶持学校,区政府区教育局投入 4500 万资金移址建设新校区。本课题的研究能有效地提升我校教师的教学技能水平,改变教师的教学现状,提高学生的学业成绩和家长的满意度,促进学校的发展,为迁址后的发展积蓄能量。

## 二、国内外研究情况概述

从二十世纪 60 年代以来,教学设计已逐渐发展成为教育技术领域的一门独立学科。关于教学设计,世界各地的学者们有着多种解释,"美国教育学家史密斯( P·L·Smirch )和拉根( T·J·raglan )认为,教学就是信息的传递及促进学生到达预定、专门学习目标的活动。包括学习、训练和讲授等活动。所谓设计就是指在进行某件事之前所作的有系统的计划过程或为了解决某个问题而实施的计划。韦斯特( Charles·K·West )等人则从认知科学的角度探讨教学设计,他们认为,教学就是以系统的方式传授知识,是关于技术程序纲要或指南的实施。设计是计划或布局安排的意思,是指用某种媒介形成某件事情的结构方式。"

国内有学者认为"教学设计是运用系统方法分析教学问题和确定教学目标,建立解决教学问题的策略方案、试行解决方案、评价行为结果和对方案进行修改的过程"。无论是哪种解释,表达的主要都是几层共同的意思:教学设计的过程是运用系统方法分析教育教学问题、确定教育教学问题解决方案、检验和评价解决方案的过程,它包含确立学习目标、进行任务分析、选择教学策略、开展教学评价四个要素,它们之间相互关联构成动态、循环的过程,主要分为三个阶段:教学分析阶段、教学策略的选择阶段和教学设计结果评价阶段,分解这三个阶段,一般包括前期分析( 学习需要分析、学习内容分析、学习者分析和学习环境分析 )、确定目标、制订策略、选择媒体或资源、试行方案、评价和修改等过程,各个主要环节的任务包括:学习需要分析、学习内容分析、学习者分析、学习环境分析、确定学习目标、设计教学策略、选择教学媒体或资源以及学习效果评价。

教学设计是一个分析教学问题,设计解决方法并加以实施,进而进行评价和修改,直到获得解决问题的最优化方法的过程。教学设计使教学活动建立在科学方法论的基础上,对学习过程和学习资源做出合理的安排,创设学与教的系统。它以教学效果最优化为目的,以解决具体问题为指向,体现出了教学过程的计划性。

教学设计在课堂教学层面里需要明显地体现出几个特征,比如设计需要为个体而展开,重视学习个体的差异,促使学习者自主学习的介入,并能对个体未来的发展起到影响;设计要以系统的方式来进行,并且要有长期和短期的规划。毫无疑义,教学设计的运用,会将课堂教学的品质推进到一个新的高度。

然而,学者们认为"教学设计更大程度地依赖于教学理论的研究"。这些教学理论走近广大的中小学教师并且能被他们理解和内化,是有一定困难和需要一个漫长的过程的。因此,尽管教学设计是教育技术的组成部分,它的功

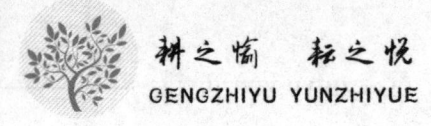

能在于运用系统方法设计教学过程,使之成为一种具有操作性的程序。然而,在现实中,让教师从备课走向教学设计,却面临着众多的困难。

### 三、课题研究的理论基础

现代教学设计以 1974 年加涅的《教学设计原理》一书的出版为诞生标志,伴随着现代学习和教学理论,计算机和网络媒体技术,以及认知心理学、传播学、系统科学等的发展,不断走向完善和成熟,而"为学习而设计教学"则是其核心理念。布里格斯、梅里尔和瑞奇等的观点也把教学设计看作是一种科学,同时注重教学设计的系统性与全程性,促进了教师由"备课"向"设计"的转化。国内对教学设计的研究也比较深入,如高燕著《现代教学基本技能》、徐英俊著《教学设计》、陈宇卿等著《为了学习者的学而教》等,这些著作为本课题的研究提供了坚实的理论参考,而教师在以学生发展为本的思想指导下,运用心理学、教育学、社会学、生理学、信息技术等科学理论,有效指导本课题的研究行动。

### 四、课题研究的主要内容

概念界定

"学习设计"是为实现"为学生的学而教"的理想,以达成学习目标为指南,以学习任务为载体,以分析学生的学习基础及完成学习任务所需要的各种条件为依据,设计不同基础学生为完成学习任务、达成学习目标的学习顺序、学习资源、学习方式、学习组织形式、学习规则等的教学方案,并在实施中根据学生实际状况不断反馈调整的活动。它是以学生学习为线索而进行的教学设计,是走向以"学"为主的教学设计。本课题的研究重在探寻教师获得"学习设计"能力的途径和方法,为进行该内容研究的学校提供一定实例。

研究内容

1. 对学校教师目前的教学状态和教学能力等现状进行调查综合研究。

①下发教师调查问卷分析现状。

②通过调查找出教师学案设计中存在的问题。

2. 探究课堂教学有效策略和方法,探索"三三模式"教学的可行性。

①研究有效进行课前三分析(课标分析、教材分析、学情分析)的途径和方法。

②研究有效进行课中三设计(学案设计、任务单设计、练习设计)的途径和方法。

③研究有效进行课后三反馈(乐学反馈、成绩反馈、能力反馈)的途径和方法。

3.探索形成促进教师学习设计能力提升的机制与制度建设。

①探索"三机制"的有效性。探索按需培训机制的有效性;探索定期研讨机制的有效性;探索实时信息发布机制的有效性。

②探索"两制度"的保障性。探索实行教研与科研结合制度,保障研究有序进行;探索实行理论研究与课堂展示相结合制度,保障研究的实效性。

## 五、课题研究的方法

采用文献研究法、调查研究法、实践研究法、个案研究法、经验总结法和行动研究法等相结合的研究方法。

1.文献研究法(大量搜集国内外的相关教育理论,与本校实践相结合,用以指导本课题研究。)

2.个案研究法(教师搜集大量的教学实践中的案例,撰写教学反思、教育小故事并做相关的理性分析,对典型的案例跟踪研究。)

3.行动研究法(在课题实施的过程中,及时反馈,发现问题、反思、调整,使研究更科学、更合理、更有效。)

4.实证法(通过观察、座谈、问卷、学业成绩、师生感悟等的积累,为课题研究提供有力佐证。)

5.调查研究法(本课题主要对本校进行适量的问卷、访谈等调查,发现问题并分析成因,以研究寻找有效对策。)

## 六、课题研究进程及阶段说明

第一阶段:准备阶段(2011年3月—2012年7月)

1.选择研究课题。开展问卷调查,分析教师教学能力现状,通过调查找出教师学案设计中存在的问题,确定研究重点。学校在2011年初面向全体教师设计下发了《教师教学能力现状问卷调查》,共发出问卷51份,收回51份,并对问卷进行了详细的统计分析,通过问卷反馈出教师在教学中存在的主要问题是:对构成教学设计的七要素不十分了解,无法说清七要素在教学设计时的逻辑关系,不明白基于什么基础上才能对教学进行设计。对课程目标不够熟悉掌握,对学习特征不太了解,学情分析不够深入,无法对学生情况进行最有效的学习设计。因此,我们觉得提升教师"如何让学生有效的学"的教学设计能力是实现高质量办学的关键环节,从而确定了《提升小学教师"学习设计"

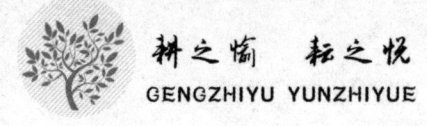

能力的实践研究》选题。

2.查阅有关资料,了解类似研究的现状和趋势,进行情报分析。通过查阅资料,我们了解到,教学设计从二十世纪 60 年代才发展成一门独立学科。现代教学设计以 1974 年加涅的《教学设计原理》一书的出版为诞生标志,伴随着现代学习和教学理论,计算机和网络媒体技术,以及认知心理学、传播学、系统科学等的发展,不断走向完善和成熟,而"为学习而设计教学"则是其核心理念。布里格斯、梅里尔和瑞奇等的观点也把教学设计看作是一种科学,同时注重教学设计的系统性与全程性,促进了教师由"备课"向"设计"的转化。而教师在以学生发展为本的思想指导下,运用心理学、教育学、社会学、生理学、信息技术等科学理论,能有效指导本课题的研究行动。

3.确定课题组研究人员,成立课题组并拟定课题研究方案。筹备之初,我校张光宇校长亲自挂帅点将,成立课题研究组织机构。刘敏副校长、王蕾副校长具体负责课题的实施,姜海燕、魏伟、崔英艳等老师成为本课题研究的核心组成员,开始仔细研讨课题研究的操作实施,拟定课题研究方案。2012 年初张光宇校长退休卸任,赵忠良校长接任后,对本课题的实施方案又进行了调整修改,使操作内容更符合实际,便于教师研究。

4.召开课题开题会。因校长交接及搬迁校址,报请上级科研部门批准,我校开题及研究有所滞后。2012 年 5 月 30 日,在我校四楼的多媒体教室举行了隆重的课题开题仪式。我们有幸邀请到市科研所詹小军所长、区教育局张绪芳副局长、区初教科王春伟科长、区科研所孙颖所长、区进修学校柳福艳副校长、区教育学会窦宪君会长等人热情出席,亲临指导。会议由课题负责人之一王蕾副校长主持,会上孙颖所长宣读了课题立项证书;王芳书记代赵忠良校长(外出学习)做开题报告;刘敏副校长公布课题研究实施方案;路晓坤老师代表全体实验教师发言表达了对科研的期盼和实施的决心;詹所长对课题充分论证陈述意见并提出了明确可操作的实施建议;最后张绪芳局长做了重要讲话,对我校的研究提出了具体的要求和希望,至此课题研究正式启动。

第二阶段:实施阶段(2012 年 8 月—2014 年 8 月)

2012 年 8 月—12 月

1.组织课题组成员进行"学习设计"理念的基础培训。

在课题实施进程中我们根据课题研究的实际需要以及在研究过程中针对教师显现的薄弱部分进行课题参与教师培训,利用周五下午业务学习时间,共进行了 6 次大型培训。内容包括:新课程标准解析培训、学习设计理论培训、教育科研理论培训以及教师专业技能培训。通过培训宣传本课题的研究思想,研读课题研究思路,学习课题相关的科研理论知识,学习反思与撰写案例等的方法。

2.建立学校科研群,利用群空间下发学习资料,组织自学及网上互动交流。

为了给教师足够的理解反思的时间,弥补学校培训时间过短的实际问题,采用集体与自学相结合的办法,充分利用网络资源,开通课题网络研讨活动,所有教师均加入十五小学科研群,课题学习资料以电子稿的形式上传群共享,教师独立下载学习,学校定期检查自学笔记,教师上交学习心得体会;教师也可以针对学习的内容在网上留言提出问题或者参与问题的讨论交流。科研群负责人魏伟,负责定期上传学习资料,管理论坛,下载论坛内容并做好教师参与情况记录。同时,学校积极组织教师外出学习,王蕾、魏伟、邓晓霞老师参与了我市科研骨干教师培训,国凤华、姜海艳等老师分别赴天津、哈尔滨等地参加学科骨干教师培训,并汇报讲座,分享交流。

同时,提倡教师写业务笔记、学后反思、教学随笔,努力提升全校教师教科研能力。

3.探寻教师获得"学习设计"能力的途径和方法。

①分解学科、专项研究。

学校充分利用主课题《提升小学教师学习设计能力的实践研究》的核心引领作用,总课题组分解学科,由刘敏副校长担任数学科研组组长、臧国平副校长担任语文科研组组长、王蕾副校长担任综合科研组组长、王艳杰主任担任艺体科研组组长。各学科根据学段和不同特点,确定不同的子课题。如:语文:1-2年侧重识字写字研究,3-4年侧重写话作文研究,5-6年侧重阅读研究;英语侧重拓展课程及口语训练研究;体育侧重运动梯度设计研究等。同时根据课题实施阶段研究过程中的不同时期,形成动态的学期子课题研究计划,做到每学期一个小专题,每学期一总结。通过学科间的有效沟通与积极整合,带动语文、数学、英语、综合等学科的课题研究,形成"科科有专题、人人搞研究"的良好局面。

②搭建平台、展示交流

我校将理论研究与课堂展示有机结合,定期将小组研究阶段成果通过课堂教学展示出来,全体课题组成员观摩,共同研讨,反思改进。(a)利用学年学科的走讲教研课展示,每月每学年、学科均有一位教师主备一节研讨课并轮班走讲,学年学科组成员共同听课研讨、交流改进,形成精案反思。(b)组织全校

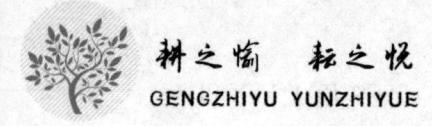

教师开展"践行新理念、学习设计说课竞赛",教师重点呈现在"课前三分析"基础上进行的有效学习设计。(c)学校利用科研骨干教师展示课,开展大型研讨交流活动。用具体课例展示研究成果,并在展示现场进行研讨对话交流,此方式直观具体,深受实验教师喜爱。

同时,学校还利用自己创办的《春蕾周刊》实时发布学校科研课题的最新动态及成果;开展教师读书汇报交流活动;组织编撰教师的科研案例反思汇编等,使其成为了解师生动态和学校发展的窗口,成为展示教师科研成果、学生学习成果的重要平台。

4.组织教师研究课标、教材、学生,做好课前的课标分析、教材分析、学情分析。

学校总课题组根据课题实施方案确定的研究阶段,本阶段侧重"三三模式"中"课前三分析"的研究。即:"课标分析"、"教材分析"、"学情分析"。为了将"三分析"有效落在实处,我们本学期调整了集体教科研的研究重点,每周一、二下午的集体教研,各子课题组重点研究如何在准确分析学情、教材、课标的基础上确定教学目标、重难点及对应的解决策略。同时,本学期学校将原有教案格式进行了调整,将"三分析"的过程列入教案书写中,规范教师的思考过程,形成一定的结论,以便在实践中检验结论的正确性及有效性,从而及时进行调整。具体研讨题目有:怎样进行学情分析、学情分析结论的教学应用、课标分析的具体方法、怎样进行教材分析、如何结合"课前三分析"进行有效的学习设计等。

2013 年 3 月 - 7 月

1.引导教师做好课中的学案设计、任务单设计、练习设计,并在课堂教学中实施。

在教师已经学会有效进行"课前三分析"的基础上,学校带领老师们转向"课中三设计"的研究。学校打破了教师原来老的以教师教为线索的竖版教案的格式,重新研讨形成了以学生的学为主线的横版的学案设计,以此帮助教师转变备课的老思想。并把学生在每节课中需要学会的知识分解成以若干个需要学生自主探究完成的小任务来统一贯穿。相对难以完成的任务,教师就需要设计有效的扶梯或支架,降低探求知识的难度,指引学生寻找到解决问题的正确路径。加之设计相匹配的精炼、准确的练习题,巩固学生对新知识的掌握,提高课堂的效率。教师们在平时的课堂教学实践中,以学年学科小组为单位,边研究边设计边实施边反馈,不断修正自己的设计。

2.组织教师开展研讨,设计课后的乐学反馈、成绩反馈、能力反馈的三个量表,分析教学策略有效性。

教师"课中三设计"研究实践的成效评价,我们以"课后三反馈"的形式表现出来。同时,具象的三种不同的反馈表也为我们评价课堂的高效性提供了真实可观的数据信息。我们分小组对不同学科学年的乐学反馈表、成绩反馈表和能力反馈表进行研究设计,要求观察评价点的设计均要符合学科特点及学生学段特点。小组上交初稿后学校进行审核再应用到课堂评价当中,作为评价课堂效果的重要依据。

3. 开展"学习设计"方案研讨、评比、展示活动。

学校按照学年学科的划分,开展了"学习设计"阶梯式竞赛。学期初举行了"学习设计方案设计研讨会",各小组分别汇报本组的课例设计的形成过程及设计思路;学期中开展全校的"学习设计课堂教学竞赛",验收教师们开展学习设计研究后课堂上的变化;学期末开展了"学习设计经典课成果汇报会",对本学期的研究成果进行展示和总结。

4. 结合我校"学习设计"研究,面向全区开展了题为《如何在教学过程中突出学法设计,实现课堂增效》的网络研讨主场展示活动。

王蕾副校长在线主持了本次活动,首先以祁悦教师语文课《风》为例进行了学习设计课堂教师展示,学校的领导及语文骨干教师参与了评课和研讨,教者结合本课《风》,谈了自己关于学习设计理念的认识和具体应用,其他教师也纷纷亮出自己的观点,全区所有兄弟学校在线观看了教学视频,并纷纷上线参与讨论,此次活动得到了全区兄弟学校的认可,反响巨大。

一学期的深入研究,教师们对学习设计的理念有了更加深刻的理解,并有效应用于课堂教学中,学生学习的积极性增强了,课堂效率明显提高,学生的各方面能力也在任务设计的自主完成中得到了快速的提升。

2013 年 8 月 - 12 月

1. 组织学科组教师研讨,修正完善课前"三分析"、课中"三设计"、课后"三反馈"。

在一个学年度完整研究的基础上,学校对教师们提出了更高的要求,梳理回顾研究的过程,反思"三三模式"——课前三分析、课中三设计、课后三反馈的有效性,并对不足之处进行调整完善。教师们均上交了学习设计研究反思,学校召开了学习设计研究反思会。通过集体反思交流,教师对学习设计及三三模式有了透彻的理解分析,有利于教师打造形成精品课及精品课例。

2. 开展"学习设计"课堂教学评比、交流、展示活动。

组织召开了全校"学习设计精品课堂"教学竞赛活动,历时一个月,评选出

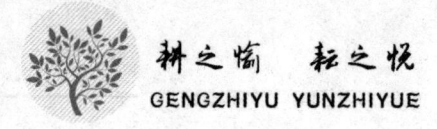

特等奖两名,一等奖六名,二等奖十二名。召开了总结表彰交流会,再次升华学习设计研究成果。

3.中期阶段汇报:组织教学展示课活动,汇编教师案例反思集,形成阶段研究报告。

学校结合区域校际交流的实际,面向全区举行了教学开放日活动,宣传辐射学习设计的研究成果。王蕾副校长在开放日当天做了"提升小学教师学习设计能力的实践研究"课题阶段研究报告,十二位各学科任课教师做了"学习设计、有效课堂"的课堂教学的展示。学校着手整理汇编教师"学习设计"案例与反思成果集。

2014年3月-8月

1.召开"提高教师学习设计能力策略"研讨会,总结提炼提高教师学习设计能力的途径和方法。

在两个年度的研究实施中,我们在回望的过程中也不断总结提高教师学习设计能力的途径和方法。我们认为最有效的方法有:一是通过理论知识或视频观摩的培训,让教师在观念上有转变,在理念上有提升,在感知上有具象;二是在实践上要让教师立足课堂、注重团队力量、要形成议——讲——评的完整流程;三是搭建各种展示平台,建立评价机制,激发教师研究的热情;四是充分利用网络、媒体等,宣传辐射教学成果。如校园网的科研论坛专区、QQ科研群的信息发布、学校春蕾周刊的科研成果栏目的宣传等,都是令老师们拥有研究热情快速提升的有效载体,教师们也乐在其中。

2.完成整理汇编教师案例集《励耘》。

第三阶段:总结阶段:(2014年9月—2015年12月)

课题原定结题时间为2014年12月,因2015年初,省教育学会没有结题的认定通知,我校继续制定了2015年课题补充实施方案,延续了本课题的研究,对课题研究内容进行了延伸和发展。重点对数学、语文学科领域各类型课进行"学习设计"典型案例研究,内容涵盖了语文拼音教学、识字教学、口语交际、综合性学习、习作教学和阅读教学;数学数与代数(数的认识、数的计算)、图形与几何(图形的运动、图形的测量)、统计与概率、综合与实践。同时结合这些典型课例展示组织召开了专项研讨交流会,教师分享研究经验,归纳整理各类型课的学习设计方式,让"学习设计"的理念深入落实到教师的每一节课课堂教学之中。

同时,学校将课题开题以来的材料均进行了重新整理,汇总了教师们自开展研究以来取得的各级各项教学成果,归档了相关的所有材料。并在查阅分析课题资料的基础上,由王蕾副校长执笔撰写"提升小学教师学习设计能力的实践研究"结题报告,对课题的研究进行整体回顾、反思和评价。敬等专家论证、验收。

### 七、研究的主要结论与论据,研究的特色、创新和突破及社会影响

1. 主要结论

①通过我校连续三年多对本课题的研究与实践,教师头脑中已牢固树立了"学习设计"的教学新理念,教学"三三模式"日趋成熟,教师能熟练运用"三三模式"进行课堂教学设计和评价,课堂教学效率明显增强,学校教学质量显著提升。学校整理汇编了教师精案集《耕之愉》、教师反思集《耘之悦》、教师案例集《励耘》,形成经典课课堂教学实录光盘册。

比如:我校教师国凤华执教的学习设计精品课《渡河少年》在全区名师课堂教学竞赛中荣获语文学科第一名的好成绩;孔祥鹤老师执教的学习设计精品课《认识立体图形》在区名师课堂教学竞赛中获得数学学科第二名的好成绩。孔祥鹤老师执教的数学课《认识几分之一》在全市数学课堂教学研讨展示会上做精品课展示;祁悦老师执教的语文作文评改课《我的同学》在全市语文课堂教学研讨展示会上做课。我校教师团队在历届"乐学杯"学习设计专项教学竞赛中个人和团体均能获得奖项。

学生的整体情况变化也比较突出,学生在课堂上的积极参与度由研究之初的74.5%,提升到现在的96.4%;学生当堂知识目标的达成度由研究之初82.6%,提升到现在的95.7%;学生能力发展度由研究之初的67.2%,提升到现在的86.3%。学校整体教学质量由研究之初全区质量抽测成绩排名的第三位,跃居为全区的第一位,并由郊区名校逐渐跨入全市一流学校的行列。

②在研究过程中,我校确立的"三机制"(按需培训机制、定期研讨机制、实时发布机制)、"两制度"(教研与科研结合制度、理论研究与课堂展示结合制度)为课题研究提供了有力保障,"四平台"(培训平台、研讨平台、展示平台、总结平台)成为教师学习设计能力提升与发展的重要途径。我校在课题研究中促进了师生的全面发展。

如:利用日常学校理论培训、外聘专家讲座辅导、十五小学科研群下发材料自学等培训平台,给教师提供按需持续性的学习空间,保障教师课题研究中的理论跟进。利用校园网科研论坛专区、国家 EDU 平台佳市十五小学教科研吧、学校课题研讨交流会、学年学科组集体教研活动等研讨平台,多层面聚焦课题研究问题,形成有效的研讨结论。利用学年学科走讲课活动、骨干教师展

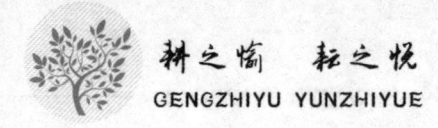

示课活动、"乐学杯"学习设计竞赛活动、学校高效课堂教学研究活动、市区教学现场会、网络现场会、"春蕾"校报"春蕾"广播站专栏宣传等展示平台多角度展现教师课题研究成果,促进成果的转化和推广。利用组织省市区级教育学会科研成果申报、学校课题研究成果汇编、课题组阶段总结会等总结平台全方位审视课题研究过程的收获与不足,在有效梳理中提升课题研究的品质。学校共进行全校性的大型培训 6 次,召开了 29 次课题专项研讨会,教师获得省、市、区各级科研成果证书 300 余个。

2. 研究特色和影响

①本课题的研究能够直面新课程理念与教学实践的融合,以实际操作引领教师把新理念转化为实际的教学行为,实现"三大转向"。即:由以教师的"教"为本位的教学观向以学生的学为本位的价值观转化;由书本知识为本位的价值观向以学生发展为本位的价值观转化;由以静态教案为本位的备课观向以动态方案为本位的设计观转化。

②本课题研究从学生的最近发展区入手,构建学生学习的"支架",践行"三三模式"即:实现课前三个分析(课标分析、教材分析、学情分析);课中三个设计(学案设计、任务单设计、练习设计);课后三个反馈(乐学反馈、成绩反馈、能力反馈)。将强化学情分析、导航学习过程、落实学习目标和检测学习成效有机结合,形成彼此联系系统的整体。

③探求提升教师学习设计能力的有效策略,促进教师成长。学校通过"三机制"和"两制度"的建设,将教师的需求培训、理论研讨、课堂实践、信息发布有机结合在一起,利用反思交流会、研讨展示课、网上论坛、编撰成果集、召开现场会等多种形式强化教师的研究、实践与总结。学校研究的成果令教学质量稳步提升,得到家长、社会的一致认可。

在研究过程中,不同时期的课题成果通过市、区现场会交流,网络研讨交流等多种形式进行了展示和传播,形成了广泛的社会影响。(a)主办了题为《如何在教学过程中突出学法设计,实现课堂增效》全区网络研讨活动主场展示会;(b)召开了全市小学教研基地展示现场会;(c)召开了全区教育信息化暨课堂教学展示现场会。(d)参与了"乐学杯"学习设计教学竞赛活动。

可以说,"提升小学教师学习设计能力的实践研究"课题的实施运作,为教师的能力提升、专业化发展、学生的能力培养及学校教学效益的提高,探索出一条可供操作的实践之路。为各兄弟学校的教学研究提供可供借鉴的成功范例。

# 论小学生基础品德教育的培养

## 臧国平　王艳杰

　　古语有云:百行以德为首。德育教育对学生未来发展的有着重要意义。小学生所处的正是知识学习、能力发展的关键时期,要将学生培育养成会学习、会生活、会做人的品德兼修的高标准人才,就必须注重学生基础品德形成的过程。德育事故的频繁发生深深刺痛人们的神经,一次次打穿道德和法律底线,学校的德育工作正面临着前所未有的挑战。所有教育人都有这样一个理想:"无论什么时候走在校园里,给人感觉总是整洁、有序、和谐、温馨。在这里,孩子们快快乐乐迎接每一天,彬彬有礼面带微笑;课堂上专心听讲;用餐时爱惜粮食;生活中尊重他人,感恩父母,助人为乐……"这些看似平淡,但却并不容易实现。

　　学生没有形成道德认识,就缺乏完整的标准体系制约自身的行为规范,需要依靠他律的惩罚或批评方式进行引导和改正错误,对学生道德的教育工作要建立在学生不断积累道德知识与吸取道德经验的自觉性过程中。人的品德的形成与发展是一个由低向高、由简单到复杂循序渐进的过程,美国著名心理学家、教育家柯尔伯格认为,儿童的道德发展具有阶段性,"发展是向上的,按顺序进行的,没有跳跃"。

　　我们认为越是基本的越要从小培养,根基夯实了,才能提升其品德的发展水平。我校在"文化立校、和谐育人、快乐发展"的教育理念,及"会学习、会生活、会做人"的教育目标的引领下,借鉴了先进学校的成功经验和做法,坚持从培养学生的基础品德入手,从实践出发,根据学生的年龄差异,推出了基础品德培养的策略和方案。基于"认知、情感、行为"三个维度,从爱、礼、勤、纪、诚、创六个方面,以"认知、情感、行为"为发展目标,逐步形成"爱国、诚信、文明、友爱、感恩、自律、尊重、创新"并对应细化成学生的行为要求,通过活动体验训

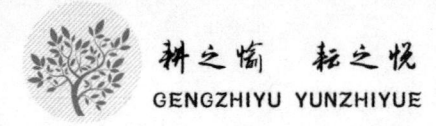

练逐渐固化为学生的行为习惯。

如一年级幼小衔接，儿童走进小学，成为小学生，首先面临的是由生活空间变化、个人身份变化以及随之而来的生活变化所带来的一系列问题。学习成为他们最重要的活动之一，同时，他们还必须遵守一系列的学校规则，并形成良好的学习习惯和行为习惯。经过多年的实践研究，我们发现，很多学生入学前学科知识比较丰富，但缺乏良好的习惯，注意力不集中，自我控制能力差，而且生活自理能力差，有的学生不能独立吃饭，不会整理书包，依赖性强。大多数学生"自我中心"意识强，不会关心别人，人际交往能力弱，缺少合作的意识和能力等。基于这样的情况我们设定了适合一年级学生的培养要点及实施策略。

比如一年级"爱"培养目标是能达到亲情之爱，有美味的食品时，应该先给爸爸妈妈吃然后再自己吃；一年级"勤"的培养目标是勤俭节约，有"学会自己洗澡、叠衣服、整理书包，节约粮食，节约水电资源等"；一年级"纪"培养目标是守纪，懂得基本规矩，如用餐时守秩序、不讲话，举止文明，轻拿轻放餐盘"等。一年级"诚"是诚实，做人要诚实，不说谎话，努力做一诚实好孩子，如不随意拿别人的东西，不说谎话，做了错事主动承认错误等；一年级"创"培养目标是有创新意识，萌发创新欲望，对万事万物充满好奇，知道创新其实并不神秘，不懂就问向别人承认错误等。

进入二年级，学生的一个显著特点是掌握了学校生活的规则。他们开始主动根据规则来评价自己他人，并且将自己放在同学关系中进行比较。他们不仅关心自己是否受到好评，也会关注其他同学是否得到表扬和批评，竞争心理明显显现，因此得到好评是他们非常看重的。为了让自己得到好评，有的学生排斥同伴甚至会有违规行为，带来诚信危机。在这种情况下，规则评价对他们具有很强的引导力，引导二年学生合作互助具有促进其发展的特殊意义。

二年级"勤"的培养目标是勤俭，生活朴素不铺张，不与同学、朋友攀比，不向父母提过多的物质要求，爱惜生活用品学习用品等；二年级"礼"的培养目标是尊重，懂得谦让，不妨碍他人，尊敬师长，关心长辈的身体健康等；二年级的"纪"的培养目标是守纪，知道在学校开展正当活动，要遵守秩序，课间不在楼梯、过道中追逐打闹等；二年级"诚"的培养目标是诚实，借用别人用的东西及时归还等；二年级"爱"培养目标是团结之爱，当同学有摩擦时，应相互谦让，相互体谅，不发生口角，更不能动手等；二年级"创"的培养目标是创新意识，知道大自然中充满奥秘，经常到大自然中走走、看看，感受万物的变化等等。

三年级是自我意识觉醒时期，学习难度加大，对抽象思维要求提高。课堂上游戏活动也随之减少,智慧挑战增多,学生可能产生学习兴趣变化。一部分学生被较难的任务激发了探究感,对学习产生内在动机,而另一部分不适应教学方式及学习难度的变化,产生了挫折感,学习兴趣降低。因此,在三年级,促进学生内在动机的发展和培养学习的责任感是非常重要的。

三年级的"爱"的培养目标是生活之爱,爱环境,爱劳动,具体表现在不破坏公共场所卫生,保护身边的环境,不在教室乱涂乱画等;三年级的"礼"的培养目标是尊重,知道别人的优缺点,不刺伤别人,不嘲笑别人等;注意坐、站、走的姿势,符合规范;三年级的"勤"的培养目标是勤学,能按时有效地完成学习任务。并在学习活动中能遵守纪律,不迟到、不早退不做与活动无关的事。按时参加各种学习活动等;三年级"纪"的培养目标是守纪,知道遵守交通法规,认识主要的交通标志;自觉遵守交通规则,向身边的人宣传交通法规的重要性;三年级"诚"的培养目标是真诚,真诚待人答应别人的事要努力做到,不说谎话,做错了及时道歉,为真诚获得的友谊而高兴;三年级"创"的培养目标是要有创新精神,懂得勤思好问,逐渐拥有创新精神,积极参与实践活动,勤于思考,敢于提问,能表达与众不同的看法等。

经历了独立意识增强和自我表现的三年级后,四年级学生不再那么冒失,显得较有主见,并且步入一个新的关系——同伴交往中。四年级学生开始出现较为稳定的自发小团体,同伴关系和友谊成为影响学生成长的重要因素。学生的情感开始变得丰富细腻,容易感动,也容易情绪化,对男女同学交往的引导是教师引导这一年龄阶段学生发展的一个任务。四年级的发展目标是建立比较丰富的人际关系,学会与同学沟通,理解同学,爱护幼小,关心社会新闻等。

四年级"爱"的培养目标是生活之爱,懂得发展适当的兴趣爱好能为生活增色,喜欢在学习中有不懂的地方能及时向老师提问并且自己试着寻找答案等;四年级"礼"培养目标是尊重,让学生知道与人交往时理解和体谅他人很重要;体谅父母的心情,不在生活上提过分要求,遇事主动与父母老师沟通,虚心听取老师家长的教诲,并付诸行动;四年级"勤"的培养目标是勤学,是在学习上尽自己的全力,不应以应付的心理对待学习,在学习上积极主动,不拖拉,能帮助身边学习有困难的人;四年级"纪"的培养目标是守纪,知道要遵守社会公德,作为社会的一员,能为社会尽一份力而感到高兴,自觉遵守社会公德,不在公共场所做有损公德的事,遇到不文明现象要积极劝阻,做文明之人;四年级"诚"的培养目标是真诚,是懂得三人行必有我师,懂得友谊的重要性,为同学、朋友获得的进步、成绩表示由衷的高兴;四年级"创"的培养目标是创新精神,

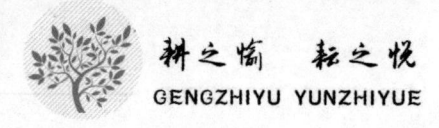

是热爱科学乐于探究,用所学的知识解决生活中的问题,乐于操作,质疑问难,学以致用,能用学到的本领让生活变得更加精彩等。

五年级学生的认知和发展特点是逻辑思维能力有了明显提高,能够理智地分析问题,客观地评价别人和自己,不像四年以前那样受情绪和情感的影响较大;能够接受批评和相反意见,当同学出现冲突时,可以自己解决或者由旁观者主持公道。同时,非正式群体逐渐稳定,开始形成真正的友谊;学生能在未来目标的引导下学习,发展的主动性增强。教师引导确立学习目标,并鼓励他们采取实际行动,踏踏实实地为实现目标而努力。

五年级"爱"的培养目标祖国之爱,关心祖国和平统一与繁荣昌盛,为祖国在世界上取得辉煌的成就而自豪,关心国家大事,坚决与一切有损国家荣誉与利益的人或事做斗争,热爱党,热爱人民,尊老爱幼,多做助人为乐的好事;五年级"礼"的培养目标是尊重,尊重他人,懂得退一步海阔天空的道理,同学之间相互了解,尊重同学,遇事要冷静,能心平气和地处理问题,友爱相处,在活动中互相谦让。五年级的勤知道在生活中要勤劳,自己的事情自己做,在生活中做力所能及的事情;五年级"纪"的培养目标是守法,知道不去不适合学生进的场所,不上不健康网站,不进入营业性网吧,了解网络的利与弊,不沉迷于网络世界;五年级"诚"的培养目标是诚信,努力做一个言而有信的人,是言行一致,言而有信,答应别人的事要做到,考试不作弊,主动为老师、父母承担工作,并且努力做到,做不到时说明原因并表示歉意等;五年级"创"的培养目标是创新能力,懂得创新能力须有发散性思维,并能在实践中不断培养,能用求异的思维审视我们周围的事物,不迷信权威,有奇思妙想,并能努力去尝试等。

六年级学生独立意识和成人感增强,他们不希望老师或家长把他们当小孩子对待,但他们在独立处理人际关系和其他实际问题上还不成熟,需要成人的指导和帮助。六年级学生的情感内容日益丰富,社会道德感有了很大的发展,情感的稳定性控制能力有所增强,六年级是面对人生的第一次挑战,他们能够认识到考试的重要性,并积极投入到学习中,学生对学习的内化和投入程度有了显著的提高,产生了朦胧的理想,开始有规划自己的意识和想法。面临毕业,他们也表现出矛盾的心情,因此六年级学生特别需要老师的引导、帮助他们解决这样的矛盾,让他们在日常生活实践中学会正确对待压力,积极有效地进行自我调节。

六年级"爱"的培养目标是生命之爱,爱生命,以博爱的胸怀,珍惜地球上的一切生命,包括自己的生命,认识到生命的美好,爱护自己的身体健康,知道生命的重要意义,不做危险的事,爱护身边一切美好的事,关爱自己以及别人的生命,为生命的精彩而喝彩;六年级"礼"的培养目标是尊重,懂得为集体的成长奉献力量,为生活在一个优秀的集体感到高兴,齐心协力,争先创优,自信、自强,与人交往落落大方,努力为集体争得荣誉,懂得感恩不辜负师长;六年级"勤"的培养目标是勤劳,懂得为他人服务,能给别人提供恰当适时的帮助并为此感到高兴,积极参加公益活动,在生活中主动为父母当小助手,知道照顾父母,别人面临困难时能伸援助之手,积极投身于各种无偿服务中;六年级"纪"是知道遵守法律,懂学校的制度要求,不参加不健康团体,不做违法的事情;六年级"诚"是诚信,知道不诚信的危害,为自己是个诚信的人而自豪,用自己的诚信影响身边的人,遇到欺诈行为及时汇报;六年级"创"是创新能力,懂得用发展的眼光看待事物,不人云亦云,敢于发表自己的不同见解。能熟练运用各种制作工具,制作有创意的作品等。

这些周密细致的架构和切实可行的基础品德培养目标和内容,我们通过主题班会、少先队六大系列活动、学校的六大节日、品社教师的课堂教学等多渠道多途径进行实施,教师用讲解、演示、批评、鼓励等手段,坚持对学生进行正确的点评,全力强化基础品德教育,促进学生逐渐巩固和发展自身的道德行为,并将过去不适当的思想与行为改进。

对学生进行基础品德教育,是当下每一个教育者不可推卸的责任,教师从事的是一份非常崇高的教育事业,也是学生灵魂塑造和品德养成的工程师,除了要做好教学工作,更是要完成育人任务。以德治教,才能为学生素质教育的提升及未来的发展打下基础。

十年树木,百年树人。我们知道对学生进行基础品德教育,是一项长期的系统的工程,我们旨在唤醒学生的心灵,润泽他们的情感世界,使学生受到感染和教育。

总之,良好品德的形成需要学生自身的长期努力,更需要教师不断地督促引导,对学生进行基础品德的培养必须持之以恒,像滴水穿石、一点一滴,经年累月,使养成教育真正变成学生的内在需要,促使他们自觉养成良好的行为习惯。终有一日,会水滴石穿,百芳齐现。

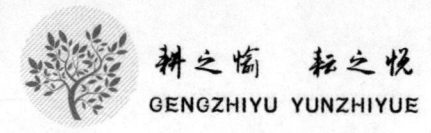

# 推进校园文化传承，开发校园特色节日

## 王艳杰　董　新

　　校园节日文化是以节日为依托，以学生为主体，以各类活动为表征的精神环境和文化氛围，为引导学生树立适应时代发展的核心价值观提供有利契机。弘扬民族传统节日文化，发挥现代节日的教育作用。我们学校在"文化立校，和谐育人，快乐发展"的办学理念引领下，结合学校的实际，开设了符合学校特色又深受学生喜爱的校园"六大节日"活动。校园"六大节日"活动的开展是构建和谐校园节日文化的核心，也是提高学校德育工作实效性的重要途径。

　　这"六大节日"活动，贯穿全校各个班级，分六个时间段进行，即3月科技节、4月植物节、5月体育节、9月读书节、10月艺术节、12月冰雪节。

### 一、读书节——幸福人生，一路书香。

　　1.指导思想：在"两纲"教育的背景下，倡导学生以书为友，提高人文底蕴和审美情趣，为终身学习打下良好的基础。尤其在学生面临网络、电视等视觉艺术，渐渐远离书本与经典的情况下，我们有必要在学生成长过程中对其指引正确的人生之路，让良好的读书习惯伴随其一生，在一个个闪动着人类智慧、人性光辉和创造奇迹的方块字中寻找阅读的乐趣，发现人生的启迪。

　　2.实施策略与途径：读书节的活动由教育组、教学组主办，班主任教师组负责班级活动的策划和组织，激发学生由课内到课外拓展学习的主动性，在校园内营造浓郁的读书氛围。

　　具体措施：①确定每期活动主题，列出推荐书目，并予以一定的赏析指导；结合校报《春蕾校报》的栏目，编辑读书节专刊。②各学年组推出系列知识讲座。③教师读书推荐栏目的展板，引导学生拓宽眼界，提高审美修养。④围绕每届读书节的主题，每班组织一次"好书我推荐"主题班会。⑤设立比赛项目。

开展"影响我成长的一本书"书评、名篇诵读、硬笔书法、成语接龙擂台赛、读书知识竞赛、演讲征文比赛、朗诵比赛。⑥图书换购会等系列活动。让每个学生都能找到属于自己的自信的舞台,在十五小的校园里树立良好读书风尚,促进文明校园建设。

## 二、艺术节—童心流韵,梦想飞扬

1. 指导思想:艺术节的活动重在第二课堂活动的开展,是重要的校园文化阵地。一张一弛,文武之道,艺术节的宗旨在既为学生提供了一个放松大脑,放飞心情的空间,也为学生提供了一个施展才华,张扬个性的舞台,同时也让他们感受到了一次极好的艺术教育和美的熏陶。

2. 实施策略与途径:活动由教育组少先队主办,音乐组班主任教师参与活动的策划与组织,音乐教育组做相关的技术指导。活动多以学生志趣为主,自愿参加、自行选择、自己创作,充分发挥学生自主创造的积极性,增强自信心。

3. 具体措施:①每年形式多样,精彩纷呈的文艺会演成为展示学生才华,张扬青春活力的大舞台。②在提高学生欣赏美、鉴赏美、创造美能力的指导思想上开展系列活动,如以"废旧物品大变身设计"为主题的服装搭配与设计展示、课本剧的排演、艺术作品征集等活动,以此点燃了青青校园孕育的热情。③以"花开有声"为主题,展示我校的素质教育成果。开展一系列形式活泼、内容健康、主题鲜明、情趣高雅的活动,欢乐歌声、悠扬旋律、翩翩起舞、名篇诵读、美术摄影书法等项目的活动。

## 三、体育节—阳光体育,和谐发展

1. 指导思想:随着教育改革的进一步深化和素质教育的不断推进,体育节被赋予了新的历史使命,把校运会办成由教师、学生共同参与的,以学生为主体的,融学科文化知识与体育活动于一体的,以多种与体育相关活动为题材的体育节已成为学校体育工作的重要组成部分。本活动力图使体育节成为校园文化建设的一个载体,成为师生生活中的重要内容,成为师生健康而积极的生活方式。

2. 实施策略与途径:活动由教育组主办,体育组负责策划与组织,通过举办体育节系列活动,营造了浓厚的校园体育文化氛围,提高了全体师生的体育兴趣,调动了体育锻炼的积极性,促进了校园文化的健康发展。

3. 具体措施:①提前进行多种形式的体育项目活动,如拔河比赛、跳绳比赛、足球比赛等丰富多彩的活动,为全校师生提供健康积极的生活方式,营造

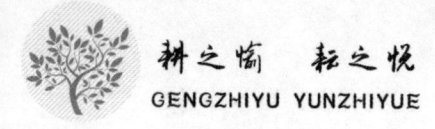

体育文化氛围。②开展广播操的评比。③全面审视"二操二活动"的情况,保证阳光锻炼活动的实施。④校运会强调师生的共同参与,让教师运动会与体育节相结合。⑤每届校运会设入场式,让各班集思广益,以精彩昂扬的风貌展示体育精神。⑥校运会淡化竞技成分,尽可能多地增设适宜每位学生参与的趣味体育比赛项目,突出群众性、多样性、娱乐性、层次性等特点。

### 四、科技节—科技筑梦,创新成长

1. 指导思想:科学知识作为工具理性,极大地提高了人类征服自然、改造自然的能力。借助科学知识,人"不仅支配他身体内的物质力量,而且还支配着自然中的物质力量,并能利用这种力量。"在科学技术迅猛发展的大背景下,扬知识文化之长,传播文明之旅,开启学生创新意识,成为学生终身教育的途径之一。

2. 实施策略与途径:活动由教学组负责策划组织,科学老师参与活动落实管理,遵循生命教育中科学性与人文性相结合的实施原则,通过利用学科教学的教育载体,组织课外活动体系,培养小学生的创新意识和科学精神。

3. 具体措施:①科技节的活动以"倡导科学精神,激发创新思维;投身科技实践,营造优良学风"为主题,着力于有效延伸课堂教学,培养学生的科技兴趣,营造良好的创新氛围,促进校风和学风建设,形成健康向上,充满生机和活力的校园文化氛围。②利用班会时间播放科技片,介绍科技发展的现状,让学生从中感悟人类探索中的科学精神。③开展科技知识竞赛及低年级的纸船承重和高年级的组装电子赛车竞赛。④邀请校外专业人士开设科技专题讲座。⑤"小物品大变身"活动征集创意作品,让学生利用废旧物品,发挥想象,培养学生动手动脑的创造力。⑥编排科技电子小报,营造浓厚关注科技氛围,让科技走进校园,走进课本,走进生活。

### 五、植物节—播撒幸福种子,约会灿烂春天

1. 指导思想:四月,万物复苏。我校开展植物栽培活动,让学生通过观察、记录植物的生长过程,学会科学的种植方法,学会观察、实验、比较的科学研究方法。既能培养学生爱护绿色植物,珍惜生命的情感,也可以为学生提供一个实现中长期科学探究活动的平台。

2. 实施策略与途径:通过本次活动,使学生能说出一些蔬菜、农作物的名称、生长特点等,懂得种植需要"翻土——整地——施肥——播种——管理"等环节,初步掌握一些种植方法,学会栽培一种植物。培养学生的劳动观念,激

发学生劳动的热情,体会劳动人民劳动的艰辛。激发学生的好奇心和求知欲,培养学生提出问题、分析问题、解决问题的能力。

3. 具体措施:①发动学生从各种渠道收集有关农作物和各种蔬菜的各种资料,了解一些农作物的样子和生长过程。②各班讨论、搜集资料,选择自己喜欢的植物。汇报结果,确定种植的品种。通过各种途径了解植物的品种、特点、生活习性等,懂得种植的环节,掌握种植方法,学会栽种植物。④ 设计观察记录表,坚持记录,写观察日记。⑤各班选出一些爱好种植的同学,成立"护绿小组",对种植的植物进行管理并交流成果。

## 六、冰雪节—冰情雪趣,魅力校园

1. 指导思想:以全面贯彻党的教育方针,实施素质教育,促进学生全面发展为目的,以冰雪活动为重点,推进各种具有传统的地域特色的冰上体育活动和冬季户外体育活动。积极组织开展丰富多彩的冬季冰上运动,开展雪地足球、抽冰尜、冬季长跑、速滑等系列冬季户外体育活动。

2. 实施策略与途径:为加强"学校冬季冰上运动"的工作,教育组把体育冰雪活动作为工作考核的内容之一。保障冰上活动的顺利开展和冰上体育课的正常及时进行,本校在 11 月 30 日前浇好冰场,并采取切实可行的措施做好冰场的管理工作。

3. 具体措施:①把握不同年级学生的生理特点,开展好冰上活动和冰上体育课,力求学生的上冰率达 100%。②组建学校的速滑队,积极开展训练,力求坚持经常,并且假日也要开展训练。③ 利用有利的天然资源——雪,做足雪雕文章,让学生在参与全面实践中陶冶情操,启迪心灵,发挥潜能。④ 根据学生实际,除速滑训练以外,还按计划开展跳绳、踢毽子、抽冰尜等项目体育活动,搞好大课间活动。⑤组建冰球队,锻炼学生体能的同时,让学生喜爱上这项运动。自开展冰雪活动以来,我们还利用每班体育课,开展雪地足球训练,通过本次活动,磨炼了学生的意志品质,培养了学生良好的锻炼习惯,有效地提高了学生体质。

校园节日作为一种文化模式对学校德育工作起着举足轻重的作用,对外可展示出学校的风采,对内可折射出办学的效益。我校会不遗余力地把它作为一项系统工程来投"资"建设,使校园文化充分地发挥德育功能,培养出德、智、体、美、劳全面发展的优秀人才。

# 放飞梦想,精彩你我

## ——十五小学少先队六大系列活动

### 董 新

我校少先队活动以中国梦和社会主义核心价值观教育为主线,以会学习、会生活、会做人为教育目标,开展了形式多样的少先队活动。根据学生成长的特点,我校制定了六大少先队系列教育活动。对于一年级新生,学校先让他们努力成为苗苗队员,在二年级时,再光荣加入少先队。三年级是十岁生日会,这是一个从幼年到少年的转折期,学生要学会自己管理自己,要有责任感,有担当;四年级成为阳刚男孩,聪慧女孩;五年级争做星级少年;六年级的我是十五小优秀毕业生。让广大少先队员心向党、拥护党、热爱党、跟党走,从小学习做人,从小学习立志,从小学习创造,为实现中华民族伟大复兴的中国梦时刻准备着。

1.一年级:我是光荣的苗苗团员

一年级的小同学刚刚入学不久,对于学校的环境不是很了解。针对这一情况,我校通过少先队活动-"我是光荣的苗苗团员",培养学生热爱小红星儿童团组织的情感,激励戴上绿领巾做个好苗苗的欲望。让学生戴上绿领巾,成为一名光荣的小红星儿童团员,时刻牢记爱同学、爱红星、爱师长、爱学习、爱劳动,以更大的进步为胸前的绿领巾增添光彩,争做新世纪的小雏鹰。在一学年的活动中,对于学生来说,如何把重点落实到实际的教育教学是比较困难的,但少先队组织就是锻炼学生、培养学生的载体,我们也会根据学生的实际情况进行适当调整,使学生健康快乐成长。

2.二年级:快乐加入少先队

少先队的目的就是团结教育少年儿童,听党的话,爱祖国、爱人民、爱劳动、爱科学、爱护公共财物,努力学习,锻炼身体,参与实践,培养能力,立志为建设中国特色社会主义现代化强国贡献力量,努力成长为社会主义现代化建设需要的合格人才,做共产主义事业的接班人。通过二学年少先队活动,使每个队员感受到身为一名少先队员是多么光荣与自豪的事,我们应以少先队员的要求严格要求自己,了解少先队的光荣史和改革开放以来少先队的发展史,从而激发学生的爱红领巾、爱少先队、爱祖国之情,增强民族自豪感和光荣的责任感,继承和发扬光荣的革命传统,为振兴中华而发愤图强,为了伟大祖国更加辉煌灿烂的明天而时刻准备着!

3. 三年级:十岁生日会

三年级少先队活动,以"十岁生日"为契机,引导学生认识到生命的价值;懂得珍爱生命、心怀感恩、懂得回报。我校并将生命教育融入活动过程,让学生体会母亲的伟大,一张卡、一束花、一份情向养育自己十载的父母表达恩情。在本学年少先队活动中,让每个学生都知道,每一个生日都标志着你长大一岁,为了这属于自己的年轮,我们更应懂事,更应努力进取。引导学生过一个有意义、愉快的生日。可以写一篇纪念自己成长的文章,让成长的风铃在岁月中悠扬地回响;也可以植一棵树,让成长的年轮伴着青春永不枯黄;还可以写一首诗;可以画一幅画,赞美你的生日,描绘你的成长,让你的生日纪念更有意义!但与此同时,别忘了对父母的问候,因为他们是我们人生的引路人。

4. 四年级:阳刚男孩、聪慧女孩

学生们进入高年级以后,心理及生理都发生了细微的变化,为了尊重学生身心发展特点和教育规律,我校为学生搭建活动展示的舞台,让男生、女生在快乐的活动氛围中有更深的了解,从富有男孩、女孩特色的活动中凸显男孩的豁达、智慧与果断;女孩的细腻、灵秀与聪慧。通过四学年的活动,让学生知道,作为阳刚男孩,他们勇敢坚强不怕挫折,崇拜英雄敬仰模范,心理健康举止稳重,爱憎分明有正义感,生活健康志趣高尚。作为聪慧女孩,他们自尊自爱洁身自好,品学兼优当作淑女,不虚荣知羞明耻,少女礼仪举止端庄,自强自立竞争向上。

5. 五年级:星级少年

在五学年的少先队活动中,实行星级评价制度。促进每一个学生的习惯养成,调动了学生的学习积极性,让每个学生都能从中得到赏识和鼓励。在平时的学习生活中,争做智多星,端正的学习态度,良好的学习习惯,优异的学习成绩是我们努力的目标;争做健康星,良好的体质,健康的标准,热爱劳动,坚持锻炼,具有良好的心理品质是我们成功的方向;争做才艺星,生活中,我们发现美,欣赏美,创造美。积极参加各类艺术活动,让我们展示才能;争做启明

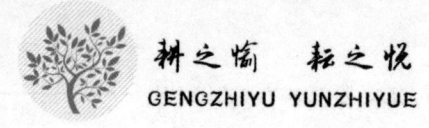

星,热爱自然,亲近自然,有较强的环保意识让我们不断开拓、创新。通过争星活动,让学生亲身感受自己行为习惯的偏差,激励自己及时改正不良习惯。做一名合格的星级少年。

6.六年级:我是十五小优秀毕业生

六年级的活动同学之间是一次心与心的碰撞、情与情的交流;这是一次责任与感动的展示,感恩和进步的融合。希望同学们铭记在小学生活中的点点滴滴,也希望同学们从这里放飞梦想,带着感恩的心出发:感恩同学! 感恩父母! 感恩全社会! 希望同学们携手并进,展翅高飞,为母校献上一份最满意的答卷! 衷心地祝愿孩子们能在今后的学习生活中奋勇向前,为母校的发展贡献自己的一分力量。

我校在开展少先队六大系列活动主题的同时,也启动了争卡活动。学校设定了"启航卡"、"扬帆卡"、"成功卡"激励每一个学生争做最优秀的自己。学生在平时的学习中,用 10 张启航卡换取一张扬帆卡,5 张扬帆卡换取一张成功卡。成功卡获取最多的同学,我们会在新学期的开学典礼中公布他们的名单,让全体同学学有榜样,赶有方向。

习近平曾寄语全国各族儿童:"今天做祖国的好儿童,明天做祖国的建设者,美好的生活属于你们,美丽的中国梦属于你们!"通过我校这一系列的少先队主题活动,培养了同学们的爱国主义情感,弘扬了中国梦和社会主义核心价值观。相信在不久的将来,同学们一定能"风雨一肩挑",为实现中国梦而努力奋斗。也相信他们在红领巾的激励下,每一位少先队员一定会好好学习,天天向上,努力使自己成为祖国的有用之才、栋梁之材,为实现中国梦奉献智慧和力量。

# 基于构建"三三"模式的校本教研行动研究

## ——实施新课标校本教研行动设计研评

### 王　蕾

**摘要**：在新课改背景下，如何有效利用行动研究的基本方法，通过建构主题，把校本教研串联成一个系统的整体。在充分研修新课标的基础上，我校将问题聚焦在"如何教会学生学习"，确立了《提升小学教师学习设计能力的实践研究》省级重点课题，把构建"三三"模式作为实施校本行动研究的落脚点。"三三"模式即教师在进行学习设计时要完成三步研究："课前三分析"——课标分析、教材分析、学情分析；"课中三设计"——学案设计、任务单设计、练习设计；"课后三反馈"——乐学反馈、能力反馈、成绩反馈。以此督促教师在课前研读课标、分析教材、学情，形成有效的教学设计，在课中搭建学生学习支架，渗透学习方法，落实精讲精练；在课后注重目标的评价与达成分析，调整教学策略。将课标理念融入到整个的教学活动中。我校将学年、学科组作为最基本的教研小团体，通过组织学年、学科的"走讲教研活动"、"课题研究展示活动"、以及"教师科研论坛活动"，把新课标的研究——实践——反思——提升，串联成一个不断循环往复，螺旋上升的整体，使我校的新课标研培落在了实处。具体操作：化整为零，分散研究；活动贯穿，统领提炼。

**关键词**：构建三三模式；校本教研行动；实践研究

课改十年，我们从最初《课程标准（实验稿）》的触摸初探，到《课程标准（2011版）》的出台实施，我校的教研经历了一个理解感知——综合运用——问题反思——改进提升的过程，教师也从一个懵懂的执行者转变成一名理念运用的研究者。在这个过程中，校本教研起到了重大的引领促进作用，现将在

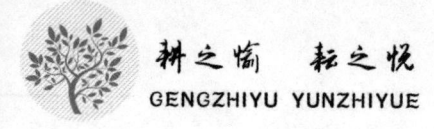

校本教研中的特色做法做以研评：

## 一、问题的提出

我们都知道校本教研是指以学校为基地，以校内教学实践中的实际问题为研究内容，以学校管理和教师为研究主体，以促进师生共同发展为研究目的所开展的教学行动研究。在新课改背景下校本教研的重要特征是"为了学校、基于学校、在学校中"进行。因此，立足本校实际，注重实际运用和追求实际效果应该是开展校本教研的基本原则。如何能有效地利用行动研究的基本方法，通过建构一个主题，把校本教研串连成一个系统的整体，让教师在不断研究反思的基础上，科学地解决问题，提高教师的教研水平和学校的整体教学质量，成为我校研究的一个方向。

## 二、"三三"教学模式的建立

在充分研修新课程标准的基础上，我校对当前的教改热点问题进行剖析，注意力慢慢聚焦在"教会学生如何学习"的问题上来。新课改理念强调要以学生为主体，实施素质教育的关键是教给学生学习的方法和策略。为此，我校遵循"以学定教"的教育思想，确立了《提升小学教师学习设计能力的实践研究》为主攻方向（此项研究已被省教育学会立项为"十二、五"省级重点课题），把构建"三三"模式作为实施校本行动研究的落脚点。

"三三"模式即教师在进行学习设计时要完成三步研究："课前三分析"——课标分析、教材分析、学情分析；"课中三设计"——学案设计、任务单设计、练习设计；"课后三反馈"——乐学反馈、能力反馈、成绩反馈。以此督促教师在课前研读课标、分析教材、学情，形成有效的教学设计，在课中搭建学生学习支架，渗透学习方法，落实精讲精练；在课后注重目标的评价与达成分析，调整教学策略。将课标理念融入到整个的教学活动中。

## 三、基于构建"三三"模式的校本教研行动的实施

我校将学年、学科组作为最基本的教研小团体，通过组织学年、学科的"走讲教研活动"、"课题研究展示活动"以及"教师科研论坛活动"，把新课标的研究——实践——反思——提升，串连成一个不断循环往复，螺旋上升的整体，使我校的新课标研培落在了实处。

（一）化整为零，分散研究

由于学校教师所任学科的不同，不同学科的课标要求与学科特点也不同，

所以分学科开展教学研究最为有效。我校语文、数学实施分科教学也为教研提供了一定的便利。

1.我校按照学科、学段的不同,共分成 15 个教科研组。每学期初在学校制定公布学校教科研计划的基础上,各学年学科教科研组结合学校要求制定出本小组的研究计划。

2.在学年学科组教研时,学校要求教师要先在学期初熟读本学科学段课标,掌握本学段的目标要求;在每单元教学前小组成员要先共同分析单元目标,确定出单元重难点;授课前教师要根据课标,在对学生各种学情的充分分析下确定自己课程适切三维目标;在小组探讨下形成侧重学生学法指导的横版的学案设计,即以一个个任务驱动的方式帮助学生降低学习难度,探究完成任务、达成目标。

3.在小组研讨中,教师精心设计课中的任务单(学法指导单),任务单直指本课难点,通过在学法上的引导,拓展发散学生思维,为学生新旧知识的链接搭建支架,形成垫步。同时,精选练习,设计注重练习的梯度、广度和密度,做到一题一面,题题经典。

4.尤其我校特别注重课后反馈评价,及时检验分析目标达成情况,做出矫正。针对三维目标,我们确定了对应的课后学生乐学情况的反馈,能力培养发展情况的反馈,知识掌握情况的反馈。根据学科特点的不同,各组设计出适合本学科或本课的"三反馈"表,由学生自主填写,教师汇总分析,组内梳理问题,研究解决对策。

(二)活动贯穿,统领提炼

没有学校的统领,教师的研修便如一盘散沙,无法汇聚形成一体,发挥最大的效能。我校通过一系列活动的组织、贯穿,将各个教科研组的智慧集结在一起,互相借鉴、反思,达到共同提升。

1.学年、学科走讲教研活动

各学年、学科教科研小组每月共同形成一课的学案,轮流由组内一人在本学年挨班走讲验证,组内其他教师听课记录,学校教学领导参与。每讲一次小组内便共同反思交流一次,针对不足修改一次;再验证,再交流,再修改,最后形成较成熟的精品课例。

2.课题研究展示活动

每学期学校定期组织提升小学教师学习设计能力的课题研究课展示活动。在各教科研组充分走讲研究的基础上,学校选取各学科中较成功的课例在全校进行展示汇报。教师们共同展示、共同反思、共同评价,形成一定的研

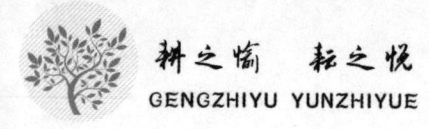
究成果。

3.教师科研论坛活动

在每次教学研究展示课后,学校都会组织相关的论坛活动,形式有校研究群聊天论坛、有校网站教科研专题跟帖论坛、有大型的校内头脑风暴论坛。在学校这些及时组织的论坛活动中,教师先观摩感悟,后热点评论,借鉴这些具体课例,教师在不断的自我反思和同伴互评中,发现了典型的共性问题,在教研中不断探求到解决问题的策略和方法,在研修中不断剖析新课标的内涵和实质,最终获得了业务能力的提升,实现了课堂增效。

4.师徒结对带教活动

我校把师徒结对活动也巧妙地融入在学年、学科教研与学校的活动中。在分组时学校有侧重的把一些年轻教师分散在实力较强的教科研小组中,由组长亲自带教年轻教师。师徒对子要遵守学校师徒带教制度,按师徒手册完成任务。组长在本组的教科研走讲及学校大型活动中自然而然地完成了带教任务,教学相长实效明显。

## 四、践行后的思考

1.教师只有在反复研磨课的过程中才能提升课堂教学的设计与驾驭能力;

2.教师在团队的合作与互助中能更快速地提升自己的业务能力;

3.学校搭建的展示平台是教师成长过程中不可缺少的条件;

4.教师的反思互评交流环节是教师实现成长最关键的一环。

纵观我校的校本教研行动设计,通过构建"三三"模式这个点,把新课标的学习落实,与教师的教学实际紧密联系,完成了特色体系的构建。教学特色日渐突出,学生乐学情绪高涨,学校的教学质量不断提升,实践证明,此校本教研行动扎实有效,值得继续推行和研究。

# 教科研有效融合,提升教师学习设计能力

## ——省级重点课题《提升小学教师学习设计能力的实践研究》汇报

王 蕾

自 2011 年经省教育学会审批,启动《提升小学教师学习设计能力的实践研究》重点课题以来,学校领导带领广大实验教师一直扎扎实实、持续不懈地开展了有广度有深度的课题研究活动,教师的研究热情有目共睹,课题的研究成果逐渐显现出来,收获颇丰。

"学习设计"让我们重新认识了教师的教学行为,也第一次学会站在学生的角度审视自己的教学;"为学生的学而教"如今成为老师们进行教学设计的理念和出发点;在解决教学重难点时,教师能利用任务单和教学支架作为帮助学生达成学习目标的有效载体;教师反思均能从学生在课堂中的参与度、乐学度、学生对学习目标的达成度等方面进行教学效果的评价;开展"学习设计"之后的课堂,目标指向更明确、学生思维更活跃、课堂教学更高效。尤其是近期的单元设计研究,更突出精准学情分析的重要性,引导教师树立整体观和全局思想,扩展到从单元、从本册教材、从分学段甚至从整个学科去思考某一课或某一类知识点内容安排在此处的地位和作用,以此确定单元和课时的精准目标,目标准确了教师才能有的放矢。我们觉得开展本课题研究的最大的益处——就是帮助教师们逐渐树立了正确思考的路径,在有效思考中修正自己的教学行为,使学生们真正受益。

现将我校开展省级重点课题《提升小学教师学习设计能力的实践研究》的具体做法进行汇报:

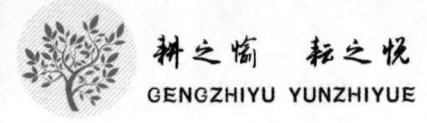

## 一、在高度重视中激发教师研究热情

开展本课题研究之初,赵忠良校长就十分重视,把此项研究作为"一把手"工程来抓,亲自主持研究。学校首先成立了项目研究组织机构,学校领导均分担管理与研究任务。同时,学校挑选了经验丰富、精明强干的教师担当学科研究组长的任务,注意研究队伍的设置搭配。在参与研究的教师当中,中学高级教师7人,小学高级教师23人,大部分为中青年教师,课题的研究力量比较雄厚。学校还召开了"学习设计"研究动员大会,阐述了"学习设计"研究的优势与必要性,引起了教师的广泛重视,极大地激发了教师参与研究的热情。学校趁热打铁,适时召开《提升小学教师学习设计能力的实践研究》课题开题会,邀请市区科研所领导指导讲话。学校特意制定了"学习设计"理论学习制度,固定时间、固定人员、固定内容进行校内培训,并极力为教师外出学习提供资金保障,助力研究的推进。

## 二、在不断学习中提升教师研究能力

在参与课题研究之初,"学习设计"理论老师们都是第一次听说,为了使教师们快速理解"学习设计"内涵,顺利开展教研,学校加大气力进行了高密度培训。学校全员学习了教育理论书籍《愉快学习、有效课堂》《为了学习者的学而教》,并对相关知识进行了解读。在课题实施进程中我们根据课题研究的实际需要以及在研究过程中针对教师显现的薄弱部分进行课题参与教师培训,利用周五下午业务学习时间,进行了多次大型培训。内容包括:新课程标准解析培训、学习设计理论培训、教育科研理论培训以及教师专业技能培训。通过培训宣传本项目的研究思想,研读项目研究思路,学习项目相关的科研理论知识,学习反思与撰写案例等的方法,提升教师科研的能力。

为了给教师足够的理解反思的时间,弥补学校培训时间过短的实际问题,采用集体与自学相结合的办法,充分利用网络资源,开通课题网络研讨活动,所有教师均加入十五小学科研群,课题学习资料以电子稿的形式上传群共享,教师独立下载学习,学校定期检查自学笔记,教师上交学习心得体会;教师也可以针对学习的内容在网上留言提出问题或者参与问题的讨论交流。科研群负责人定期上传学习资料,管理论坛,下载论坛内容并做好教师参与情况记录。

学校积极组织教师外出学习,还多次参与市区科研部门组织的汇报和交流,并在郊区远程网络教研中专场介绍了我校开展"学习设计"、进行有效教学的做法和体会,并播放课例全区研讨,分享交流。

同时,学校提倡教师写业务笔记、学后反思、教学随笔,随时记录课堂生成情况,捕捉留存研究灵感,在学习研究中不断提升教师学习设计能力和实际教学能力。

### 三、在有效融合中促进课题研究实施

教学质量是学校的生命线,教研教改是不断提高教学质量的基石。科研和教研如同学校的两条腿,只有两方面均衡发展、协调配合,才会保障学校健康稳步的前行。任何项目研究脱离教学实际就如同无源之水无本之木,学校科研不与教研结合就必然出现两层皮。

在开展课题研究的过程中,我校立足实际,紧密与学校的校本研究活动相结合,力求深入有实效。

学校每周三下午为教师集体教研时间,在完成常规备课进度的基础上,实验教师要进行课题专题的研讨,尤其是学科研究团队,要利用每周的宝贵时间分析学习设计思想,研讨学习设计新思路,反馈课堂实施中的问题,并对典型课进行整体设计。

学校在校园网上开辟了科研论坛专区,定期在科研专区公布研讨专题,要求所有教师跟帖研讨留言,在典型热议中寻求问题有效的解决方法。学校定期开展大型课题研讨交流会,教师阐述各自的见解,分享研究体会和收获,收集有价值的研究成果。

我校将理论研究与课堂展示有机结合,定期将小组研究阶段成果通过课堂教学展示出来,全体课题组成员观摩,共同研讨,反思改进。(1)利用学年学科的走讲教研课展示,每月每学年、学科均有一位教师主备一节研讨课并轮班走讲,学年学科组成员共同听课研讨、交流改进,形成精案反思。(2)组织全校教师开展"践行新理念、学习设计说课竞赛",教师重点呈现在"课前三分析"基础上进行的有效的单元学习设计。(3)学校利用科研骨干教师展示课,开展大型研讨交流活动。用具体课例展示研究成果,并在展示现场进行研讨对话交流,此方式直观具体,深受实验教师喜爱。

在"学习设计"研究之初,为了落实课题研究思想,我校便提出了"三三模式",即要求教师做到:"课前三分析"——课标分析、教材分析、学情分析;"课中三设计"——学案设计、任务单设计、练习设计;"课后三反馈"——乐学反馈、成绩反馈、能力反馈。并将全校的教案书写调整为横版的学案设计,使教师们熟悉"以学生学习为主"进行教学设计的思路。而专题研究的课例,要求

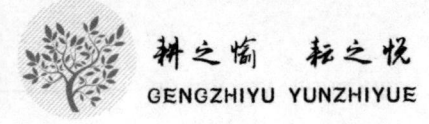
实验教师们做到精备、精讲、精反馈。通过一段时间的研究,教师们积累了一定的精选课例、案例、习题,总结出学科不同的任务单类型、学生乐学情况与学生能力提升情况反馈表,并能及时在课后对学生成绩进行测评,分析数据调整教学策略。

学校研究化整为零,按照学年学科分成不同的研究小组,整合了有效资源和力量,从中更看出团队智慧的优势。我们选定的学科组长均为我市骨干教师、学科带头人,团队成员基本是年富力强的小学高级教师,具有一定的教学经验和能力,同时又不缺乏钻研的热情。我们采取学科年级"跟研机制",使学科研究动态化、系列化,有利于形成研究体系;另外,学年升段之后的教师个别调整,在主研究力量不变的情况下,使研究团队不断有新鲜的血液和智慧注入,调整到其他学年的老师也会将研究的思想和成果辐射到下一学年当中,使学校项目研究整体上不失活力。

## 四、在研究创新中升华课题实践成果

开展课题研究的最终目的是为了实现"为了学习者的学而教","让学生愉快学习"。实质是改变教师的教学行为,让课堂真正成为学生的学堂。研究基于课堂,应用于课堂,更应该受益于课堂。

在教师不断的总结反思中,我校整理编辑了教师案例集《耕之愉》、反思集《耘之悦》、习题集《励耘》,让教师更关注课堂的高效,将研究的成果转化为课堂行为。教师备课前会认真研读课标、分析教材的知识体系、确定学生的学习困难点,并尽力搭建让学生乐学、易学的支架和平台,教师能形成这种自主的意识,这就是我们开展课题研究最大的收获。全校教师也多次在省市区科研成果的评比中获奖,获奖人数达到100多人次。在此课题的跟进研究中,我们的课堂也确实悄然发生了不少的变化。学生的学习兴趣浓厚了,课堂参与度增加了,学生的创新能力、动手能力、思考能力均显著提高。教师的课堂掌控力增强,教学质量确有提升。我校大部分教师都在参与研究的过程中获得了成长,突出的有语文教师祁悦、国凤华,数学教师魏伟、许艳晶、孔祥鹤,英语教师姜晶等,学校其他学年学科参与研究的团队教师也多有受益。

同时,学校还利用自己创办的《春蕾周刊》实时发布学校课题研究的最新动态及成果;刊登学生的学习作品和课堂体会,并设立了"师生心灵桥"——针对学生倾诉的问题和心声请相关教师答疑,多方面共同促进师生的教与学的行为。

### 五、在反思回望中关注问题生成解决

参与课题研究至今已有四年多的时间,回首研究探索之路有收获也存在一些困惑和问题。

1.学校课题实验管理的相关制度建立不够健全,执行不够严格,在很大程度上制约教师参与课题实验研究的热情,阻碍了课题实验研究的纵深发展。

2.课题研究还只停留在较为浅显的层次,还只是一些零散的经验,未能建立完整的体系。

3.课题组个别参研老师在实验教学中,虽然改变了传统的教学模式,但放得不开,担心教学质量,课堂上学生主体地位体现的不够充分。

4.教师理论支撑的力度不够,归纳总结的能力不强,课题实验工作的开展和反思过于单薄,研究的深度广度不够,对实验研究过程中的经验难以提升。

调整方向及整改措施:

1.加强培训,促进教师的发展

鼓励教师努力学习,积极参加各种培训,不断完善自己,并将创造更有利的条件,让教师外出听课、学习、参观、研讨,开阔眼界,学习先进,改革教学,将多邀请教育行家来校讲座、听课、教研,使全体老师都能受益,使课题实验更有利地开展。

2.针对实验中的问题,及时调整实验方案

实验中难免会出现些没有预测到的问题,我们将及时发现、探讨实验中的问题,及时调整实验方案,使课题实验扎扎实实地进行下去。

3.加强有效课堂教学评估方案的研究

虽然我们这几年来在理论上做了一些探讨,在实践中做了一些尝试,但限于理论水平和实际经验的不足,研究的效果还是不够理想,还存在一定的问题,在下一阶段的研究中,我们希望有专家的指导和帮助,把我们的课题做得更科学,更完善,更有成效。我们有信心,有恒心一如既往的探索研究,学校、教师、学生必然会从中受益,未来一定能收获更丰硕的成果。

# 省级课题"小学特色课程开发与实践研究"开题报告

## 王　蕾

### 一、课题名称:小学特色课程开发与实践研究

### 二、课题研究的背景和意义

1.课题的提出

本世纪初,《国务院关于基础教育改革与发展的决定》中明确指出:"实行国家、地方、学校三级课程管理。国家制定中小学课程发展总体规划,确定国家课程门类和课时,制定国家课程标准,宏观指导中小学课程实施。在保证实施国家课程的基础上,鼓励地方开发适应本地区的地方课程,学校可开发或选用适合本校特点的课程。"

新课程标准对课程改革的校本课程设计开发给予比较大的空间和指引,目的是希望改变"万人一本,千人一课"的局面,在校本课程中发展学生个性和潜能,拓展学生视野和学识。我校对校本课程的探索与实践,就是在素质教育的实施日趋深入的大好形势下,学校为求得进一步发展,办出特色,切实提高学校教育质量的过程中开始的。

十五小学在比较长的一段时间主要进行的是国家课程和地方课程的教学,把更多的精力用于教育教学基本质量的保证,对校本课程开发研究没有投入更多。但随着学校教学质量的不断提高,办学声誉的不断扩大,学生个性发展需求日益多元化,目前的课程结构已经不能完全满足学校发展和学生发展的需求。作为市政新区的重点学校,我们在思考:如何建立完善的本校校本课程体系,建立起科学的、能供学生多样化选择的课程结构,体现学校的课程特

色,满足学生个性发展的需求,促进学校的发展。

2.研究的目的和意义

课题研究目标:

通过本课题的研究,能够使课题组成员充分挖掘学校自身的文化表征,并根据校本文化的特点,通过实践,整合地方文化资源,进行学校特色课程的开发与应用,形成和谐的校本文化与特色课程生态。力争利用2—3年的时间,形成我校较完善的特色课程体系。

1.帮助学校开发与实施具有时代特征、本地特色、本校优势的特色课程,整理出一批特色课程的教学成果,在实践的过程中组织编写一套或几套深受师生欢迎的特色教材,从而推进素质教育的开展。

2.探索特色课程开发的程序、教学模式、评价体系,探索特色课程的开发实施及评价机制,规范完善教学教研制度,以点带面推动学校的各项工作,初步形成一套适合我校实际的特色课程管理模式。

3.在特色课程开发实施中,做到以学生为主体,以人的发展为核心,以加强创新精神和实践能力为重点,全面落实素质教育,让师生与课改共同成长,培养复合型、科研型教师,培养有特长、有个性的学生。

课题研究价值:

在新课程的背景下,特色课程是推进素质教育,培养学生核心素养的要求。特色课程的开发是学生多样化发展的需要,为陶冶学生情操,提高实践能力,形成个性特长,提供了探索的舞台。特色课程的开发,有利于改变学生的学习方式,为学生提供学习过程中的方法选择和内容选择,体现教育内容的多元性和选择性。同时特色课程的开发也充分满足了教师专业发展的需要,对教师的发展和成长起着积极的推动作用。特色课程的开发还能充分体现一个学校的办学特色,有助于实现特色学校的创建。同时,可以为区域内校本课程开发研究提供实际范例,积累总结实践经验。

## 三、研究范围、内容和创新点

概念界定

特色课程是指学校在国家课程规划的指导下,以提高教育教学质量为导向,在对地方、学校和学生的需求进行系统评估的基础上,充分利用当地社会和学校的课程资源,通过自行探讨、设计或与研究人员及其他力量合作等方式编制的多样性的、有特色的和可供学生选择的课程,是对国家课程和地方课程的重要补充,是国家和地方课程计划中不可缺少的重要组成部分。在课程体

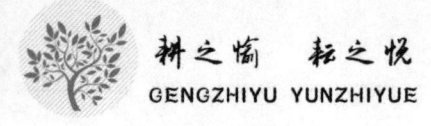

系中,特色课程是学校在国家规定的课程之外,为落实学校特色的建设、发展学生的特长和发挥教师的特点而自主确定的课程。

研究内容

1.调查了解学生对特色课程的兴趣需求和能力发展需求。

2.调查了解教师的特长能力和自身发展需求。

3.汇总整理学校及教师等可利用资源,设计确定特色课程门类及体系,实现走班制授课。

4.开发特色校本课程,形成系列特色校本教材。

5.研究建立特色校本课程的评价机制。

6.搭建特色校本课程展示平台。

研究创新点

1.课题将培养学生核心素养研究与校本课程建设相结合,探寻师生共同发展之路,探索形成独具特色的学校课程文化。

2.通过本课题的研究,将特色课程开发与创建学校特色相结合,凸显我校文化立校、和谐育人、快乐发展的核心理念。

研究创新与突破之处:

学校通过丰富多彩的特色课程,可以发现和发展学生多方面的潜能,帮助学生认识自我,让学生看到自己成长中的长处,培养学生的自我意识、价值意识、责任意识,培养学生向上、向善的精神,促进学生全面和谐发展。而学校特色拓展课程的实施,外延了国家及地方课程,在发展了学生多种潜能的基础上,为培养学生未来职业与生活的兴趣奠定至关重要的基础,更为学校特色的创建提供了有力的支撑。

**四、研究对象:1—6 年级本校全体学生**

**五、研究方法**

采用文献研究法、调查研究法、实践研究法、个案研究法、经验总结法和行动研究法等相结合的研究方法。

1.文献研究法(大量搜集国内外的相关教育理论,与本校实践相结合,用以指导本课题研究。)

2.个案研究法(教师搜集大量的教学实践中的案例,撰写教学反思、教育小故事并作相关的理性分析,对典型的案例跟踪研究。)

3.行动研究法(在课题实施的过程中,及时反馈,发现问题、反思、调整,使研究更科学、更合理、更有效。)

4.实证法(通过观察、座谈、问卷、学业成绩、师生感悟等的积累,为课题研究提供有力佐证。)

5.调查研究法(本课题主要对本校进行适量的问卷、访谈等调查,发现问题并分析成因,以研究寻找有效对策。)

## 六、课题研究的理论基础

1.课程论:

(1)陈侠在1989年3月出版的我国新时期第一本《课程论》,为我们进行特色课程标准等的制定和课程内容的确定等研究提供了理论依据。

(2)中央教科所江山野的《课程理论中的一个基本问题》,为我们探索校本课程实施与学生发展的关系提供了理论依据。

(3)美国教育家杜威的《儿童与课程》,为我们进行校本课程内容编制的研究和教学实施方式方法、探索校本课程实施与学生个性发展的关系等提供了理论基础。

2.教育学理论:素质教育对人的发展基本理论;《中国学生发展核心素养》研究理论。

## 五、主要参加者的学术背景和能力

课题负责人赵忠良校长为中学高级教师,曾赴上海挂职学习,带回先进的教育科研理念有力指导我校的教科研活动,其撰写的论文多次在教育研究期刊上发表,作品《文化立校——引领师生共同成长》被收录在《中国农村教育》期刊上发表。王蕾副校长为中学高级教师,上海挂职干部,多次主持开展过省级课题研究,形成一定的研究成果并顺利结题,为市、区科研骨干教师,所撰写的论文多次获得省、市各级科研成果奖。姜海燕主任(中学高级教师)一直负责学校特色拓展课程的设计与管理,积累了丰富的实践指导经验。研究团队骨干刘艺、李真、张蕾、郑群等教师均为拥有一定理论基础及实践经验的一线骨干教师,专业特长突出,均参与过我校承担的省、市级课题的研究,积累了较为丰富的研究经验,并形成自己的研究风格。研究团队成员均为来自教学第一线的科任老师,有着一定理论基础及实践经验,且参与过我校承担的其他省、市级课题的研究,研究力量相对较强。

## 六、完成课题的保障条件

我校十多年来长期独立承担省级重点课题的研究,积累了丰富的课题研

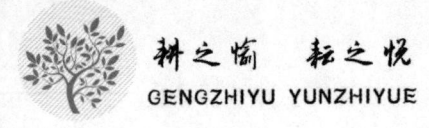
究经验。教师均一直参与省级重点课题的研究,有一定的科研理论基础和课题研究热情。我校倡导科研兴校,赵忠良校长特别重视课题研究,亲自参与指导。学校有独立的课题研究经费,能够有效保障课题研究的顺利实施。

## 七、课题研究思路

准备阶段:2016.12—2017.9

1.成立"小学特色课程开发与实践研究"领导小组,遴选课题团队成员。

2.开展特色课程开设项目问卷调查,研究特色拓展课程设置。

3.筹备建立特色拓展课程教室,购买专业需求设备。

4.研究课题相关资料。

5.启动特色拓展课程教师项目培训(专家讲座、视频观摩、网络学习、师徒传教等)。

6.组织开题,撰写开题报告和实施方案,确定人员分工。

实施阶段:2017.9—2019.9

第一阶段(2017.9—2018.1)

1.确定特色课程项目,分配特色课程教师。

2.学生填写特色课程选修卡,自主选择特色课程项目。

3.学校汇总特色课程选修卡,统一协调编班。

4.编排特色拓展课程课表,形成"三固定"。即固定授课时间(周四下午第6节第7节),固定授课教室,固定学习人员。

5.启动教学与研究(按类别分小项目组,组织教师集体备课、授课、反思)。

6.形成教师课题研究阶段性小结。

第二阶段(2018.3—2018.7)

1.总结上学期经验,进行课程和人员微调整。

2.特色拓展课程类别小组集体教研、备课、反思(每周五下午)。

3.利用科技节、艺术节、体育节等契机组织学生特色课程竞赛与展示。

4.组织教师特色拓展课程课堂教学竞赛。

5.尝试编撰特色课程教材,形成系统的特色拓展课程体系。

6.开展特色拓展课程阶段研讨会,形成教师典型案例,促进特色课程专业教师提高;编纂《特色课程研究案例集》。

7.形成阶段研究小结。

第三阶段(2018.9—2019.1)

1.特色拓展课程类别小组集体教研、备课、反思(每周五下午)。

2.特色课程教师继续按需培训、反思与提高,形成固定特色拓展课程专业教师队伍。

3.根据实际及需要增添特色拓展课程教学设备,增设专业教室。

4.根据实际调整专业任课教师,调整学生选修课程。

5.应用、修改和完善特色课程校本教材。

6.尝试利用微课进行教学,积累微课教学资源。

7.组织阶段展示活动,形成阶段总结汇报。

第四阶段(2019.3—2019.7)

1.对学生进行访谈和跟踪调查,评价特色校本课程对促进学生全面发展和核心素养形成的作用。

2.特色拓展课程类别小组集体教研、备课、反思(每周五下午)。

3.形成固定特色拓展课程校本教材。

4.组织学生特色课程技能竞赛。

5.组织教师特色拓展课程课堂教学竞赛。

6.召开特色拓展课程现场会。

7.进行课题研究总结反思,形成《特色课程研究反思集》。

总结阶段:2019.9—2019.12

1.整理研究档案材料。

2.整理教师精品案例及反思。

3.整理学生作品及活动展示。

4.整理精品微课教学。

5.上传科研资源到网络平台共享。

6.撰写特色拓展课程研究总结报告。

## 八、预期成果

阶段成果:

阶段研究报告、特色课程开发与实践经验汇编、特色拓展课程教材。

最终成果:

撰写"小学特色课程开发与实践研究"结题报告。形成系列特色拓展课程校本教材,积累学校拓展课程作品展示,实现特色课程资源网络平台共享,编撰特色课程开发与实践经验汇编。

特色课程教材、教师论文集、学生作品集、研究报告。

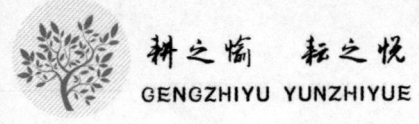

## 九、课题组成员分工

| | | | |
|---|---|---|---|
| 组　长: | 赵忠良 | 校长 | 课题指导与管理 |
| 副组长: | 王　蕾 | 教学副校长 | 全面负责课题研究与管理 |
| | 姜海艳 | 教学主任 | 具体负责课题研究执行（兼任绢花课程开发与研究） |
| 成　员: | 刘　艺 | 教师 | 陶艺课程开发与研究 |
| | 张　蕾 | 教师 | 茶艺课程开发与研究 |
| | 李　真 | 教师 | 布艺课程开发与研究 |
| | 于丽丽 | 教师 | 纸艺课程开发与研究 |
| | 王明奎 | 教师 | 棋艺课程开发与研究 |
| | 姜　晶 | 教师 | 厨艺课程开发与研究 |
| | 杨代英 | 教师 | 手工绣课程开发与研究 |
| | 刘志忠 | 教师 | 书法课程开发与研究 |
| | 左　欢 | 教师 | 版画课程开发与研究 |
| | 王冠琳 | 教师 | 国画课程开发与研究 |
| | 王　晶 | 教师 | 彩泥课程开发与研究 |
| | 郑　群 | 教师 | 3D 课程开发与研究 |
| | 魏恩辉 | 教师 | 电脑动画课程开发与研究 |
| | 李　刚 | 教师 | 机器人课程开发与研究 |
| | 杨　丹 | 教师 | 葫芦丝课程开发与研究 |
| | 徐佳伊 | 教师 | 二胡课程开发与研究 |
| | 翟　英 | 教师 | 电子琴课程开发与研究 |
| | 张艳彬 | 教师 | 合唱课程开发与研究 |
| | 李　昕 | 教师 | 舞蹈课程开发与研究 |
| | 强作伟 | 教师 | 轮滑课程开发与研究 |
| | 赵清江 | 教师 | 足球课程开发与研究 |
| | 丁国庆 | 教师 | 篮球课程开发与研究 |
| | 高　洁 | 教师 | 口才课程开发与研究 |
| | 邵锦平 | 教师 | 写作课程开发与研究 |
| | 裴　兰 | 教师 | 英语口语课程开发与研究 |

2017 年 5 月 12 日

# 提升教师的数学素养，充分实现数学教育的价值在实践中提升教师素养的经验报告

姜海艳

《课程标准》指出，"数学是人类的一种文化，它的内容、思想、方法和语言是现代文明的重要组成部分。"那么数学素养就是现代社会每一个公民应具备的基本素养。根据这一界定作为小学教育的实施者——小学教师，提升数学素养应该是势在必行。

如何提升小学教师的数学素养，几年来我们通过针对小学数学教学的专题研究和专项实践探索，在实践中总结出如下经验：

1. 加强理论学习，转变教学观念。

教师专业素质的提升最重要的途径是学习。我校对教师培养的目标是"学习型"、"科研型"教师，几年来，学校通过聆听专家的理论报告，参加市、区组织的专题学习、教材培训、外出学习等多种形式，为教师的学习培训提供平台，营造氛围。随时开放阅览室，微机室，供教师们学习之用，每学期还要求教师撰写教学随笔、读书笔记、信息投稿等。以上这些做法对教师转变教育观念，投身新课程改革实践，提升教师素质起到引领作用，为"学习型""科研型"教师的培养奠定了基础。

本学期我们把重点放在了引领广大教师学习数学《课程标准》上，加强教师对《课程标准》的进一步深入理解，为更好地理解新课程的内容，真正地让新课程的思想与理念运用到课堂教学中，应用于教学，服务于学生。首先，认真组织全校教师研读《课程标准》，理清数学课程每个领域的核心目标及其相应的数学内涵，以及每个具体的数学内容的课程教学要求。同时，结合小学生实际，列举一定数量的事例，以便于更准确地把握这些数学内容的深广度及相应

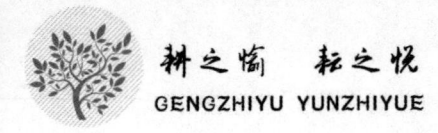

的数学学科价值和教育价值。教师学科素养的关键,更是必不可少的环节。所以我们利用每周五下午对教师进行集体培训,大家共同学习,在培训过程中我们打破以往一言堂的形式,而是采取交流、研讨的互动方式进行学习,每次培训我们都根据大家的需求确立主题,然后大家共同学习、研讨、总结,最后得出结论。并及时对所学习的内容进行考核,实行打分制。从而使教师对课标内容得到进一步的深入理解。

其次,是系统学习数学学科的基本思想、基本方法的论文、论著,把握数学的思维特征和数学抽象的核心特征,对于核心数学思想,如数学抽象、数学推理、数学建模,要真正理解并用小学数学的典型事例加以解读。

三是进行数学知识补偿教育,查缺补漏。对此,不仅重视以往尚未系统学习过的数学内容,同时也不忽略曾经系统学过、而当前变化较大的小学数学内容。对这些内容我们进行了相对系统的专门补习。对此,我们把重点放在了针对统计概率、现代数学概览及数学史实的系统学习上。在学习的同时我们每周对教师的学习内容进行一次测试,如教材中的相对应的内容、数学史实及小学阶段的各种公式等。并对考核内容及时进行打分,整理出广大教师难于理解的内容进行系统地讲解,从而提高了教师们的数学素养。

2. 开展教师"自我发展行动计划",提高教师素质。

实践证明,教师通过学习可以汲取教学工作的精神营养,并把这种精神营养转化为自己进行教学研究的动力,全面提升了自己的专业素养。

所以本学期我们把教师的自觉学习放到日程上。除了一本教材和教参外,要求教师读一些有助于提高专业知识水平的数学专业书籍。如果将教学技巧当作功夫的一招一式,那么数学专业知识就是我们俗称的数学教师的内功,扎实的专业知识基础是数学教师专业成长的源头活水。因此,主动地、有选择地读一些专业书籍,是数学老师修炼内功的必要途径。本学期我们要求广大教师每月读一本教育书籍。并做自学笔记或学后感。学校每月对教师的学习成果进行检查评比。通过学习对于切实提高教师的数学素养具有显著效果。

3. 加强技能训练,提高教师能力。

本学期我校除了重视数学课标的学习外,还特别关注教师们基本功的训练,每周给广大教师布置练习作业,督促他们进行书绘、板书、绘画、表演等教学基本功的练习,并且每月有针对性地对训练的内容进行考核评比,全校教师共同打分,从而促使广大教师们互相学习,共同进步。同时为了适应新课程的需要进一步对广大教师进行计算机技能的培训,以提高教师运用现代教学技术的能力,我校教师已经能够运用所学的软件自制课件,并恰当地运用到课堂教学中。同时每位教师自制的课件都要及时上传到学校的资源库中,以供全体教师进行资源共享。此外学校还组织教师积极参与多媒体与农远工程运用的专题研修,使课堂更有生机与活力。

4.规范教导计划,校本教研活动有条不紊。

严格按计划进行教研,每次做到有组织、有纪律、有记录。本学期我们把教研的重点放在数学课的教学研讨上。本学期对于数学课在备课上实行了改革,摒弃教学设计流程的书写,只写活页卡＋批书,直插教材的重难点进行训练。这样体现教师的个性化教学。同时本学期开设了"周三教研开放课"活动,要求学年组的成员共同备课,实行一课轮讲,同组同听共评,做到人人参与教研,人人开课,共同促进。通过教研、上课、评课,边教边悟,不断提高广大教师驾驭新课程的能力。并且于九月末进行了全校教师数学片断课的教学竞赛。比赛的内容是本次素养大赛所要求的"数与代数"的教学内容。比赛的形式与市数学素养大赛的形式完全相同,并且全校教师参与评比,共同打分,同时进行知识答题。比赛结束后我们又组织广大教师进行全校性研讨,在研讨会上大家对于本次比赛内容畅所欲言,各抒己见。从而使教师们得到了一次共同学习,共同进步的机会。

5.要求教师们学会反思,并应用于实践。

《新课标准》注重学生的体验,必须要求教师们注重过程,如何使今后的行动更具科学性,需要我们教师不断地总结、反思,所以我们要求教师在教学实践活动前要预设,实践中反思,实践活动后反思,这样在反思中提高自己的专业素质,对典型的反思情况形成案例。

立足小学教师的日常工作实践,通过相对系统的在职学习,完全可以有效提高小学数学教师的数学学科素养。这些系统的在职学习,既要立足小学数学的课程内容实际,更要从数学学科视角,审视、研读小学数学课程内容。只有这样,才能"下连"小学数学实际,"上通"数学科学,使我们的教师成为名副其实的数学教师。

总而言之,是本次素养大赛唤醒了我们关注教师及学生综合素养的理念;让我们更深刻地体会到提升广大教师数学素养的重要性与必然性。同时本次活动也激发了教师锤炼自我的信心与激情。相信只要用心去做,厚积薄发,在小学数学教育的这块平凡天地里也会有别样的风景。

# 小学数学课堂教学的生活化策略初探

## 魏 伟

**摘要**：新的课程标准更多地强调学生用数学的眼光从生活中捕捉数学问题，主动地运用数学知识分析生活现象，自主地解决生活中的实际问题。因此，在数学教学中应重视学生的生活体验，把数学教学与学生的生活体验相联系，把数学问题与生活情境相结合，让数学生活化，生活数学化。本文围绕小学数学生活化策略展开，旨在进一步拓宽小学数学教学思路，创新教学方法。

**关键词**：小学数学；生活化策略；研究

新的课程标准更多地强调学生用数学的眼光从生活中捕捉数学问题，主动地运用数学知识分析生活现象，自主地解决生活中的实际问题。显然，对《数学课程标准》的解读，不能只是明确"使学生感受数学与现实生活的密切联系，是学生初步学会运用所学的数学知识和方法解决一些简单的实际问题"。而是要从这样的教学目标定位中，寻找切实可行的方法。如何真正让数学贴近学生生活，让数学与学生生活触觉碰撞和交融，让他们真正在生活中学数学，在学数学中了解感触生活，这是数学教师应该探究的课题，笔者认为这些问题的解决需要我们数学教师采用生活化教学策略。因此，本人结合长期的小学数学教学实践，提出以下设想。

## 一、依托教材，促进学习材料生活化

数学教学生活化是指数学课堂教学与学生实际生活相联系，把数学知识转化为学生的实际生活情境，在实际生活情境中学习数学的一种教学方式。这里所指的学生实际生活并不单是单纯学生生活情境在数学课堂教学中的完全再现，而是一种数学化的生活情境。小学数学教材是实现课程目标、实施教学的重要资源,也是进行学习活动的基本线索。学习材料生活化可以依托现行教材,加强"书本世界"与学生"生活世界"的沟通,改变数学学习生活苍白无为的状态。和许多研究者的认识一致的是,目前小学数学教材内容仍然缺乏时代气息和生活色彩,缺少学生喜闻乐见的内容。学习材料生活化就是要切合学生生活实际,将数学学习材料的呈现方式多样化,激发学生的学习兴趣,鼓励学生积极思考、合作交流,丰富学生的情感体验,建构属于学生自己的数学知识体系。

例如在教学"百分数"一般应用题时,笔者这样重组材料:一是收集信息。上课一开始就请学生描述学校周边道路环境状况。二是选择信息。在学生所列举的众多信息中选择出一条为绿化道路环境,在校外公路栽种树木,一共栽了 500 棵,成活了 490 棵,让学生提出数学问题。三是自主探究。学生提出问题中很多是学生已知领域,让学生自己解决。四是教师引导。告诉同学们"这批树木的成活率是 98%。"从而提问"成活率"和"98%"的含义,让同学们先独立思考后小组交流讨论。这样重组,贴近学生所关注的现实生活,学习材料来自师生的熟知信息,体现了生活数学的现实性。这样就能很好地解决"死知识"适应"对话教学"之间的矛盾。因此,教师在教学中要善于处理教材、调整教材。重组教材内容,给数学课本增加"营养"。让教学根植于生活,将枯燥乏味的教学内容设计成生活中看得见、摸得着、听得到的有价值的案例,从而适合学生发展的数学学习过程,让学生真正感受到数学的魅力,体验到学数学的乐趣。

## 二、运用数学知识,分析现实问题

数学知识最终服务于生活,回归于社会生活。教师应该充分利用学生已有的生活经验,随时引导学生把所学的数学知识应用到现实生活中去,解决身边的数学问题,以体会数学在现实生活中的应用价值。我积极鼓励学生收集、整理、加工生活中的数学问题,获得解决简单实际问题的活动经验和方法,感受到生活与数学知识间的联系,不断提高他们的数学应用能力。

数学教学不应该是个只注重求知过程、只注意引导学生学习数学知识、训练数学技能,而应该积极引导学生用数学的眼光观察世界、认识世界、掌握分析问题的方式方法。在学生学习数学过程中,教师要尽可能使每一个学生拥有一双能用数学视角观察生活的眼睛,让学生带着数学问题接触实际,加深对数学问题的理解,进而懂得身边处处有数学。数学总能找到与人和现实生活的联系,抓住了联系,就能把学到的知识进行活用。但这种思维习惯也需要我们一步一步地培训。如学习比例应用后,我们设计了一个将配液加水或加盐的实验操作活动:要把 10% 盐水 50 千克,配制成 20% 的盐水,该怎么办?学生通过精确计算,动手测量得出使盐变多(加盐)或使水变少(蒸发)的规律。再如在学习"百分数意义"后,我出示了这样一道题让学生进行思考:我们班有 30% 左右的学生在家使用电脑上网,其中 2/3 的学生是利用网络进行学习,而 1/3 的学生却在玩网络游戏。看到这一现象,谈谈你的看法。这样让学生用学到的数学知识去思考、解决身边的问题,在课堂教学中渗透了思想教育。适当地进行一些小学生日常行为规范的养成教育,使学生自觉地把所学到的知识与现实生活中的事物联系起来,培养学生用数学的情感,培养学生把所学到的知识运用于实际的意识。

### 三、关注日常生活,捕捉学生的兴趣点

数学来源于生活,生活中处处有数学,到处存在数学问题。数学的身影在生活中每个角落,数学的价值来自日常生活。数学教学重视学生的生活体验,把数学问题与生活情景相结合,通过生活问题的解决达到巩固数学知识,提高数学技能技巧的目的。对小学生而言,在生活中形成的常识、经验是他们学习数学的基础。在日常教学中,教师要善于引导学生观察生活中的实际问题,感受数学与生活的密切联系,拓展学生认识数学,发现数学的空间,重视学生对数学体验的积累。让学生在数学知识之前尽早感受这种做法,在课堂中往往能收到事半功倍的效果。例如,教学厘米、米等长度单位时,可以从比高矮实际事例入手使学生明白了长度单位对于精确测量的意义,再让学生通过测量工具认识这些长度单位。然后动手测量图钉的长度、食指的宽度、书本长度、平伸两臂的长度、给爸爸妈妈测量坐高,黑板的长度、教室的长度等。

这些知识是学生喜闻乐见、易于接受的,在不知不觉中学习了数学,让学生深切体会到了原来数学就在自己的身边,身边就有数学,数学不再是抽象,枯燥的课本知识,而是充满魅力与灵性,与现实生活息息相关的活动。同时也增强了数学的亲和力,激发了学生学习数学的积极性和主动性,使课堂教学焕发了生命的活力。

### 四、学以致用,注重解决实际问题

学习数学最终目的就是要把学到的知识应用到实际生活中去。教师要千方百计地创造生活情境,让学生运用所学的知识和方法研究、探索,解决一些简单的实际问题。不但可以帮助学生增进对知识的理解,了解知识的价值,而

且可以增强学生学习和应用数学知识的信心。例如,在讲授"利息"的知识点后,笔者安排了这样的课外作业,"自己做一次小小会计员",让学生去银行了解现在的利率,然后让他们把积攒的零用钱存起来,怎样存最合算? 这样的作业学生极有兴趣。在这一系列的调查、分析、计算、反复比较的实践中,学生对利率、利息这一知识的理解更为深刻。而且此次活动,还可以是对学生不乱花钱的思想教育,实现教知识和育人的统一。这样联系实际的教学,将学生在课堂中学到的知识返回到生活中,又从生活实践中弥补课堂内学不到的知识。自然满足了学生求知的心理愿望,产生了强烈的教与学的共鸣,同时在生活实践中学会了解决问题。

综上所述,实施小学数学教学生活化策略必须能符合学生的认知规律。我们在数学教学中必须千方百计地让学生在生活实际的情境中体验数学问题,让学生自觉地把数学知识运用到各种具体的生活情境中,把培养学生的应用意识有意识地贯穿于教学的始终,使学生的数学素养得到真正的提高。

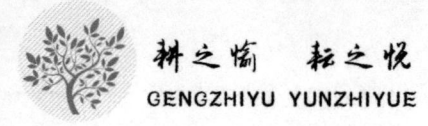

# 重视情境创设，提高学生学习数学兴趣

## 魏　伟

数学是一门研究现实世界的数量关系和空间形式的科学，它具有思维性强，逻辑推理严密，内容比较抽象 等特点。因此，在小学数学教学中，教师如果不注意教法的改革和学生学习兴趣的培养，学生往往会感到学习数学不仅单调、枯燥，而且抽象、难学。由此可见，在小学数学教学中，给学生创设快乐的教学情境，就显得尤为重要了。那么，在数学教学中到底如何创设快乐的教学情境，使学生在快乐的情境中学习，并从中获得愉悦，我的做法有以下几点：

### 一、创设快乐教学情境，要从学生的学习兴趣入手，分析学生在学习中的快乐因素

兴趣是学习的动力。当学生对学习产生兴趣时，学生的心理活动就会处于激活状态，富有满足感和愉悦感 ，从而积极性高涨，思维活跃，注意力集中，"我要学"的意识增强。这时，学生的被动学习将会转变为主动 求知，厌学情绪将会转变为乐学欲望。因此，从学生的学习兴趣入手，创设快乐的教学情境，正是"知之者，不如好之者；好之者，不如乐之者"教育思想在教学学科中的具体体现。我们要积极探索，大力倡导。

众所周知，在小学数学教学中，小学生是以好动，爱玩为天性，在学习上是以直观形象思维为主，逐步向抽象逻辑思维过渡，并且集中注意力时间较短，容易被新奇的刺激吸引。因此，我们在创设快乐教学情境时，首先要掌握这些特点，只有明确学生在学习上的心理需求，才能使教学设计化消极因素为积极因素，让学生获得知识的同时感受到成功的喜悦，通过教学中非智力因素的激发使学生体验求知的乐趣。从而使数学教学寓教于乐，寓学于趣，减轻负

担,提高效率。所以,创设快乐教学情境,要从学生的学习特点入手,对教学进行设计。

1.创设动态的教学过程,满足学生好动的乐趣。

教材中有许多知识,由于受时空的限制,需要动态处理的内容在教材中只能用静止的方式呈现,即是有些知识虽然配有图示,但图示也是半抽象的静止状态,因此,只靠教材本身的图文和教师的抽象语言描述,学生不仅会感到难学,而且也觉得缺乏趣味。如果教师能根据教材的需要,把这些静止的知识变成动态的教学过程,学生在学习中就会感受到获取知识的乐趣。

2.设置参与性的教学环节,满足学生爱玩的兴趣。

教学是师生的双边活动过程,学生是主体,在教学中适当增加一些与教学内容有关的游戏活动、猜谜活动、操作活动等,能极大地激发学生的学习兴趣。例如在几何教学中的学具操作,折叠拼摆,在计算问题中的速算比赛,在概念中的猜谜、游戏等,都是学生感到好玩有趣的教学形式。

3.运用新奇的教学方法,满足学生好奇的心理。

常言道:教学有法,教无完法,贵在得法。以新颖、奇特的教法设计进行教学,能有效地集中学生学习的注意力,使学生在新奇的刺激下萌发快乐思维的情趣,在获得知识的同时,感受到数学知识奥妙的乐趣。例如用一张白纸的抽、拉、折、叠、旋转等揭示平面图形的内在规律,学生就会感到非常有趣,利用微机把静态的知识进行动态处理,学生就会感到其乐无穷。如此等等,足以说明,在教学中变幻教法,出奇制胜,就能发掘教材中的快乐因素,为优化数学课堂教学服务。

## 二、创设快乐教学情境,要紧扣教学内容,挖掘教材中的快乐因素

由于数学是以思维为主的抽象学科,它的特点决定了它在内容和形式的呈现上,不像音乐,美术等学科具有明显的快乐教学因素。因此,在小学数学教学中,要创设快乐教学情境,往往需要教师从教材内容入手,根据优化课堂教学的需要,挖掘教材中的快乐教学因素。而这些快乐因素的挖掘,往往需要教师对教材的深化理解才能把握。例如:

1.抽象问题具体化。

数学教学中,有很多知识对学生来说都比较抽象。抽象的知识不仅学生难学,而且使学生觉得枯燥无味。因此,在创设快乐教学情境时,恰当地把抽象的问题转化为直观形象思维的具体问题,学生不仅感到好学,而且对这一转化过程很感兴趣。如在教学角的认识时,学生对角的组成和角的大小与所在

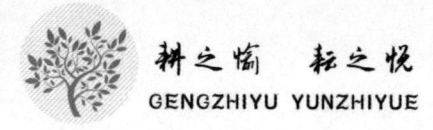

边的长度无关难以理解，当教师运用课件先演示一个点（顶点），再演示从这一点引出两条射线（边），学生就会 很清楚地看到角是"从一点引出两条射线"。"角的大小与这个角所画两条边的长度无关"。这一问题的转化，教学效果是显而易见的，但学生对教师的演示过程产生乐趣的潜在因素将会成为学生爱学数学，喜欢数学的内在动力。

2. 枯燥问题趣味化。

枯燥的数学问题是影响学生学习数学的一大障碍,实现枯燥问题趣味化的转变将成为激发学生学习兴趣的动力。就小学生而言,教科书上的内容,都是一些枯燥无味的数学符号,根本无法和连环画,动画故事相比。因此,对教师来说,在教学中就应该满足学生的心理需求,依据教材的特点给学生创设快乐的学习情境。例如 ,对低年级学生来说,凡是能让学生用实物和学具操作的,教师一定要给学生提供实际动手的机会,凡是能用儿歌给学生概括总结的教学规律,教师就尽力为学生编写他们喜欢的儿歌,凡是教材内容适合用故事童话串起来讲解的,教师就尽力把孩子带入欢乐的数学童话、故事中去。但是,所有的趣味化设计,都应该紧扣教学内容,使其为优化教学服务。

3. 静止问题动态化。

把静止的问题进行动态化处理,不仅能揭示知识的内在联系,便于突破教学难点,而且学生对动态的转化过程感到新奇、有趣。因此,这一转化过程无疑是对教学效果的优化。例如,在讲解三角形面积公式推导时,教材中只是用静止的画面说明三角形的面积等于与它同底等高的平行四边形面积的一半。如把这一问题用课件进行动态演示,即用两个任意的全等三角形重合在一起,绕任意一边的中点旋转 $180°$,即可得出正确的结论。这一动态过程不仅突破了教学难点,而且沟通了三角形和平行四边形的有机联系。使学生在直观的动态演示过 程中感到学习的乐趣。

4. 单调题型多样化。

教材中的题型设计,虽然具有一定的科学性,但就习题本身而言,练习形式比较单调。因此,在挖掘快乐因素上主要应在对习题处理方法和组织完成的形式上下功夫。如有些问题可以引入竞争机制,有些习题可以用趣味性的数学门诊部进行设计,有些习题用讨论、争议的方法更适合学生的口味,总之这些习题的处理方法要根据教学需要和教材特点恰当运用。除此之外,在习题设置上教师还可根据学生学习情况适当增加题型,如具有情景的趣味题,便于操作的游戏题、朗朗上口的儿歌题等。在练习形式上还可以创设游戏性,娱乐性较强的数学游艺宫、脑筋急转弯、数学灯谜会,幸运大抽奖,看谁中状元等。在一节课里,根据教学需要如果给学生恰到好处地创设一两处快乐学习的激发点,就能克服学生厌学的心理障碍,使单调的数学习题趣味化和多样化,真正起到优化教学的目的。

作为教师要培养孩子们的学习兴趣就要创设快乐的教学情境,引导学生主动参与数学活动,努力丰富学生对数学的感受和体验,充分激发学生的学习积极性,真正实现学生学习方式的根本转变,使学生在体验中思考,在思考中创造,在创造中发展。

# 在小学数学教学中如何培养学生的
# 创新意识

## 魏　伟

《课程标准》明确指出:培养学生的创新意识和实践能力。要通过数学的教学培养学生的创新意识,就要在数学课堂教学中培养学生的创新精神和创新能力。只有改革数学课堂教学,即创新课堂教学方法——激发学生的学习数学兴趣,激励学生不断探索数学问题,培养学生获取数学知识的能力,尊重学生在数学学习上的个体差异,才能实现学生的数学创新意识的培养。因此,在数学课堂教学中教师应有意识创新课堂教学方法。主要从以下几点入手:

### 一、联系生活实际,让学生想创新

数学是一门研究现实世界中空间形式和数量关系的学科。数学源于生活,生活中充满着数学。学生的数学知识与才能,不但来自于课堂,还来自于现实生活实际。因此,我们要把数学和学生的生活实际联系起来,让数学贴近生活,使学生感到生活中处处有数学,学起来自然、亲切、真实。

如:教学"圆的认识"时,先让学生举出生活中的圆形物体,让学生感知"圆",再通过多媒体演示几只猴子骑着三角形、长方形、正方形、梯形、圆形等轮子的自行车赛跑的情景。开始让学生猜测,谁跑最快,然后媒体演示赛跑过程。结束时,问学生为何骑圆形轮子的猴子跑第一,让学生弄清自行车的轮子为什么做成圆形的道理,让他们感到学习数学很有用,自发产生一种探索兴趣,萌发出一种"自我需要"的强烈求知欲,乐于创新。

教学中还应联系实际解决简单问题,激发学习动机。学习动机激发得越强烈,就越能对学过的知识表现出浓厚的兴趣和积极的态度,就越能发挥学生的智慧潜能,产生创新的火花。在教学中要引导学生运用已有的知识解决较为简单的实际问题,给学生以尝试、创新的空间,不断激励学生的创新意识。

在教学"求长(正)方体的体积"后,设计了这样一道题:把一个苹果摆在讲台上,要学生求出苹果的体积是多少? 全体学生起初愣住了,而后纷纷议论起来,有的说如果将苹果捏成橡皮泥那样捏成长(正)方体那样就好了……在老师的启示下,学生终于悟出了可以将苹果这个不规则的体积转化为规则的体积,用一个长方体或正方体的容器盛一些水,将苹果放入,只要量出水面升起的高度,就可以算出苹果的体积。以此类推,不单苹果这个不规则的物体的体积可以计算,其他一切类似物体的体积都可以计算。

这一设计不但使学生提高了运用数学问题解决实际问题的能力提高了学习数学的兴趣,而且使学生思维更趋于活跃,充分激发培养了学生的创新意识。

## 二、创设良好氛围,让学生敢创新

课堂气氛可以影响学生的学习情绪,宽松、生动、活泼的学习氛围,可以使情绪具有动机和知觉作用的积极力量,它组织、维持并指导行为。营造生动、活泼的学习气氛是培养学生创新意识的前提。

### 1.建立民主、平等、和谐的师生关系

心理学研究表明,良好的情绪能使学生精神振奋,而不良的情绪则会抑制学生的智力活动。教师要尊重每一名学生,使每个学生都有展示自己的机会,都有享受成功的愉悦。要把微笑带入课堂,把鼓励送给学生,从而保护学生的自尊心,培养学生的自信心。学生只有在民主、和谐的气氛中学习,思维才能始终处于积极活跃的状态,学生才敢想、敢说、敢问,勇于创新。在教学过程中,教师可以用商量的口气与学生进行交谈,如:"谁想说说……""谁愿意说说……"等等。当听完学生不同意见后,说:"我真荣幸,我和他的意见相同"。话虽简单,但是足以说明教师已经把自己视为学生中的一员,由此建立起来的师生关系更加平等,更加融洽。这样不仅可以提高课堂教学效率,而且能消除学生的戒备心理。学生思维活跃,富有创造性,这是数学学习中特别需要的,也是培养学生创新意识的关键所在。

### 2.保护好奇心,激发求知欲,鼓励学生大胆质疑

好奇心和求知欲既是激发学生创造活动的诱发剂,又是学生进行创造性思维的原动力。对某些问题,学生会提出一些离奇的、甚至荒谬的见解,作为教师要尊重学生提出的各种问题,并诚心诚意地把学生当作学习的主人,使学生胸中燃起求知和创造的烈焰。同时,还要善于提出一些既使学生感到熟悉

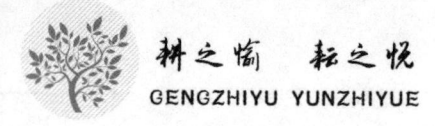

又需要动脑筋才能解决的问题,引导学生自己去发现和找到问题的答案。要善于运用带有激励性、期望性的语言,培养学生的自信心和进取精神。例如"你的想法真妙!""你为同学们树立了榜样!""谁还有更多更好的解法?"等,这些充满激情的语言,能极大地调动学生学习的积极性和创造性。

鼓励学生质疑问难,是培养学生创新意识的起点。著名科学家爱因斯坦曾说过:"提出一个问题往往比解决一个问题更重要。"因为没有学生紧张的思维活动,就没有问题的提出。所以,在教学中教师要为学生留有提出问题的时间和空间,要注意引导学生发现问题、提出问题,点燃学生思维的火花,激发学生探索的欲望。例如学习梯形面积公式推导时,学生提出把两个完全相同的梯形拼成平行四边形来推导。在推导圆柱侧面积公式时,有的学生提出可不可以把侧面沿一斜线剪开,展开得到一个平行四边形来推导侧面积公式等。对于这些问题和见解,无论正确与否,我都加以鼓励,都应从正面引导学生积极思考,久而久之,学生的好奇心、求知欲与创造性会有机地结合在一起,并逐步形成创新意识。

### 三、注重学法指导,让学生会创新

1. 动手实践

伟大的教育家孔子曾经说过:"知之者不如好之者,好之者不如乐之者。"在教学"梯形面积公式推导"时,在学生很想知道梯形面积的计算方法,思维已激活时,教师不是机械讲解,而是引导学生每人剪出两个梯形纸板(要求是两个完全一样的梯形)。当学生剪出后,教师设问:看哪个小组能利用手中的纸板,把它们转化成已经学过的图形。学生开始拼摆(有的小组用完全一样的梯形拼成了一个平行四边形;有的用两个完全一样的直角梯形拼成了一个长方形)。当学生各自说出自己的拼法后,教师设问:你所拼成的图形的底、高和面积与其中一个梯形的底、高和面积有什么关系?根据它们之间的关系,你能否得出梯形面积的计算公式?各小组的同学通过观察,借助已形成的表象很快得出了梯形面积的计算公式。

这种教师点拨下的学生动手自行操作、自行探究,有利于调动学生多种感官参与学习过程,学生情趣盎然,自主研究活动扎实,思维得以训练,学生的动手、观察、思考、协作能力都得到了培养。

2. 引导质疑,让学生会创新

质疑问难是探求知识、发现问题的开始。在教学中,教师要从学生好奇、好问,求知欲旺盛等特点出发,引导学生勤于思考,敢于提出问题,为学生创造良好的提问题的氛围,交给学生提问题的方法。让学生发现问题,多角度思考问题,多问几个为什么,提出疑问,发表新见解。如"比"的后项为什么不能为零？比、分数、除法间的三者关系为什么不用"等于",而用"相当于"？为什么异分母分数加减时要先通分……问题一提出,同学们探知兴趣浓烈,思维活跃,发言就更加积极,比、分数、整数和比例间的关系就一清二楚了。同学们的主动性发挥了,好学、善学、乐学的劲头也就更足了。

3.设计开放性问题,培养学生创新思维

所谓开放性问题,是指教师提出的问题没有标准答案,也就是答案不是唯一的。既然答案不是唯一的,就是要使学生产生尽可能多、尽可能新,甚至前所未有的独创想法,这样的提问,激发的正是发散性思维,培养的正是想象力。它不像传统教学的提问方式,一问一答,一答一个准,只提供一种可能答案,一种解决途径,结果堵塞了学生的思路,桎梏了学生的创新意识。在这种开放式的提问的推动下学生必然会展开多角度、多方向的思维活动。结合各方面的信息,在产生大量答案的同时,获得新奇、独特的反应,从而培养思维的广阔性和灵活性。

例如,教学"分数的意义"一课时,为了考查学生是否真正理解了分数的意义,教师出示这样一个长方形,提出的问题是:谁能看着这个长方形,说一句有关分数的话？

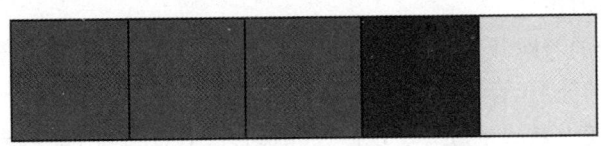

听了教师的提问,学生的回答不仅体现了红、蓝、黄色部分各占长方形的几分之几,还体现了三部分之间的关系。学生的这些巧妙回答,只有在开放式提问的特定条件下才能产生。这种提问考察了学生对分数意义的真正理解,更重要的是训练了学生的思维。

诸如此类的提问和要求,在概念、计算、应用题教学和练习中都可能出现。提问突出"尽可能多"、"越与众不同越好"等特点,迫使学生不满足于现状,时刻在追求新的、别人想不到的答案和设想。久而久之,学生的想象力和智慧得到了培养,创新意识也随之逐步形成。

## 四、体验成功快乐,让学生爱创新

每个学生都有创造欲望。创新教育就是使每个学生都能意识到自己的创

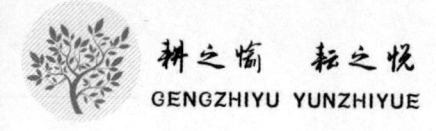

造能力,并在创造活动中感受到创造的愉快和欢乐。认识到这一点,在教学中,总是要设法为学生安排"创造"的机会,并使各类学生都能体验到成功的愉悦。

例如"20以内的进位加法和退位减法"进行到综合练习这一阶段时,让学生回忆近期学过的内容,自己编题。学生们都迫不及待地要讲出自己编的题目。有的说"9 + 4",有的说"18 – 9",教师将这些题加以整理,就成了一组完整的综合练习题。学生们计算着自己编出的题目,情绪很高。对于成绩稍差的学生,教师在重点辅导时,多给予他们一些表现的机会和多种鼓励,慢慢培养他们学习数学的自信心,使他们感觉到自身的价值。

又如,让学生自编数学小报。小报的内容可以是学生自己谈学数学的体会,平时的错例,数学趣题,也可以转载其他数学报上的文章。一般两三个同学合作完成,他们共同设计,然后分工抄写、美化。在完成一张小报编制的过程中,既要考虑内容可读性、趣味性,又要考虑排版新颖、巧妙,整体效果别具一格,这一切处处渗透着创新。自编数学小报解放了孩子的大脑、双手,让学生在动脑动手中培养了合作意识、创新精神,有利于学生综合素质的提高,并能真正地体验到成功的快乐。

## 五、优化练习与作业,培养学生创新意识

### 1.优化练习设计

旧教材中的习题几乎都具备完整的条件和问题,解题的任务是寻找唯一的答案,这样的练习,容易使学生满足于得到正确答案,对于解题思路的多样性,问题的内在因素缺乏进一步地研究和探讨。长此以往,便造成了学生思维单一、呆板,思路狭窄。创新萌芽被扼制,创新意识得不到培养。所以要求老师在备课时,创造性设计具有独立思考,有一定难度的、发散型的、开放型的练习题。

①条件开放

如在教学"倍的认知"时,设计这样一道练习题:在动物园里有猴子6只,熊猫2只,梅花鹿8只,天鹅3只,大象1头,要求学生用学到的知识,任选其中两种动物说说它们的倍数关系。这样的设计容易使学生在两个量都变化的情况进行积极的思考、探索,从中获得自己(或同班同学)不曾有的思维方式。

②问题的开放性

即它所提出的问题常常是不确定的,主体必须搜集其他必要的信息才能着手解题。如在复习时可设计这样的题目:"鸡36只,鸭比鸡少18只,鸡比鹅

少 7 只,你能提哪些问题?

③思路和开放性

即题目没有现成的解题模式,解决问题可以用不同的知识,不同的策略,从多个角度进行思索、探索。

如有教学"除法"时,我设计了这样一个题目:一年(1)班 24 名同学参加广播体操比赛,请你帮助设计一下,可以怎样排队? 学生可根据不同的思维方式,做出不同的答案,从而培养学生的创新意识。

由于开放题本身的综合性、多向性、新奇性、条件的多余性,因此学生在解题的过程中自然处于主动参与的位置,积极的思维、探索,思维能力也从中得到充分地训练,思维更具有深刻性、灵活性、缜密性、创造性和批判性。长此以往,才能鼓励学生不断求异,勇于向问题挑战,培养他们的创新意识。

2.改革作业设计

作业的设计与布置是课堂教学的深化和延续。当前数学教学的弊端在于学生对书面知识掌握得比较牢固,测试成绩也较高,但要真正让学生去解决生活中的实际问题,很多学生常常是无所适从,成了真正的"书呆子"。我们要改变过去那种只注重知识巩固的作业布置方式,而应设计一些思考性、实践性、开放性较强的题目,本着让学生"跳一跳摘果子"的原则,注重联系学生的生活实际;或者放手让学生自己来设计作业,这样使不同水平的学生都能发挥主体作用,更能提高创新技能。

例如学习"圆柱的认识"后可以布置学生做一个自己满意的圆柱形模型,来培养学生的动手操作能力。学习了"单价、数学量与总价的数量关系"后,要布置让学生到菜市场上做一次调查,用 5 元钱可以买多少冬瓜等,从而培养学生的实践能力。

总之,培养小学生的创新意识是时代赋予每一位教育工作者的神圣职责,教师要以培养学生的创新意识为根本,把教学内容建立在学生日常喜闻乐见的事物上,灵活驾驭教材,努力设计探索性、开放性的课堂教学内容,设计富有思维容量的练习题,是激发学生学习兴趣、培养探索能力和创新精神的重要环节。只有富于探索性的教学内容,才能符合当前教学改革的潮流,也才能使学生的各方面能力得到和谐发展,使我们的数学课堂不仅着眼于学生知识的增长,更注重于学生的终身可持续发展。只有这样,才能最终实现学生创新意识的培养与提高,培养出一代又一代创新人才!

# 起始阶段的小学教育应注重习惯培养

## 国凤华

**摘要**："播种行为收获习惯，播种习惯收获性格，播种性格收获命运"。好习惯让人受用一生！作为教育工作者我们在传授文化知识的同时，应注重对学生良好行为习惯、学习习惯的引导和培养——好的行为习惯让人受益无穷。

**关键词**：能力；品质；习惯；养成

教学不等于教育！有的教师能教给孩子打高分，却不能教会学生做人；教师的职责：教书育人！除了教给学生文化知识外，还要培养他们各方面的能力。如果说知识传授我们责无旁贷，那么对学生能力的培养则势在必行！在新课改提倡了多年素质教育的今天，我们更应该全面培养学生的能力！对学生实行素质教育，促进学生德智体美等各方面能力的全面发展，对学生能力的培养更应注重对学生习惯养成的教育！那么小学阶段我们应该培养学生具备哪些能力？怎样使他们养成一个良好的习惯？不妨从以下几个方面着手：

首先：培养学生最基本的学习能力

培养学生听、说、读、写等知识学习方面的能力。

教师的教学不单要对学生进行知识的传授，还应对学生进行听、说、读、写、计算、动手实践等方面能力的培养，以及良好学习习惯养成的教育。

教学中我们发现部分学生成绩不高，不是因为智力水平比别人低，而是因为他们注意力不集中，没有良好的倾听习惯，因此要想提高学生的成绩，培养良好的行为习惯是前提：上课时，我们要让学生眼睛看着我们的眼睛，课堂上用我们的"慧眼"随时关注学生脸上那张晴雨表，可根据需要运用多媒体课件把学生的注意力吸引到课堂中来，课下给学生讲清学习的目的，借助名人故事，让他们从小故事的大道理中受到启发，让他们在潜移默化中受到影响，培养学生克服困难的意志,让他们把注意力转移到课堂上来,以养成良好的倾听习惯。

"说"是一个人的思维状况和心理活动的体现。能够清楚准确而响亮地表达自己观点更是一个人自信的表现;因此培养学生敢说、说好的能力不容忽视。

要想"说"得好,不但要学好普通话表达的前提条件——汉字的音、形、意,还要对学生进行表达能力的训练。让学生在平时学习生活中多锻炼,让他们敢于表达,在敢说的基础教他们会说:幽默、委婉地表达自己想法,同样一件事,不同的说法就会有不同的效果。有这样一个故事:一位女教师在课堂上提问:要么给我自由,要么让我去死这句话是谁说的? 一位日本同学用不熟练的英语答道:1775 年巴特利克·享利说的。老师表扬了日本同学,这时教室里传出来一声怪声:"把日本人干掉!"老师气得满脸通红,问"谁说的?"有人答:"1945 年杜鲁门总统说的"。全班一片哄然,这尴尬的场面就被幽默替代了。看能说得好,有时就会产生许多意想不到的效果。

"读"不但可以开阔学生的视野,同时也是写的基础,更是知识积累的一个重要途径! 朗读能力的培养可从指导感情地朗读、引导学生广泛地阅读等方面入手。"读"不是让学生走马观花地读一遍二遍,而是让学生有目的、带着任务地读。所谓"书读百遍,其意自见";说的就是深入的读书后每次都会有自己不同的见解,因此我们平时要培养学生多读书读好书的习惯,要指导学生根据内容、体裁的不同来处理朗读的方法。

"写"是语文知识综合的运用,更是学生语文素养的集中体现。写作能力的培养,除了抓好习作课的教学外,还要注意让学生从平时生活积累素材,养成写日记、随笔的习惯,让学生写:心中所想、口中所说、眼中所看、耳中所闻,这样他们在写时才不会词竭句穷,才有话可写;让学生听、说、读、写相结合,只是学习能力培养的一个方面,像数学方面的计算能力、对问题的分析、逻辑思维等能力以及其他方面的观察能力、表达能力的培养也很重要。只有让学生初步具备了这些能力,才能让学生在以后的学习中逐步撇开我们老师这根"拐杖",才能具备初步的自学能力。

其次,培养学生具有良好的习惯

好的习惯包括:良好的学习习惯和行为习惯,

1. 培养学生认真学习的习惯

好习惯受用一生! 著名教育家叶圣陶说:"累千积万不如养个好习惯"!好的学习习惯的培养要从低年级抓起,良好的学习习惯包括:执笔端坐姿势正

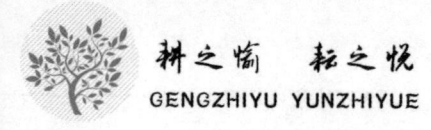

确、认真听课、认真作业、认真思考等方面。

好的习惯不是一天两天养成的，就拿执笔姿势来说，除了要教给他们正确的执笔方法外，还要不厌其烦反复强调，尤其小学低年级的孩子，由于个别的学生在幼儿园已经养成了错误的执笔方法，所以要想让他们一下子就拿对笔就太不现实了。要想培养学生认真作业的习惯，除了要求学生作业时细心，书写时认真外，教师还要注意自身的示范作用，所谓学高为师、身正为范就是要求教师要注意自己的一举一动对学生的影响。培养学生认真听课和认真思考的习惯；刚入学的学生还不会认真听课，当别人站起来回答问题时，他们总会争先恐后地举起自己的小手喊着：我！我！我！全然不顾老师已经把其他的同学叫起来回答问题的现状，这样势必影响他们课堂教学效率，不利于他们倾听能力的培养，这时我们要提醒他们要他仔细倾听，认真思考，并要求他们根据别人的回答做出自己的判断；这样就可以培养他们认真听课的能力了，当然只用这一种方法学强调学生听课他们会听腻的，所以我们在授课前要精心设计自己的教学，要以富有儿童情趣的方式激发学生学习的兴趣，这样才能让他们集中精神认真听课，以便对他们进行学习习惯的培养！

2. 培养学生良好的行为习惯

好的行为习惯的培养就是对学生品质方面的培育。

如果光注重了对学生学习能力、学习习惯的培养，却忽视了良好行为习惯的养成教育，那么我们的教育也是不完整的。

"播种行为收获习惯，播种习惯收获性格，播种性格收获命运"。良好的行为习惯对学生良好思想品质的形成具有不何低估的奠基作用。

（1）注意教师自身导向的作用

对学生思想品质方面的教育，教师要注重自身的言行对学生的影响，基础阶段的学生尤其是小学低年级的学生模仿能力较强，老师的一言一行，一举一动都在潜移默化地影响着学生，所谓其身正不令而行，其身不正，虽令不从，说的就是这个道理。为人师者要发挥好"以身作则、为人师表的表率作用！"

（2）加强好的行为习惯的养成教育

一个仪表端庄的人如果满口脏话、随手乱扔杂物，会让人觉得此人"人美心灵不美"，一个人如果光说大话不办实事就会让人觉得他"言而无信"！一个爱撒谎的人让人觉得他表里不一，一个做事事事依赖别人的人让人觉得他还没有"断乳"……生活中这样不完美的例子举不胜举，一个人的习惯一旦养成，就会从他工作、生活中的每一个细节中体现出来，而这细节对他的一生影响都很重要。有这样一个故事：一个跨国公司要招聘人才，经过多轮选拔后，最终剩下 6 个人参加面试,他们被依次带到一间空无一人的房间等待面试,可等了很长时间,结果都是无人进来,于是他们在房间里有各自不同的表现:有的翻看办公桌上的物品,有的在里面参观……就在他们被带出面试房间觉得纳闷之际,负责招聘的主管来了,他留下了个子不高、学历也不是最棒的那个!其他人很不解,主管回答他们说:只有他在进门时敲门了并轻轻把门关上,只有他在进门在踏布上把脚踏干净,从这些良好的习惯上就可以看出他是一个什么样的人。那些面试者目瞪口呆:没想到自己竟然输到这个细节上。细节决定成败!虽然只是一个故事,但从中我们不难发现:好的行为习惯让人受益无穷。

"冰冻三尺非一日之寒"。良好的行为习惯包括很多种,好的行为习惯的养成也不是一天两天就能培养出来的,它需要我们长抓不懈,我们可以家校联合进行学生习惯的养成教育;平时工作中注意以榜样的例子正面引导,教师、家长要注意"以身作则"。这些对于可塑性非常强的小学生来说至关重要!

再次,培养学生具有良好的心理品质。

一个学生只因在校被老师批评了几句,而跳楼自杀;一个高中生,只因模拟考试不理想被家长批评了几句就选择了跳楼自杀……,一个个触目惊心的案例说明:这些温室里的花朵成长过于一帆风顺,缺少逆境的锻炼,赏识教育不能让他们很好地去适应周围生存的环境,不能帮助他们更好应对那些突如其来的变化,赏识教育只让他们学会了自信,却忘了告诉他们:生活并不是一帆风顺的,要学会面对困难、迎难而上!在困难和挫折面前,有人战胜了,于是他们体验到了成功的乐趣,于是他们百折不挠;有的人则畏惧了,于是他产生了挫败感不战则退。于是出现了这样的现象:有的人越挫越勇;有的人,甚至出现一些偏激的行为。

现在的社会竞争复杂激烈,倘若在生活中连一点小小的"风雨"都不能承受,那么将来在没有长辈们庇佑下的狂风暴雨中他们又将怎样生存呢?俄国科学家列别捷夫曾说过:"平静的湖面,练不出精悍的水手,安逸的环境,造不出时代的伟人"。对学生进行适当的挫折教育,提高学生的心理承受能力,是培养学生良好心理能力的一个重要方面。那么如何对学生进行挫折教育?怎样才能使学生具有良好的心理品质呢?我认为可从以下几个方面进行:

以人物的事迹或相关书籍正面引导。张海迪的故事、爱迪生发明电灯的故事等这些可以作为我们对学生进行正面教育的案例。就连《西游记》故事中的唐僧也是经过了九九八十一难才得以修成正果,让学生从诸多成功事例中知道:每个人的成功都不是必然的,都经过了一定的失败累积后,才成就了他

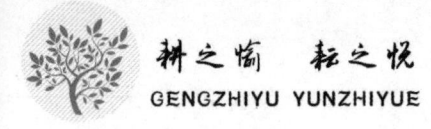

们日后的地位!

课堂教学相机引导。例如在学《两个铁球同时着地》一课时,可以从:伽利略因为对亚里士多德的学说产生疑问,而倍受他人的指责;——因为对学术权威的挑战,让他被种种舆论包围着,而这种包围就是伽利略遭受的重大挫折,但他能在挫折面前努力抵抗拼搏,最终成功!以此让学生在课堂教学的内容中接受挫折教育的培养。

开展丰富多彩的课外活动,培养学生积极阳光的健康交往环境。

做好与家长的沟通工作,让家长适机的对学生进行挫折教育,并让家长学会放手——孩子的事情不再包办代替:培养孩子自己去解决生活中力所能及的事情,以让学生在诸多的困难、挫折面前学会勇往直前!

此外,除了对学生进行挫折方面的心理品质的培养外,还应加强学生正确的人生观、世界观的引导,给他们提供适当的倾诉、发泄的机会,让他们保持独立自主的品质……这些都有利于学生形成健康的心理品质!

学校不光是教书地方,更是育人的摇篮。老师在给学生传授知识文化的同时,要关注他们心理方面的发展,在教育教学中我们提倡赏识教育,因为这样可以激发他们更大的潜力,但我们在进行赏识教育的同时,不要忘记了适时地对学生进行适当的挫折教育,以使他们更好地适应现在竞争激烈的社会环境。

最后,培养学生适应社会的生存能力。

以上三点都是为学生能适应这个社会发展而准备的,即培养他们最基本的生存能力的前提条件,要想培养学生的生存能力还需从以下几个方面入手:

专长培养:中国的孩子高分低能——纸上谈兵行,社会生存能力低。当过小学班主任老师的可能都会看到这样一现象:上学时,名列前茅的学生步入社会以后,反倒没有那些学生时代成绩平平的学生混得好。什么原因? 答案不言自明,如果教学时我们不再以成绩论英雄,如果我们能针对每个学生的特点进行培养,我们可以培养他们做一个有一技之长的独立自主的人,注重对他们能力的培养、习惯的养成教育,使他们具有健康的体魄、良好的身体素质,拥有了一技之长的健康身心,就拥有了一根生存的拐杖!"闻道有先后,术业有专攻",同坐在一间教室里,有的分数高,有的体育强,有的音乐好,有的手工精;……每个人所擅长的方面不同;对于那种对学习实在是没有兴趣,绞尽了脑汁成绩也提不上来的学生而言,就不要指挥他们在分数的战场上"作战"了,高分者不一定高能!

培养学生良好的沟通能力、独立自主的办事能力。

社会不是一个独立的个体,要在社会中更好生存就必须具备良好的与他人沟通的能力;与他人协作的团队精神,以及独立自主的办事能力;对事情有自己的主见,学会与人有效交流;这样才能更好地锻炼自己的生存能力。

"条条大路通罗马",不一定学习好将来就有出息!我们要做一个"掘金者"、做一个"发现千里马的伯乐",让他们在感兴趣或有特长方面的学科上多下功夫,让他们学有所长。毕竟分数的高低不是我们教育的全部,"不能成才但要成人";因此,只有让学生拥有良好的思想品质,注重对学生能力的培养,习惯的养成、引导,才能为他们今后的人生之路奠定初步的基础。

总之"万丈高楼平地起",基础教育阶段的教师,要把"地基"打牢:让学生既学到丰富的知识,又养成良好的行为习惯。尤其是班主任老师,要想把自己手下这几十号兵带好,不光要在文化知识传授的方法上下功夫,还要在学生思想素养的培育、能力培养等方面多动脑筋!只有用"心"培育我们所带的每一个"兵",才能让他们在今后没有"硝烟的战场上""能征惯战"!因为只有有了这些量的累积,才能成就教育质的提升!

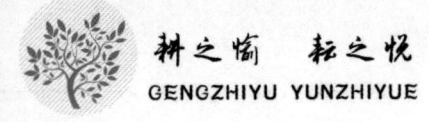

# 浅谈如何让朗读成为课堂主角

## 董　新

**摘要**：在语文教学中，培养小学生的朗读能力是小学语文教学的重要内容，也是实施语文素质教育的重要方面。有感情地朗读课文有助于学生正确理解、表达课文中的思想感情，也有助于发展思维，丰富想象，激发情感，增强理解力和记忆力。所以在朗读教学中，老师可以采用多种方式朗读，如自由度、默读、齐读、分角色读、赛读等。

**关键词**：朗读形式；渲染氛围；示范

在具体的语文教学中，细心的教师不难发现，新课改的每一篇课文在学习目标中都会有一点，那就是让学生能正确、流利、有感情地朗读课文。而且《语文课程标准》也明确指出："小学各个年级的阅读教学都要重视朗读。作为一名小学语文教师，在平时的教学中，就应该让学生充分地读，在读中整体感知，在读中有所感悟，在读中培养语感，在读中受到情感的熏陶。由此可见，朗读在语文教学中有着多么重要的地位，书声琅琅应当成为一堂好课的首要特征，学生的朗读水平是其语文素养的重要组成部分。所以，在阅读教学中要强化学生朗读能力的基础训练，逐步提高小学生的朗读水平。那么，如何在阅读教学中培养学生的朗读能力，让朗读成为课堂的主角呢？现结合《藏戏》一文的教学实践，谈谈做法。

《藏戏》一文是六年级下册第二组的第二篇课文，随着作者脉络清楚、有点有面、有详有略的描述，绚丽多彩的藏戏以及它那不可抗拒的艺术魅力展现在读者面前，它是一篇知识性、人文性、趣味性都较强的民俗散文，又是一篇略读课文，学生已有了一定的学习经验。备课前我仔细阅读了教材和教参，对本课的情知因素进行充分挖掘，在教学时，我一改传统教学中经常把自己的看法强加给学生的教学方式,努力尝试合作探究的学习方式,让学生主动地去探究课文中蕴含的内容、表达的思想。

在这节课中我给学生创设了参与和表现的机会,充分发挥学生自主、能动性,发挥小组的合作性,以及师生之间、生生之间、文本之间的交互作用,让学生有机会在课堂上表现自己,保证了学生在课堂上有足够的读书、思考、说话时间。再加上教师适时的点拨引导,多种形式的朗读和设计合理的教学程序,让学生在不同形式的朗读中体会了藏戏独特的艺术魅力。

## 一、采取多种朗读形式,使学生愿读、乐读

语文教学主要以读为本,以读代讲,要避免烦琐的教学分析。如果一味地讲,不讲求形式的多样,对于低年级的学生和高年级的学生都是很厌烦的事。为能准确指导学生朗读、激发学生的朗读感情,促进学生的朗读训练,教师可预设丰富多彩的朗读方式,课堂朗读的方法愈多,学生越能得到不同形式的练习,朗读水平亦就更高。所以在朗读时可采用指名读、自己选段读、小组齐读、分角色读、男女生赛读、小组合作读、用自己喜欢的方式读、引读、帮读、领读、配乐朗读等多种形式,但有一点需注意,低年级学生喜欢竞赛、表演的形式,高年级的学生喜欢速读、品读等。教师要依据学生的年龄特点和教学的不同课型采用不同的朗读形式。此外,教师要注意不能让学生为读而读,应提出不同的要求,体现出读的层次性。

个别读,在朗读过程中教师可以了解学生对课文中字词及内容掌握情况,在读后进行纠正、讲评。在《藏戏》一课教学时我主要运用了默读、男女生读、师生合作读、齐读等朗读形式。

默读,有助于学生的思考。这种朗读方式最适宜略读课文的教学,因此,在教学《藏戏》一课时,我根据本篇课文的课型特点及学生学情情况,引入本课课题后,让学生阅读课前导语明确自读要求,然后带着课前导语中的要求快速默读课文思考,学生在默读中最易集中思考问题,很快学生就交流出了问题的答案,自学了文中的字词,学生在默读中放飞了阅读理解的思维,自学能力得到了培养。

男女生读,在《藏戏》一课教学中,我就是将师生合作读穿插了教师与男生合作读 1 自然段和 8—16 自然段,教师与女生合作读 2 自然段和 17—18 自然段,教师与男生一齐合作读 3 自然段和 20 自然段,师生共同合作读 21 自然段。师生声情并茂的节奏,和谐婉转的韵律,呈现出作品的声音美、神韵美,这样的朗读方式不但让我们教师能够正确认识朗读教学,提高自身的朗读水平,

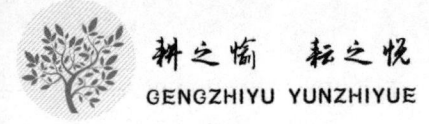

又让学生在潜移默化的合作中增强了竞争意识。

齐读。齐读可以营造热烈的课堂气氛,能体现一个班级的精神风貌。齐读可在课的收尾阶段,细心品味课文内容时进行。如《藏戏》一课,课文开头前三个自然段用反问和排比句式概括强调了藏戏戴着面具演出等方面的突出特点,表达方法新颖独特。在教学时,我紧紧抓住本课的重点,学生交流理解了藏戏的形成及艺术特色后,播放一段藏戏视频让学生欣赏到了藏戏的自然、古朴、神秘,之后,我又让学生齐读课文开头三个自然段、结尾21自然段,用这样的朗读气势再次感受藏戏的无穷魅力和中华文化的悠久。

## 二、创设情境,注重课堂气氛的渲染提倡开放性朗读

指导学生朗读必须"入情入境"。叶圣陶曾说:"读书心有境,入境始为亲。"朗读教学十分注重创设情境,把文字符号变成活生生的、具体可感的形象,让学生在全方位的直接感知和思维中,进入形象化、有感染力的场景,使学生能与作者产生共鸣,与文本中的主人公融为一体,去亲近人物,感知事物,为接下来的感情朗读做好准备。在这种情境下,有感情朗读就水到渠成了。如教学《藏戏》一课时,当我让学生自主研读了课文4—7自然段阅读了藏戏的传奇形成了,了解了一个年轻的僧人唐东杰布带着仅有七位姑娘组成的班子劝人行善积德,为民修桥造福,没想到竟然创造了一个新的艺术流派——藏戏的感人故事后,孩子们被唐东杰布为民造福的美好心愿和七位姑娘的义举深深打动了,借此良机,我在此教学环节,留给学生充分的时间让学生有感情地朗读这一部分,促进了学生与文本之间的对话,这时孩子们兴趣浓厚,在愉悦中积极朗读,都朗读出了藏戏的开山鼻祖唐东杰布的为民造福的伟大精神,朗读出了七位姑娘的善举,教师根本不需做过多的人文内涵的挖掘,学生所表达的感情色彩已非常到位。用心、用情去读,这种情境会让学生永难忘记,文中人物也会让学生长久记忆。这样的方式既提高了学生的阅读欣赏和评价能力,又把培养学生的语文素养落到了实处。

## 三、充分发挥教师的示范作用,模仿入境

学生能正确、流利地朗读课文并不难,但要达到有感情,绝不是一件轻而易举的事。因为小学生阅历浅,知识面窄,感悟能力差,在没有任何指导的情况下,他们不可能体会作者要表达的思想感情,所以也就不可能有感情地朗读。指导学生有感情地朗读课文最有效的方法就是范读。在语文课堂教学中,范读能使学生很快入境,教师的范读可以让学生知道课文的基调是欢快

的、高昂的,还是平缓的,低沉的,给学生以遵循。再加上儿童模仿久了,就形成了知识的积累,这样一来久而久之,学生读书的能力也便逐步形成了。最后再让学生一遍遍入情入境地朗读创设出良好的情境,就能根据课文内容激发情感,渲染课堂气氛,从而把教师的心传递给学生,使作者与学生、教师与学生、学生与学生、学生与文本之间的心情交融在一起,进而为教学创设了良好的情境。

示范朗读,能够创设意境,使学生产生一种身临其境的感觉。教师的表情朗读多了,学生的脸上才会显出丰富的情感。所以作为一名语文教师,一定要提高自身的朗读水平。面对一首首优美的诗文,教师若能入情入境地范读,学生定会如沐春风,陶醉其中;如若一篇篇感人的故事,教师可以声情并茂地朗读,学生就会激发情感,如临现场。我在教学《藏戏》一课的重点部分8—20自然段,学生在教师的激励点拨、释疑解惑中交流体会了藏戏的艺术特色和课文中作者所采用的相呼应的有详有略的表达方式,我让学生在前面的多种形式的默读、快速读、有感情地朗读、自由读、齐读……之后,又采用了师生合作读的朗读方式,教师读1、2、3自然段,学生朗读与1、2、3自然段向对应的段落,即:师读1.世界上还有几个剧种是戴着面具演出的呢? 生读8—16自然段。师读2.世界上还有几个剧种在演出时是没有舞台的呢? 生读17—18自然段。师读1.世界上还有几个剧种一部戏可以演出三五天的呢? 生读20自然段。学生在教师抑扬顿挫的反问语气及强烈的排比句式朗读中受到了感染,教师表率的作用创出良好的情境,激发了学生体会传统戏剧艺术独特的魅力和丰富的文化内涵的情感,让学生进一步感悟了藏戏独具特色的艺术和作者在表达上的特点。在此教学环节有目的、有重点、有选择地读,敢于取舍以使长文短读,突出重点,凸显了略读课文的课型特点,让学生随着教师朗读,随着作者脉络清楚、有详有略的描述,想象出了绚丽多彩的藏戏以及它那不可抗拒的艺术魅力。

在教学《藏戏》一课后,回顾课堂教学,我也发现不少问题,例如,忽视了对朗读内容的设置与指导。朗读是最经常、最重要的阅读训练,也是理解课文内容、体会思想感情、培养语感的基本途径。教学前,我只是对本课的课程标准进行了大致研读,见课程标准中没朗读指导要求,而本课又是一篇略读课文,要求一课时学完成。因此在备课中,在我指导学习完藏戏形成后,我就把不少时间留给学生自学藏戏特色部分,如此一来,语文课的味道淡了。如果让我对教案内容进行再修改,我相信学生会对藏戏历史悠久有着更为深刻的印象。

纵观本堂课的教学,我深刻地感受到备课要注重实效,深钻进去,不能只

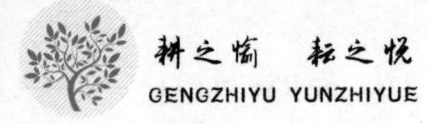
把侧重点放到形式的研究上。我相信在教学后只要不断地及时反思和改进，我们每一位教师的课堂教学一定会像藏戏一样更加独具特色。

　　作为一名语文教师，一名朗读研究课题的直接执教者，我一直把自己工作的重点放在推动教师读书上，因为我始终深信：一位热爱读书的老师才会像勤劳的农人一样，在孩子纯洁的心田播下一粒粒热爱读书的种子。我坚信，只要我们每一位语文教师能够正确认识朗读教学，不断提高自身的朗读水平，科学地进行朗读教学，持续不断地感染和影响自己的学生，使师生的朗读具有声情并茂的节奏，和谐婉转的韵律，呈现出声音美、神韵美，从而达到炉火纯青的境界，就一定能为语文的教和学奠定牢固的基础，就一定能让学生的阅读思维在朗读中尽情地放飞。

# 建立模型解决问题

## ——植树问题

### 吕　彬

**摘要**:通过对四年级下册第八单元的《数学广角》中植树问题的教学设计,阐述学习支架在课堂教学中的应用。

**关键词**:植树问题;间隔;支架

## 一、设计背景

新课标要求:教学中要关注学生的学习过程,注重学生的学习体验,还要充分发挥学生的的主体地位,让他们经过动脑、动手、合作交流、经历尝试、思考、探究、解决问题的过程。本节课主要就是通过让学生自主探究"植树问题"的规律,然后解决问题。四年级下册第八单元的《数学广角》主要是渗透有关植树问题的一些思想方法,通过现实生活中一些常见的实际问题,让学生从中发现一些规律,抽取出其中的数学模型,然后再用发现的规律来解决生活中的一些简单实际问题。

"解决植树问题的思想方法是实际生活中应用比较广泛的数学思想方法。"(刘敏茹,《浅谈新课程下提升小学数学教学有效性的策略》)植树问题通常是指沿着一定的路线植树,这条路线的总长度被树平均分成若干段(间隔),由于路线的不同、植树要求的不同,路线被分成的段数(间隔)和植树的棵数之间的关系就不同。"例1是探讨关于一条路线的植树问题并且两端都要栽树的情况,让学生先通过划线段图来发现栽树的棵数和间隔数之间的关系,再用发现的规律解决实际问题。"(邓诗慧,《浅谈新课改下如何提高小学数学课堂教学的有效性》)

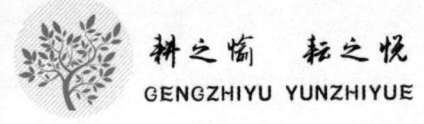

## 二、教学目标及重、难点

教学目标：

1.认识棵数，知道什么是间隔数。

2.理解在线段上植树（两端都栽）的情况中"棵树 = 间隔数 +? 1"的关系。

3.能将植树问题推广到生活中的其他问题，学会通过画线段图来分析题意。

教学重点及难点：

1.探究植树的棵数和间隔数之间的关系，并能用发现的规律解决实际问题。

2.灵活运用"两端都栽"情况下植树的棵数和间隔数之间的规律解决生活中的实际问题。

## 三、设计支架原因

"植树问题"原本属于经典的奥数教学内容，新课程教材把它放到了 4 年级下册的"数学广角"中让所有的学生学习，说明这一教学内容本身具有很高的数学思维含量和很强的探究空间，既需要教师本身的有效引领，也需要学生的自主探究。从学生的思维特点看，3、4 年级的学生虽然已经有了一些抽象逻辑能力，但在应用规律，解决例题，感受规律方面还有所欠缺，需要为学生提供学习支架，在学习支架帮助下，加深学生对平均数意义的区分和理解。

## 四、设计支架

1.请同学们伸出自己的一只手，仔细观察 5 根手指之间有几个空？4 根手指有几个空？几根手指之间有 2 个空呢？

设计意图：通过观察自己的手指与两手指之间的空，了解间隔的含义。

支架效果：学生们能准确说出身边间隔的事例，发现间隔是随处可见的。

2.（1）小学生广播操队列中，其中一列纵队 26 米，相邻两个学生之间的距离是 2 米。

（2）这列纵队一共有几个学生？属于（          ）

①两端都种②只种一端③两端不种

（3）为迎接六一儿童节，学校准备在教学楼前 60 米的道路一旁摆放鲜花（靠墙一端不放），相邻两盆花之间的距离 3 米。一共需要几盆花？属于（          ）

设计意图:渗透有关植树问题的一些思想方法,数学广角主要是让学生解决生活中的数学问题,所以我充分利用学生熟悉的校园、街道、大峡谷地缝等与学生紧密联系又感兴趣的生活情境,通过现实生活中的实际情境和问题,让学生经历尝试——发现问题——从简单的事例中探索并掌握最基本的植树规律的情况下种的棵数与间隔数之间的关系及路总长与间隔数、间隔长的关系——用发现的规律来解决生活中简单的实际问题这些过程。

支架效果:通过选取与学生生活、学习密切相关的练习,使学生感受植树问题在生活中的广泛应用。学生们能够利用本节课所学的解决植树问题的数学模型来解决这一类的问题。

设计分析:"教学设计是指教学指导者和教师依据教育教学理论、教学艺术原理,为了达到某阶段教学目标,根据受教育者认知结构,对教学目标、教学内容、教学组织形式、教学方法和需要使用的教学手段进行的策划。教学设计最直接的功能是 为教师实施教学提供一个指导性的计划。同时,它也可以帮助教师用新的教育理念去把握教材内容,驾驭课堂教学。它有助于教师角色的自我认识,有助于教师对学 生主体地位的认识和把握,有助于提高教师的教育教学理论,并对教师科学地评价教学提供帮助。"(马昱《新课程背景下小学教学设计的对策研究》)

"教学设计最终的目标是通过对教学内容、教学方式等有关的教学活动进行策划组合为教师工作者提供一个导向性的计划。小学学习生活作为孩子们成长的重要部分,不管是在孩子的性格塑造还是学习习惯的养成方面都有着重要的意义和作用。但是纵观当前小学教学设计有着很多缺陷和漏洞。"(陈燕,《小学教学设计在新课程背景下的对策分析》)

1. 在探究活动中培养学生学习兴趣

植树问题是数学中一个独立的单元,其内容和生活联系非常密切。这一课我们不仅是要教给学生知识,更重要的是要学生领悟研究复杂问题可以从简单问题入手。因此,在教学过程中,我通过对五指的手指个数与手指缝之间关系的探究,在直观形象的手指演示中学生直接感知棵数与间隔数的关系,创设了问题情境使学生了解了间距在生活中的应用。并和同学一起通过观察课件中植树图片,引出课题。

2. 突破难点,在探究过程中感受数学

"课程标准特别强调:数学活动必须向学生提供充分的从事数学活动的机会,帮助他们在自主探究和合作交流过程中获得广泛的数学活动经验。整节课,每一环节我都设计让学生动手操作,合作交流。学生在不断的操作和交流

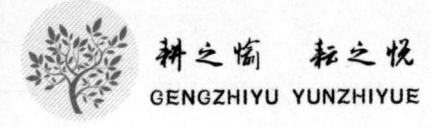

中,经历了观察、发现和感受的全过程;学到了解决问题的方法,并获得了更深层次的情感体验。"(孙茹,《新课程背景下小学数学有效教学的策略分析》)

在突破本课难点部分,我通过"在 20 米的小路一侧种树,间隔 5 米,可以怎样种,种几棵?"这道例题,与同学共同讨论在两端都种,只种一端和两端不种三种情况下,间隔数与植树棵数的关系。在与同学们共同分析题意之后,我没有预先固定在哪一种情况下植树,我首先是让同学们用学具小棒在白纸上自己摆一摆,同座互相研究 20 米的小路一侧种树,应采取什么样的方式种树,能种几棵树。"让同学通过自己的努力,找出答案。然后请同学到讲台前面,跟班级里其他同学,共同研讨自己设计方案的可行性。到讲台前的汇报的同学,讲出了他们的想法——在这条小路上可以种 5 棵树,在同学上前展示出自己的设计方案之后,我用简短的语言对这个植树方案进行了总结,并向学生明确了,用这种方式种树,间隔数是 4,棵树是 5,在两端都种的情况下,棵树 = 间隔数 +1。在学生们理解了两端都种的情况下,棵数与间隔数之间的关系后,我用黑板贴图的形式,向同学们展示了只种一端与两端都不种的情况,并启发学生,在这两种情况下,间隔数与植树棵树应有什么关系。学生通过以小组为单位互相讨论,得出结论:在只种一端的情况下,棵树 = 间隔数;在两端不种的情况下,棵树 = 间隔数 –1;在两端都种的情况下,棵树 = 间隔数 +1。最后,我用三道练习题,对本课所学知识进行了巩固。"(麻翠阁,《谈新课程理念下小学数学有效教学的策略》)

3. 反思

首先,在教学过程中,大部分学生对"间隔"这一新的数学术语有了透彻的理解,并能与教师共同分析题意,总结出间隔数、间隔长与路的全长之间的关系即间隔数 = 路的全长 ÷ 间隔长。"但在实际做题应用时,还是会有同学无法正确求出间隔数,导致无法正确求出整道题的答案,所以在以后的教学过程中,我会进一步强调间隔数的求出过程,让同学能理解透彻。"(陈裕华,《浅谈新课程理念下小学数学有效教学的设计策略》)

其次,我发现一堂课,让学生完全理解植树问题的三种情况,以及他们的规律,并能灵活运用是比较难的,所以,以后我会延长每种植树情况的授课时间,让学生能有充分的时间理解消化,不能操之过急。

有了这次植树问题的教训,以后再遇到像"植树问题"这样的典型问题时,我一定会在建立模型的基础上让学生通过充分的动手体验去获得知识,这样远比老师告诉他的效果好!没有一堂课是完美的,我的这节课依然如此,但是我相信,只要不放弃努力,不放弃前进的脚步,我们会继续不断探索下去。

# 注重积累让学生的习作有话可说

## 国凤华

习作是语文教学中的重点也是难点。学生不愿写,老师批改时头疼。这种情况从侧面突出了作文教学中存在的问题。学生挖空心思,七拼八凑,总算完成了任务;结果在老师看来:习作内容空洞,语言乏味,条理不清。这主要是因为学生缺乏观察生活的能力,缺乏语言文字的积累,及对学过的语言文字不能灵活地运用于习作的表达,因此在表达起来缺乏表达的语言,没有真情实感,都是大话、空话、套话,针对以上问题,可从以下几个方面着手:

### 一、从兴趣入手 激发写作的意向

"兴趣是最好的老师"。要调动学生习作的积极性可从以下几个方面着手:

1.让学生明确习作的重要性。写作可以帮助我们做很多的事情,而且还能提升自己的人格魅力。可以把班级习作好的学生的作品拿来在班级里面展示,如果有在其他刊物发表作品的学生就更好,拿着此类学生的作品以赞赏为目的的评价,从而激发学生写作的欲望,当学生们看到那些了不起的作家就在自己生活的身边时,积极性自然就提高了,他们会觉得:原来成为"作家"也没什么了不起,兴趣也会接踵而至。写作的积极性也自然提高了。

2.抓住身边可以写作的一切素材让学生乐于表达。可以从学校的各种活动入手:例如学校进行清明祭扫活动,就可以在活动前讲清要求,活动中对学生有重点地进行讲解,活动后及时地进行总结,这样从学生亲身经历的活动入手,让他们有内容可写,有依据可抓,这样有的放矢就会逐渐锻炼学生的习作能力。

3.重视习作成果。及时将学生的优秀之作进行表扬,并把优秀的习作张贴

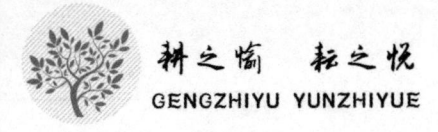

在班级中学习园地之中,这样一方面满足了习作优秀学生小小的虚荣心,另一方面,可起到示范作用,让其他学生从中学习到自己所不具备的能力。

## 二、丰富生活,积累素材

叶圣陶老先生说:"生活犹如源泉,文章犹如溪水,源泉丰富而不枯竭,溪水自然活泼流之不尽。"从中提炼出来就是:生活就是最好的素材。大部分教师会感觉到一到习作课学生就会"没有东西可写",要解决这一难题,老师就必须有意识地从学生丰富多彩的生活入手,引导学生在丰富多彩的生活中积累习作素材,丰富他们情感的世界,让学生有表达的欲望。而学生的日常生活就是习作素材很好的挖掘地,因此教师必须引导学生走进生活、体验生活。

1.指导学生在日常生活中做一个留心观察的人,做一个善于观察的人,做一个细心观察的人。可以观察大自然的花草树木;倾听自然界鸟语虫鸣;欣赏乡村的田园风光,城镇的风景名胜等。

2.鼓励学生在生活中做一些力所能及的家务事,以此丰富他们的情感生活体验,让他们从劳动中吸取生动有趣的生活素材。如帮家长擦地、洗衣服、买东西、整理房间,等等。凡是符合学生年龄特征的事情都可以与家长沟通好,让学生自己做些力所能及的事情。

3.丰富班级的课余生活。如观看电影,读书交流汇报会,智力竞赛,演讲比赛、主题班队会等。

学生的业余生活丰富了,习作时就会有据可依,就会有内容可写;就不会在写作文时无话可说、无事可写了。

## 三、多渠道积累素材

语文文字是表达思想感情的载体,因此语言材料的组织是习作的关键要素。要增加学生的语文知识可从以下几个方面入手:

1.运用知识积累。平时看书过程中就要要求学生注意积累从中看到的好词好句、优美的段落篇章,并要求他们在理解其含义的基础之上进行熟读或者背诵。

2.阅读扩大知识面。阅读是语言积累的重要途径。因此除了语文课以外,十分重视引导学生进行广泛的阅读。可以在班级里建立一个图书角,让学生充分利用好每天在校内的课余时间,读每篇文章时要熟读深思、要细嚼慢咽,而不是走马观花、囫囵吞枣;要高效地阅读文章,可以向学生推荐一些适合他们年龄特征的书籍,让学生利用课余时间广泛涉猎一些科普读物、少儿杂志、中外名著等,通过大量的阅读既可以丰富学生的习作语言,又丰富了写作思维。

3.熟读、背诵中积累语言材料。可以从语文课本中的内容着手,从课文中优秀的篇章或诗文中的精华之作截取摘记,引导学生多品读课文的精彩部分并要求熟读成诵。对于词语手册中精美的成语、歇后语、谚语、名言、诗文,则要求学生背诵并加以默写。在每篇精讲课文中安排适量、适当的句子的训练或是篇幅较小的写话训练,让学生依据课文的句子或形式进行仿写;只要这样长期坚持,课本中的语言文字就能变成自己的储备和财富,等到用时,自然会涌上笔端,大大提高了学生的语言文字水平。

## 四、从不同的课文体裁中指导学生写作的基本方法

写作除了丰富的习作素材、一定的语言积累外,还需要掌握一些写作的基本方法。我国特级教师丁有宽从小学语文课文中解剖出指导学生写好作文的规律性知识称之为"三十法"。即叙事四法(按事情经过先后,按时间先后,按地点变换先后,按以事为主结合时序地序交错);状物三法(场面描写,自然环境描写,社会环境描写);写人八法(行动描写,语言描写,肖像描写,心理描写,行动、语言、肖像、心理综合描写,写一事表人,写几事表人,写几个品质表人);开头五法(交代、明意、点题、抒情、抒感);篇章结构六法(先总述后分述,或者相反;先概括后具体,或者相反;先面后点,或者相反;先记叙后抒情,或者相反;夹叙夹议;对比)。因此在平时的阅读教学过程中,可以参照借助丁老师的"三十法"渗透在作文教学中,例如:在学习《赛龙舟》这篇课文后,就可以让学生结合自己亲身经历过的活动或是拔河比赛或是跳绳比赛或是踢毽子比赛等活动,结合课文内容适当点拨,进行适当的场面描写帮助学生了解作者是如何叙事、状物、写人、开头、结尾和安排篇章结构的。

总之,作文教学不是一蹴而就的事情,是一个漫长积累的过程,是一个逐渐提升的过程,如果做到了以上几点,那么学生在习作时就不会出现:假话、空话、套话;就会有据可依,有话可说,就会文思泉涌。

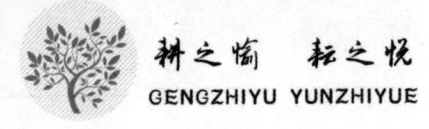

# 小学语文的作文艺术

刘丽娜

在小学语文教学中,作文教学一直是我们教学研究中不断深入探究的一个课题,一直是小学语文教学中的重要组成部分。由于小学作文质量一直不高,因此提高作文质量成了语文教师的一大难题。长期以来,为了提高作文质量,师生都付出了许多努力,但常常收效不大。我认为提高小学作文水平重在培养学生的听、说、读、写能力,听说是基础,读写是目标,是根本。习作教学能提高学生运用和发展语言文字的能力,提升学生的语文综合素养。

写作能力是语文素养的综合体现。但现今中小学写作教学中尚存在很多不足之处,作文教学现状不容乐观。在此,结合自身对作文教学的认识与感受,谈谈现今小学作文教学的现状以及相应的措施。

## 一、写作中的不良倾向

(一)重理论,轻思考能力

小学作文教学中,教师为写作设置条条框框,在学生写作前关照的中心、主题、选材、开头、结尾等等一大套写作理论,让学生死记硬背,套用现成材料与模式,无形中束缚了学生的"手脚"。教师错误地估计小学生的写作能力,要求学生写作的思想内容达到一定的高度,忽略孩子特有的思维方式。这种写作公式化的僵化训练,相当程度上漠视了孩子们的个性化体验,他们对社会及生活的敏锐洞察,导致作文中心不明、条理不清、语句不通、文法不顺。

(二)重书面表达,轻口语交际

小学生的口头表达能力随年级的增高而不断下降,甚至逐渐退化。有的小学生书面表达文采斐然,能轻松自如地驾驭文字,然而一到口头说话,例如演讲或班会课发言,则结结巴巴,条理不清,语句不顺,甚至影响人际交往。

（三）重课堂教学，轻生活细微

写作的过程，是从客观外界汲取必要的素材，经过头脑中的加工，再运用文字符号表达出来的过程。离开了"生活"这个最基本的素材源，所有作文便只是空中楼阁、海市蜃楼。导致小学生作文无话可说，假话连篇，东拼西凑。原本想象丰富，思维活跃的童心，由于缺乏了生活之水的灌溉，写出来的东西往往苍白无力，毫无生趣可言。

## 二、写作中有效的方法

（一）从生活中写起，从细微处入手

由于小学生的理性认识能力弱，对事物缺乏细致观察，常常是视而不见、听而不闻。针对这一弱点，教师就要在平常教学中引导孩子们学会细致观察事物，积极调动各种感官，用眼睛看，用手触摸，用嘴品尝，用耳倾听，去充分感受事物的形味和声色等各方面。让孩子们说自己想说的话，写自己想写的事，抒自己想抒的情。因此，在写作教学中，教师应该引导孩子们如何融入情境，畅所欲言，给孩子们一个广阔的天地，让孩子们尽情地挥洒。

（二）通过口语交际，激发写作兴趣

写好一篇作文，一方面要有大量的素材积累，还要有自己本身的语言积累。在小学阶段，要求每个孩子写出好文章是不现实的，但要求孩子写清自己的建议、想法、记下会议或事情讨论的情况，还是有可能的，同时，细心的教师会发现，教学练习中的口语交际也是在为写作做进一步的准备。

（三）多一点表扬，少一些打击

教师也要彻底地改变评价的要求，一切以孩子们需要为要求。对孩子们的作文大多应尊重其原貌，以鼓励为主，发现其中的一段或一句出色表达，要会加以表扬，以此来调动孩子们的习作兴趣。让孩子们说自己想说的话，写自己想写的事，那些作文少了精巧的结构，优美的词语，深刻的思想，但却多了很多清新自然，触动你灵魂的东西。而这正是教师要去呵护、培养的东西。注重真情实感，培养写作能力，应该是写作教学的重要内涵。写作教学应贴近孩子们实际，让孩子们易于动笔，乐于表达，教师应引导孩子们关注现实，热爱生活，表达真情实感。

## 三、如何培养学生写好作文

好的文章源于生活，写你的所见、所闻；写你的亲身体会；写出你的真情实感，加上你平时的积累。这样的文章，才会生动感人。写作非一朝一夕就能成

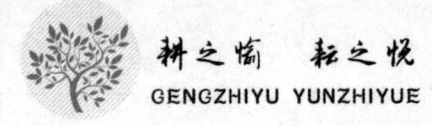

功之事。多读书,学会借鉴。好的文章、好词、好句,学会积累。确立新颖、独特的文章标题。有时学会引用名人名言,古诗词句,会给文章增添色彩。坚持写日记,既能练笔,又积累了素材。

（一）多读并理解

俗话说,读书破万卷下笔如有神。笔者取这个标题也是源自这里,当你满腹经纶时,自然写一篇文章是手到擒来。但并非是随便读读就行了,最重要的是理解其里面的含义。培养学生阅读能力,阅读时要找准自己的需求,自己为什么读,读什么,怎么读,读后感等等之类的。而且当你在阅读时,是否能理解这篇文章的大意,能否用自己的话概括出来。

（二）多写并坚持

对于提高自己的写作水平并非是一日就练成的,也不是你读了几本书就真的可以下笔如神的,最重要的还是要多写,从一而终的写。所以说,更重要的是引导学生坚持写,一直写！每天找一段没有任何打扰的时间作为专门的写作时间,让这成为习惯。

最后我想谈谈文章的开头和结尾,开头和结尾是文章的重点。特别是开头。如果你不能在故事的开始吸引读者,他们很难有耐心把整篇文章读完。所以要投入更多的时间考虑怎么写好开头,读者一旦对你开头感兴趣,他们会想知道得更多……写好开头后,再弄一个精彩的结尾,这会让读者更加期待你的下一篇佳作。

# 在小学音乐课中如何培养学生的创新能力

杨　丹

**摘要**：小学的音乐课是一门实践性很强的学科，是整个基础教育的有机组成部分，是素质教育中不可缺少的一部分，也是培养学生创新能力的一个重要渠道。艺术的生命在于创新，创造性是人的主体性发展的最高表现。音乐课在培养学生创新能力方面有着得天独厚的条件。音乐教育的重要目标之一就是应该鼓励学生积极参与探究与创造，开发学生的形象思维能力，开发学生的创造性思维潜质。在音乐教育中，培养学生的创新意识、创新精神、创新品质，都能起到其独特的不可替代的作用。那么，如何在小学音乐课中培养学生的创新能力呢？为此，本人结合自己的音乐教学经验，在小学音乐课中如何培养学生的创新能力说说自己的观点。

**关键词**：转变观念；创新；编创

小学音乐课程改革正在轰轰烈烈地进行着，小学音乐课改究竟重在改什么呢？有的老师还是雾中看花，你改你的，我教我的，不很清楚。那我们先拿旧教材与新课改实验教材来比较一下吧，细心的老师可能会发现：旧的教学内容是按"听、唱、动"三块编写的，而新的教科书是按"聆听、表演、编创与活动"编写，很明显，编创是新课改的重点。创新是一个民族进步的灵魂，是国家兴旺发达的不竭动力，教育是知识创新、传播和应用的主要基地，也是培育创新精神和创新人才的摇篮。可见，破旧迎新，培养学生创新能力是我们教师义不容辞的责任和义务，打破"应试教育"，加强创新教育，已成为教育科研的重点，已经势在必行。

小学的音乐课是一门实践性很强的学科，是整个基础教育的有机组成部

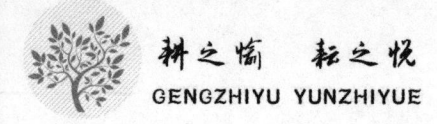

分,是素质教育中不可缺少的一部分,也是培养学生创新能力的一个重要渠道。艺术的生命在于创新,创造性是人的主体性发展的最高表现。音乐课在培养学生创新能力方面有着得天独厚的条件。音乐教育的重要目标之一就是应该鼓励学生积极参与探究与创造,开发学生的形象思维能力,开发学生的创造性思维潜质,在音乐教育中,培养学生的创新意识、创新精神、创新品质,都能起到其独特的不可替代的作用。那么,如何在小学音乐课中培养学生的创新能力呢?

## 一、转变教学观念,是实施学科创新教学的先决条件

观念要更新。观念不更新,一切全作废,即使是换了新的教材,如果仍用旧的观念来教,也照旧失败,那只能是"穿新鞋,走旧路"。教师首先要转变教学观念,有的老师总是"年年岁岁人不同,岁岁年年课相似",依葫芦画瓢,故步自封,不变应万变,机械地重复着昨天的教学。教师自己都缺乏创新能力,怎么能很好培养学生的创新能力呢? 创新意味着对陈规的突破,对未知领域的探索。美国著名教育家布鲁纳曾指出:"教学生任何科目,绝不是对学生心灵中灌输些固定的知识。而是启发学生去获取知识和组织知识,教师不可以只把学生教成一个活动的书橱,而是教学生如何思维。"传统教学重在传授,以教师自己为中心,以教代学,满堂子灌,老师唱一句学生跟一句,难以形成学生的创新实践能力,禁锢了多少孩子的创新思想。教师态度要积极,认真地投入到课改中去,"态度决定一切",改也得改,不改也得改,消极不如积极,只有积极才能想到更好的办法来适应课改,积极创新,"授人以鱼不如授人以渔",教师要启发式教学,反对注入式、填鸭式的教学方法。音乐并非只是"唱歌"课,教师要以学生为主体。我们先来看以往的教材,往往从教师的"教"考虑较多,无论从教材内容的构建、教学方法的思路等等都强调以教师为主。强调教师作为教育的主体,学生通过教师的教、传授去获取知识,因此学生往往处于被动的状态中学习。而现代教育的理念,强调学生的学,以学生为本,从持续发展,终身教育的视角去考虑问题。教师要针对学生的具体情况做机动灵活的安排,发挥教师在教学中的创造性,不要把《教学参考书》变成束缚教师们发挥创造性的紧箍咒。

教师的角色也在发生着变化,教师是学生人生路上的领头人;是朋友,在教学中应是平等地沟通;也是学生,老师也应向学生学习,"三人行,必有我师。"教师和学生应该是民主的、合作的关系。教师不可以永远高高在上,身上罩着神秘的光环,应该蹲下身来和学生对话。

例如,我在讲《农场的早晨》这一课时,我融入到学生当中去,我当鸡妈妈,小学生们当小鸡,大家不分彼此,真情流露,越出了代沟,边唱边演,此情此景不能说不感人。歌声伴着大家的表演,心情是多么的舒畅。我相信,只有以学生为主体,才能真正学好音乐,才能享到生活的欢乐。

## 二、音乐节奏的创新

节奏是音乐的脉搏,是组成音乐的基本要素之一。任何音乐都无法离开鲜明的节奏。学生首先要面对的就是节奏,节奏掌握的好与坏直接影响到音乐的教学和创新。其实每个学生都有节奏感,只是强弱因人而异。在听音乐时,有的同学会用脚打拍子,有的学生会点头、拍手等。

例如,我让小朋友们找出常见的声音,让他们自己去创编节奏,并发给学生节奏创作卡片。小部分同学编创如下:

心脏声:2/4　　　× 　× 　｜× 　×‖
　　　　　　　　　　　　　　　咚 　咚 　咚 　咚

爸爸打鼾声:2/4　× –｜　× –‖
　　　　　　　呼　　呼

小鸡叫:2/4　×× 　× ｜×× 　×‖
　　　　　　叽叽 　叽 　叽叽 　叽

钟表声:2/4　×× 　×× ｜　×× 　×× 　　　‖
　　　　　　嘀嗒 　嘀嗒 　嘀嗒 　嘀嗒

这些声音都是同学们非常熟悉的,所以创编起节奏来拿捏得很准,学生热情也高涨。要是再来一个节奏创作接龙游戏,来个开火车,学生的创新思维将得到更好锻炼。

## 三、音乐中编创故事

很多音乐是有故事内容的,有些通过歌词可以知道,有些需要认真欣赏,体会其中的意境。让学生编创故事,可以激发学生的创新能力,更好地理解音乐。

例如我在教学《鸭子拌嘴》这一课时,让学生通过聆听乐曲,引导学生大胆想象,创编故事情节,深化教学内容,在理解的基础上深化教学内容。同学们积极想象,有的同学听到鸭子"嘎嘎"的欢叫声,编出了一群快乐的小鸭子;有的同学听到乐曲里有小鸭互相碰嘴巴的声音,想象出小鸭们在追逐嬉闹,互相争吵玩耍;也有的同学想象到小鸭在扑打翅膀,甚至在河里抢鱼呢!有一个同

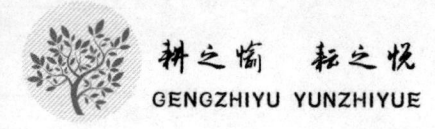

学编创得很好,她说道:"一位老奶奶养了一群鸭,天刚蒙蒙亮,鸭子们老早醒了,它们来到水池里嬉水、洗澡,顺便捉几条小鱼吃,吃饱喝足了,它们就顽皮地玩耍起来,你追我我碰你,忙得不可开交,好像电视剧《还珠格格》里的小燕子那样:反正闲着也是闲着,吵吵小嘴也是好的。当太阳下山的时候,鸭子们才高高兴兴地往回走。"通过编创故事,使乐曲充满了生命力,变抽象为直观,学生也更容易理解和记忆。

### 四、为歌曲编创头饰

小学生喜欢表演,当然,有些时候少不了一些小道具,我让学生自己开动脑筋,创制丰富的人物、小动物的头饰,让学生们自己去设计造型。学生们兴趣可大了,他们创设了许多头饰。

学生戴着自己设计的头饰,演起来别有一番滋味。

### 五、为歌曲创编集体舞队形

音乐课要面向全体学生,跳集体舞是很常见的一项活动。舞蹈的队形可以变化,我让学生设计,根据不同的歌曲意境创设了不同的舞蹈队形。

例如我在教学《小雨沙沙》这课时,学生创设了如下的舞蹈队形:

学生分四排第一排蹲下、第二排半蹲、第三排直立、第四排跷脚。

在集体舞《共产儿童团歌》的队形中,学生创设的队形也显得儿童团员精神饱满、整齐。

还有在跳集体舞《假如幸福的话拍拍手吧》,学生根据歌词分段创设了几个队形。

学生们跳着自己设计的队形,更加整齐、更加具有凝合力,学生们也更加团结了。

### 六、学生创编表演的动作

边唱边演是小学生喜爱的一种教学形式,尤其是低年级的学生更喜欢用动作来表达情感。表现欲同想象力一样,在幼儿时期就已存在,表演是学生乐于参与的一种音乐活动,也是培养学生音乐综合能力的一种很好的形式。教师可以让学生自己设计动作,也可以让他们自由结合、自由分组,进行舞蹈创编,把歌曲的内容和内心的感受通过肢体动作表现出来,课堂气氛非常活跃。

例如,每次上课,我都弹出不同的乐曲,让同学们一边表演不同动作,一边进课堂,让学生初步养成创编动作的好习惯。

又如我在教学歌曲《小雨沙沙》的表演时,让学生们进入到角色,男同学做"种子",女同学当"小雨",让同学们进行自创动作表演。有的女同学想出了用双臂在身前有节奏地做一下摆动的动作当成小雨。男女同学手拉手当作"淋雨",而男同学双手交叉在胸前,两脚做单腿跪步蹲,当作"种子",远看还真像一颗幼苗呢!男同学双手合掌左右晃动向上升起,倒真像是"种子发芽"呢!

还如,我在教学《两只小象》这课时,学生们都想出了用手当作小象的长鼻,做出了"钩一钩"、"握握手"等动作。

## 七、自制简单的乐器

学生对乐器有着天生的喜爱,加强器乐进课堂,提高学生综合音乐能力,教师可以引导学生用打击乐器表现风声、雨声、小鸟叫声、走路声等等,提高对打击乐器的认识,再根据歌曲的情绪选择常见的乐器:碰铃、木鱼、三角板、双响筒等,创编简单的伴奏。当然,教师可以让学生自己动手设计,尝试用生活中的物品创制打击乐器。有一次,我布置了课外作业,让学生自制打击乐器。发现学生制作的真不少:有用易拉罐装进少许沙做成的"沙槌";有用两块竹板串在一起做成的"舞板";有用自行车车铃做成的"碰铃";有用两节小竹筒做成的"双响筒";有小铃铛挂起来的"串铃";也有"拨浪鼓"等等。

当然,创新不只是在课内进行,在吃中饭时,几个同学吃完了饭,敲击起了餐具,蛮有音乐感的,我就启发他们有节奏地敲打,这时候,饭盒声、筷子声、菜盆声、盘子声、调羹声、铁杯声、碗声、勺子声、钢叉声,声声入耳,俨然是一首清脆的碗盘进行曲。

伟大的人民教育家陶行知曾说,对学生须进行六大解放:解放他的头脑,使他能想;解放他的双手,使他能干。并且指出,处处是创造之地、天天是创造之时、人人是创造之人。改革开放的今天,科学技术日新月异,只有不断创新才能不断发展。总而言之,培养学生创新能力是新世纪赋予老师的神圣使命,教师有责任培养学生的创新意识。现在课程已经在改了,如果老师还是用旧传统观念的旧方法去教学生,那课改也将成为一句空话,看不见:"千门万户曈曈日,总把新桃换旧符。"只有不断地创新,才能跟上时代的步伐,更上一个新的台阶。

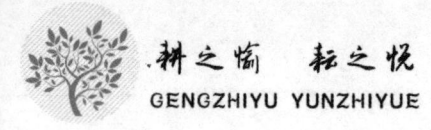

# 用关爱去聆听

## ——如何做一名优秀的教师

### 许艳晶

摘要：教师对学生的爱，是一种高尚的、充满科学精神、持久而深厚的教育爱。它不是基于亲缘关系，不是出自个人的需求，而是来源于教师对事业的深刻理解和高度责任感，具体体现为教师对学生所持有的一种亲近感，期望感和为学生而献身的热忱。作为教师具备高尚的师德是当好教师的首要条件。而作为现代教师必须树立全心全意服务的思想，一切为教育事业奉献。工作虽平凡，但成绩是不平凡的，影响是深远而广泛的。这就要求教师必须明确自己的责任。

一、以榜样的力量规范自己的行为。

二、学高为师、德高为范。

三、教师是立校、强校之本，师德是教育之魂。

十年树木，百年树人，踏上三尺讲台，也就意味着踏上了艰巨而漫长的育人之旅。身为一名人民教师，我经常问自己这样一个问题：要做一名优秀的教师，应该具备的最重要的条件是什么？是优美的语言是广博的知识还是丰富的教学经验？在实践的过程中我发现：作为一名优秀的人民教师不仅要有优美流畅的语言，广博的知识，丰富的教学经验，最重要的是要有爱心——对同事们的敬爱，对工作的热爱，对学生的无私的师爱。爱心就是师德的核心内容！

关键词：学高为师；德高为范；宽广的胸怀；渊博的学识

教师对学生的爱，是一种高尚的、充满科学精神、持久而深厚的教育爱。它不是基于亲缘关系，不是出自个人的需求，而是来源于教师对事业的深刻理解和高度责任感,具体体现为教师对学生所持有的一种亲近感,期望感和为学生而献身的热忱。

中华民族教育源远流长,不管是封建统治,还是现代化发展,都离不开教育。这就决定着"教师"这个社会角色的重要性。具备高尚的师德是当好教师的首要条件。而作为现代教师必须树立全心全意服务的思想,一切为教育事业奉献。工作虽平凡,但成绩是不平凡的,影响是深远而广泛的。这就要求教师必须明确自己的责任。

## 一、以榜样的力量规范自己的行为

汉代思想家扬雄明确提出,"师者,人之模范也"。在教师身体力行的过程中,教师是学生模仿和学习的榜样,这是由教师在学校里的地位和组织角色决定的。因为榜样是一种形象的教育目标,学生总会直接学习教师的人格、品德,模仿教师的形象、作风;榜样也是一种无声的教育手段,榜样能树立教师威信、吸引学生,提高教育影响力。优秀的师德、师表风范,良好的教师形象,才会产生巨大的动力,其身教重于言教,才有利于学生的健康成长。另外教师还要虚心学习优秀师德标兵的先进事迹。许多优秀教师的事迹,感人至深,他(她)们凭借自己对人民的教育事业的热爱,爱岗敬业,乐教爱生,在平凡的工作岗位上做出了不平凡的业绩,用自己的行动履行着人民教师的光荣职责,表现出无比高尚的品德和情操,他(她)们是身体力行的楷模,是学习的标兵。新时期的教师要以榜样为动力,鞭策自己的行动,塑造崇高师德、师表形象。

## 二、学高为师、德高为范

赞科夫说得好:"当教师必不可少的,甚至几乎是最主要的品质就是热爱学生。"只有给予学生爱,让学生感受到爱,体会到被爱之乐,他们才会学着去爱别人。"金凤凰"要爱,"丑小鸭"更得爱,唯有爱满天下才能换来桃李芬芳。一个生病的学生看到老师为自己着急得流泪,一定会倍感温暖而铭记在心;一个对学生嘘寒问暖的老师,必定是一个深受学生喜爱的好老师。面对学生的偶然犯错甚至是冒犯自己,你是宽容地就势引导,还是大发脾气或撒手不管呢? 有爱心的教师总是选择前者,他们善于把关怀和宽容作为与学生沟通的法宝。

教师是人类掌握知识、开发理性、奔向光明的引路人。教师的职业是神圣的,担负着培养、教育下一代的艰巨、繁重的任务,传道、授业、要求"学而不厌,诲人不倦",不但教学生掌握知识,还要教学生如何做人,要求言行一致身体力

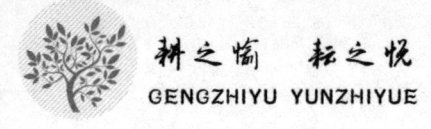

行,事事处处做学生的榜样和模范。

### 三、教师是立校、强校之本,师德是教育之魂

教师从事的是崇高的社会公益事业,担负着培养社会主义建设者和接班人的神圣使命。教师作为人类灵魂的工程师,是学生增长知识和思想进步的导师,必须具备高尚的师德和人格、远大的理想、宽广的胸怀、渊博的学识精湛的教学艺术,教师的职业道德是调节教师与学生、教师与教师、教师与家长、教师与社会之间关系行为规范和准则。加强教师队伍建设,提高教师队伍的道德水准是新时期对教师的要求,是实施素质教育对教师的要求,要严格树立教师队伍的良好形象。

衡量一个教师是否有良好的师德,要看教师的行为是否有利于学生身心和谐发展。不尊重学生的人格,讽刺、挖苦、歧视学生,对学生进行体罚,脑罚,不利于学生身心健康发展的都视为不符合师德要求。向学生乱发脾气,也是师德修养不高的表现。

十年树木,百年树人,踏上三尺讲台,也就意味着踏上了艰巨而漫长的育人之旅。教师良好的思想品行将是教师最伟大人格力量的体现。曾经有一名普普通通的教师,他不幸患上了强直性脊椎炎,颈不能转,腰不能弯,腿不能曲,上课时整个身体全靠双拐支撑着。但他不悲观、不忧伤,凭着对人民教育事业的赤诚之心,依然顽强地坚守在讲台上。学生看着他忍着剧痛、冒着冷汗在那里讲课,感动得落泪。他深情地说:"我的知识是人民给的,我要珍惜这有限的时光,把知识献给人民。"

古今中外无数事例证明,育人单凭热情和干劲是不够的,还需要以德立身、以身立教。

身为一名人民教师,我经常问自己这样一个问题:要做一名优秀的教师,应该具备的最重要的条件是什么? 是优美的语言,是广博的知识,还是丰富的教学经验? 在实践的过程中我发现:作为一名优秀的人民教师不仅要有优美流畅的语言,广博的知识,丰富的教学经验,最重要的是要有爱心——对同事们的敬爱,对工作的热爱,对学生无私的师爱。爱心就是师德的核心内容!

# 论"育人有声　无爱不往"

## 祁　悦

**内容提要**:爱乃"育人之本"。因为有爱孩子们才对我们心存信任和依赖;因为有爱,才有了勇往直前 破茧成蝶的动力。因为有爱,孩子们才对我们充满敬佩;因为有爱孩子们才会虚心聆听我们的谆谆教诲。这便是"育人有声,无爱不往"的真谛。

**关键词**:敬佩;依赖;信任;聆听;动力;育人有声;无爱不往

### 一、爱乃"育人之本"

我读过这样一首诗:"有一首歌最为动人,那就是师德;有一幅画最为隽永,那就是师魂。有一种人最为美丽,那就是教师;不要说我们一无所有,我们拥有同一片广博的天空。在同一片天空下,我们用爱撒播着希望……"这首诗中,无论是"师德"也好,还是"师魂"也罢,其实都可以归结到"爱"上。没有爱的教育便是没有灵魂的教育,那注定会成为失败的教育。所以,爱是教育的灵魂,只有融入了爱的教育才是真正的教育。只有用真诚的爱拥抱每一名学生,用心中有声的爱谱写动人的乐章,我们的教育才能走向成功。

### 二、因为有爱 才有信任和依赖

过去的一段工作经历使我更加坚信爱不仅可以换来孩子的信任和依赖,爱还可以拯救灵魂。

记得以前教过一个叫李直霖同学,有一段时间忽然变得沉默寡言而且情绪极其低落,看到孩子这样,我的心里很着急。因此,午休时,我让所有孩子都出去后,和直霖进行了一次长谈。在我真诚的关怀下,孩子果真敞开心扉,声泪俱下地向我倾诉了实情:原来孩子的爸爸妈妈突然离婚了,一向温柔贤惠的

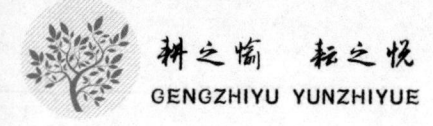

妈妈离开了家,孩子很想念妈妈,可是,爸爸不许他和妈妈联系,孩子很受打击。于是,我当即拨通了孩子妈妈的电话,让孩子和妈妈进行心与心的沟通,并且和孩子妈妈约定:以后每周一的中午都用我的电话和孩子联系。同时,我也从有利于孩子心灵健康的角度和孩子的爸爸长谈了一次,使孩子爸爸也深有悔悟,同意以后不再阻止孩子和妈妈间的沟通。从此,我又看见孩子脸上的阳光、天真与自信。孩子也更加信任我,更加愿意与我沟通,我们甚至无话不谈。所以,我坚信,爱不仅可以换得孩子的信任与依赖,爱还可以拯救灵魂。

### 三、因为有爱,才有了勇往直前 破茧成蝶的动力

爱是一个永恒的话题,教师对学生的爱更是一种把全部心灵和才智献给孩子的真诚。这种爱是无私的,它要毫无保留地献给所有学生;这种爱是深沉的,它蕴涵在为所有学生所做的每一件事当中;这种爱是神圣的,它能凝成水乳交融的情谊。

我们第十五小学是城乡交界处,学生的家庭环境比较复杂。记得我教过一个叫张家华的孤儿,这个孩子从小就失去了爸爸妈妈,寄住在叔叔家里,由于叔叔家条件也不是很好,经常招婶婶的白眼。后来叔叔无奈把他送到了儿童福利院。这使孩子更加身心受伤。在学校里由于孩子学习成绩不好,个人卫生极差,同学也都不愿意理他。长期受人歧视,造成了孩子性格自卑、孤僻,渐渐地演变为心理畸形,经常打仗、骂人,学习上也破罐子破摔。学校集体活动时,他总是躲在最不引人注意的角落。我了解了他的情况后,开始真正地关注他,走进他的世界,决心用爱来温暖他满是伤痛的心灵。

在一次学生自然情况统计中,我得知小家华是一个没有生日的孩子。我当即决定今天就是他的生日,在我的感染下,全班同学共同为他唱了一首生日歌,并且每个同学都送给他一句充满祝福的话。我还告诉他,"家华,记住以后每年的今天都是你的生日。每年的今天,老师和同学们都会一起为你庆祝生日。"孩子被感动得痛哭流涕。就这样他过了生平"第一个生日"。在以后的日子里,正如我所承诺的,我们还为他过了第二个、第三个生日……

平日里,看到他的衣服破了,我就把自己孩子的衣服拿来给他穿;见他衣服脏了,就拿到家里洗干净;每次给自己的孩子买吃的,都会想着给家华也带上一份;每年六一儿童节我都带着他和自己的孩子一起去玩;每到节假日,我想的第一件事就是带小家华回家一起过节;在学习上我也无时无刻不在关注他。上课时如果看到他正在认真听讲,我就会向他投去鼓励的目光,或是向他扬扬大拇指表示一下赞赏。课下经常利用下班给他单独辅导落下的功课。功

夫不负有心人,渐渐的我们建立了深厚的感情,就像一家人一样。在他的心目中,我已成了妈妈。无论遇到什么问题,他总是第一时间来找我商量,他变得越来越懂事了,人也开朗乐观起来,学习成绩有了突飞猛进的提高,同学们也越来越喜欢他了。看着孩子一点一滴的变化,我的心里别提有多高兴了。后来换班主任时,我和下一任班主任也重点介绍了他的情况,新班主任接班也极为关心和关注这个孩子。家华一开始并不接受新班任,后来被新班主任感化后奋起直追,现在这个孩子已经在佳木斯市最好的高中"佳木斯一中"就读。

孩子曾说:"我很幸运,因为在我人生中遇到了祁老师和柳老师这两位好老师。如果没有这两位老师无微不至的爱就不会有我的今天。"这便是爱的力量,因为有爱,才有了勇往直前,破茧成蝶的动力。爱是无坚不摧的核能量。它能将一切自卑、自弃、失落、彷徨、无助都化成前进的动力。

## 四、因为有爱才愿意聆听我们的教导

教师教育学生不仅需要爱,还要在爱中升华出极强的应变能力,而且面对班级里的一些突发性"案件"要有机智、果断的判断力。只有这样才能打动学生,使学生敬佩。但要想处理好班里形形色色的偶发事件,我们首先就必须做到用爱保护孩子的自尊,净化孩子的心灵。因为有爱,因为孩子们感受到爱,他们才愿意聆听我们的谆谆教诲。

记得在沿江中心小学支教时教过一个叫杨琨的女孩子,由于父母离异,家庭关系复杂,所以对孩子的影响不太好。有一个下午,第一节课下课后,杨琨的同桌丢了三元钱,这种丢钱现象在我们班是史无前例的,弄得我也有些摸不着头脑。但这股风气如果不趁早制止,在班级里蔓延下去,后果可是不堪设想。思索片刻,我面对全班同学说:"一个人,如果为了一点小利益,一念之差犯一点小错误是可以理解的,但如果知错不改,继续下去就不能原谅了。我想一个人的名誉要比三元钱重要得多,老师知道那个拿了别人钱的同学一定已经认识到自己的错误了,他一定不想因为区区三元钱而丢掉自己的名誉。人非圣贤,孰能无过,只要你下课能悄悄把钱还回去,我们就可以当作这件事没有发生过。""只剩下最后的一节课就要放学了,如果这个孩子不把钱送回去该怎么办呢?"我的心也开始忐忑不安了。下课铃响了,孩子们如潮水般涌出了教室,为了给犯错误的孩子腾出空间,我也离开了教室,站在操场一角偷偷窥视着。时间一分一秒过去了,马上就要上课了,孩子们玩得都非常开心,"案件"仍无任何线索。我不停地在每个孩子身上打量着。这时,突然一个焦虑不安的身影映入我的眼帘。这个叫杨琨的孩子犹犹豫豫,不时向教室里望望,看

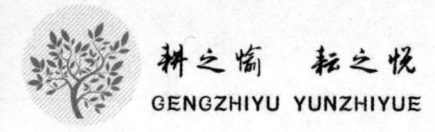

上去很矛盾的样子。可见,这个孩子正在进行心理斗争,她的内心肯定也正因为这个错误而饱受煎熬呢。应该让她经历这个难忘的心理历程。确定了人选,我没有急于做出任何反应。上课铃终于响了,她仍然没有完成内心的挣扎。我来到班级,当作什么也没有发生一样,正常上课。杨琨的情绪也逐渐稳定了。还有十分钟就放学了,我对孩子们说:"老师有点事想找一个同学帮忙。"这时全班孩子都跃跃欲试地举手,唯有杨锟沉没不语。我随即又说:"这堂课杨琨表现最好,就让杨琨来帮我吧。"于是,我把杨琨带到了办公室。此时,我认为时机已经成熟,所以,开门见山对杨琨说:"你知道老师为什么找你帮忙吗?"杨琨心照不宣地低下了头。我继续说:"因为老师仍然认为你是一个诚实的孩子,仍然想把承认错误的机会留给你。"这时,孩子终于再也按捺不住了,放声哭了出来,边哭边承认了错误。我并没有责怪她,并且告诉她只要以后不再犯这样的错误我就可以帮她保密。我也按自己所说去做,保密工作做得很好,此后,这个孩子变得格外信任我,妈妈给她找继父的事和心里的想法也经常和我说起。同时再也没有犯过类似的错误。

　　我一直觉得我们应该允许孩子犯错误,但我们一定要冷静地用有声的爱正确面对和处理好孩子的错误,正确、妥当的处理方法不仅会把孩子拉出错误的谷底,而且还会增进师生感情,使孩子更加信任和敬佩我们,从而愿意聆听我们的教诲。一个好老师不仅要教会孩子知识,更重要的是要用心中有声的爱教会孩子做人。教会孩子做一个正直、坦荡的人。

　　这就是爱的力量。爱是最好的动力,爱是教育中最好的语言,因为有爱,才会有孩子们对我们的信任;因为有爱,才会有孩子们对我们的依赖;因为有爱,才会有孩子们对我们的敬佩;因为有爱,孩子们才会静心倾听我们的谆谆教诲。爱会让失落的孩子重拾信心,让懦弱的孩子鼓起勇气,让彷徨的孩子找到自我,让迷茫的孩子坚定意志,让颓然的孩子勇往直前,破茧成蝶……于是我更加坚信,教育事业中离不开爱的陪伴,我坚信在教育事业中爱的能量是巨大的,我坚信"育人有声,无爱不往。"

# 在语文教学中要注重培养学生的语感

## 路晓坤

语文的核心是语感。叶圣陶先生指出：语言文字的训练最要紧的是训练语感。吕叔湘先生认为语文教学的首要任务是培养学生的语感。王尚文先生明确指出语文教学的主要任务是培养语感，要千方百计提高学生语感素质。在语文教学中，语感教学是纲，其他是目。我们在培养学生的语感之前，必须先弄清什么是语感。

不必进行理智思考和逻辑判断，在读听之间就能理解语言文字的含义、正误、形象、情味以及具体运用中的细微差别等，在这个阶段，我们称之为"悟性""审美"即语感。而这其中的重复实践过程中主要采用的是朗读、背诵等学习策略。此外，从语言学习的规律看：小学语文教学应以积累性阅读为主，学生的一个主要任务是学语言。学习语言首先要有积累，在此基础上进行模仿，更高的层次便是创造。没有对语言材料的积累，就不可能深刻理解语言、表达语言。由于小学生的词汇比较贫乏，掌握的句式也非常有限，因而学习语言的方法不是靠理性的分析，而是靠对语言的直接感受积累。朗读就是对语言的直接感受。好的文章应该尽量让小学生通过朗读来理解和领会。文章中准确、形象、生动的语言，必须通过朗读才能更充分体现出来。文章读得越好，越能说明学生理解得深刻并受到了感染，通过朗读，还可以使朗读了解词句的各种结构，掌握词句的节奏。

朗读教学的特点及要求。朗读是阅读教学中最常见的基本训练方式。它是小学低年级语文教学的一项重点训练项目。其表现形式为用响亮、清晰的用声语言来转换书面的文字语言，它是语言教学中最常见的练习形式。在教学中学生对课文内容可通过朗读去获得感知，在此基础之上，引导学生对文章的重点部分进行各种形式的朗读。掌握文章的语气、节奏、句式、格调，揣摩作

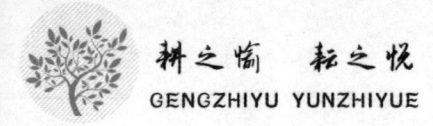
者蕴涵的情趣和意旨。充分感知课文准确的用词,生动造句,巧妙的布局,感人的情趣等,自然而然浸润到学生的内心深处,从而激起学生情感的共鸣,在不知不觉中提高了语言的感受能力,培养了语感。中国古代文人非常重视吟诵之功,道理就在此。由此可见,朗读不仅能规范学生的口语,更有利于学生增强对语言的感受能力,加深对课文思想内容的理解,即所谓"读书百遍,其义自现""熟读唐诗三百首,不会作诗也会咏。"

那么,朗读教学的要求又是怎样的呢? 在新大纲中,明确指出:"能用普通话正确、流利、有感情地朗读课文,是朗读的总要求,根据阶段目标,各学段可以有所侧重,评价学生的朗读,可以从语音、语调和感情等方面进行综合考察,还应注意考察对内容的理解和文体的把握。"在具体教学中,普通话正确即要求读音正确,清楚响亮,不读错字,不丢字,添字,不重复字句,停顿适当。朗读要做到正确,首先要强调"三到"——心到、口到、眼到,集中注意力,防止有口无心,同时教师要做好正音工作,将容易发生错误的字词预先提出,引起学生的注意,防止错误,要做到流利的读,要求朗读中不断读,不读破句,连贯的读。不仅看一个词读一个词,而且能够在读这个词的时候就看到下一个词,迅速把几个词联系起来,按意停顿。另外,有感情朗读要求我们能正确处理重音、停顿,把握好语调的抑扬顿挫、语气的轻重缓急,控制好速度和节奏,做到感情自然流露,不矫揉造作,这是朗读的较高要求。

训练朗读的方法主要有:组织学生听朗读,包括听教师的范读和放录音带。组织学生听规范的朗读,要有明确的目的和要求,创设学习情景,激发学习兴趣,有助于对文章的理解,还可以模仿提高学生朗读的能力;可组织学生进行齐读、个别读、分组读、自由读、分角色读、表情朗读等多种朗读方法;此外,还可以鼓励学生在课外多看一些少儿节目,多听一些少儿内容的广播,放录音听故事,让学生体会语言艺术的韵律美、节奏美,用浓烈的感情色彩感染他们,引起其感情共鸣,从而激发强烈的朗读欲望;可根据儿童的生理、心理特点,开展"课文朗读大赛"、"儿歌表演评比"、"读书读报竞赛""故事大王",使学生在活动中培养朗读兴趣。根据小学生的特点,朗读训练的方法易多样化。

在朗读训练中,教师既要严格要求,又要从这几方面进行指导:首先要选好朗读材料,入选到小学语文课中的文章,并不是每一篇都非常适合朗读,都值得诵读的。加之小学生还要学习其他科学的知识,不可能把每一篇课文都熟读。因此,必须选好朗读材料,教师要根据课文的性质和特点为学生挑选适宜朗读和背诵的作品,有些文章也不是每一段都适宜背诵,要挑选那些重要的段落、精彩的片段、警策的语句。好的文章读起来朗朗上口,越读越有滋味,多朗读和背诵这样的文章,将会使学生终身受益。如果一个星期能为学生选择一至两篇朗读材料,要求学生熟读背诵,一个学期积累下来就是几十篇课文,五至六年下来就是几百篇范文的积累。对于学生来说,这将是一笔很大的财富,对提高阅读和作文能力会有很大的帮助。其次,在朗读技巧上,教师应做到:①正确示范:小学生善于模仿,范读对于提高学生的朗读水平十分有效,因此教师自己要经常练习朗读,力求语音准确、富有感情。范读可以是全文,也可以结合课文讲读,范读那些与中心思想关系密切,语言鲜明,生动的段落。②体会感情:准确深入地理解文章的思想感情是朗读好课文的基础,要启发学生想象、联想、重视和重建表象,使学生如临其境,如见其人,体会文章的思想感情。③提示难点:容易读错的字,事先正音,容易读破句的地方,先帮助学生把握意图理解清楚长句子,讲清如何断句等。④读后评议:朗读指导要读前有明确具体的要求,读后有评议。评议可教师评也可引导学生自评或互评,这有助于培养学生的注意力和提高朗读水平,评议既要充分肯定优点,也要指出不足,还应提示改进的方法,实现更有意识的练好朗读,培养语感。

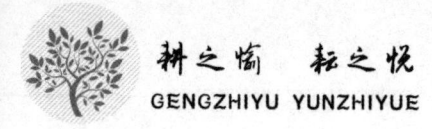

# 如何提高小学生的写作水平

## 付玉静

　　《小学语文课程标准》提出:"小学生作文就是练习把自己看到的、听到的、想到的内容或亲身经历的事情,用恰当的语言文字表达出来。"在小语文教学过程中,我经常发现学生们一谈到写作文,他们都很害怕。如何提高小学生的写作水平,消除学生对写作的恐惧心理,使他们愿意写作、乐于写作呢? 这正是我们小学语文教师在教学中所感到最棘手的一大难题。作文教学可谓举步维艰,究其原因,这与教师习惯于一厢情愿,常常忽视学生的主体意识息息相关。由于学生长期处于被动状态,从而对作文产生畏难情绪和严重的厌学心理。

　　作文教学的目标是培养学生的作文意识,培养学生用词造句、布局谋篇的能力和观察事物、分析事物的能力。然而,小学生作文水平提不高、害怕作文的一个最主要原因——他们感到没有素材可写,或者有了素材但由于平时好词好句积累的量较少而感到无话可写。出现这种现象关键在于他们不善于捕捉素材,对于眼皮底下的好材料往往听而不闻,视而不见,对于自己遣词造句的能力培养更是不重视。

　　由于受传统教育的影响,在作文教学过程中,教师生怕学生写不好作文,教师从备课开始就从审题立意、文章结构、写作素材等各方面着手考虑,在教学时将这些内容一一教给学生,并不考虑学生是否真正消化吸收。虽然我们语文教师花费了大量精力,效果仍然不理想。学生独立作文的能力大大削弱,作文缺乏真情实感。同时目前的作文教学,一篇作文从指导到学生习作,再到老师批改,最后到老师讲评,历经两周才能完成,这样不仅战线拉得过长,而且反馈信息慢,学生受到的效果必然低。另外,作文的批改总是由教师单方面完成几乎没有学生的参与,这样很不利于激发学生的写作兴趣和作文能力的提高。我将从以下四方面谈谈我对小学作文教学的方法的研究。

## 一、注重激发学生的写作兴趣

兴趣是最好的老师，是推动学习活动的内部动力。作文是语文学习中最复杂的脑力劳动，如果小学生没有写作愿望，那么习作的教学目的就很难达到。儿童心理学家皮亚杰说："儿童是个有主动性的人，他的活动受兴趣和需要的支配，强迫工作是违反心理学原则的，一切有效的活动必须以某种兴趣为先决条件。"根据这一特点，在作文教学时一定要让学生体验成功，树立自信，调动写作积极性。我的做法有以下几点：（1）开展丰富多样的交流活动。我经常在班级开展形式多样的作文交流活动。有时，我充满激情地朗读学生的优秀作文；有时请学生上台来自己放声朗读；有时要求各组分别围成一圈儿，每个人都选读一至两篇自己的得意之作，其他组员听评其作文的长处和短处，在同学们热烈的掌声中，充分肯定的评价中，在老师声情并茂的朗读中，学生逐步树立起作文的自信心，人人都觉得自己行。（2）积极鼓励学生自己向报刊投稿。开学不到一个月，班级已有两位同学在《红领巾报》上发表了自己的作文。当这两位学生拿着刊登着自己作文的报的时候，我大力地表扬了他们，在肯定他们的同时，也不失时机地鼓励其他同学：他能发表，你们也能一定行！这不仅调动了发表优秀作文小作者的积极性，也调动了其他同学的写作积极性。（3）第三个做法是：打印成册，让学生感受收获的喜悦。当学生们看到自己的优秀作文变成了铅字，漂亮、工整地从打印机打出，再配上美丽的、富有联想的插图，心里别提有多高兴。在班会课上，组织学生互相借阅、讨论、评议，学生的写作积极性空前高涨。学生有了写作的欲望教师一定要给予保护，即使有些学生写的是"三言两语的流水账"教师也不要责备求全，让学生感到写作不是"难于上青天"，这样才会大大增强学生对作文的兴趣和信心

## 二、认真备课力求有新意

备课要有创意，也就是说作文备课要和以往有所不同。小学语文教育大纲指出："作文是让学生把自己看到的、听到的、想到的、有意义的内容用文字的形式表达出来。"但是，在过去的作文教学中，命题、指导、批改、讲评等方面几乎全是教师单方面的劳动：上作文课，在老师精心简短的讲解之后，立即让学生动笔，这时学生既没有心理准备，也没有内容准备，大部分学生把自己平日看到的有意义的内容抛在一边，去根据老师的要求凑合成文。这是作文教学费时效低的一个重要原因所在。因此，教师首先应该在明确习作内容及训

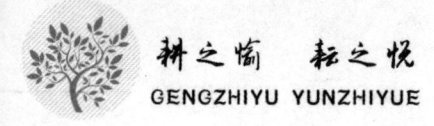
练要求的前提下,要找出本次习作的有创意、有创新的部分,并把有创意、创新的思维作为激发点贯穿于整个教学过程中使之成为教学内容的重点,详细地设计好每一步教学步骤。例如,第九册中的作文习作《同学之间》,其习作要求是:①根据题意写一件在同学之间的事,要写出真情实感。②内容要真实,把事情写清楚,写具体,语句通顺、连贯。根据作文训练的要求,要使学生把作文写好,必须把创意性、创新性作为备课的主思路激发学生的思维,那么,首先应该把(1)选材立意和(2)材料组织作为着手点,在教学过程中我设计了四个问题:①"同学"你是怎样理解的? ②同学和同学发生过很多事情,那么你能说给大家听一听吗? ③在这些事情中,哪件事情给你留下的印象最深刻,最有新意? ④这件事为什么会给你留下深刻印象? 从这些教学设计中可以看出,第一个设计的目的在于开拓学生的发散思维。其实,同学的范围是很广的:既指现在的同学也可指过去的同学;还可以包括校内同学和校外的同学,如在少年宫兴趣小组一起学习的同学等等。这样选材范围不是扩大了吗? 第二个设计的目的也在于引导学生进行发散思维,同学之间发生的事说得越多,越有利于拓宽学生的思路,使作文有内容可写;第三个设计是在第二个设计的基础上进行的集中思维,目的是让学生从众多的事件中选择真实的,而且又比较新颖的材料,第四个设计是在前两个设计的基础上引导学生根据所选材料对文章中心进行确定和挖掘。

为了达到组织好材料的目标,我在教学中又分别设计了三个问题,即①你打算怎样安排选定的作文材料? ②除了这种写作方式外,还可以怎样安排你的材料? ③你觉得采用哪种方式更有利于突出你所表达的中心? 不难看出,前两个问题,可以较好地促进学生进行思维能力的发展,第三个问题则是在学生集中思维训练的基础上,让学生多中选优。可以说这种备课始终围绕着以培养学生的思维能力为目标,充分利用发散思维和集中思维等思维规律,我认为这样的作文教学有利于学生写作能力的培养。因此,这种备课充分表现了教师在作文教学中的创意和独具匠心。

### 三、作文指导要从细处入手

1. 培养学生仔细观察,提高认识

小学生从家庭到学校,所见所闻是有限的。法国雕塑家罗丹说过,"生活中不是缺少美,而是缺少发现。"因此观察是认识客观世界,积累写作素材的重要途径。为了让学生写好作文,作为语文教师要在平时就注意培养学生仔细观察的良好习惯。然而,由于小学生受各种心理因素的影响,往往观察不细致,认识不深刻,写出的文章缺乏真情实感。平时,如果我们很注意教给学生仔细观察的方法,培养学生细致观察的习惯,要求学生在观察事物时注意抓住事物的形状、大小、颜色、味道,人物的衣着、神情以及景物的静态和动态等方面的特点,平时收听广播和收看电视节目,或者在生活中见到的有特色的情景,都要及时记下来,每天利用晨会和午会时间用多种形式让学生讲讲"所见所闻",学生学会了观察,不仅积累了大量的写作素材,而且也提高了认识水平和表达能力。

作文是一项创造性、实践性很强的活动,是学生语文综合素质的体现。小学生作文能力的提高需要一个循序渐进的过程,以上是我的几点粗浅见解,希望对广大小学语文教师能略有帮助。

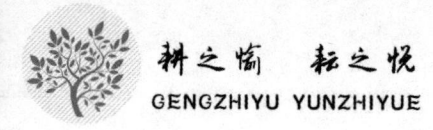

# 浅谈如何营造轻松的语文课堂氛围

## 吴宇梅

孔子云："知之者不如好之者,好之者不如乐之者。"兴趣是最好的老师,是人力求认识某种事物或活动的心理倾向,是引起和维持人的注意力的一个重要内部因素。一旦学生的兴趣激发出来,教学就会取得事半功倍之效。

良好的课堂氛围是指师生,以理相容、感情融洽和谐、平等合作的师生关系。一位心理学家认为:积极的情绪(即愉快)能增加学生的学习兴趣,使思维敏捷,从而更容易接受知识,迸发出智慧的火花,焕发出语文课堂的活力,进而开发智力,陶冶情操,优化教学效果。因此,新课标强调学生要在愉快中学习。

创造民主、轻松、和谐、浓郁的课堂氛围,是激发学习兴趣、焕发课堂活力的前提条件。新课标强调教师由传授者转为促进者,由管理者转化为引导者,教师要摒弃"师道尊严"的旧观念,设身处地为学生创造轻松良好的学习氛围,建立一个接纳性宽容性的课堂气氛,形成一个互教互学的"学习共同体",尊重学生的学习体验,使学生无拘无束地大胆质疑、发表见解、与教师争论。只有这样民主宽松的教学环境,学生才会以愉快的心情钻研问题、启动思维、驰骋想象。

新课标要求教师创设丰富的教学环境,激发学生的学习动机,培养学生的学习兴趣。为了使学生愿学、乐学,笔者在多年的课改实践中做了以下五方面的探究:

1.宽松和谐激趣法

语文课堂要体现人文性的特点。营造宽松和谐民主平等的气氛是课改的一项重要任务。师生应是平等的合作者,要彼此尊重、互相信赖、互相合作,只有在这样的课堂氛围中,师生之间才能形成互动、交流的对话平台,学生才能轻松愉快、活泼热情、兴致盎然地发挥想象力,以最佳状态进入语文学习,焕发出语文课堂独有的活力。

宽松和谐的课堂气氛有利于构建良好的师生关系,并将在师生沟通时起到重要作用。在讲授《列夫·托尔斯泰》一文时,学生对文中写托尔斯泰的眼睛"这对珠宝有魔力,有磁性,可以把人世间的物质吸进去,然后向我们这个时代放射出精确无误的频波"无法理解,笔者就引用同学们正在看的《西游记》激起兴趣:"难道托尔斯泰的眼睛能像太上老君的宝葫芦、像金角大王银角大王的金角一样能把世界上的物质吸进去?"得到齐声否定后,笔者又问:"我的眼睛能把语文书吸进去吗?"学生答:"不能。"笔者一本正经地说:"我说我能!我能通过眼睛把这本书的内容记到我的脑海中去。"望着笔者"抓起""塞入"的手势,同学们会心大笑。进而笔者一手指着自己的眼睛一手指着课代表:"我的眼睛能把卢婉敏吸进去吗?"同学们开心答道:"能!""对,通过眼睛我知道了她是个勤奋好学聪明负责的女孩子。"接着再以好差两生的评价让学生领会了什么是"放出准确无误的频波",最后在轻松愉快的氛围中要学生自己概括对该句话的理解也就水到渠成了,直至铃声响起还意犹未尽。教育家陶行知先生曾明确指出:"创造力最能发挥的条件是民主。"只有在民主平等宽松和谐的氛围中,创造力才能得到开发,学生才能积极主动参与教学。语文的答案是丰富多彩的,语文的魅力在于此,语文课堂的活力也在于此。同一问题,由于学生的生活经历、知识素养、心理状况等等的不同,得出的答案可能是千差万别、异彩纷呈的,这就是创造力的表现,也正是我们要悉心呵护和着意培养的。教师要放下唯师是从的尊严,尊重学生的人格和个性,建立新型的民主交流、教学相长的师生关系,多给学生展开想象的时间和空间,多给学生发表意见的机会和自由;重视语文课堂教学氛围的营造方法。

要鼓励学生敢于不屈从于教师,不迷信于权威,不盲从于教材,敢说"我认为"。学生在一种无拘无束自由畅达的空间,尽情地自由参与自由表达,往往能产生一种宽松、新奇、愉悦的心理体验,学习兴趣高涨,从而诱发潜在的创造智能,迸发出创造的火花,展现语文课堂的无限活力。

2. 赞扬欣赏激趣法

人类本质最殷切的需要就是渴望被赏识。老师要关注学生成长的每一点进步,帮助学生发现自己、肯定自己,"好孩子是夸出来的"。清代学者颜元也说过:"数子一过,不如奖子一长。"这都是讲赞扬欣赏的激励效用。赞赏是廉价的,也是无价的。同学的掌声,老师的赞扬,小小的奖品,都是学生走向成功的力量源泉。课堂上笔者采用多种表扬方式:或用赞许的口吻——"你说得真好!""你的想法真棒!""你想象力真丰富!";或用亲切的动作——拍拍肩膀,

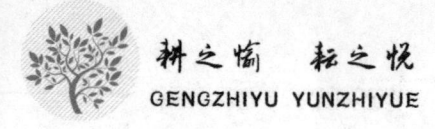

轻轻一点头,微微一笑! 每节课笔者尽量多赞赏学生,不光赞赏一个两个,而是赞赏一群一批,甚至全班;不是虚伪的应付的,而是真真切切实实在在的。有了赞赏这一"添加剂",学生在学习中就能常常感受到成功的喜悦、学习的乐趣,课堂气氛活跃,学习效果好。可以说,赞赏出创造力,赞赏出学习兴趣,赞赏出进步的学生,赞赏出有特点的学生。通过赞赏融洽了师生关系,活跃了课堂氛围,激发了创造热情,对学生的学习质量和能力养成起着十分明显的促进作用。在教学过程中,教师既要赏识学生对知识的掌握及能力的提高,又要赏识学生在学习过程及方法上的优良行为,还要赏识学生在情感态度、价值观等方面的积极表现。苏霍姆林斯基提醒我们教育工作者:"请记住成功的快乐是一种巨大的精神力量,它可以促进儿童好好学习的愿望。"

### 3. 认真倾听激趣法

传统的课堂教学多是老师掌握着"话语霸权",学生只能当作一个个容器,等着老师往里灌东西,可结果,园丁的辛勤,往往扼杀了学生的天性,"人类灵魂的工程师"培养的学生变成了统一模式铸造的标准件。新课标提出教师要多倾听学生的发言。笔者认为,学生"讲"教师"听",有三大好处:一是通过"听"可以使教师更好地了解学生。笔者通过"听"常常被学生天马行空的想象力、独到深刻的见解、幽默睿智的语言所折服。二是通过"听"可以真正使教师领悟"教学相长"的真谛。三是通过学生"讲"教师"听",可以锻炼学生。学生越说越会说,越说越想说,越说越自信,课堂成了他们发挥的舞台,这更激发了他们学习的兴趣,焕发出课堂的活力。譬如在教鲁迅先生的《雪》时,笔者让学生找出喜欢的句子,先在学习小组交流,然后在全班交流,一学生说:"我喜欢'孩子们呵着冻得通红,像紫芽姜一般的小手,七八个一齐来塑雪罗汉',这写出了小孩天真活泼、充满生机的情景,尤其是'呵'字非常的形象、传神、有趣。还有那'紫芽姜一般的小手',很好玩。"当笔者一问什么是"呵"时,大多数同学拢着两手呵气,一时课堂笑声一片,活力迸发。又如《两小儿辩日》,几乎都是学生在疏通文义在争辩。新课程要求教师树立"自主学习和协调学习"的教育观,由传授知识向学生终生发展延伸。世界教科文组织指出未来的文盲不是不识字的人而是不会学习的人。而这种学生多讲、老师多听的教学模式正是"授之与渔""操练捕鱼"的有效途径。在整个学习过程中始终是学生做主角,极大地调动了学生的学习积极性和探究兴趣,使学生的学习状态保持活跃和热烈,使语文课堂呈现无穷的活力与魅力。

### 4. 平等评学激趣法

在传统教学模式中,教师对学生的学习成绩具有最高裁定权,却忽视了学生的自评与互评,实质上也漠视了学生主体能动性的一种表现,尤其语文课堂教学氛围营造方法。

当学生的自觉意识得到高度强化,内在的进取热情已得到激发,教师就可以把学生的自评与互评权交还给他们,激发其活跃的主体意识,感受班集体内平等、和谐、信赖的自由氛围。笔者在平时教学过程中,经常把诸如抄写默写背诵等客观作业交给学生自检自评,取长补短。学生在评改时,既能感受到老师的信任,也感受到当一回老师的快乐,还把知识又复习了一遍,一举三得。作文评改是语文教师的重荷,而往往教师批得辛辛苦苦,学生一看了之,真正的高耗低效。对于作文的评改,笔者经常"放纵",具体的做法为:将本次作文评分标准板书在黑板上,先由学生独立评改一篇作文,要求有勾画有旁批有总评有分数并有签名,然后以小组为单位交流补充,目的是多多学习他人的作文写法及评法,最后由各组推荐出一两篇优秀作文或评文,借助实物投影仪师生一起复评,选出最佳作文或评文。当热烈真诚的掌声伴着笑声在教室里回荡,所有同学都陶醉在这严肃又活泼、平等与信任的气氛中,眼神中闪烁着主动参与评改的自豪感。这样不仅让笔者从繁重的作文评改中解脱出来,而且也激发了学生的写作兴趣,让以往死气沉沉的作文评讲课变得活力四射,每周六的作文评讲课也成了同学们的周末礼物——开心一刻,收获无限。曾有老师感叹考试"不是考学生,而是考老师"。的确,一次考试,语文老师需几天才能改完,而那时学生早已把考试内容遗忘到九天云外,劳而功小。对此笔者尝试着改革,在上学期,除了期中期末考试,单元测验笔者全"放手":头天考,第二天自评自改,老师讲评时做好评改指导,学生个人无法把握的可询问老师。刚开始实行时,笔者还真担心学生乱给分数,但从事后收上来的试卷可看出学生还是诚实可信的。这种评改方式可把学生由过去的注重"形"(即分数)转而注重"质"(明白每一题的得失),从而有利于下一阶段的学习下一阶段的测试。

5. 教师魅力激趣法

实施素质教育的一个重要前提,就是要造就一支高素质的教师队伍,即有魅力的教师。一副自然大方亲切随和的教态,一身时尚端庄搭配得当的衣着,一手龙飞凤舞刚柔相济的书法,一口字正腔圆抑扬顿挫的普通话,一段声情并茂慷慨激昂的朗诵,一句委婉动听相得益彰的轻唱,都会对学生的注意力具有无形的控制作用,对学生的审美 情趣具有潜移默化的导向作用,从而激发起学习兴趣,焕发课堂活力。语文教师要将学生带美妙的文学殿堂,最重要的还得用语文的真正学识去感染学生,使其受到熏陶——教师满腹经纶,才气横溢,授课时,或宏论滔滔,妙语连珠,或精点略评,字字珠玑,让学生如饮甘醇,

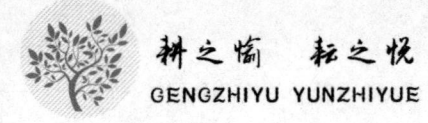

定会极大激发学生的学习兴趣。具体而言,教师的授课语言要有绘声绘色的形象性,表情达意的准确性,辞约意丰的简明性,和谐悦耳的音乐性,严密准确的逻辑性,教师用这种语言描景状物,述说人事,说明特征,品味诗文,剖析事理,定能使学生受到美的感染,调动学生学习的积极性。语文教师不仅要熟悉教材,对典范的名篇佳作记忆成诵,而且应形成自己钻研教材的真功夫,能常教常新,能给学生以艺术熏陶与美的享受,真正成为学生求知与做人的良师益友。语文教师出色的艺术审美能力与艺术创新能力,有助于激活课堂气氛,使课堂充满朝气与生机,因为学生在教师的引领与点拨下,能够从教材的字里行间发现静态美、动态美、形态美、色泽美、韵律美,能够用自己的心灵感受到教材横生的情趣。不仅如此,教师匠心独运的板书设计也能给学生以美的 享受、美的熏陶,从而激发起学习语文的兴趣,焕发出语文课堂的活力。

总之,教师在教学中应树立民主平等的观念,要尊重学生、信任学生、赞赏学生,营造轻松浓郁的课堂氛围,让学生充分参与学习活动。在课堂上不能挫伤学生的自尊心,打击学生的积极性。要摈弃以往把语文课堂变成教师居高临下向学生施舍知识的场所,摈弃家长制、霸道者的教风,要代之以民主平等的态度去真诚关心学生,爱护学生。"亲其师,信其道。"学生才能喜欢语文,学好语文。

# 小学阅读教学中的朗读指导

## 付玉静

随着语文课程改革和教学的不断深入,语文教师越来越意识到朗读对于语文学习的重要作用。"书声琅琅"已成为不少语文教师所追求的理想语文课堂情境。小学语文教学大纲明确指出:"朗读能发展学生的思维,激发学生的情趣。学生朗读能力逐步提高,对课文内容的理解就会逐步加深。"因此,在阅读教学中,恰当地,充分地运用朗读手段,可以帮助学生理解课文内容,发展语言,发展思维和陶冶情感。同时,朗读也是一种艺术的再创造。它在使无声的书面语言变成 有声有色的口头语言的过程中,眼、口、耳、脑等多种感官并用。既可以促进学生对知识的理解和记忆,又可以帮助学生积累大量的词汇和句子,提高学生的理解能力和表达能力,这就是"书读百遍,其义自见"的道理吧。显然,指导学生掌握正确的朗读方法,加强感情地朗读训练,是上好语文课不可忽视的重要环节。

## 一、注重范读　感染学生

要提高学生的朗读水平,教师的范读十分重要。因为课文中有些地方需要以读代讲,有些地方不读好就不能理解好课文内容。有时朗读还可以营造气氛,让课堂气氛达到最高点。这就需要教师本身研究朗读,朗读好课文,把学生的注意力吸引过来,师生才能情不自禁地共同进入角色。当然,教师范读时要让学生边听边想,边看边画,正确听出节奏、停顿和速度,轻重缓急,让学生进入意境。特别像《十里长街送总理》和《再见了,亲人!》这类感情色彩很浓厚的课文,更应该通过朗读来体会文中的思想感情。如果教师在学生面前朗读得平平淡淡,甚至结结巴巴,那就无法表达出北京人民在十里长街盼灵车,送总理的悲痛情景,以及人民永远怀念总理的无限深情,更难体会到朝鲜

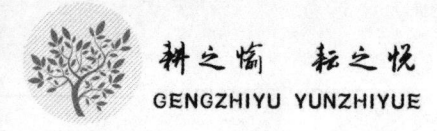

人民同中国人民志愿军战士依依惜别之情,更难体会到中朝两国人民之间用生命和鲜血凝成的深情厚意。为了达到以上目的,教师在指导学生朗读时,首先自己必须声情并茂的朗读。只有这样,才能感染学生,从而为理解课文奠定基础。

### 二、依据文本　指导朗读

朗读作为一项阅读基本功,就必须依据教材,根据不同文体的课文进行朗读指导。而朗读指导也要讲究方法,注意有的放矢地组织训练。在课文分析的基础上,要让学生多读,让学生自己去咀嚼,品尝。同时还要指导学生用恰当的情感去朗读课文,训练语感。

在指导朗读过程中,一定要结合文章的教学充分发挥朗读在理解课文、体会文章的思想感情、陶冶情操方面的作用。尤其像《草原》《林海》《可爱的草塘》等这类意境深远,情感浓郁,文字优美的课文,更要让学生在体会课文思想感情的基础上,用恰当的语调、语速,有感情地朗读。如教学《草原》中"那里的天比别处的天……表示我的愉快"时,可从两方面着手:一是要正确地停顿;二是要读出重音。"那里的天/比别处的天/更可爱,空气是那么清鲜,天空/是那么明朗,使我/总想高歌一曲,表示我的/愉快。"通过这样的朗读指导,学生将会感受到草原的天,由于没有遮拦,显得格外开阔,也叫人特别愉快。有了这种体会,就自然而然地进入了这种意境,也就会无拘无束地读出作者那种对草原的热爱之情。

就文体来说,课文中有诗歌、散文、小说、童话、寓言、说明文等。因此,在阅读教学中,教师在指导朗读时,就要根据不同的文体来进行朗读指导。如朗读感情浓郁,语言优美,笔调活泼的《桂林山水》,就必顺采取鲜明的节奏,抑扬的语调,一气呵成的语势来朗读,从而感受到桂林山水的秀丽风光,抒发作者热爱祖国河山的美好的情感。朗读《激光》这样的说明文,那就截然不同了。因为《激光》是用具体数据来说明激光的特点与作用的。如果还照《桂林山水》那样的节奏、语调、语势、情感来读就欠妥。这种文体的课文,要求读得正确、流利,层次清楚。从读中理解课文内容,从读中发展思维和语言,就达到目的了。

### 三、重点段落　反复朗读

课文中的重点段中,有些词语很准确,有些句子含义很深刻,对表现中心思想作用较大。指导学生读好这些词语、句段,可以帮助学生深入体会文章的思想感情。例如当读到《难忘的一课》中的"这里原来画的都是日本的伟人，现在'光复'了，画上了我们中国自己的伟人。"和"我紧紧地握着这位年轻的台湾教师的手，但是想不到还有什么话，比他刚才教给孩子的那句简单的话，更足以表达我这时的全部感情。"这些语句时，教师就要先指导学生理解句子中带点的词，然后反复朗读，要求把带点词语读重音，读出感情来，从而使学生真正体会到：这个礼堂原来画的都是日本的伟人，现在光复了，画上了中国自己的伟人，这是一件多么不容易的事情啊！强烈的民族精神和深厚的爱国情谊使作者的眼睛湿润了。也确实只有"我是中国人，我爱中国！"这句话，才能表达作者当时的全部感情。又如《第一场雪》中的第六自然段，生动形象地描绘了雪后迷人的景象，突出了雪景的绚丽多姿。教师在指导朗读时，要着重指导学生读好其中的儿化韵，然后让学生反复朗读，从中体会到雪后的自然美，读出作者当时对雪后美景的喜爱之情。

　　教师通过对重点语句和段落的朗读指导，既可以帮助学生对课文中心意思的掌握，又可以促进对重点段中含义深刻的语句意思的理解。从而达到训练语感，为真正有感情地朗读课文打下坚实的基础。

### 四、熟读成诵　激发兴趣

　　《朱作仁谈朗读》一文中指出："讲读是死的，如同进行解剖，朗读是活的，如同给伤口以生命。讲解只能使人知道，而朗读更能使人感受。"是呀，朗读不但可以感受文中的思想美，情感美，而且更能激发学生学习兴趣。

　　如《少年闰土》，作者用简练、朴实的文笔，刻画了一个勤劳朴素，健康活泼，聪明可爱的农村少年形象。在教学中，教师要充分运用朗读这种阅读手段，让学生在大量的阅读中多次与文字接触，让闰土的可爱形象逐步地再现在学生的脑海中，最后达到熟读成诵的目的。那么教师在讲读、理解人物形象时，可让学生边轻声朗读边思考下面问题：

　　1.作者知道闰土要来自己家中，心情如何？闰土来了，作者的心情又怎样？

　　2.作者是怎样描写闰土的外貌和性格的？

　　3.从闰土的外貌和性格可以看出闰土是一个怎样的农村少年？

　　通过以上的朗读和思考，学生对闰土的形象已有了较深的认识。在此基础上，教师要不失时机地引导学生自由读、小组读、同桌互读等，让学生熟读课文。

　　又如教学《将相和》一文时，可找出廉颇说的话来读一读。要引导学生抓

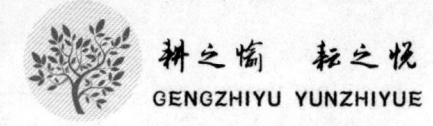
住"很不服气"这个词来理解整段话,突出他有"计较个人地位"的思想。如"攻无不克,战无不胜"要读得急重些;";"得给他个下不去"要读得缓重些来突出廉颇对蔺相如地位比自己高而不服气。而蔺相如又是怎样对待廉颇的呢?要引导学生认真朗读蔺相如说的那段话。"秦王我都不怕,还怕廉将军吗?大家知道,秦国之所以不敢进攻赵国,就是因为我们武有廉颇,文有蔺相如。如果我们俩闹不和,就会削弱赵国的力量,秦国必然乘机攻打我们。所以避着廉将军,为的是我们赵国的利益啊!"教师要特别指导学生读好第一句,可用两种不同的语气来指导,第一种用读普通反问句时的高声调、重语气来读,第二种用沉缓的语气来读,让学生对比,哪一种语气让人觉得蔺相如是在自吹自擂,哪一种语气更能反映出蔺相如对敌狠,对己和的高尚品质。通过这样的朗读训练,把学生的学路直接引向文章的思路,从而激发学生的读书兴趣。

在阅读教学中,教师有意识地依据教材,抓住重点有感情地范读,有目的地指导朗读,不但能使学生从正确的朗读中去理解课文,感受课文的思想感情,而且能唤起学生的读书热情,调节课堂气氛。让学生的感情和作者的感情产生共鸣,达到陶冶情操的目的。因此,我深深地体会到,注重阅读教学中的朗读指导,是每个语文教师应尽的职责。

# 浅谈如何培养学生养成良好的阅读习惯

## 郭　旭

　　培养学生良好的读书习惯是德育教育的基础,对孩子在学习和生活上产生的影响是积极的、深远的。特别是学生步入 4 年级以后,随着词汇量的不断积累,阅读能力的高低直接影响着他们的综合素养的提升和世界观、人生观、价值观的建立。作为从事高年级段教育教学的教师,结合工作实际浅谈如何培养学生良好读书习惯的养成。

　　身为一名高段教师和一名 4 年级学生的家长,与孩子一起阅读的机会很多,在这一过程中,我对孩子们的阅读表现进行了梳理,主要发现以下几方面问题。一是学生在阅读上主动性不够,动力不足,仅仅停留家长和老师要我读,而不是我要读;二是学生在阅读时独立思考能力不足,缺乏阅读领悟的延展性;三是学生在阅读书籍的选择上没有目的性,网络阅读、手机阅读等充斥着大量阅读空间,造成信息量杂乱无章,甚至产生负面影响,严重制约了学生对世界观、人生观、价值观的认知。

　　新的《语文课程标准》指出:"要让学生充分地读,在读书中整体感知,在读中有所感悟,在读书中培养语感,在读书中受到情感的熏陶"。正是基于这样的思考,我们在引导学生阅读方面,应深刻认识老师们给的未必就是学生要的,趣味性强的事务,往往更容易引起小学生的注意。一些教师把学生的阅读目的指向好词好句的积累,指向写作服务,在布置学生课外阅读的时候,总是与词语的摘抄与读后感的写作联系在一起,给学生心理压力,挫伤了学生的阅读兴趣,直接导致学生没有主动读书的欲望。

　　因此,我们在引导学生阅读方面应该从三个方面入手,培养他们主动阅读的能力。

　　一是引导学生主动阅读。教师应努力用时间和环境营造阅读的良好氛

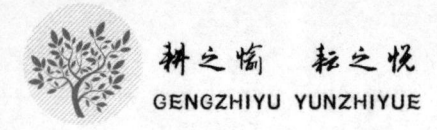

围,为此我们应该在打造书香家庭,书香班级、书香学校上多下功夫,学校和班级是一个小社会,可以利用学生的从众心理,创造良好的阅读环境,形成阅读的良好风气。同时,我们要紧紧抓住"阅读是一件主动的事,阅读越主动,效果越好"。通过培养学生主动的阅读,在阅读中投入心思去不断思考,这样的阅读才会收效大。阅读的目标,是为了获得资讯,以及为求得理解而读。作为教师我们要强化阅读的引导,而非规定好条条框框限制学生主动阅读的能力,让他们的阅读真正达到没有任何外力的帮助,只凭着内心的力量,玩味着眼前的字句,慢慢地提升自己,从只有模糊的概念到更清楚理解为止。这是读书最基本的目标,也是最终的目标。只有更清楚理解,才可以让学生自己获得全新的或更高层次的启发,收获他们自身想要的。

二是培养学生独立思考。阅读的第一要义是学会独立思考。不论是文学名著还是专业书籍,不论是长篇小说还是散文诗歌,都蕴藏着其中作者要表达的思想认识和事物特性。如果只是走马观花的阅读,其中的哲理和含义我们很难发掘,花了很长时间阅读一本书,如同看一部泡沫剧,除了哈哈一笑或是怜悯流泪,其他毫无收获。因此在培养学生阅读时,我们要让学生独立思考作者想表达的意思,还要懂得作者为什么要这样说。阅读不是在听作者唱独角戏,我们更需要把它当作一种与作者的对话,通过对话,更多的挖掘作者的思路与思想,从而获取一种阅读之外的东西。因此,教师自身也要爱读书,不仅要读经典作品,还要多接触少儿报刊、图书等,能根据学生的胃口,推荐适合他们阅读的书籍,跟学生一起阅读,一起分享。同他们一起提出问题、发现矛盾,提炼认识,解决迷惑,从而领会一本书中的人生百态、五味杂陈,赋予自己阅读、学习、吸收、消化到应用的能力。

三是指导学生精选阅读。阅读是为提升自己而读,海纳百川的阅读方式并不可取。随着科技的发展和网络时代的到来,我们的阅读方式正发生重大变化。茶余饭后,手机代替书籍成为人们阅读的第一神器。特别是各个强大的搜索引擎,保证你想知道什么就有什么,但却有一个致命的问题,那就是缺乏书籍的独特性、文学性和系统性。这样的阅读只能够满足我们的信息需求,但在文学修养和人生观、世界观的改造上用处有限。我们需要不断阅读,但不是任何书或文章都要读,我们需要引导学生们读那些能够提升我们阅读能力的书,阅读超越你头脑的书,通过这样的阅读,才能够增进阅读的技巧,从而提高自己。因此,我们在指导学生课外阅读时,要引导有重点地选择一些与学习密切相关或自己感兴趣的章节进行精选,读的时候边读边想,只有根据自己的阅读需要,把他们有机结合起来,久而久之,才能收获较好的知识和信息,真正做到读有所得。

阅读是学生的良师益友,我们要着力与学生一起提倡阅读,引导阅读,共同阅读,把学生们真正领向知识的浩瀚海洋,学生们作为一艘艘海上寻宝的小舟,主动读书是动力,独立思考是舵手,精选阅读则是方向。

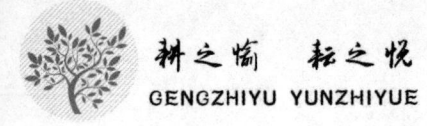

# 英语高效课堂浅析

## 姜　晶

　　新课程理念强调,教学的过程是教师"用教科书教"的过程,而不是"教教课本"的过程。教材只是一种教学工具,我们的教学过程中不能过分依赖教材,束缚在教材所规定的内容里。教师要在充分了解和把握课程标准、学科特点、教学目标、教材编写意图的基础上,结合本地实际,特别是联系学生的实际学习情况对教材内容进行挖掘、编排和再创造,并有的放矢地进行教材的知识与能力的拓展。教学设计新课程标准概念以及学生的认知规律,体现"在用中学"的任务型教学模式;能将教材与社会热点、日常生活有机地结合恰当进行教学情景设计,激发学生的学习兴趣,充分调动学生的主动性和参与性,促使学生在听中学、在读中学、在合作中学,在解决实际问题的语言环境中吸收知识、活化知识,并形成学习技能,实现学以致用的目的。因此,教师在教学中要遵循"课标",活化教材,从学生的"最近发展区"出发,充分备课,注意细节,切实提高课堂教学的有效性。

　　随着新课程改革的推进,许多新的教学方法也随之产生。有些教师为了迎合新课程改革的要求,改变以往课程实施中过于强调接受学习、死记硬背、机械训练的状况,设计的课堂活动练习形式多样、内容丰富,一会儿小组活动,一会儿双方辩论,一会儿模拟采访,一会儿剧情表演,学生情绪高涨,参与积极,课堂表象热烈,但是究其课堂教学实质,结果却不是那么尽如人意。如果热烈的表象下是空洞的课堂教学,那么这些热烈的话题和放任自流的活动对学生学习就没有实质性的帮助,教师没有关注课堂教学的细节问题,最终就会导致无效或低效的教学行为。

　　新课程改革实施的今天,课堂教学以学生为中心并不意味教师的地位和作用的削弱,反而是对教师的基本功、课堂教学组织能力和教学技巧方法上提出了更高的要求,教师能力的高低直接影响着英语课堂教学的质量,这就要求英语教师应具备扎实的课堂学术水平、科学的课堂管理能力和很强的运用英语能力的素质。

素质教育是以学生为主体的教育,学生是学习的主人。所以在实施素质教育过程中,教师要注重培养学生的自主学习能力,促使学生在教学活动中自主去探索、去思考,达到最佳的教学效果。为此,教师在教学中应该从以下几个方面着手培养学生的自学能力:(1)建立和谐融洽的师生关系。教学实践表明,学生热爱一位教师,连带着也热爱这位教师所教的课程,他们会积极主动地探索这门学科的知识,这也能促进学生自主学习意识的形成;(2)创设情境,形成问题,使学生愿意学。学生愿意学,就能主动地探索新知识,学习的积极性自然就高了;(3)鼓励学生大胆质疑,乐于思考,独立自学。教师在课堂中要营造轻松的学习氛围,让学生在学习中自由自在、无拘无束,使学生真正掌握学习的主动权,成为学习的主人,这样学生就会积极自主地参与学习,主体性得以充分发挥。总之,教师的角色应从知识的传递者转变为学生学习的促进者、组织者、参与者,改变由教师满堂灌、垄断课堂的局面,让学生在学习和运用英语的过程中逐步掌握学习策略,变被动接受为主动学习,并成为一个"会学习"的学生。学生学会自主学习。课前预习、课上上课积极听讲,课后及时复习,有问题要及时解决。要巩固一天所学的内容。

评价是英语课堂教学的重要组成部分,是有效构建课堂交互活动的重要保障。教师应及时评价学生的课堂活动,恰当的评价可以使学生深受鼓舞,使他们能从教师的反馈中获取信息,并反思自己的学习状况,提高学习热情,从而产生巨大的学习动力。

教师的评价语言对学生的学习行为具有明确的指导性、启迪性和激励性,是学生学习的助推器。教师对学生所付出的努力给予肯定与赞许,使学生在学习过程中"不断体验进步与成功,建立起自信",从而大大提高课堂教学效果。

为了提高课堂评价的有效性,教师应选用准确的评价语言,同时注意评价语言的多样性、有效性。教师应注重发展性评价,讲究评价的艺术,要善于运用语调、眼神、体态、语言等各种手段对学生学习时出现的情况给予及时的评价。除了学习上的良好表现,对于学生在课堂上表现出来的良好的思想品质和道德情操等都要给予及时的肯定和表扬,从而提高课堂语言教学的思想性。对于不同层次的学生教师要有不同的评价标准,在评价过程中要区别对待,这样才能激发不同层次学生学习的积极性,促进其思维发展。毫无疑问,恰如其

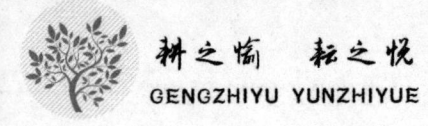

分并能激起学生学习的评价是有效课堂的催化剂。

　　总之,新课程倡导"让每个学生得到发展"。要让每个学生在课堂中都有不同程度的收获,关键还在于课堂教学的有效性。在教学活动中,教师必须要关注课堂,不断提升自身素质,采用有效的教学方式和手段,用最少的时间,取得最优的教学效果,努力构建有效的课堂教学,真正使有效教学的理念服务于我们的课堂教学,从而提高学生综合运用语言的能力,并培养他们高尚的道德。

# 浅谈小学低年级识字教学

## 孔祥鹤

《小学语文课程标准》指出:在小学阶段要认识3000字,会写2500字,低年级识字教学目标是对学习汉字有浓厚的兴趣,养成主动识字的习惯。累计认识常用汉字2500个左右,其中1600个左右会写。识字写字是阅读和写作的基础,是1—3年级的教学重点。识字教学是低年级语文教学的重要内容,也是教学的难点。这一阶段,学生识字如何、养成怎样的识字习惯和能力,对今后的识字及整个语文学习影响很大。我在识字教学过程中,将儿童熟识的语言因素作为主要材料,充分利用儿童的生活经验,开展了识字教学。

**关键字:**兴趣;方法;自主

**一、培养兴趣,激发识字愿望**

兴趣是最好的老师。对于小学低年级学生"学得快,忘得也快"这一问题,通过实践,因为低年级学生都喜欢玩游戏,所以让学生在丰富多彩的游戏中识字,寓教于乐,学生会对识字产生浓厚的兴趣。

1.猜字谜:我先根据字形特点创编谜面,学生猜谜底。学生猜谜的过程实际上是识记字形的过程,这种识记是积极的,印象深刻的。每个同学都在认真观察,开动脑筋,展开联想。每当猜出一个字谜,大家都会开心的大笑。因为他们感受到了成功的喜悦。例如:"一点一横长,口字在中央,大口张着嘴,小口往里藏。(高)""大火正在烧,一压变熄。(灭)""大水真不小,他人被冲跑。(池)"。"千条线,万条线,落入水中看不见(雨)。""一口咬断牛尾巴。(告)"。在教学"日"和"国"时,可根据字形结构编字谜:"四四方方一间房,一根木头放中央","四四方方一座城,光彩夺目玉中生"。又如在教学"空"和"突"时,可引导学生编字谜:"洞穴里住着一位工人","一只狗住在洞穴里",

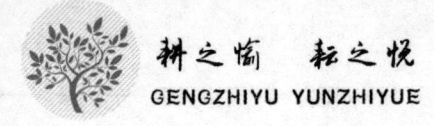

因为"犬"就是狗。如在教学"秋"和"鲜"时,可展开想象编谜语:"左边绿,右边红,右边怕雨,左边怕虫","又有鱼、又有羊,在一起,味道长"。这样学生在愉悦的气氛中识字,其乐无穷。

2.一字开花:选择一些同音异形字或准备一些字形结构相同的字,让学生读后手拉手交朋友。这样学生既巩固了知识,又找到了学习上的伙伴。心里得到了满足,也充满了兴趣。如在教学"清、请、晴、睛、情、静"这几个形声字时,可让学生先观察这几个字的异同,再配以儿歌:"有水河水清,有言说声请,有日天气晴,有目大眼睛,有心好交情,有争不安静",让学生来记住这几个形声字。

3.变字小魔术教师选出一些简单的字让学生加一两笔变成新字。如"日",孩子们变出了:电、甲、由、申、田、白、百、目、旦等,"木",变出了:本、禾、术、未、米等,课堂上,每个孩子都积极参与到"魔术"中,在游戏中学习,在交流中巩固。

4.歌诀法:刚开始的时候,老师可以编一些帮助学生识记,以后可以让学生自己试着编一编。如"一点一横,两眼一瞪(六)""十人打架八人拉,三人报告一人抓(李)"。"一个小日本,拿了一把刀,杀了一口人,滴了四滴血(照)"。"远看峨眉山不在(我),西下美女谁不爱(要),口中有口难开口(回),法字三点水不在(去)。"如在教学"闪、闭、问、间、闻、闯"这几个形近字时,可让学生记儿歌:"人"进"门",金光闪;"才"进"门",闭上眼;"口"进"门",勤发问;"日"进"门",惜时间;"耳"近门,听新闻;"马"进"门",闯在前。又如:在教学"末"和"未"时,可让学生先观察这两个字的第二笔,然后引导学生编这样的儿歌:周末短,未来长。一人门里躲"闪",两人土上蹲"坐"。

5.引导探究识字。让学生发现汉字的规律,唤起学生主动识字的情感,这是新课标所提倡的。因此,在教学中,我特别注重引导学生发现规律,自主探究识字。如:教学"拍、打、拔、跳、踢、跑"这几个生字时,先让学生说说你有什么发现? 然后学生们经过小组讨论后,学生就会发现:"拍、打、拔"都有提手旁,都和"手"有关;"跳、踢、跑"都有足字旁,都与"脚"有关。还有的同学说:"我发现了这几个字都是由熟字加偏旁得来的……。孩子们敢于把自己的学习发现说出来,同时又与他人分享快乐,在学习中意识到自己的价值,对自主探究识字的愿望更高了,学习兴趣也更浓了,识字效果也就更好了。教师要想方设法保护学生这种热情,激励学生用自己的方式识字,不要强求统一。如:认识"司"字时,有的学生用"同"字去掉一笔"丨"就变成了"司",有的学生用"词"去掉"讠"旁就变成了"司"。学习"李"字时,有的学生说"李"就是"十、

八、子"这三个字组成的,有的学生说"李"就是"木、子"这两个字组成的。只要方法合适,老师应当给予确定和激励。

让孩子们畅所欲言,这样孩子们会在生字教学时更主动地思考出自己的方式,虽然方法未必适合每个孩子,未必是最好的方法,但是,我们要的是他们愿意主动思考的这个过程,这就表明孩子们对于生字的识记已经由我们填鸭式讲解变为自己主动,识记效果不言而喻。

## 二、教给方法,引导探究识字

"教是为了不教"。教学的最终目的是让学生能够自己学习,所以教师要尽快"授之以渔",教给学生识字的方法,同时运用丰富多彩、灵活多样的识字方法,让学生在轻松、愉悦的环境中识字,有利于培养学生的学习兴趣,提高识字教学质量。学生是学习的主体,老师是学生学习的伙伴,课堂上摆正彼此的位置,学生自主学习才有可能实现。学生在熟读课文后,老师就可以适当放手让学生自主探究识字。这时,老师就应该有耐心、有创造性地教给学生一些简便的识字方法,让学生各路神通,在探究中记忆识字。

1. 加一加

就是用熟字加偏旁的方法来学习生字,用以前学习过的生字加上偏旁成新的生字,这样记忆起来就比较简单。例如:口天( 吴 ),天口( 吞 ),日月( 明 )三点水加工( 江 ),言字旁加舌( 话 )。草字头加早( 草 ),提手旁加丁( 打 ),宝字盖加玉( 宝 ),单立人加主( 住 )等等。

2. 减一减

就是把以前学过的生字去掉某一部分变成新的生字。例如学习了"百"去掉一横就是"白"。"多"去掉了一半就成了"夕"。学习过程也可以变成一个游戏过程,让学生来扮演不同的生字,让他们说去掉哪一个部分就可以变成新的生字了。这样课堂上的气氛也活跃了,学生学习的兴趣也提高了,记住的生字就多了。

3. 猜一猜

就是把字变成一个字谜让学生来猜。例如:"三人同日去看花——春","牛走独木桥——生","1＋1不等于2——王","六十天——朋"。又如在学习"明天"的"明"字时,可以出一道谜语"一边阴一边阳,一边热一边凉"让学生猜;学习"活"字时出谜语,舌头舔水;又如学习"并",可以根据字形结构开展联想字谜:"开字头上长两角"。

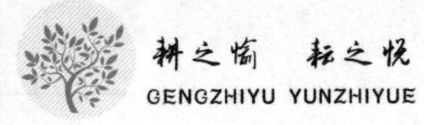

**4.讲一讲**

就是让学生把生字编成一个个小故事讲出来。低年级的孩子最喜欢的就是听故事,同时也喜欢讲故事。如果把字演绎活化成一个个活泼有趣的小故事,让他们通过听故事、讲故事,在轻松、高兴的气氛中记住生字,更能激发他们的识字兴趣。如教学"影子"的"影"字时,把"影"字拆成"日(太阳)、京(京京)、彡(影子)",编成这样一个故事:有一个小朋友京京,他站在太阳下,地上留下了三撇(影子)。这样,通过讲故事的方式,使三者得到有趣的组合,让学生在轻松愉快的气氛中识字,效果很好;又如在教学"照"字时,可以讲这样一个故事,"一个日本人,拿着一把刀,杀了一口人,流了四滴血",学生听完后不仅对日本侵略者表示愤怒,同时说说认认中很容易就把生字记住了。同时我鼓励孩子自己也来给生字编故事。例如"岛"字,学生说一只小鸟在飞过大海时尾巴受伤了,就停在一座小山上,以鸟的一横不见了,变成了一座山。又如"鸣",学生说"一只小鸟想召唤它的好朋友一起来玩耍,于是他张大嘴拼命地叫他的好朋友们呢!"学生的想象力真是非常丰富,在说中不仅让学生更容易地记住了生字,同时也锻炼了学生的口头表达能力。但在教学时应适时点拨、引导,避免学生为了编个谜语,讲个故事就硬性把字拆开,硬把各部件编成没有任何联系的故事、谜语。

**5.画一画**

很多象形字,可以让学生来画一画,形象识字。低年级儿童对图画的兴趣浓于文字,在生字字形教学中,教师要不失时机地让学生发挥自己的想象给一个个单调的生字配上图画,让字形在脑海里生动形象的展现出来,他们的内心是多么欣喜啊!如"亭""鸟""马""山""水"等象形字可以让学生看字画图再与生字进行比较,从而记住生字的字形。

**6.比一比**

为汉字做加减法。即让学生把算术中学到的加减迁移到认字中来,对已学过的熟字进行加减得出要学的生字。

如在学习"人、大、太、天"时,要将"人"作为字根,用添加笔画的方法记住"大""太"。又如"星、早、秋、种",可以引导学生用部件相加的方法来识字形:"日加十是早,禾加火是秋"等。学习"巴、也、毛"等字时,可以引导学生用减部件的方法来记:"爸减去父是巴","地减去土是也"等。

对形近的字,有意识地引导学生进行比较,也可以加深学生对汉字形义的理解。如"日"和"目","日"就是太阳,只有一个,所以口的中间只有一横;"目"是眼睛,眼睛每个人都有两只,所以口的中间有两横。又如"鸟"和"乌",

"乌"失去了眼睛,眼前就一片(漆)乌黑,所以"乌"没有点。

### 三、联系生活,自主识字

生活是很好的识字课本,社会也是很好的识字课堂。新《课标》指出:"识字教学要将儿童熟识的语言因素作为重要材料,同时充分利用儿童的生活经验"。其实生活就是识字的背景和舞台。生活是语文的内容,语文是生活的工具。那么怎样将识字与生活接洽起来呢? 首先,要利用学生生活中的有利条件,形成识字的敏感性和浓重兴趣。比如:电视上动画片中的说话字幕,校园的校训,《小学生守则》《中小学生日常行动规范》,课程表,同窗姓名等,都是学生识字的教材;还有新一轮课程改革设置了综合实践活动课程,无论是常规活动如:晨会、班会、队会、节日庆典,还是校本活动如国防主题、环保主题、社会调查主题、春秋游主题等,都离不开汉字这个媒介。活动中若以认字贯穿其中,充分施展媒介作用,不仅可以丰富活动内容,还可以在研讨中,在玩乐中接触认识不少汉字。

让学生从生活中的日用品的名称、标识和产品说明书、街道上牌匾内容的熟悉中,提高识字水平。让学生遇到不会写的字或不会读的字,应该通过多问、多查字典等多种渠道来不断提高识字水平;也可以从生活所见所闻的事情中去观察汉字,让学生养成注重平时积累素材的良好习惯,做到勤学苦练等,这同样可以提高学生的识字能力。体验是一个人在参与实践活动中所引起的一系列感受,它能引发强烈的表达欲望,而且还善于在运用中体会字句的含义,久而久之,便可以达到学会识字的目的。同时,教师应在传授知识中成为小学生的引导者、促进者和合作者,以教师的自我体验生活去感染学生,使他们也能在自我体验中去学会识字。

以上所谈的,都离不开"兴趣"两个字,兴趣是最好的老师,我们应从学生的实际出发,充分调动学生学习的积极性和主动性,让学生乐学、爱学。唯有这样,识字教学才能收到事半功倍的效果。

### 四、及时巩固,防止学生识字回生

低年级学生识字的主要问题是学得快,忘得也快。识字回生的现象相当普遍。其实这也是一种正常的心理过程。因为遗忘的进程是在多种因素下产生的。如识记材料的性质和数量,学习程度等。为了避免学生识字回生现象大量发生后难于补救,要适当控制识字速度,不要过分贪多求快,适当控制学习程度,尽量避免低度学习和过度学习,学后及时复习巩固,及时检测。

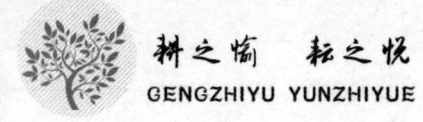

　　只要我们多去探索,发挥教师的主导地位,引导学生去挖掘汉字中的奥秘,通过各种教法,各种途径,使学生在轻松的环境中熟练地掌握所学的生字,激发学生的学习兴趣,使识字学习由枯燥变为有趣。让他们独立探索、大胆想象,去想各种各样的巧妙办法,这样,识字教学会变得很容易,学生必定能够越学越轻松的。

　　总之,识字教学的方法有很多,只要我们多动脑筋,勤于思考,想出更多的好方法、好点子,学生的学习会变得更加生动有趣。在课堂上,老师要创设丰富多彩、生动有趣的教学情境,运用多种形象直观的教学手段,帮助学生识字、写字,了解字词的意思。在课堂外,老师要引导学生在日常生活中做识字的有心人,让他们独立探索、大胆想象,去想各种各样巧妙的方法识字,并自觉和同学交流识字成果,还要鼓励孩子在轻松的环境中熟练掌握所学的生字,学会用自己喜欢的方式或合适的方法识字,逐步培养学生识字的兴趣和识字能力,为高年级学习语文中的阅读、写作打下坚实的基础。

# 如何提高小学生的计算能力

## 柳成秀

　　众所周知计算将贯穿于学生的多种学科,计算能力如何会直接影响孩子的学习成绩,可见计算教学的重要性。但近几年的小学数学计算教学出现了令人担忧的问题,学生的计算能力比以前下降了,以前口算有时间限制,孩子不但有速度,而且准确性也非常高。现在时间放宽松了,成绩应该提高了吧,情况却恰恰相反。主要表现在计算的正确率下降,口算速度减慢等。在教学中经常会发现学生在做计算题的时候,会出现很多意想不到的错误,而这些错误并不是学生不会计算,也不是学生不懂算理,而是因为不认真、不良的计算习惯造成的。这表现为:抄错数,竖式计算都对,往横式写结果时就写错了;再就是看错符号,加号当减号等等。因此培养学生良好的计算习惯就显得尤为重要。我是从以下几个方面来培养学生良好的计算能力的。

### 一、激发学生计算的兴趣

　　"兴趣是最好的老师",计算是比较枯燥的事,面对一堆数字,小孩子很容易厌烦。因此在计算教学中,首先要激发学生的计算兴趣,让学生乐于学、乐于做,首先教会学生用口算、笔算和计算工具进行计算,并掌握一定的计算方法的同时,还要寓教于乐,结合每天的教学内容,可以在上课前通过看谁反应快,学生抢答练习一些口算题。在强调计算的同时,讲究训练形式多样化。开展竞赛符合儿童年幼好胜、不甘落后、喜欢表扬的年龄特点,开展竞赛,通过竞争可以促使学生计算技能的形成。常见的竞赛形式有:夺红旗、数学接力计算、抢答等。"夺红旗"比赛,就是将山画在黑板上,山上有 3 条路,每条路上有 6 道算式题,抽出 18 位"登山队员",分成 3 组,每组一人算一道,最先完成且全对的一组为赢,可夺得一面小红旗。这样,让学生在"玩"中练,既能达到复

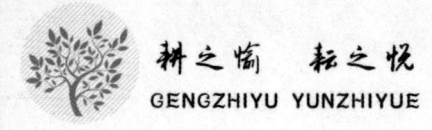
习旧知提高计算能力的目的,又能培养学生集体主义观念。还可以用白板、多媒体进行视算、听算;限时口算,自编计算题等。多种形式的训练,不仅提高了学生的计算兴趣,还培养了学生良好的计算习惯。多给学生介绍中外数学家的典型事例或与课堂教学内容有关的小故事来激发他们的兴趣。增添课堂气氛,吸引学生注意力,让他们的思维活跃起来,激发学生对数学学习的爱好,使学生集中精神进行计算,提高课堂上的学习效果,就能达到算得准、算得快的目的。

## 二、培养学生良好的计算习惯

良好的计算习惯,直接影响学生计算能力的形成和提高。因此,教师要严格要求学生做到认真听课,认真思索,认真独立完成作业,并做到先复习后练习,练习中刻苦钻研,细心推敲,不轻易问别人或急于求证得数。还要养成自觉检查、验算和有错必改的习惯。首先要培养学生良好的书写习惯,要求学生认真书写阿拉伯数字和运算符号,只有写对写好才是保证计算正确的前提。其次要养成认真审题的习惯,也就是要看清题目要求,在正确理解题意的基础上去解题,以免出现答非所问的现象,这里还要重视提醒学生做题时要看清运算符号和数字,以免出现因为看错题目而算错的现象。最后要培养学生检查的良好习惯,检查的习惯不能说说而已,要教会学生检查的方法,检查不是照着你做出的答案看,而是把你的答案盖上再重新计算一遍。只有会检查才能发现错误。不管是哪种良好的计算习惯都不是一蹴而就的,只有在教师严格要求下的反复训练,坚持不懈,良好的学习习惯才能逐步形成。教师还要加强书写格式的指导,规范的书写格式可以表达学生的运算思路和计算方法、步骤,防止错写漏写数字和运算符号。教师还要以身作则,作学生的表率。如:解题教学时,审题在前,分析在后。思路清晰,层次分明;板书要简明、规范、重点突出。培养学生良好计算习惯时,教师要有耐心,有恒心,要统一办法与要求,坚持不懈,一抓到底。不能前紧后松。时间长了,习惯就成自然了。

## 三、练习要有针对性

新课程提倡个性化学习,张扬学生的个性,但是计算教学的目标是多元的,其中重要的是,通过一定量的练习,让学生学习掌握一定的高效、统一的运算方法和熟练的技能,要求学生算得正确、迅速,同时还应注意计算方法合理、灵活,并在练习的过程中发展学生的数学兴趣。口算是笔算的基础,也是人们日常生活中经常用到的能力之一。口算不仅需要正确还需要速度,尤其是基本的口算要达到熟练的程度。在四则计算中要使学生先学好 20 以内的口算加减法、表内乘法和相应的除法，要求准确、熟练。当然，口算技能的形成，速度的提高不是一天、两天训练能做到的，而是靠持之以恒训练实现的。（1）坚持课前 3—4 分钟口算。俗话说，曲不离口，拳不离手。口算练习要形式活泼多样，方法简单易行，效果显著。可以直接笔答，即学生每人有一本口算题卡，规定时间完成一定数量的题目，数量可以循序渐进，由少到多；也可以视算，即教师出示一题目，学生看着题目写出答案；还可以听算，即教师只报题目，学生说出答案。（2）进行针对性练习。口算训练也要讲究方式方法，要进行有针对性的练习，才能收到事半功倍的效果。例如，学习"46×37"等进位乘法，事先要练习 4×7＋4，3×4＋1 等口算，有利于学生在计算中正确地进位。虽然多练是提高计算能力的方法，但一味地注重数量，只会损伤学生计算的兴趣，最后得到的是适得其反的效果。因而练习一定要有针对性，针对那些易错、易混的题目经常进行练习，让学生在辨析中真正提高计算能力。这里所说的针对性可以是针对教材中的重点和难点，也可以是本班学生经常出现的错误，还可以是一些不同题型的计算题，如直接写出得数；看谁算的又对又快；在圆圈中填上大于号、小于号或等号；在方块中填上合适的数……在不同的题型中既可以提高学生计算的能力，也可以使学生灵活掌握所学知识。

## 四、培养学生意志力并善于总结

培养学生坚强的意志对学生能够长期进行准确、快速的计算，会产生良好的促进作用。每天坚持练一练。可以根据每天的教学内容适时适量地进行一些口算训练，我们班每天早自习 20 道口算题训练已成为学生的习惯。通过长期坚持的训练，既培养了学生坚强的意志，又提高了学生的计算能力。针对小学生只喜欢做简单的计算题，不喜欢做稍复杂的计算、简算等题目的弱点，教学中要善于发现小学生的思维障碍，克服影响学生正确计算的心理因素。可以通过各种方法进行练习，如："趣题巧解"、"巧算比赛"、鼓励学生一题多解等形式培养学生的迎难而进的坚强意志。自己做不出来的可以同学之间相会研究，看谁的思路广，最简洁。把做题当作是一件快乐的事去做，这样学的就轻松了。只有善于总结的人，才能进步最快。让每个孩子都准备一个错题本，每天都要整理自己的错题，让学生知道错的原因，是由于自己马虎大意，还是哪方面的知识掌握得不够好，并在旁边标注清错题原因，把错题重做一遍，对正确的知识再次加深认识巩固。这一过程看似简单，做起来并不容易，刚开始时，孩子心里明白写不清楚，语言不够精练，时间长了，他们会越做愈好，有了

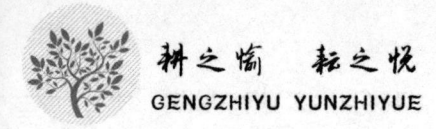
自己对错题的思考,真正改正自己的错误,知识上的遗漏会越来越少。另外,要有针对性地把学生经常错的类似的题目作为学生的课堂作业,再次反馈了解学生改错后的作业效果。改错题型的练习对学生有要求:判断对错→找出错误处→分析错误原因→改正。课堂采取小医生找病因比赛的形式,让学生在比赛中获取知识。"改错"不能仅满足于学生分清了错误原因,改正了错误,而且达到预防效果,教育学生对这些错误有则改之,无则加勉。准确率也会因此而提高。

### 五、帮助学生发现计算中的规律

很多计算题都有它的规律可循,让学生掌握这些规律,既可以提高计算的正确率、提高计算的速度,又能培养学生的逻辑思维能力和归纳推理的能力。例如:教师可以出示这样一些题目:2 - 2,7 - 7,9 - 9,10 - 10,13 - 13,4 - 0,6 - 0,8 - 0,0 + 2,3 + 0,11 + 0……先让学生计算,算完后思考,你能把这些题目分类吗? 怎样分? 你的理由是什么? 在分类的过程中,你发现了什么规律? 学生在这一系列的活动和思考中,可以发现相同的两个数相减必得0,一个数与0相加还得这个数,一个数减去0还得这个数……这些规律。像:9 + 2 + 18 + 6 + 25 + 7 + 3  5 + 4 + 57 + 3 + 62 + 5 + 8通过教师的点拨,让学生初步知道像这样的连加题也可以"凑成十再相加",同时又初步渗透了加法的交换律,这样的练习题有利于学生计算技能的形成。

总之,计算教学是一个长期复杂的教学过程,要提高学生的计算能力也不是一朝一夕的事,在教学中要根据学生的实际情况因人施教,只有教师和学生的共同努力才有可能见到成效。

# 浅谈如何让学生快乐识字

## 付玉静

语文是一门基础学科,而识字教学是基础中的基础。然而识字过程又是一份十分枯燥的工作。语文课程标准指出:小学阶段要有较强的独立识字能力。累计认识常用汉字 3500 个,其中 2500 个左右会写。要求低年级认识常用汉字 1600～1800 个,其中 800～1000 个会写。占小学阶段总识字量的一半以上。因而,教师教得吃力,学生学得辛苦,而且很容易遗忘。如何解决这个问题呢? 根据学生的注意规律和爱玩、好动、做事没耐心等特点,在教学过程中,我充分利用各种教学媒体,采用一些富有趣味性的方法,来激发学生的学习兴趣,集中他们的注意力,使他们在轻松的气氛中愉快地识字,让学生乐于识字,学会识字。我认为可采用以下几种行之有效的方法。

### 一、激发学习兴趣

兴趣是调动学生积极思维、探求知识的内在动力。有了兴趣,学习就不是一种负担,而是一种享受。在教学实践中,要注意选择适合儿童年龄特征的话题,激发学生学习汉字的兴趣,使之乐意学。低年级的孩子天真活泼,合群,爱交朋友。根据这一特点,教学时,可以将生字形象地称为"娃娃"或"小客人",让学生有一种亲切感。识字的过程也随之变成了交朋友或是招呼小客人的过程。亲切自然的称呼自然唤起了学生的注意力,学习的兴趣也随之调动。

低年级学生最容易受感情因素的感染。顺应儿童的心理,结合学生的生活实际,巧妙创设各种有趣的情境,能使学生饶有兴趣地主动投入到汉字的学习中去。

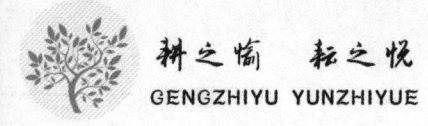

## 二、游戏辅助教学

心理学研究表明:儿童的有意注意时间短,无意注意占优势。根据这一特征,要想在整个活动中保持学生学习汉字的兴趣,就不能只以单一形式进行,不然就会把刚刚点燃的兴趣火花给熄灭。引导学生变换形式,不断满足学生的好奇心,是促进学生学习的重要措施。游戏是孩子乐意为之的活动。在课堂中,教师要找准游戏与教学内容的结合,使学生真正"动"起来,做到在玩中学习,玩中思考,玩中创新。

如在教学新课程"一年级下册识字7"时,教师可穿插以下活动辅导教学:出示课文左上方插图,让学生"猜一猜"、"比一比";在理解"众人一条心,黄土变成金"的含义时让孩子们"搭一搭"、"演一演",使学生主动参与到课堂中来,充分调动学生的学习积极性。针对学生的年龄特征和注意特征,在教学中,要经常变换不同的教学方法进行巩固识字练习。复习生字笔顺时,可以用"对口令"的游戏。如"斗"字的笔顺,口令如下:"斗"字怎么写?"斗"字这样写:点点横竖。这就是"对口令"。复习组词可以用"找朋友"、"词语开花"、"摘苹果"等游戏。在巩固环节,我也会使用开火车的方法,对学生的学习效果进行巩固和及时补强。在游戏方法上我也进行了"改良",一开始,我先用掌声和学生进行互动:"火车火车往哪儿开?""火车火车往这儿开!",而且形式也多样了,有单轨火车、双轨火车,还有环城火车、翻山火车等等。形式多样、操作简单的开火车游戏法,给识字过程带来了调剂,对于调动学生的学习积极性有很大的益处。

## 三、教给学习方法

教学是以动态形式呈现出来的,而结果则以静态形式存在于学生的主观世界之中,为了孩子们都想学,都会学,在教学中,应根据不同的学习内容,指导学生掌握学习汉字的方法与规律。汉字是属于表意文字,其中百分之七十以上是形声字。因此,正确掌握形声字是完成小学识字任务的关键之一。

苏霍姆林斯基说过:"小学生往往用形象、色彩、声音来进行思维。"根据小学生这一特点,在教学时,我先利用实物、图画、活动、课件、录像等相关的直观景象导入,把学生带进形象的情景中。在形声字的教学过程中,要注意分析形声字形旁的表意功能。如在"江、河、海","跑、跳、跃"两组形声字的教学中,我先后分析并要求学生区分"三点水"旁和"足"字旁的表意功能。告诉孩子们"三点水"旁表示与水有关的意义,"足"字旁表示与"足"或"脚"有关的意义。学生正确区分了这些部首,就能很好地掌握带有"三点水"旁和"足"字旁的汉字了。

再如在识字教学中,把识字的主动权交给学生,自主加拼音、组词,课前预习就要解决一些问题。用查字典、查资料或询问做好提前预习,给学生心灵放飞的自由,学生的积极性就会调动起来,学习潜力就会充分发挥!学习方法和学生个体的经验结合起来,就会内化为他们自己的一种体验,这种体验会升华为一种学习新知识的动力。从识字这个角度来说,就转化为新课标提出的"主动识字的愿望"→"浓厚的兴趣"进而逐步"养成主动识字的习惯"。

总之,巧妙的教学方式,解决了识字教学的"枯燥无味"的问题。通过转换学习角度,降低了识字难度,减轻了学生的负担。在丰富多彩的识字方法的潜移默化的熏陶下,学生感受到学习汉字的乐趣,感受祖国语言文字的无限魅力,会越来越喜欢汉字,并能逐渐养成自主识字的习惯,进而提高了独特识字的能力,为以后的语言文字知识、能力的发展打下坚实的基础。

# 低段语文教学中提高学生自主识字写字能力的实践研究

祁 悦

　　小学语文教学的最终目的是培养学生的语文素质。教师要树立素质教育的教学观,在识字教学中,注重学生语文能力的训练与培养,利用教材优势给学生创造更广阔的语言交际环境,以识字和发展语言同步为目的,进行全方位、多角度的训练。同时识字对于低年级的学生来说,又是一个新的任务,也是一项重要的任务。阅读必须要有一定的识字量才可以进行;而习作又建立在阅读和写字的基础上才得以完成。低年级学生识字量不足,将严重制约读写能力的发展。识字教学的速度和质量,直接影响着语文教学的速度和质量。随着新一轮基础教育课程改革的逐步深入,《小学语文新课程标准》指出小学阶段的识字量应达到 3500 个左右,小学第一学段( 小学一、二年级 )的识字量应达到 1600 至 1800 个左右。由此可见,小学第一段的识字量约占小学识字总量的 50%。经调查这 1600 至 1800 个字在阅读材料中的出现频率约占 90%。从 1600－1800 这些数据我们可以感受到现在小学一、二年级这些 6—7 岁的孩子负担太重。从 90% 这个百分率上我们又可以感受到在小学一、二年级认识这 1600－1800 个字非常的有意义。完成了这个任务,小学生就可以提前进入独立阅读阶段,培养独立阅读的能力,进行情感体验,丰富积累,逐步形成良好的语感。并逐步学会运用多种阅读方法,初步理解、鉴赏文学作品,受到高尚情操与趣味的熏陶,发展个性,丰富自己的精神世界,完成《课标》规定的课外阅读任务。新课标在识字、写字方面,实行认写分开、多认少写,提出会认、会写两种要求,这对培养学生的阅读能力以及获取信息的能力都有重要意义。但是,从一线教师那里的调查结果告诉我们,小学低段学生这艰巨的识字任务完成得并不理想,低年级学生在掌握字形方面是难点,如何突破这个难点呢,有什么方法? 为此确定本课题作为解决低年级识字、写字教学中的重难点。最终使本课题研究达到:问题找得准、原因析得清、解决方法好,教学效果佳的状态。

使用语文是一种技能,语文课的主要任务是培养学生使用语文的技能,所以一般称之为工具课。既是工具课也强调了语文教育的重要性,学好语文就成为孩子们心理和智力全面发展的一个良好基础,这是非常重要的。识字,就其本质看来说是接受性的,是把外界输入的文字符号录入大脑,与脑中已存贮的语音、语义相结合。对于尚无语音、语义的文字符号,大脑要同时接受与之相伴的语音、语义信息。无论哪种情况,识字过程的特征都是通过视觉信息接受一种文字符号,并将其录入大脑的过程。这一过程与属于用字范畴的阅读具有天然的形式上的一致性。有效识字,即对所认识字的巩固率高,数量大,回生率低。我们学年预计通过"低年级有效识字写字的实践与研究",探索一套符合学生认知规律的教学模式,可以使实验条件下的儿童的识字写字能力明显高于常规儿童,同时促进学校素质教育深化,全面提高教育质量和办学水平。

从理论意义来讲:大脑的生长主要靠营养物质和外界信息的刺激。从某种意义上说后者比前着更为重要,而在各种外界信息的刺激中,识字阅读有着举足轻重的作用。教识字时,不但有声音对孩子听觉的刺激还有字形对视觉的刺激,这种音形的反复刺激,在大脑皮层中的相应区就建立了声音和字形的暂时神经联系,这种暂时神经联系越多越复杂,头脑就越来越聪明,越灵活,从而增强脑的机能,极有利于智力发展。从实践意义上来讲:新课程标准中提出识字、写字是阅读和写作的基础,是语文教学的一项重要任务。特别在低年级段要"多识少写"。"多识"有利于学生尽早、尽快、尽可能地认字,以便及早进入汉字阅读阶段,给他们打开一个生活经验世界之外丰富多彩的文本世界,这无论对孩子的情感和思维,还是对培养获取信息的能力,都有重要意义。识字还能够有效丰富儿童的口语,强化儿童的阅读能力和表达能力。书面的视觉语言是人类高层次的语言,它能发展成无声的内部语言,即"思维流",人钻研学问,考虑疑难,做出判断,认定对策,设计方案,签订条约,写文章和著书立说等都离不开它。所以识字给孩子们带来的益处有些是看不见的,或暂时看不见,但却能使孩子终身受益。

在课堂教学中,以新课标为依据,以学生为主体,以教材为载体,不断提高提高学生自主识字写字能力。

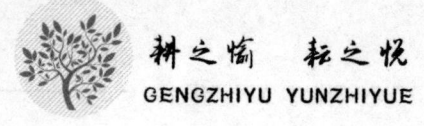
## 一、中心的转换

从"教师中心"到"学生中心",从关注识字写字结果到同时关注学习过程,从关注识字技能的记忆保持到关注汉字在不同情境中广泛灵活的迁移,注重培养识字能力,促使学生由"学会"变为"会学",由"被动的学"变为"主动的学",激发学生的主体精神,自主领会识字方法,并灵活运用,提高学习效率。

## 二、提高学生自主识字写字能力的重点、难点

1. 激发兴趣、增强创新动力。
2. 引导发现,培养自主识字写字的能力。

## 三、实践研究的方法

在课题研究中我们将以行动研究为主,以文献研究、观察研究法、调查研究、实验法、个案研究法、经验总结法、教案研究为辅。

1. 文献研究,应用在课题研究初期,通过大量搜集相关教育理论,来指导本课题研究。

2. 个案研究,以典型课例为落脚点,集体研讨教案,精心设计可行性较强的教学实施方案。

3. 调查研究,应用在课题实施过程中,主要通过对本学年学生进行随堂测试,发现问题并分析成因,研究寻找有效对策。

4. 观察研究法,通过此方法,了解"学生的识字、写字能力"的提高状况。

5. 实验法,以研究组成员自己的课堂作为实验基地,研究课题内容。

6. 个案研究法,通过抽取部分代表性的个人、班级或某节课,深入研究、分析,观察结果。

7. 经验总结法,在研究的过程中力争做到有针对性和实效性,并将研究的有关资源、方法,做出经验或理论的总结,撰写教育教学论文及案例,通过总结从中吸取经验。

## 四、研究步骤

1. 第一阶段:准备阶段,本阶段主要研究的项目和内容为:
①制定课题研究方案。
②集体论证完善本课题,提请领导、专家审定。
③通过教学实践,探索识字写字教学方法。

2.第二阶段:实施阶段。本阶段主要研究的项目和内容为:

①继续探索优化识字写字教学方案和教学设计的研究,提高学生自主识字写字能力

②在总结前一阶段实施效果的基础上,进一步调整课题实施过程。

③反思这一阶段实施效果,写出阶段小结。

3.第三阶段:总结阶段。本阶段主要研究的项目和内容为:

①完成实验材料的分类整理。

②回顾整个课题实施阶段,写出结题报告。

## 五、具体实施步骤

(一)第一次指导学生认识汉字,要给学生以强刺激,使学生对字的第一印象强烈。创设丰富多彩的教学情境,利用声音、图像、动作、情景等加强汉字与事物的联系,以加深对所认汉字的第一印象。

(二)采取多种方法复现。巩固汉字最好的方法是复现,最有效的方法是在语言环境中多次见面。要重视在游戏中、活动中巩固认字"一回生,二回熟。多次见面就成了好朋友。"的经验,发扬同学间互相激励、互相帮助的作用。鼓励学生从身边、从书报上找到刚认识的字,在语言环境中及时巩固认字。

(三)根据不同学段学生的特点和不同的教学内容,采取合适的教学策略,如围绕一个专题(蔬菜、水果、花草树木等)培养学生自主识字写字的意识;指导学生自创"识字乐园"、"写字百箱"等;随时将课内外认的字剪贴成册;或写成卡片装进识字箱,经常利用字卡巩固识字。

(四)开展"好书伴我读"活动,利用闲暇时间读书、读报、讲故事,把课堂延伸到家庭。鼓励学生在阅读中、在口头组词中、在生活各种场合中,留意识字的复现,做巩固认字的有心人。

# 小学生倾听能力的培养

## 孙　默

倾听能力是指听者理解言者口语表达的信息和能在头脑中将语言转换成意义的能力。倾听能力的构成是：专注的倾听习惯；倾听过程中的注意分配能力；对倾听内容的辨析能力；在各种倾听环境中排除外界干扰的能力。具体说来，倾听者必须听得准，理解快，记得清，并具有较强的倾听品评力和组合力。

一个人是否会听将直接影响其社会交往的能力。所以，古人有"听君一席话，胜读十年书"之说，这是很有道理的。而对小学生来说，"听"则显得更为重要了。他们的主要任务是学习各种知识和技能，不管采用何种学习方式，"会听"都是必要前提。因此，新课程标准明确指出"要使学生学会倾听。"这里所指的"倾听"又比前面的"听"要更深一个层次：它不但要求学生"听见"，还要求学生对所听的内容进行欣赏、理解、批判等处理。让学生养成良好的倾听习惯，使他们学会倾听，善于倾听，善于发现同学回答中富有疑义和争论的问题，善于在听课过程中与老师进行交流、提出疑义，成为提高学生质疑和创新能力的重要条件，同时也能切实推动课堂互动的有效性。

## 一、倾听的重要性

汤姆·彼得斯说过："倾听是礼貌的最高形式。"学会倾听是人际交往的基本要求，也是人际交往成功的一个重要因素。因而，作为教师我们应该有一种前瞻性和责任感——从小培养学生倾听，尤其是一年级的学生。这不仅对学生的学习有帮助，而且对学生以后走入社会将是一种财富。就听的形式有两种，一种是无意识的被动的听，另一种是有意识的主动的听，两者完全不同，产生的效果也是不同的。低年级学生年龄小、心理发育不成熟，要让学生明白倾听的重要性，我们不能靠硬性灌输，应在和谐的气氛中渗透，通过举例让学生了解,让学生脑中有一种"倾听是重要的"表象。随着学生年龄的增长,体验的增多,学生就会明白倾听的重要性。我认为对低年级的学生可以这样告诉他:我们不仅敢说还要会听,这样才是一个好学生,认真地听,我们会听出许多美妙的知识,而且认真听别人讲是对这个人的尊重,我们要从小练习这个倾听的本领,长大后它会帮我们做很多事呢!当然,要让学生理解倾听的重要性,不是一两句话就能明白,要靠我们教师耐心地引导,利用平时一切可利用的时机,让学生从体验中领悟倾听的重要性。

## 二、影响学生倾听能力提高的因素

(一)学生倾听能力存在许多缺陷

由于现代教育理念的不断更新发展,其影响力日益扩大,广泛深入人心。随着家庭经济的稳步改善,家长学识水平的提高与教育观念的转变,以往传统型家庭开始向现代知识型与学习型家庭转变,家长们对子女教育的关注和投入大幅度提高,他们千方百计来开阔孩子的眼界,丰富孩子的知识,因此,很多学生知道的知识,教师不一定都知道。尽管如此,学生还是存在较大的倾听能力的缺陷。

1.不爱听。现代家庭中独生子女的特殊地位必然造成孩子处处以自我为中心。他们的表现欲强烈,显得能歌善舞,样样都行。他们不喜欢或不愿意听别人说话,在别人讲话时往往爱插嘴或打断别人的说话,显得很不礼貌。

2.假装听。很多学生在课上都会尽力表现出自己是在认真听课。例如:身子坐得笔直,双手平放桌上,两眼紧盯教师和黑板,一动不动,一副全神贯注的样子。其实这是"假装听"。因为如果他们真的在认真听,就不会刻意关注自身的形体状态。而他们之所以这么做,是为了引起教师的关注,渴望得到教师的肯定和表扬。

(二)学生对课堂探究活动的认识偏差

新课程标准大力提倡课堂探究活动,有时课堂是在实验中进行,要求学生带的材料很多。这样就造成学生对此类课程的认识有偏差。认为课堂探究就是玩玩,做做,如此而已。尽管此类课堂活动本身融会了很多活动,提倡让学生自己动手、在做中学、让学生亲身体验与认识科学,以此得到领会和升华。但是这种活动应是有序、互动的,不但要"师生互动",更要"生生互动",学生不但要向老师和同学说出自己的观点和见解,还要随时关心别人的感受,善于倾听老师或同学的意见和结论,这样才能获得自己真正想要的东西。如果你不倾听,或只听老师说的,不听其他同学说的,那么你又怎么对别人进行评价

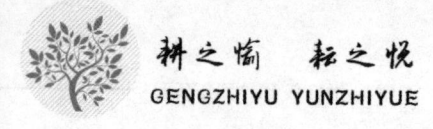

和反馈呢？怎么进行真正意义上的探究呢？

（三）教师对课堂上学生倾听的认识

我们平常所说的听课是指简单用耳听。倾听则不然，课堂倾听是一种含有听课技巧和艺术的积极高效的聆听，它包含有鉴赏性思考，主动性理解，批判性接受等方面。

一般来说，倾听是一种与生俱来的能力。当学生进入学校时，许多教师认为学生都会听课。因而，学生还没学会如何听课，老师的讲课早已开始了。教师们要学习如何教学生进行正确听课的方法。如果教师本身不懂如何倾听，便没有具体可行的经验。这样将会阻碍教师授课过程中对学生倾听能力的培养与提升。

据心理学分析，学生的倾听效果是由学生对学科的兴趣和其倾听目的来决定的。听课过程中，学生往往以自身具备的倾听能力和自身养成的倾听习惯来决定听什么，什么时候听。倾听能力的不同，倾听状态的不同，对同一堂课同一问题，不同的学生掌握的程度自然有别。老师必须因人而异、因材施教，增强教学的针对性、层次性。

## 三、孩子良好的倾听能力的培养

（一）养成倾听的礼貌

倾听别人发言与发表自己的意见同样重要。它既是尊重别人的表现，又可以使我们在其中掌握经验、吸取教训。"课程标准"也明确指出，应该让学生在各种交际活动中，学会倾听，学会表达，学会交流。良好的倾听习惯是发展孩子倾听能力的前提和基本条件。一个好习惯的养成离不开各方面的影响，而良好的习惯是一个人一生的财富。要发展孩子的倾听能力，必须培养孩子良好的倾听礼貌和习惯，这是提高孩子听懂语言的重要保证。

（二）构建倾听的平台

老师是孩子们的偶像，老师的一举一动会带给孩子潜移默化的影响。当孩子在发言的时候，老师首先应带头倾听，决不在孩子发言的时候，做其他事。在孩子发言的过程中，留给孩子思考的时间，不打断孩子的回答。无论学生发言的质量如何，我们都要专心去听，并在此基础上进行适当的指导。课后与学生谈心时，也要注意耐心听取学生的讲话，从不打断他们。这样一来，既达到了课内相互交流的目的，又给学生营造了良好的倾听氛围。既让同学们乐意倾听别人的发言，又让倾听别人成为一种习惯。

（三）创设倾听的气氛

教师要不断地运用新颖实效的教学手段来创设课堂活动,如把音乐、游戏、编排课本剧等引入课堂。教学艺术的魅力可以调动学生追求知识、探索真理的热情与潜力,使课堂气氛紧张而不死板,活跃而不紊乱。注意动静搭配,调整学生听讲情绪,让学生有尽可能多的回答问题的机会,促使他们始终处于积极主动的学习状态。在讲授讨论中不失时机地引导学生动口讲一讲,动手摆一摆,动笔练一练,并穿插一些轻松活泼的游戏,这对于调整学生的听课情绪往往是大有裨益的。学生处于一个轻松、愉快的学习氛围中,有意注意的保持时间自然增长。

（四）指导倾听的姿势

手势或身体动作最能反映学生是否在倾听。听同学发言时,要求学生眼睛看着书上或老师出示的教具,做到神情专一。听完别人的话,才发表自己的意见,不插嘴。如果同学的回答与自己的思考相一致,则以微笑、微微点头表示认可或赞同。要求孩子们认真听,老师应该给孩子一个具体的、可操作性的、细化了的要求。如对低年级学生,在平时课堂上可训练一些口令:"小耳朵,认真听!""手放平,身坐直!""小眼睛,看过来。"等等,进行师生对答。

（五）进行倾听的训练

当然,一个学生良好习惯的形成,绝非一朝一夕之功,需要经过较长的时间的培养。

1.听后就问。教师要精心设计提问,有意变换提问的角度,并注意对学生的听问进行指导。比如在做题时首先要听清楚老师的要求,看清题目;在回答老师的问题时首先听清楚老师问的是什么。

2.听后再写。我们可以选用适当的口算题让学生听写,着重训练学生对于数字的反应能力。可先让学生听正常速度的算术题,不宜随意减慢语速;随后重复一遍,可以适当停顿,以便给学生一些时间写出题目的结果;最后再以较快的速度重复一遍,让学生检查修正自己的作业。

3.听后复述。它可以使刚刚接受到的信息引起的暂时神经联系得到强化,加深印痕,防止遗忘。这种训练可以调动有意识听记的积极性,提高倾听的素质,是训练听知注意力、听知记忆力以及检测听知效果的有效方式之一。比如数学概念的复述,课文的主要内容,解题的思路等。

4.听后记录。歌德说过,"你得随时当心分散精力。要设法集中精力,把精力集中在有价值的东西上,把对你没有什么好处和对你不相宜的东西都抛开"。口语表达具有转瞬即逝的特点,在倾听活动中倾听人吸收的是声音信

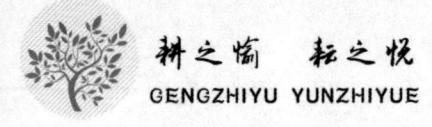

息,存留时间短暂,倾听时的思维活动要求是快速的。因此在倾听活动中要集中注意,积极认真地听,要注意带着问题、有目的地听,同时注意克服各种分散注意的干扰。引导学生听记重点内容,文章纲要等。

(六)进行评价活动

注意了解每一位学生的个性特点,及时表扬那些认真倾听的学生,树立榜样,并予以适当奖励。结合每周的评价表,对孩子这一阶段"听"的表现,做一个总结。评价分为自评、互评、教师评。内容为老师提出的听的要求。通过评价,发扬优点,更重要的是指出孩子们的不足,明确努力的方向。同时关注那些暂时落后的孩子,用一双善于发现的眼睛,去捕捉他们的进步,让这些孩子也能享受到喜悦,促使他们更快进步。

(七)开展合作学习

合作学习是新课程的一种新的学习方式,对于低年级的学生来说,我想采用两人合作比较理想,一人讲,一人听,分工更加明确,也让学生更清楚地知道自己的角色。使每个人都有机会发表自己的观点与建议,也乐意倾听他人的意见。通过相互倾听可以了解他人对问题的不同理解,有利于摆脱自我为中心的思维倾向,也有利于同学之间互相帮助。

学生倾听能力的培养方法是多种多样的,但是目的只有一个,那就是——让学生学会倾听。只要我们不断训练学生学"倾听",学生才能拥有"倾听"的能力,才能真正掌握"倾听"这把金钥匙!

# 有效课堂初探

## 谢 冰

新时期基础教育课程改革,无疑是中国教育史上的一场巨大变革。课堂教学的有效性,也就成了教育界人士常常谈论的论题。

笔者对于英语课堂教学的有效性也有许多想法。"教学"一词中的教,在英文中为 teach,有"给人示例"的意思。教学是师生的双边活动。教学的有效性,并不是指教师教得认不认真、教学内容有没有完成。关键在于看学生有没有学到有用的东西,学生对所学知识掌握的如何。如果学生学的糟糕,教师教的卖力、再辛苦也是无效或低效教学。笔者在教学中,很注意向同行学习,注意平时的教学反思。一节好的英语课,需要教师细心雕琢、认真准备才行。听课及教学日志,或教学反思是很有效地提高课堂教学效能的方法。

笔者通过实践、摸索,逐渐掌握了一套英语课堂教学方法。

(一)抓好语法教学

现行英语教材所涉及的内容多,课时又极有限。

近些年英语教学方法不断翻新,英语课成了"四不像"。一部分教师,尤其是刚走上讲台的教师,容易走极端。在英语课上几乎不讲语法,上课就是全盘西化的授课方式,这种课实质上是很不走俏的课,费时低效不说,学生易"走火入魔",或容易造成"两极分化"。

交际教学法是美国社会语言学家海姆斯在 1972 年提出的。后来在此理论基础上,肯纳尔( Canale )和斯温( Swain )进一步完善了他的理论,他们认为交际能力应包括四个方面的内容:语法能力、社会语言能力、话语能力和策略能力。

笔者认为:在语言教学过程中,不讲语法和语法讲的较少的做法是很危险的。英语对于学生们来说,有许多陌生的地方,如单词难记,句子结构不容易

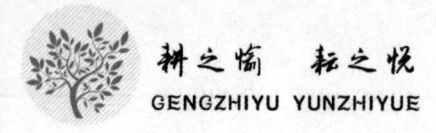
掌握。所以,在教学中,要腾出时间补上语法教学这一课。语法教学,也不能脱离语境——如能将语法知识融入语言材料中,通过阅读材料分析重点内容、强化难点等方法,让学生明白其中的内容。选取的材料应有趣:与学生生活有关的小文章、诗词、对话等,都可以用。也可选取英美小说简易本中的东西,让学生读。网络上、报纸上许多与学生所学知识有关的材料也可以拿来用。

另外,让学生做点语法练习。这样做,有百益而无一害。语法教学在基础英语教学中不能缺少,方法应多样。学生通过贴近生活的感知、理解来学习和使用语法,而不是孤立地拿句子就事论事。

所以我们既不要谈语法"色变",也不要脱离语言实践,而津津乐道于语法。

(二)加大背诵力度

"熟读唐诗三百首,不会作诗也会咏"。从孩子一开始学英语,就要注意指导学生去背诵。

刚开始时,只需让学生背一两句话,逐渐地加大力度。由背句子,背对话,再到背诵长文章,教师要坚持每天督促学生朗读背诵。

学生一旦养成此学习习惯,教学就成功了一半。

英语学习本无捷径可言,入门阶段需要死记硬背。想不费功夫,就牢记单词、脱口而出讲英语,恐怕是徒劳的。

许多英语名家都提倡学生背诵。如北京外国语大学教授、博士生导师梅仁毅先生就说过,"在基础阶段,或高年级,要努力背诵名篇,譬如说,背50—100篇,无论从语言还是从内容来说,这都是精华。背熟了,对了解西方文化和研究文字的运用都有好处。"

真是至理名言。在教学中教师们应注意对孩子背诵能力的培养。

(三)努力用英语组织课堂

用英语教英语,这应当成为英语课堂教学的要求之一,应倡导。

尽量用英语讲课,语速自然停顿恰当,不给学生在大脑中进行英汉转换的时间。

课堂上,教师如果用英语组织课堂教学,刚开始学生可能不太适应,但如果坚持做下去,学生的听说能力、语言运用能力就会逐渐增强,这个笔者深有感触。

刚走上讲台时,因为用英语教英语,招来同事、学生以至领导的不解,但笔者顶了下来。刚开始时,课上允许说汉语。慢慢地,等学生适应了,尽量减少汉语的出现。学生称笔者为"洋老师",说我的课有趣,他们喜欢这种授课方式。

课堂力应求形式多样。

每天课前热身对话,让不少学生抛弃"害羞、怕开口"的毛病。课前几分钟的说话练习,培养学生的学习热情,营造课堂气氛,对学生起帮带作用。热身对话以新颖愉快的方式拉开教学帷幕,以迅速简洁的形式整合学生思维,从而把学生带入轻松活泼的教学活动中。

采用表演课。让学生对话表演,谈论图片、说喜欢的事物、讲故事等,把语言形式和语言意义联系起来。让英语课真正成为学生十分向往的兴趣天地。

（四）打好基础

基础很关键。在刚开始英语教学时,应当抓好学生的语音关、书写关。

1. 过语音关。

教学生国际音标的读音、元音字母和字母组合的读音规则,让学生朗读单词。反复认真地模仿及大声朗读,有助于培养学生的语音和语调。对学生进行看、听训练的同时也要求学生反复模仿,养成良好的语音习惯。对于长词、长句的语音训练,要分音节和语段训练。大声朗读对学生语感的形成,帮助会很大。

2. 重视书写

要从刚开始就要抓好学生的书写,对学生的作业应该严格要求,不能听之任之。对学习有困难的学生,作业要当面订正、指导。书写差的,指导学生进行规范的书写,图快不认真的,让他重做;抄袭作业的,提出批评,坚决杜绝抄袭现象。

（五）注意文化教学

中国古时候儿童入私塾读书,读《三字经》《千字文》《百家姓》,此外还读《千家诗》《唐诗三百首》,意在让儿童早期接触我国传统文化。

学英语也一样,让学生通过英语文章、材料等的学习,了解西方人说话、做事等礼仪知识,了解其风土人情。

在课堂内外,可以抽出时间去介绍西方礼仪和节日的知识。如:在谈及西方的感恩节、圣诞节时,可通过 VCD、多媒体、图片、书报资料等,让学生观看节目和阅读文字,感受节日的欢乐气氛。

平时在开课前播放音乐、英文歌、对话材料,营造语言学习气氛。

教师可在课外组织各种文化专题讲座。如外国节日、宗教习俗、餐桌礼仪、小费、问候语、禁忌语、体态语和手势语等。教师也可帮助学生阅读一些英文故事、报纸杂志文章,促使学生留心并积累有关文化背景,社会习俗等方面

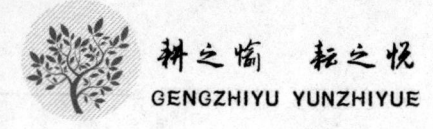

的知识,这将有利于学生跨文化交流的意识和能力。

新课程实施以来,英语教学发生了深刻的变化。重视学生的主体作用,激发学生学习情感,把学习过程真正交给学生——但是也出现了许多新问题,如把"对话"当作问答,把"自主"变成"自流"。独自学习、探究学习等有名无实。

这一系列问题,值得我们思考和探索。如何进行有效的课堂教学是一个值得深究的问题。笔者这里所提到的问题,可能对于其他同行有参考和借鉴作用。因限于篇幅,就写到这里。

"在英语教学中,应当还孩子们说的权利。让民主像一座桥一样搭在师生的心灵之上。做老师的人,要走进学生的心灵世界中去,做他们的好朋友。"让你的英语课堂成为孩子们心灵所向往的最快乐的地方吧!

"讲学之功,贵在心悟;施教之功,在于诱导。善思则得,善诱则通;诱思交融,百炼成钢。"

教学是一门科学,只要我们肯下功夫研究,会找到解决各种问题的突破口的。

# 浅谈如何提升学生语文阅读能力

## 董　新

新语文课程标准指出，"阅读教学是学生、教师、文本之间对话的过程"，"阅读是学生的个性化行为，不应以教师的分析来代替学生的阅读实践"。"自主、合作、探究"是新课程倡导的一种学习方式，这就是说，教师要真正把学的权利还给学生，真正让学生成为课堂学习的主人。在教学活动中，阅读是小学语文学习的一个重要组成部分，它的主要任务是培养学生的阅读能力。怎样培养学生的阅读能力？下面就浅谈的几点看法。

### 一、培养学生阅读的兴趣是学生积极主动阅读的基础

它能使学生产生积极的思维和学习的情趣，是发展智力的必要条件。所以在教学中，激发学生的兴趣成了培养学生阅读能力的一个重要因素。我国古代教育家孔子曾经说过，"知之者不如好之者，好之者不如乐之者。"可见兴趣是最好的老师，是人们从事任何活动的动力，学生对阅读感兴趣，才能从内心深处对课外阅读产生主动需要，才会减轻疲劳感，才能把阅读当成是一种享受，才能感受阅读的乐趣，也才能事半功倍。那么怎样才能让学生感受阅读的兴趣呢？

1. 推荐适合的、学生喜欢的读物

（1）根据学生实际推荐读物

低年级的学生喜欢鲜明的形象、活泼的内容，可推荐他们看童话、寓言、卡通、动漫等活泼有趣的读物；中年级的学生喜欢情节曲折、生动的故事，可推荐他们看历史故事、民间故事、科幻小说等引人入胜的读物；高年级的学生喜欢文质兼美、富有情趣的内容，可推荐他们读科普、名篇佳作等精美典范的读物，如《世界著名童话》《西游记》等世界名著。

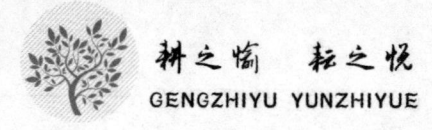

（2）根据教学需要推荐读物

引导学生阅读与课文相关的文章,不仅有助于理解课文,也有助于语言的积累,更重要的是养成了阅读习惯、培养了阅读兴趣。如学习《赤壁之战》,可推荐学生阅读《三国演义》;学习《卖火柴的小女孩》,可推荐学生阅读《安徒生童话》……

2.阅读的形式要多样化

（1）读一读、画一画

学生读书后,总有一种想表达的冲动,根据小学生喜欢"涂鸦"的特点,可要求学生画出所读的故事情节,并配有文字说明,然后不定期地举办画展,让学生互相欣赏画作,从而感受阅读的成功和创作的乐趣。

（2）读一读、演一演

小学生有着很强的表演的潜能和表现欲望,这就可以让学生把所读改编成课本剧、童话剧等,并且要利用班队会进行课本剧、童话剧等的表演,创造一切机会给学生提供一个展示自我的舞台。

（3）读一读、讲一讲

讲故事是学生最喜欢的活动之一,可经常要求学生开"故事会",给学生提供讲说的机会,为了激励学生,每次还应评出"故事大王"。

（4）读一读、比一比

朗读可以激发学生阅读的情趣,也可以提高学生阅读的兴趣,所以要经常开展诗文朗诵会,比一比,谁朗读得最棒,让学生在声情并茂的朗读中,感受阅读所带来的乐趣,同时也培养了良好语感。

## 二、加强阅读方法的指导

培养学生的阅读能力,要有清晰的阅读意识。读书破万卷,下笔如有神。叶圣陶先生曾说,"语文教学的最终目的是使学生自能读书,不待教师讲;自能作文,不待教师改。"语文教学不仅要教学生"学会知识",更重要的是教会学生"会学知识"。

古人云:"授之以鱼不如授之以渔。""掌握了正确的方法等于成功了一半。"浩如烟海的资料文献,教师是永远也讲不完的,只有教给学生一定的学习方法,培养他们阅读的能力、自学能力,让他们借助一定的工具,自己去探索、辨析、历练才能得益。指导阅读的方法和途径很多:

1.教给阅读的方法,培养阅读能力

常见的阅读的方法:朗读、默读、精读、略读、速读等。朗读是眼、耳、口、目等多种感官以及大脑同时参与的一种较为复杂的认识活动,具有唤起形象、表达感情、训练思维等多种功能。《课程标准》特别强调加强朗读,而且贯穿于各学段的目标之中,即要求用普通话正确、流利、带感情朗读。默读是大脑对文字的反应,只运用眼睛和大脑两个器官,从而理解文字的意义。默读时,可以边读边思考。精读就是对文章上的某些重点内容,集中精力,逐字逐句由表及里精思熟读的阅读方法。略读,不要求对读物逐句逐词地进行阅读,而是着眼于关键段和重点句,以求迅速地掌握读物的思想脉络、观点见解。速读就是对所读的内容不发音、不辨读、不转移视线,而是快速地观其概貌。

只要学生掌握了阅读的方法,学会了阅读,就会把读书当成了一种乐趣,就会孜孜以求、不辞劳苦地奋力攀登巍巍书山。

2.认真上好讲读课

在新《课程标准》的指导下,教师应该转变教学观念,把课堂还给学生,让语文阅读课成为名副其实的读书课,应该指导学生好好地去读,美美地去读,从读中理解,从读中品味,从读中欣赏。教学中,我就从这几个环节进行:

(1)初读课文,整体感知

这一教学环节,目的是让学生通过初读课文,扫清文字障碍,大致了解文章的内容,课文的结构,让学生对课文有一个整体认识。这个整体认识决定了在部分理解过程中的思维方向、思维方式和思维的准确度。在此,笔者要求学生掌握这些方法:①阅读课文的提示、注释。②查阅字典、词典等工具书。③边读边勾、画、圈、点。

(2)阅读理解,部分深究

这一教学基本环节是关键的一环。教师要引导学生全面深入地理解课文的各个方面,也就是指导学生对课文钻进去。要使学生在初读阶段所获得的感性认识产生质的飞跃,上升到理性认识,就需要理解性阅读。这种阅读旨在通过培养一定的阅读技能,引导学生从课文中汲取各方面的知识营养。因此,在指导学生精读课文时,首先提出一定的问题让学生思考;然后再引导学生如何迅速捕捉文中关键的词、句、段,深究关键词语在文中的作用,体会作者在遣词造句方面的匠心;最后理解文章各层次间的关系,用心揣摸作者在谋篇布局方面的独到之处,理解作者的思想感情和文章的主题思想。这个教学环节是对学生进行分析、综合、比较、概括能力的训练。

(3)评价阅读,整体回顾

这一教学环节是在阅读理解的基础上进一步对课文内容、形式等方面进行评价、欣赏,肯定和吸收正确的、美的东西,批判和摒弃错误的、丑的东西。

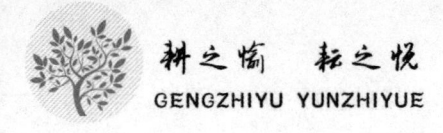

在课堂上可以训练学生评述课文的思想内容,分析写作特点,评价作者的写作目的及蕴藏于语言文字中的思想感情,从而使学生的欣赏水平得以提高,思想情感得以升华,较好地完成教育教学任务。

这三个教学环节中,第一个环节是基础、是前提;第二个环节是重点;第三个环节是检验、是升华。这种教学方式,体现了阅读教学的整体—部分—整体的教学原则。它既重视了对课文内容和形式的研讨、理解,又重视了听、说、读、写能力的训练。它变教师对课文的繁琐分析为学生对课文的钻研、理解,学生由被动学变为主动学,这不仅有力地激发了学生的学习兴趣,培养了学生良好的学习习惯,提高了学生的阅读水平,而且大大提高了语文课堂教学的效率,使学生在理解的逐层深化中学有所依,学有所得。

### 三、指导学生课外阅读,拓宽学生视野

"书籍是人类进步的阶梯"。课外阅读既可以拓宽学生视野,增长见识,又可以提高学生的阅读能力。最重要的是课外阅读是学生在自由、无拘束、无负担的心理状态下进行的,所以学生对课外阅读兴趣盎然、如痴如醉,充分享受着阅读的自由、阅读的快乐。对学生的课外阅读,教师也应该给予指导:

1. 指导学生选择书籍,推荐优秀的课外书。

2. 指导学生做好读书笔记。

培根说:"笔记不但可以加强记忆,而且使人精明"。教师应该让学生养成做读书笔记的习惯,养成读书时摘抄好词佳句、记录读书心得的习惯。

3. 指导写读书心得

语文教学强调的是读写结合,学生通过课外阅读,开阔了视野,积累了知识,所以教师应指导学生写好读书心得,或感受最深的人、事、段极其写法等的点评,或写写读后的感想体会。点点滴滴都是学生的收获,应该写下来,久而久之,有助于习作和阅读能力的提高。

总之,语文教学只有通过课堂教学与课外阅读相结合,课内得法,课外得益,课内外相得益彰,才能真正提高学生的阅读能力,才能让学生在阅读中感受阅读的乐趣,收获阅读的成功。

# 在数学教学中培养学生创新意识

## 路晓琳

愉悦和谐的课堂教学是启迪学生思维、开发智力、培养创新精神和实践能力的重要前提和关键。对于在小学数学教学中建立愉悦和谐的课堂环境,培养学生的创新意识,我有以下几点思考:

### 一、调节课堂气氛,激发创新意识

心理学研究表明,教学环境与学生学习有着必然的联系,良好的课堂气氛能使学生学习的思维处于最佳的状态,而紧张的课堂气氛难以调动起学生学习的积极性。在课堂教学中,只有在愉悦、和谐的课堂气氛下学生的学习热情才会高涨,课堂参与积极性才高。因此,创设愉悦和谐的课堂环境是学生主动创新的前提。

1. 创设和谐愉悦的课堂环境,使学生敢于创新

教师在教学中的主导作用就是为每一个学生创设形形色色的舞台,营造一种师生之间和谐、平等、民主交往的良好数学课堂氛围,促使学生愉快地学习数学,激发学生对数学问题肯想、敢想的情感。对学生中具有独特创新想法要特别呵护、启发、引导,不轻易否定,切实保护学生"想"的积极性和自信心。这将为学生的创新能力的提高起到积极的推动作用。

2. 提供自主学习、活动的时间和空间,使学生有机会创新

在教学中,应当让学生占有足够的自学时间,享有广阔的联想空间。如在教学"长方形面积计算"时,我提出在长 6 米、宽 4 米的房间里铺地毯,商店有宽 1 米、2 米、4 米三种型号让学生自由选择。有的说"买 1 米拿起来方便";有的说"买 4 米的铺起来美观大方没有接口";还有的说"选择 2 米,这样又方便又省钱,床底下可以不用铺"。课堂上学生质疑问难,创新意识的苞芽得到了

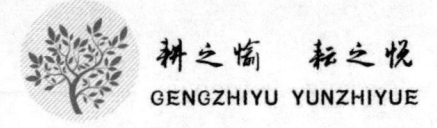
保护,将逐步形成会问、善问的思维品质。

## 二、引导探索学习,诱发创新灵感

在教学中,要让学生独立思考,放手大胆地让学生尝试探求新知。学生自己能发现的知识,教师决不暗示,学生自己能通过自学课本掌握的,教师决不代替讲解。让学生在独立思考中学会,促进其思维的发展。

如在教学"圆的周长"中测量圆的周长时,我先问学生:"在学习正方形、长方形时,可用直尺直接量出它们的周长,而圆的周长是一条封闭曲线,怎样测出它的周长呢? 你们可以用直尺和白布条去测量实验桌上的几个圆的周长,有几种测法?"请大家实验一下。顷刻课堂上人人动手参与,我用这种方法,你用那种方法,气氛十分活跃。然后,大家纷纷发表自己的实验结果。我在肯定学生的思维方法后,因势利导,说明用绳测、滚动的办法测量圆的周长都是有一定的局限性,我们能不能找出一条求圆的周长的普遍规律呢? 接着利用媒体显示:两个大小不同的圆,在同一点旋转一周后留下的痕迹。"你们看到的圆的周长的长短与谁有关系? 有什么关系?"大家再实验,直到得出:圆的周长是直径的 π 倍。这样,通过操作、讨论、观察、思考,让学生主动参与学习、探索问题,既掌握了知识,又发展了思维。

## 三、培养思维能力,唤起创新欲望

1.让学生获得成功的快慰,促进积极思维

小学生好奇心强、求知欲盛。当他们正确回答一个比较难的问题或解决了一道难题后,都会从心底升起一股兴奋感。因此,我们要保护学生内在的学习积极性,给他们满足的机会,进而产生学习成功感,引发积极探索的兴趣和动机。

2.设计问题的深度和广度应在学生的最近发展区内

在教学能被3整除的数的特征时,学生猜想提出"个位是0、3、6、9 的数能被3整除。"我引导学生举例,先初步验证,再用实验验证,通过用小圆珠摆一摆、算一算,接着鼓励学生质疑问难。在这样的环境中听不到呵斥和叹息的声音,看不到苦恼、僵持的状态。学生充分体验了成功的喜悦,提高了学习效率。

## 四、改进教学方法,增强创新能力

在教学中,组织学生通过实验、动手操作、尝试错误和成功等活动,让学生接触贴近其生活的事例,使学生体会到所学内容与自己身边接触到的问题息息相关。让学生从现实生活中发现数学问题,掌握观察、操作、猜测的方法,培养学生的探索意识和发现意识。例如:在组织一次班会之前,请同学们预算一下需要多少费用。先告诉学生现有经费多少,再要求学生调查活动所需物品的价格。比如布置教室的彩带、气球需要多少钱等。调查后绘制成表格,并要求学生思考探究:根据学生人数去购买各种小吃、水果需要购买多少? 有多少种购买方案? 哪一种方案在不超支的基础上既能把教室装扮得最漂亮又能让同学们吃得最开心? 并申明:探究出合理答案的同学可以奖励一颗智慧星。这样学生们三五成群,进行小组合作探究。学生们将各自的探究结果汇报给教师后,教师将较有代表性的方案选出让学生进行比较探究,选出最符合要求的一种或几种加以表扬奖励。这样将课堂知识与现实生活中遇到的数学问题紧密联系,引导学生对生活中的数学问题进行探究,有效地将学生自主探究学习延伸到课外生活中。

数学课堂教学是实施素质教育的主要阵地,教师在教学中必须树立创新性的教育观念,通过创设愉悦、和谐的教学氛围,引导学生探索性地学习,培养其思维能力,促进学生全面发展,唤起学生的创新意识,培养创新精神,最终在实践活动中提高其创新能力。

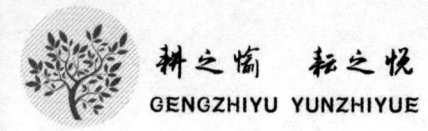

# 浅谈作文教学

## 温宝玲

如何提高学生的作文水平，一直是班主任所困惑的问题。孩子们不会写作文，难于写作文，写出来的东西让我们感到头疼，语句不通顺，写作无头绪，东写一笔西写一笔，重复啰嗦，分不清重点，扣不到主题。多年来，我一直在努力探索这个问题，作文教学时间相对来说较少，那么我们怎么做才能使孩子爱上写作并且知道怎么写才是好作文呢？

以我的经验，我认为，最重要的是打好基础，要从一年级就开始，在他们学习说话的良好阶段就进行习作训练。从教拼音开始，就让他们用拼音写话，从写一句话开始练起。课堂上对他们的口语训练要经常性的进行，如经常用词造句，说比喻句，不断鼓励他们说话，然后把说的东西写下来。到一年级下学期就要训练写一段话。一步一步训练，从点到面，设计好每次训练的主题。如描写人，先要学会描写人的五官，今天教写眼睛，明天教写眉毛，后天就写嘴和鼻子等，老师要指导好，并且要给他们读范文，开拓他们的思路。如写人物的心理活动，就可以设定这些训练题目：人着急的时候的样子，人生气的时候的样子，人悲伤的时候的样子，人高兴的时候的样子。再如写自然景观，就可以设计这些训练题目：风、雨、雪、雷、电、雾等题目。这样持之以恒的练下去，孩子们就不愁写作了。

现在我就把我这二十年来在作文教学上的一些做法和体会和大家谈一谈，以求共勉。

**一、放低标准，重在鼓励，捕捉精华，由浅入深**

很多学生提到作文就头疼，对作文望而生畏，不知道怎样写才能符合老师的要求，总是生编硬套，字数不够废话凑，像挤牙膏似的想到一句写一句，应付了事。所以我们对学生不能心急，要放低标准，消除他们的畏难情绪，告诉他们作文并不难，就是把你想说的话写下来就是作文，能写多少就写多少，这样先让学生敢写作文。然后我们要做的是在批阅作文的过程中要发现学生写的精彩的句子，哪怕是一句话，立刻捕捉到这个闪光点，就马上表扬他，赏识他，可以这样对他说：你看你还说不会写呢，这不是写得很好吗，如果再多写一些像这样的句子，那你就快成小作家了。孩子有了自信心，自然就愿意写作文了。一次我让孩子们写雨，谭欣满写了这样一句：雨水像小娃娃的泪水，刘文瑞则说雨水落在地面上，像一朵朵开放的小花。我大大地表扬了他们，他们乐坏了，天天盼着上作文课。

当然我们的标准可不是只停留在只会写几句话的状态下，当学生对作文产生浓厚兴趣的时候，我们便由浅入深地，逐步提高写作要求。如开头、结尾的方法，写记叙文要按一定顺序写，写人物要注意描写人物的动作、神态、语言及心理活动，写景的文章多用比喻、拟人、排比等修辞方法，还有详略得当，重点突出等，慢慢把学生引领到更高的写作层次上。

## 二、分等评价，写好批语，认真讲评，适机奖励

我发现学生不喜欢老师批作文打 ABC，或优良中差，我是分等评价，一等文、二等文、三等文和特等文，这样学生觉得像是参加作文竞赛，获得的等次一样，每次发作文学生都互相比着看谁获一等文特等文，获特等文的学生像拿了大奖一样兴奋。然后他们就急于看我写的批语，他们很在意你写的每个字，哪怕一个好字，他们都高兴得不得了，所以我都是多表扬，少批评，给足他们写作的信心，给足他们写作的动力，给足他们写作的勇气了。对写得不当的地方温和的方式提出来就行了。

我们还要认真上好每一次讲评课，往往我们老师都能认真批改作文，而忽略了作文讲评课，这是最大的损失。上好一节讲评课，相当于让学生练写 10 篇文章，因为在讲评课上，学生可以看到别人的好作文，取长补短，学会品析，学会修改。获得特等文一等文的同学可以在这节课上得到同学们充分的肯定和赞许，获得成功的喜悦，同时也激励其他同学向好的方面学习。我们也可以在物质上给孩子们一些小小的奖励，贴小红花或发个笔记本，这样的作文讲评课，无疑是在学生干涸的作文田地里输入了清泉甘露，大大激发他们写作的欲望。

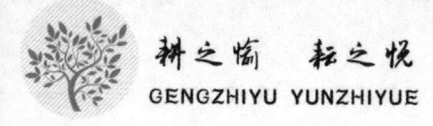

### 三、随时练笔,捕捉灵感,观察生活,启发想象

写作需要灵感的,灵感具有发散性,闪现性的特点,如果不及时捕捉,就会稍纵即逝,所以教师要鼓励学生及时把看到的见到的想到的写下来,如看到下雪了就让他们认真观察,启发学生的想象力,雪像什么? 飘舞的样子又让你想到了什么,刺激他们的灵感,让他们马上写下来。再比如两个学生打起来了,我们就可以让大家一起为他们分析对错,然后说说不应该打架的道理,我们应该怎么做,于是又一个小练笔的题目就诞生了。还有各种节假日,都是练笔的良好时机。

### 四、积累词句,收集素材,课外阅读,丰富见闻

作文需要日积月累,练得少学生会感到无话可写,词语缺乏,作文会枯燥无味,不生动,因此积累优美的词句,收集作文素材,起着至关重要的作用。我让学生准备一个日记本,每周都摘抄一些优美词句或段落,或者写一写周记,另外,大量的阅读课外书籍,丰富学生的见闻,拓展学生的视野,避免言之无物的现象,为习作积累大量的素材,学生的习作之路就会拓宽了。

### 五、重视朗读,训练说话,打好基础,铺石造路

语文课堂教学是学生写好作文的一个良好的培养基地,在这块基地上,朗读训练和说话训练尤为重要,学生只有朗读得好,才能领会写作的美妙之处,只有朗读得好,才能在自己的习作中懂得怎样把句子写通顺,写流畅,从而会推敲自己的文章,一边读一边改。说话训练是写作的起点,从句子训练开始,学会了写好每一个句子,才会写好一整段句子,根据课文中出现的生词、关联词进行造句训练,这样孩子们就会运用到习作中去。在一次语文课上我训练孩子用"有的……有的"说话,于是在作文《小猴捞球》中孩子们就会这样写:皮球掉进洞里了,有的猴子说用鱼网捞,有的猴子说用竹竿够,还有的猴子说往洞里灌满水。这样长此练下去,孩子便越来越会说话了,会说也就会写了。

### 六、范文举例,名言警句,提供题材,拓宽思路

在指导学生写作时,我的经验是多找几篇范文让学生看,如果只找一篇范文,往往会造成千篇一律的现象。教师要有选择性地找几篇有代表性有不同特点的范文,充分拓宽学生的习作思路。如我在六月份的走讲周所讲的一节作文课《持之以恒》中,就找了四篇有不同特点的范文,分别是开头结尾写得好

的,动作语言描写得好的,心理活动写得好的以及引用名人故事加以议论的。这几篇有代表性的习作,足以教会学生如何写好这篇作文了。然后学生就很快写完了开头。读了几个同学的写作,果然效果非同一般,没有雷同的,写得各有千秋。教师不用过多的讲解写作要求,学生自然就从范文中学会怎样写了。

另外要为学生提供一些有关于作文题目的一些名言警句,或俗语,名人故事等,让孩子在习作中可以恰当的引用为文章润色。

总之,就作文教学而言,教师要让学生树立"我能写"、"我能写好"的自信心,从而激发学生新的创新动机,使作文教学步入良性循环的轨道。多读,多写,多练,坚持下去,学生习作的百花园定会绚丽缤纷,他们的习作之路定会星光灿烂!

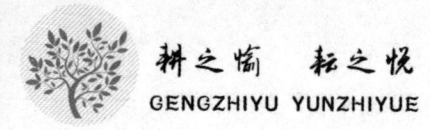

# 谈习作教学的起步策略

## 刘 艺

习作教学是小学语文第二、三段的教学内容,同时也是语文教学中的难点。如何扎实、有效地进行作文教学更是我们要探索与实践的问题。在我的习作课堂中经借鉴与实践总结几个小方法:

### 一、激趣铺路引发写作

对于初次接触写作的学生来说,刚起步时有难度,易产生畏难心理。我想这主要是因为学生缺乏习作兴趣、习作的素材,缺乏表达的语言,缺乏写作的基本方法和修改的能力等。因此,针对以上问题,教师要采取多种手段,降低难度,激发兴趣,引发学生的写作欲望。在我的习作教学中我采用了这样几种方法:。

方法1:创设情境、激发情趣

俗话说"兴趣是最好的老师"。要调动学生习作的积极性,绝非易事。而情境教学法就恰到好处地起到了很好的效果。它要求创设的情境就是要使学生感到轻松愉快、心平气和、耳目一新,促进学生心理活动的展开和深入进行。课堂教学的实践中,也使人深深感到:欢快活泼的课堂气氛是取得优良教学效果的重要条件,学生情感高涨和欢欣鼓舞之时往往是知识内化和深化之时。情境能使语言具体化、形象化,在写作活动中,教师可以创设情境渲染气氛,使学生身临其境,情绪受感染,产生写作学习的最佳情感状态。

例如:开学后不久我上了一节写作课,效果不佳。课后,看着同学们一张张拧成包子似的小脸,我就知道孩子们根本没有写的素材,小脑袋里空荡荡的一片……

下午正好有一节信息课,老师没来上,孩子一听信息课上不成都很失望。

这时我说,那咱们这节课就做个游戏吧!孩子们雀跃不已。于是我们选择玩老鹰捉小鸡的游戏。

我事先讲了游戏规则,并选了一些玩游戏的人,在开始游戏时,我让余下的学生看着我们一个一个介绍每个人的角色和每个角色的任务……

玩的过程中让孩子们观察我们是怎样玩的,并说一说……

20 分钟过去了,孩子们在一片欢笑声中结束了游戏。每个孩子的脸上都洋溢着兴奋的神情。

于是我开始进入正题:孩子们我们上午的作文《童年的游戏》还会写了吗?

孩子们恍然大悟,各个兴奋地说:"会了!"声音在我们的教室中久久回荡……

我的心也被孩子们的回答填得满满的。

方法 2:由易到难、循序渐进

作文起步教学应当由简到繁,由易到难,循序渐进,不可盲目冒进,要搀好扶好再放手,降低写作难度,假设写作梯度。可以先指导学生写好重点段,再逐渐落实谋篇布局、遣词造句的要求。

比如《我写我》一文的重点就在于指导学生写好"我的特点"这一段落。而《勇敢的小溪》一文则在于指导学生写好"小溪勇敢地迈开步伐走向远方,它会实现自己的理想吗?"这一想象的特点。在作文起步教学指导的过程中还要体现由扶到放的过程。如写《学做菜》一文,重点在于做菜的过程。在写作前,我先请同学回去请家长示范煎了一个荷包蛋,然后在课堂中交流家长是如何煎荷包蛋的,在此基础上帮助学生梳理出几大过程:开煤气灶——倒油——敲蛋——下锅——煎好一面——翻身再煎——放调料——盛起吃蛋。这样一来,原来不会写作的学生也能写出有模有样的作文了,他们写作的兴趣一下子提高了。然后再请学生回去在家长的指导下学烧一样菜,并把烧的过程记录下来。这样,学生写作的自由度一下子大了,"差一点的学生吃得饱了,好一点的学生则能做到吃得好了!"这样的方法,学生怎么会不爱上写作呢!

## 二、夯实基础促进写作

作文起步教学的终极目标是为培养学生良好的笔头表达能力打下坚实基础,所以只有夯实写作基本功训练才能促进学生正确地写,有效地写,为今后写作立下坚固的基石。

1. 从每一个标点符号抓起

在作文起步教学阶段,我发现学生的作文中标点用错现象较严重,特别是

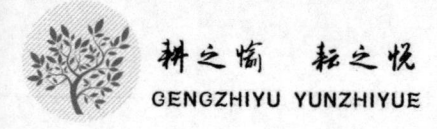
引号的运用有一部分学生还没正确掌握。所以在学了第二课《学会查"无字词典"》后,重点又复习了一下引号的运用,同时设计写话练习《我的自画像》,既增加了写作素材,同时又一次复习了标点的正确运用。又如《续写故事》的习作练习,我帮助学生把学过的一些知识融会在一起,编了一首儿歌,让学生诵读:"提示语在前面,冒号引号紧相连;提示语在后面,后面画个小圆圈;提示语在中间,画个逗点在后面。"让学生又从语文课文里找出三种不同的例句加以巩固,并应用于自身习作,用儿歌的方式教学既简化了教学的难度,又提高了学生的积极性。从学生的习作来看,标点用错现象明显减少。此外,还要注意教给学生在方格子里写作文时,标点符号占格的写作指导。

2.抓遣词造句

作文起步教学要丰富学生的书面表达形式,要教会学生运用不同的表达方式。可以教会学生一些比较简单实用的表现手法。如叠词和比喻、拟人的运用。比如在教《秋天来了》这篇作文时,我设计了这样一个练习:你能加上叠词使句子变生动吗?秋天像个害羞的小姑娘,( 遮遮掩掩 ),( 躲躲藏藏 );树木吐出( )嫩芽;秋天的小雨( )地下;果园里( )长大。而当学生说到"秋天来了"一句时,我又这样引导学生:"如果秋天是一位美丽的姑娘,这句话可以怎么说?"学生的思维一下子被打开了,有的说:"送走了夏姐姐,美丽的秋姑娘来了。""盼望着,盼望着,东风来了,秋姑娘的脚步近了。"学生的文字逐渐就丰富起来了。

3.抓篇章结构

作文起步教学训练的重点是段落,但并不是排斥教给学生"篇"的知识。而是应该把一些基本的知识渐渐渗透追求一种润物细无声的效果。例如可以告知学生文章要分节写,而优秀的文章小节数通常在 4 到 5 节。又比如还可以告诉学生开门见山,首尾呼应,点明题意不失为习作的好办法等。

## 三、发展能力引导写作

在作文起步教学中,我们要充分利用和拓展现有的各种资源,加强知识积累,提高写作水平,促进语文素养的提高。

1.课内多读、多背、多练

大量的诵读与背诵,可以增加字词的储备量,还有助于把所记忆的好词好段灵活地运用到自己的习作中。教材中要求记忆的内容较多,平时利用课前两分钟滚动背诵以加强记忆。同时,教材中的"口语交际"中设计了许多说话写话练习,教师教学时可以巧妙地加以运用。

比如《小马过河》一文后的续编故事,结合学校"手抄报"的评比让学生做一做手抄报,再用"先……再……最后"等连词写一段话。又比如《世界上最美的是什么》这篇文章写得很含蓄,文中有多处空白,特别是其中有两处很好的训练写好人物心理活动的训练素材。我们可以引导学生从不同的角度,把人物的想法写具体,在这过程中加强学生进行心理描写的意识。这些随文练笔不一定非要写成一篇完整的文章,只要能写成一段清楚连贯的话即可,这样学生不会感到是负担,而写作的能力则在平时的训练中慢慢得到培养。

2. 课外多看、多记、多写

课外阅读是提高写作水平的重要途径。多读多看一些课外书籍,能增强学生的语感,还能帮助学生正确阅读文章、理解文意,又能帮助学生准确写作。

我引导学生在班级里建立了图书角。同时结合学校"读书节"活动,推荐一些好的书籍让学生去购买一本然后拿到班级图书馆互相借阅,同时鼓励学生把自己家里原有的一些优秀的书籍拿来互相传阅,然后利用班会、午会进行阅读心得交流。如,我让学生每人备一本好词好句收集本,及时摘录好文章、好句子、谚语、俗语等。通过这个过程积累语言材料,扩大视野,在脑子里储存词汇,为写作文奠定坚实的基础。

3. 平台多展示、多交流、多鼓励

学生的作文水平参差不齐,但不可否认的是学生的每一篇习作都付出了一定的辛勤劳动,每一个孩子都希望别人对自己劳动的价值给予肯定与鼓励。因此每次习作后我都要安排一次习作评奖课。要求学生要挖掘出交流文章的闪光点,并适时引导学生给与掌声鼓励。我还把学生习作中的妙词佳句,或别具一格的构思,写在黑板报上,让其他同学记在随记本上。结合学校的"校报投稿"活动让获奖同学把他们的文章请家长打印发到我的邮箱里,我帮助他们排版美化,再给每篇文章写上老师的话,然后编辑出版《春蕾校报》,随后每位学生发一份,写上"我的话","爸爸妈妈的话",让这些学生对自己的作文有成就感,从而调动学生写作的积极性,鼓励学生树立自信心,激励他们不断进步。我坚信辛勤的耕耘一定会换来了丰硕的收获。"万事开头难",只要我们把作文起步教学重视起来,贴近生活,从实践中汲取素材,以说促写、博览群书、积累语言,发展学生思维,就一定能使学生赢在作文的起点上,使他们有话可说,有事可写,有情可抒。作为教师,在作文起步教学中,我们还应该有更多思考,更多实践与探索……

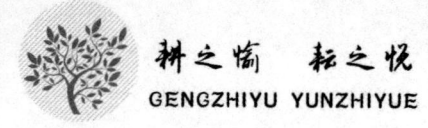

# 浅谈小学英语课堂教学探究性学习

## 姜　晶

　　教学工作是学校的中心工作,课堂是教学工作的主渠道、主阵地。新英语课程标准倡导设计探究式的学习活动,这是一种适合时代要求,体现"以人为本"教育思想的新的学习方式,是实现学生主动参与教学过程,真正成为学习的主人的有效途径。探究性教学是以师生共同探究来促进学生掌握知识、让学生经历知识发生发展全过程的一种教学方式。在小学英语教学中如何进行探究性学习呢? 就此谈谈自己的一点体会。

　　一、教育心理学认为,学习动机是直接推动学生进行学习的一种内部动力。学习动机越强烈,就越容易体验学习成功的喜悦,出此而产生对学习活动充满情趣,对所学的知识有强烈的探究欲望。英语是外来的语言,小学生对陌生的英语有强烈的好奇感。教师要利用学生的好奇心、表现欲,通过精心创设合乎生活实际的丰富多彩的真实或仿真的情境,来激发学生探究知识的动机,使学生都想一试身手,显现自己的风采。卡通人物是最惹小学生喜爱和最有吸引力的,课堂上,放映一些颜色艳丽、栩栩如生的、有上面的单词所指形体特征的卡通人物( 波利、蓝猫、回力熊、小丸子 )动画片,小学生都觉得他们非常可爱,便急切地想用英语介绍自己喜欢的卡通人物,让同学们与他分享。看完动画,我让学生独自探究词义,找出动画中人物最显著的特征是什么;然后听录音并模仿跟读,猜测人物下面的单词的词义。学生们积极踊跃,观察、听录音、跟读、猜测,很快就达到了预期探究结果,在教师不做翻译的情况下就能找出正确的人物动画。

　　二、在当今日趋多元化和民主化的环境里,我们必须培养学生与他人和睦相处、通力合作的能力。课堂上,小组合作探究学习是学生相互交流、相互沟通、相互启发、相互补充的过程。在这个过程中,学生分享彼此的思考、经验和知识,交流彼此的情感、体验与观念,从而丰富了教学内容,促进了学生的共同发展。合作探究的方式是多种多样的,教师可以把问题以任务的方式分给每个小组,在这个任务中又可分为几个小任务,小组成员根据自己的情况,至少选一个任务进行探究,然后每个组员汇报自己的任务进展情况,共同完成总任务。可以是小组成员共同探讨一个问题,每个组员就同一问题开展讨论,各抒己见,最后达成共识;也可以独立探讨,然后展示自己的探究成果,小组共同分享成功。继续以学习上面的单词为例,在学生独立探究的基础上,让学生四人小组合作学习,根据组员的外貌特征和性格,选用上面的生词,轮流做模特,被另三位组员描述。这样,学生会非常兴奋,有机会,展示自己的成果,同时又可以验证自己对词义的探究是否正确;在描述中大家可以讨论或争辩该用哪个词比较适合,起到相互学习、帮助的作用。教师穿梭于各小组的交流中,及时了解情况,予以指导。在合作学习中还要注意培养学生学会倾听,学会观察,学会尊重和帮助;在倾听别人意见的基础上反思自己的观点,感受不同的思维方式和解决问题的策略,以解决学习中的各种问题。

三、教师要引导学生将探究过程中所获得的信息,融入不同的语言环境中,并加以运用,进行互动交际,达到学以致用的目的。这个语言环境可以是让学生自己想象到的、能够应用的情境,或在教师的指导下,开展的各种形式的体验活动。交际是人与人之间借助语言进行的相互交流和沟通。学生在交际中自我探究、自我体验、自我创造,从而达到积累语言、增长语言技能、灵活地运用语言的目的。例如,让学生观察图片,听录音(或看屏幕),猜测下面对话的意义并进行模仿:学生在教师不做翻译的情况下,进行表演父亲的职业和喜好,设计出需要医生的情境。学生除了用动作表演出职业特点外,还探究出在很多场合有这些职业的情境,而探究活动中最突出的,是当小记者,互相采访,询问及答记者问。在采访者和被采访者互动的交际活动中,给予学生足够的自主探究空间,要求学生深入探究,大胆质疑,让每个学生都有表现的机会,使得他们"流连忘返"。

四、学生的英语学习不应只局限于学校和教室教学的空间概念,要努力将课文内容向纵向发展和横向拓展。应由课本牵引,把课堂向网络延伸,向社会延伸,让学生积极寻找与课本相关的信息源,在互联网上阅读适合自己的英文读物,或与同龄的外国小朋友互通书信等等。社会、生活处处都是学生探究英语学习的天地。例如,学习"home、family、house"这三个词都含有"家"的意思,但他们的意义却完全不同。指导学生让他们咨询懂英语的亲人,或自己到图书馆或上网等查找相关的资料,然后要求学生用自己喜欢的方式展现自己的

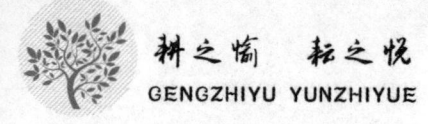

成果。等到了预定展示探究成果的时间,学生纷纷要求老师给他们展示的机会。他们不仅能区别和理解词义,而且一些同学还设计出了应用这三个词的有趣的情境:有的用几幅生动图画,给人物注上对白,简单明了,达意有趣,使人一看就明白;有的要求即兴表演,他们准备了自家的"全家福",还给自家拍了个大相片;有的带来玩具屋作自己的家,以便用"family"这个词时有真实感。他们表演得真切,情景合理丰富,使用起这三个词一点也不含糊。在这样开放性的教学中,学生从多角度、多侧面地进行立体探究,师生之间、学生之间相互质疑,发展了学生的智力,培养了学生收集信息、处理信息的能力和创新能力。

我认为教学的实施是以激发学生对英语的兴趣为切入点,在教师的指导下,学生主动地获取知识和综合运用知识解决问题的过程。在教学过程中,把活动的空间和时间留给学生,既要激发学生参与探究的意识,又要教给学生探究的方法,教师是学生探究的促进者和合作者,让学生通过自我体味、自我体验、自我努力,达到培养学生自主探究的能力的目的,这对增加课堂容量,优化课堂教学结构,激发学生学习兴趣,提高课堂质量,都将有巨大的作用,因此教学改革,特别是教法改革的突破口,应从探究性学习的教学手段抓起,以适应不断提高教学质量的需要。

# 三分析让习作有据可依

## 国凤华

习作是语文听、说、读、写四项基本技能的综合体现,听、说、读归根结底是都为习作来服务的,能听清说话者的意图;能够文从字顺的表达一件事情;能抓住事情的主要特征条理清楚地表述出来……所有语言文字训练的内容都是语言文字积累的一个过程,而有了各项训练内容量的积累,最终就会体现在写的上面——习作,习作是语文教学中的重点也是难点。学生不愿写,内容空洞、言之无物,车轱辘话一大堆,就是不切要点,不进主题;而老师批改时常常头疼,指导的写作方法与学生习作内容相差十万八千里。

学生挖空心思,作文七拼八凑,总算完成了任务;结果在老师看来:习作内容重复,语言乏味,条理不清。这主要是因为学生缺乏观察生活的能力,缺乏语言文字的积累,及对学过的语言文字不能灵活地运用于习作的表达,因此表达起来缺乏表达的语言,没有真情实感,都是大话、空话、套话,针对以上问题,如何改变这种现状呢?

### 一、做好习作前的学情分析

从学生自身实际情况出发,根据学生的年龄特征、知识结构,选择适合他们知识水平基础的习作训练内容,如低段的学生可以结合绘本进行习作的训练,图文并茂的内容特点适合天真活泼的低段学生,以便发散思维,激发他们的想象,为写话激发灵感,积累素材;同时关注学生兴趣,激发写作意向。"兴趣是最好的老师"。只有调动起学生学习的积极主动性,才能激发学生创作的灵感。习作前要做好学生的分析,要调动学生习作的积极性可从以下几个方面着手:

1.让学生明确习作的重要性。写作可以帮助我们做很多的事情,而且还能提升自己的人格魅力。可以把班级习作好的学生的作品拿来在班级里面展示,如果有在其他刊物发表作品的学生就更好,拿着此类学生的作品以赞赏为目的的评价,从而激发学生写作的欲望,当学生们看到那些了不起的作家就在自己生活的身边时,积极性自然就提高了,他们会觉得:原来成为"作家"也没什么了不起,兴趣也会接踵而至。那么写作的积极性也自然提高了。

2. 抓住身边可以写作的一切素材让学生乐于表达。可以从学校的各种活动入手:例如学校进行清明祭扫活动,就可以在活动前讲清要求,活动中对学生有重点地进行讲解,活动后及时地进行总结,这样从学生亲身经历的活动入手,让他们有内容可写,有依据可抓,这样有的放矢就会逐渐锻炼学生的习作能力。

3. 重视习作成果。及时对学生的优秀之作进行表扬,并把优秀的习作张贴在班级中学习园地之中,这样一方面满足了习作优秀的学生小小的虚荣心,另一方面,可起到示范作用,让其他学生从中学习到自己所不具备的能力。

## 二、习作前做好单元教学内容的整合分析

做好单元知识结构的整合,做好单元教学内容中提供的文章优美篇段、句子的积累工作,丰富学生的视野,才能让学生的习作有着手点。

每个单元的训练都有一个鲜明的主题,这个训练的主题往往围绕着单元的教学内容有层次、有梯度的展开教学,最后才归结到写作,因此教师要全面分析单元训练的重点,结合单元教学内容的重点的篇章、精彩的句子,加以分析、进行点拨,创新仿写……这样学生在习作时就有据有依。

叶圣陶老先生说:"生活犹如源泉,文章犹如溪水,源泉丰富而不枯竭,溪水自然活泼流之不尽。"从中提炼出来就是:生活就是最好的素材。大部分教师会感觉到一到习作课学生都会"没有东西可写",要解决这一难题,老师就必须有意识地从学生丰富多彩的生活入手,引导学生在丰富多彩的生活中积累习作素材,丰富他们情感的世界,让学生有表达的欲望。而学生的日常生活就是习作素材很好的挖掘地,因此教师必须引导学生走进生活、体验生活。

1. 指导学生在日常生活中做一个留心观察的人,做一个善于观察的人,做一个细心观察的人。可以观察大自然的花草树木;倾听自然界鸟语虫鸣;欣赏乡村的田园风光,城镇的风景名胜等。

2. 鼓励学生在生活中做一些力所能及的家务事,以此丰富他们的情感生活体验,让他们从劳动中吸取生动有趣的生活素材。如帮家长擦地、洗衣服、买东西、整理房间,等等。凡是符合学生年龄特征的事情都可以与家长沟通

好,让学生自己做些力所能及的事情。

3.丰富班级的课余生活。如观看电影,读书交流汇报会,智力竞赛,演讲比赛、主题班队会等。

这样学生的课外生活丰富了,习作时就会有据可依,就会有内容可写;就不会在写作文时无话可说、无事可写了。另外还可以从其他方面多渠道积累素材;语文文字是表达思想感情的载体,因此语言材料的组织是习作的关键要素。要增加学生的语文知识可从以下几个方面入手:

1.运用知识积累。平时看书过程中就要要求学生注意积累从中看到的好词好句、优美的段落篇章,并要求他们在理解其含义的基础之上进行熟读或者背诵。

2.阅读扩大知识面。阅读是语言积累的重要途径。因此除了语文课以外,要十分重视引导学生进行广泛的阅读。可以在班级里建立了一个图书角,让学生充分利用好每天在校内的课余时间,读每篇文章时要熟读深思、要细嚼慢咽,而不是走马观花、囫囵吞枣;要高效地阅读文章;可以向学生推荐一些适合他们年龄特征的书籍,让学生利用课余时间广泛涉猎一些科普读物、少儿杂志、中外名著等,通过大量的阅读既可以丰富了学生的习作语言,又丰富了写作思维。

3.熟读、背诵中积累语言材料。可以从语文课本中的内容着手,从课文中优秀的篇章或诗文中的精华之作截取摘记,引导学生多品读课文的精彩部分并要求熟读成诵。对于词语手册中精美的成语、歇后语、谚语、名言、诗文,则要求学生背诵并加以默写。在每篇精讲课文中安排适量、适当的句子的训练或是篇幅较小的写话训练,让学生依据课文的句子或形式进行仿写;只要这样长期坚持,课本中的语言文字就能变成自己的储备和财富,等到用时,自然会涌上笔端,大大提高了学生的语言文字水平。

### 三、精准的分析课标并遵从课标的要求

根据课程标准对学生的年龄结构、学段要求,明确每个学段学生的习作要求,不要提高适合所教学段学生习作的要求,也不要降低所教学段学生习作的标准。从学段入手教会学生学会观察;根据学段要求,从不同的课文体裁入手指导写作方法。

写作往往都离不开对生活细心的观察,如果缺少了细心的观察,那么写出的内容往往也会是辞藻华丽,而缺少灵魂,写动物如此,写植物如此,写其他内容亦是如此。

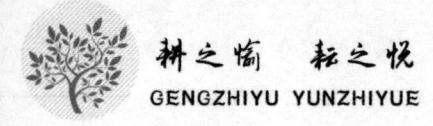
　　例如:写植物就要指导学生观察的顺序,从远处观察是什么样,近看它的根、茎、叶、花又是什么样的,当然在布局谋篇时,要根据花的特点选择是以花为主还是以叶为主,也就是根据重点内容来确定习作的主次、详略,这样看文章的人才能分析出作者的表达意图,最后还要抒发自己的感受。

　　习作离不开观察,观察会让习作更加生动、传神。建立的观察基础之上的习作内容才能更吸引读者。

　　写作除了丰富的习作素材、一定的语言积累外,还需要掌握一些写作的基本方法。我国特级教师丁有宽从小学语文课文中解剖出指导学生写好作文的规律性知识称之为"三十法"。即叙事四法(按事情经过先后,按时间先后,按地点变换先后,按以事为主结合时序地序交错);状物三法(场面描写,自然环境描写,社会环境描写);写人八法(行动描写,语言描写,肖像描写,心理描写,行动、语言、肖像、心理综合描写,写一事表人,写几事表人,写几个品质表人);开头五法(交代、明意、点题、抒情、抒感);篇章结构六法(先总述后分述,或者相反;先概括后具体,或者相反;先面后点,或者相反;先记叙后抒情,或者相反;夹叙夹议;对比)。因此在平时的阅读教学过程中,可以参照借助丁老师的"三十法"渗透在作文教学中,例如:在学习《赛龙舟》这篇课文后,就可以让学生结合自己亲身经历过的活动或是拔河比赛或是跳绳比赛或是踢毽子比赛等活动,结合课文内容适当点拨,进行适当的场面描写帮助学生了解作者是如何叙事、状物、写人、开头、结尾和安排篇章结构的。

　　总之,作文教学不是一蹴而就的事情,是一个漫长积累的过程,是一个逐渐提升的过程,如果做到了以上几点,那么学生在习作时就不会出现:假话、空话、套话;就会有据可依,有话可说,就会文思泉涌。

# 小学生习作的有效方法

## 吕　彬

**摘要**:习作课对于小学生来说,不只是写一篇令人赏心悦目的作文而已。对于学生来说,养成一种能够捕捉生活中的精彩瞬间与将他们完美呈现出来的能力的才是最关键。这就需要教师在平时的课堂上着重培养学生学习语文的良好习惯与表达能力。提高学生仿写与捕捉素材的能力。引导学生按照有效的写作步骤写作。

在整个小学阶段的语文教学中,对学生习作能力的培养,是非常关键的。对于刚开始习作的学生来说,如何写好作文是一个较漫长的学习过程,培养习作兴趣;加强课文课堂的训练;强化学生的表达能力;扩大学生的语言积累等都是在语文教学中的当务之急。同时提高学生的仿写能力,抓住一些课文的特点,结合自身实际来仿照课文完成习作也是习作教学中的难点。小学语文习作课堂教学的有效性也就显得尤为重要了。

### 一、培养学生学习语文的良好习惯

（一）要求孩子们在说话、回答问题的时候,把语句说通顺,说完整。用词准确,能用上课文中或自己积累的好词、好句。

（二）上好每节口语交际课,课堂上让每一个孩子都有发言的机会。努力为孩子们创设情境,激发孩子们的说话欲望,让孩子们爱说、乐说、会说。

### 二、注重学生书面表达能力的培养

（一）培养孩子们能把一件事情写具体,写完整。要求语句通顺,不写错别字,能正确使用标点符号。

（二）培养孩子们善于观察、善于发现,留心自己身边的人和事,积累好写作素材。

（三）结合所学课文、联系生活实际,加强小练笔的训练。

（四）指导写好每个语文园地的习作。

同时,坚持课外阅读,每天都要留给孩子们自由阅读的时间,让他们去读自己喜欢的各类书籍,上好每周的阅读课,绝不挪作它用。

## 四、引导学生从生活中捕捉写作的素材

（一）引导学生学会寻找写作文的源头。生活是实实在在的,又是丰富多彩的,学生留心观察生活,能把平凡生活反映出来,这对学生写作来说具有重要意义。叶圣陶老先生说过:"作文这件事离不开生活,生活充实到什么程度,才会写成什么文字。"因此,只有让学生平时多留心观察生活,多参加实践活动,才能积累学生对事物的认识和感受。为了让学生能够从日常生活中获得丰富的写作素材,我注意培养学生留心观察周围事物的习惯。

（二）经常安排一些联系学生生活实际的活动。如利用周末或妈妈的生日、母亲节、妇女节等时间,帮助妈妈做一些力所能及的家务活,亲身体验一下父母平时的辛苦,并把劳动的过程、父母的反应、自己劳动后的心情和感受写下来;观察自己喜欢的小动物,把它的样子特点、生活习性和自己之间发生的有趣事情,以及对它的喜爱之情表达出来。如果学生平时能够养成多看、多听、多思、多问的好习惯,日积月累,就丰富了自己的作文材料。

## 三、有效仿写练习,促进学生写作能力

对于初学写作的小学生来说,虽然是写自己身边发生的事,也知道是将自己看到的、听到的、做过的、所想的写下来,可是一动起笔就不知道该怎么写,写出来的作文总是不具体。这需要为他们提供一些范文,学习范文的写作思路、特点、方法,根据范文的语句以及表达方式进行具体的模仿,习作起来就有了兴趣,写出的作文也就比较具体。

（一）仿写文中的一段话或句群的表达方式。如教《有趣的作业》一课,有这样一段话:"展示作业的时间到了。嗬! 同学们的课桌上可热闹啦! 有小小的野花,有嫩嫩的桑叶,还有青青的小草。"在说话写话时就指导他们用上"……有……有……还有……"这样的句式,学生写到"我家冰箱里存放的东西可丰富啦! 有又嫩又绿的黄瓜;有鲜红的西红柿;还有白嫩的豆腐"。学生学会了仿写段,也就为写篇打下了基础。

（二）指导仿写课文的写作方法,进行篇的训练。语文教材中安排的课文

都是佳作,无论是语言文字,还是篇章结构都是学生学习的典范。从语文教学实践看,学生从读学写,由仿照写到创写效果明显。学生读一篇好文章既可以学到作者的观察方法、思维方法,还可以学到表达方法,经过由仿照写到创写,走一条写好作文的捷径。如学习了《假如》这篇课文,让学生模仿这一课的写法写了想象作文《假如我有一支马良的神笔》,学生写出的作文用词恰当,表达清晰,写出了自己内心的愿望,充满了一片纯洁的爱心。这样就可以把课内学到的知识巧妙地运用到了作文教学当中,达到了学以致用的目的。

### 五、引导学生按照有效的写作步骤写作

有效的写作步骤,我认为离不开想、说、写、读、改。

想:写作之前先想清楚要写什么内容,作文要求是什么。这时,教师对学生写作选材做及时地指导,引导他们打开记忆,选取记忆中印象最深刻的部分。这样既可以紧扣作文要求,又可以表达出自己的真情实感。

说:想好后,同桌先练习说一说,在互相说的过程中,指出对方用词不当之处,交代不清楚、不具体的地方等等,都可以进行再思考调整。这样做,既避免了写作时前言不搭后语的现象,又锻炼了学生的口头表达能力。

写:觉得自己思路清楚,说得通顺连贯,比较满意了,就可以进行写作了。

读:写完后,还要读一读,找出错别字及用得不当的词句等,养成边读边想的好习惯。

改:在认真读的基础上,修改自己找出有毛病的地方,学会修改自己作文的能力。然而许多小学生有这样的问题:若要他把自己写的东西进行修改,那他就找不出毛病来,但如果让他去修改同学的作文,去挑别人作文中的毛病,他倒真能找出许多不当的地方,有的甚至连老师也想不到。根据小学生的这种心理特点,我因势利导地让他们通过作文的"互改"去发现问题,提高自己的作文能力。

只要培养学生留心观察生活和阅读积累的习惯,再加上教师的善于启发、巧于点拨、及时激励,我相信学生的写作能力一定会提高。

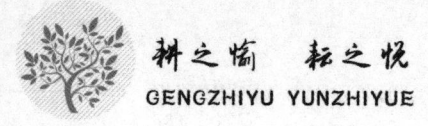

# 浅谈英语教学中的情趣教育

## 孙 凯

**Abstract**：In the new curriculum standards of primary school English teaching, teachers should cultivate and maintain students strong study interest, should grasp the opportunity, rendering English classroom atmosphere, arouse the students' interest and curiosity; study the teaching material adequately, preparing lessons carefully, in various stages of teaching more interesting; focus on "people – oriented", students play the main role; to establish new relationship between teachers and students, pay attention to the emotional communication between teachers and students, fostering interest; conducting extensive, diverse forms of English extra-curricular activities.

**Key word**：Primary school students, English, Learning interest, Training, Keep

　　**摘要**：在新课程标准下的小学英语教学中，教师要培养和保持学生较浓的学习兴趣，应该把握良机，渲染英语课堂气氛，引发学生的兴趣和求知欲；充分研究教材，认真备课，在各教学环节中增加趣味性；注重"以人为本"，发挥学生主体作用；建立新型师生关系，重视师生情感交流，培养兴趣；开展内容广泛、形式多样的英语课外活动等。

　　**关键词**：小学生，英语，学习兴趣，培养，保持

　　兴趣是最好的老师。一个成功的英语教师要在教学中有意识地培养学生对英语的持久兴趣，激励学生不断处于较佳的学习状态之中，使他们对英语乐学、善学、会学，学而忘我，乐此不疲。因此，课堂教学手段必须不断更新，用灵

活多样的教学方法,组织学生进行广泛的语言实践活动,通过多种手段激发学生实践的热情,加强对学生学习英语兴趣的培养,让学生变兴趣为参与实践的动力,并在漫长的教学过程中始终保持这种兴趣,为语言实践活动提供源源不断的动力。在教育实习和阅读大量教育著作的过程中,我对提高小学生英语学习兴趣有以下几点看法。

### 一、把握良机,渲染英语课堂气氛,引发学生的兴趣和求知欲

小学生有着爱说爱闹的孩子气,他们无所顾忌、敢想敢说、好动,求新求异的愿望强烈。因此,我们必须因势利导,不要为了盲目追求课堂纪律打击他们的好奇心和求知欲。上课时,教师尽可能多地用抑扬顿挫、语调丰富、风趣幽默、充满诱因或悬念的语言,并配以丰富的表情和手势来组织课堂教学,能给学生创造一个开放宽松的教学环境。和谐宽松的课堂气氛,可以使学生们怀着轻松愉快的心情投入学习,自然就敢用英语大胆发言,积极思维,不断产生学习英语和施展能力的兴趣。新教材中有很多内容都涉及学生熟悉的生活,因此我们应适当地把教室变成他们的活动场所,让他们自由地施展个性,激发他们学习英语的兴趣,学习内驱力自然逐步增强。

好的开始是成功的一半。因此,在课堂教学中还要特别注意利用上课的前十来分钟创造出一个良好的课堂气氛( Warming up )。比如唱一些英语歌曲,开展如"Let me guess. "或"Follow me. "等有趣的复习知识型的游戏,活跃课前气氛,增强英语课堂的趣味性,引发学生的求知欲。

### 二、充分研究教材,认真备课,在各教学环节中增加趣味性

教师对学习材料和内容的处理,一般是由易到难,逐步深入,同时要考虑到对学生学习兴趣的一定刺激程度,使学生的思想始终处于积极状态,使他们的兴趣逐步升级。其次增加教学环节中的趣味性,教学手段的多样化也有助于使学生的兴趣得以保持。呈现语言材料前,教师要想办法为学生创设新颖可信的情景,由此吸引学生注意力,再由该情景过渡到课本所展现的情景中,同时,合理地运用实物、图片、挂图、简笔画、现场录音、多媒体课件等,让所要呈现的情景更加直观而富有情趣。比如在进行课文教授时,教师可用从网上下载的听说读写的英语材料、采用自制课件来进行教学,通过声、光、电的完美结合,用生动的形象、真实的画面、优美动人的语言和音乐,来丰富学生的想象力,刺激学生的兴趣和求知欲,增强学生的记忆效果,从而实现教学目标,达到教学目的。例如在教"Do you like baozi?"这一内容时,笔者就运用实物展示、

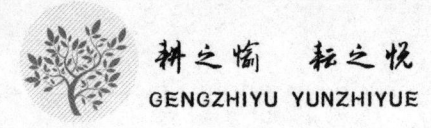

课件辅助教学的办法,让学生利用生活中常见的食物进行操练,很好地激发了学生的兴趣。

迎着 21 世纪的曙光,我们进入了数字化信息时代。多媒体辅助教学已由开始时的在优质课、示范课上的"表演",正式向课堂教学迈进,尤其是向英语课堂教学注入了新鲜的血液。英语课堂上和谐高效的教学氛围的创设,学生主体性的更大发挥,使学生在积极参与、口脑并用中学习兴趣增强。学生学习英语的终极目标——学生英语交际能力的培养在现代英语课堂上得以体现,文化背景知识得到更深层次的渗透。新课程标准提倡的任务型教学法,更能增强小学生学习英语的积极性。教师要充分研究教材,认真备课,在各教学环节中增加英语课的趣味性。

### 三、注重"以人为本",发挥学生主体作用

过去的教学常常强调教师的主导性而把学生单纯地视为教育对象,忽视学生的主体地位;把学生的头脑看作是可以填充知识的容器,忽视教学特点,无视学生的主观能动性。教师应把小学生看作是具有成长潜能的生命体,其内部蕴藏着主体发展的机制,认识到教学的目的在于开发学生的潜力,驱动其主体的发展机制,使之成长、成熟。"以人为本"的理念在教育界越来越深入人心。在教育过程中,以学生为中心,充分发挥学生的主体性已成为广大教师所热衷的教学方法。母语习得研究及外语学习研究均证实:外语教学中的重点不再应该是"我们该教些什么",而应是"我们如何在课堂教学中创造这些条件"。新课程标准强调的是学生"能干什么",因此,我们在教学过程中应充分体现学生的主动性和创造性,增强学生使用英语的能力。

恰如布鲁纳所说的:"教学过程是一种提出问题和解决问题的持续不断的活动。"因此我们应多为学生创造思考的空间。这就要求教师要善于引导学生思考、讨论、回答问题,而不是限制学生的思维,被动地跟着老师走。例如,在教授"Ask the way"一内容时,笔者避开了传统的使学生处于被动地位的讲解式,而采用多媒体呈现迷路、问路的几个现场情景,然后提出问题:假设是你,将如何进行问路、指路? 学生分小组讨论( Group – work ),接着每组向全班汇报,汇集各组方式后,再与教材中学生们的方法做比较。在学会技能之后,还让学生联系本校、本地区的具体地理情况,自编自演问路的情景。在教学中,学生非常积极,有的"Ask the classroom",有的"Ask the bookshop",还有的"Ask the W. C.",气氛特别活跃。这样一来,就充分调动了学生的主体性和创造性,帮助他们跳出了被动灌输的困境,成为学习的主人。在课堂教学时,我们不妨

进行一番"换位思考"。把学生置于主人地位,使学生很自然地用英语思考、很积极地进行英语语言输出,相对传统的灌输式、封闭式教学方法而言学生的学习兴趣可想而知。

### 四、建立新型师生关系

师生关系是以基本的人性观为前提的。如果教育者认为,人的天性是懒惰的,不思进取的,需要严格教诲才能启迪良知,那么权威型的师生关系应该是最为有效的。传统的师道尊严,便是权威型的师生关系的体现。现代教育观则认为人的本性是积极的、向上的,具有生长与进取的潜力,教育的目的是开发人的潜能、促进人的健全发展,而权威型的师生关系无疑会扼杀儿童的创造力与禀赋。因此,我们必须建立新型的师生关系:

(1)合作的师生关系

合作要求教师不以教育者自居,不以强制的手段——训斥、羞辱、向家长告状等来强迫学生服从教师的意志。强制性的教育,很容易伤害儿童的自信心、自尊心,引起儿童对教师的反感甚至恐惧,也容易扼杀儿童学习的兴趣。合作就意味着教师和学生在人格上是完全平等的。过去的观念是:"你不会学习,我来教你学习;你不愿意学习,我来强制你学习。"现在的观念是:"你不会学习,我来教你学习;你不愿意学习,我来吸引你学习。""吸引",就是"使儿童乐于学习,使他们乐意参加到教师和儿童共同进行的教学活动中来。"

(2)和谐的师生关系

和谐是指师生之间的情感联系,爱是其中的核心要素。爱需要教师对学生倾注相当的热情,对其各方面给予关注,对于学习有困难的学生尤为如此。爱是将教学中存在的师生的"我"与"你"的关系,变成了"我们"的关系。爱使教师与学生相互依存中取得心灵的沟通,共同分享成功的欢乐,分担挫折的烦恼。和谐的师生关系,是促进学生学习的强劲动力。

(3)互动的师生关系

从社会学的观点来看,教学过程是一种师生交互作用的历程,师生互动的性质和质量,在一定程度上对教学活动的效果起着决定性的影响,因为在教学活动中,教师总是由一定的观念(诸如教育观、学生观、质量观等)支配其教学行为,对学生施加影响。而学生也会根据自己的价值取向和需要,理解、接受教师的影响,并在行动上做出反应。学生的反应又进一步强化或者修正教师原有的教育观念与行为。所以,师生互动构成了教学活动中的正反馈机制。通过反馈可以加强正效应,也可以加剧负效应。例如:"教师教学有热情、有方

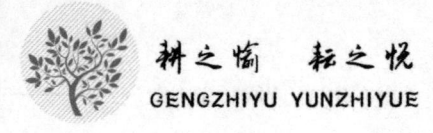

法→学生学习主动、学习成绩提高→教师更受鼓舞与鞭策、教学上更加精益求精。"这就是师生互动的正效应。

（4）融洽的师生关系

朱小蔓曾说："离开感情层面，不能铸造人的精神世界。"教育是充满情感和爱的事业，教师应多与学生进行情感方面的交流，做学生的知心朋友，甚至与学生建立起母女般、父子般或姐妹兄弟般的融洽的师生关系，让学生觉得老师是最值得信任的人，跟老师无话不说、无事不谈，达到师生关系的最佳状态。

## 五、重视师生情感交流，培养兴趣

教学不仅是教与学的关系，同时也是师生双方思想和感情的交流过程。师生关系直接影响和制约着学生的情感和意志，影响学生的认知活动。一般说来，学生对某位教师喜欢，其课堂气氛就会显得活跃，学生的学习兴趣就会油然而生。因此，教师要重视感情的投入，以自己真诚的爱唤起学生的情感共鸣。教师要通过自己的言行、表情传递给学生亲切、鼓励、信任、尊重的情感信息，使得学生不怕出错误，敢于开口说英语。重视学生情感因素对学生的影响，想方设法让学生保持良好的心境，保护学生的自信心，这对培养和保持学生的学习兴趣有很大的作用。学生初学英语时都兴趣盎然，但随着时间的推移、知识容量的增多、学习难度的加大，兴趣的保持程度则会因人而异，出现差异，有的学生甚至会完全丧失兴趣。针对这一自然现象，我们不能抱"天要下雨，娘要嫁人"的态度，而应该多关心鼓励、多给予实际行动上的帮助，从众多方面着手，要防微杜渐，更要亡羊补牢。

具体措施如下：

（1）因材施教。

根据学生的实际情况，非智力因素的差异，进行目标激励，分层互促。知识层次低的学生，做问答练习、转换练习，对于他们的提问更要保护其积极性，简单的问题要尽量留给他们，吸引他们的注意力，逐渐培养他们的思维能力，为他们能回答更难的问题做好心理和知识上的准备。智力因素突出的学生做阅读性强、推理性强的练习。根据渐进性原则，在部分学生确有困难，难以为继时，适当放慢进度，查漏补缺，甚至是"开小灶"，让他们在教师的耐心帮助下，充满信心，一步步地赶上。对部分学生"吃不饱"的现象，也不能轻视，否则会使他们盲目自大，进而丧失积极的思维和强烈的求知欲望，对待这部分学生，教师在授课时可以扩大难度和浓度，也可以在练习或检测中增加信息量，让他们不断受到新的信息刺激。总之，让不同层面的学生都有事可做，遇事能做,做则有所获,进而乐此不休。

（2）关心鼓励。

对学生关心,会激起学生学习的动力。对学生鼓励,会引发学生学习的信心。老师要不吝表扬和鼓励,尤其对于一些成绩不太理想的学生,要多肯定他们做得好的地方,及时发现他们的闪光点,增强他们的信心。比如,我在班上实行平时成绩计分制,鼓励学困生平时多表现,多加分,增进了他们学习的动力。

## 六、开展内容广泛、形式多样的英语课外活动

苏霍姆林斯基说过:"兴趣的源泉在于运用。"为了增强学生学习英语的兴趣,给学生更多地运用英语进行交际的机会,教师可以设计和组织多种难易适度的课外活动。通过活动可以让学生把所学知识运用于实际,使学生认识了自我,取得了不同程度的成就感,增强其自信心,增添了学习英语的兴趣和乐趣,变"要我学"为"我要学",进而长久保持其对英语学习的兴趣。

教师可以经常性地编辑英语学习园地或办英语壁报,解决疑难问题、分析常见错误、辨析词语用法、英美风情知识讲座等,还可适当刊登一些游戏方法、英语小诗歌、谜语、典故、趣闻、学生日记等;可以成立英语课外活动小组,开展学习课外材料、演唱英语歌曲、表演英语。总之,英语学习,兴趣为先。学生语言能力的高低在很大程度上受制于英语学习兴趣的程度。很难想象失去了兴趣还能怎样培养交际能力。所以,作为英语教师,一方面要向学生传授语言知识并使他们掌握技能,另一方面更要重视培养和保持学生对这门学科的兴趣,获得事半功倍的效果。这样才能真正把新课程标准提出的要求落到实处。会话或短剧等小组活动;结合实际组织英语竞赛,如:英文书写竞赛、朗诵比赛、单词听写竞赛、单词接龙比赛、智力比赛等。让学生在这些活动中互相帮助,互相感染,进而共同提高水平,长久保持学习英语的兴趣。

## 七、结束语

综上所述,出现教学危险信号,我们不能任其发展。对现状中存在的问题我们有必要回头看,找症结。只有在把握准理论下,不断学习新标准,摸索教法学法,用理念指导实践,在实践中感悟真理,真正地培养学生学习英语持久兴趣。相信在不断探究实践后我们一定能为学生的进步而兴奋。

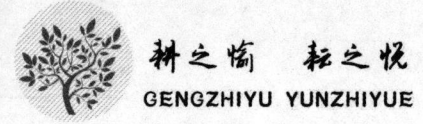

**参考文献：**

[1]张之建主编《中小学教学小百科》北京 中国环境科学出版社 2000。

[2]王增昌主编《外国教育教学改革全书》北京 中国林业出版社 2001。

[3]刘显国主编《中小学教研手册》成都 成都科技大学出版社 1999。

[4]寒天主编《中小学教育教学改革全书》延吉 延边人民出版社 2001。

# 提高小学数学练习设计的有效性

## 李　鸽

　　练习是学生学习活动的一个必不可少的组成部分。它是掌握数学知识,形成数学技能技巧、培养解决数学问题的能力、发展学生智力的重要手段,也是培养学生创新能力的重要途径。数学练习对数学知识的构建起着无可替代的作用。然而,目前小学数学练习的设计还存在着比较多的问题。首先,受长期以来"精讲多练、以练代讲"的思想的影响,练习题的安排常常是机械重复的多,课堂练习是例题的重复,课外作业是课堂练习的重复……究其原因,是有些教师认为学习数学的过程就是熟能生巧的过程,继而布置大量的练习。这样做不但剥夺了学生的休息时间而且与教师自己理想的效果背离。其次,受应试教育的顽固影响,作业设计形式单一,过分注重书面,而忽视了实践操作方面的练习。特别是在课外作业上,很多老师无非就是把配套的同步练习与作业本完成好,而同步练与作业本有许多地方是重复的,作业的内容、形式比较单调。学生疲于应付,毫无兴趣可言。对学生学习的延续性极为不利。再次,很多教师对数学练习存在着比较片面的认识,过于强调练习与教材的一致性,课堂练习题大多是一些条件明确,思路单一,结论明确的封闭性习题,这样的练习使学生缺少个性化的思考,不利于学生思维的发展。

　　基于对练习重要性的认识和练习现状的分析和反思,我们有必要探讨如何提高小学数学练习设计的有效性。

　　鲁迅先生曾经说过:"没有兴趣的学习,无异于一种苦役,没有兴趣的地方,就没有智慧和灵感。"兴趣是指人们在获取知识,探究某事物或从事某种活动的心理倾向。学生的学习兴趣是指对所学知识的一种积极向上的情绪状态,表现为对所学的知识有强烈的爱好,肯于钻研,乐于探究。根据科学研究的最新成果,人只有情感因素在最佳状态下才能最好地对所接受的事物进行

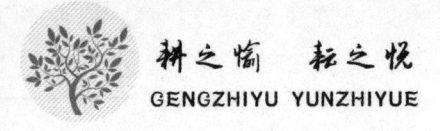

理解、判断、分析、归纳、推理和总结,取得最佳成果,完成对知识的学习。因此,激发学生的学习兴趣是至关重要的。

有意义学习理论认为,学习的过程即新旧知识相互联系、相互作用的过程。有意义学习是一种以思维为核心的理解性的学习,其特点是学生全身心的投入,包括身与心、认知与情感、逻辑与直觉等都和谐统一起来,其结果既是认识和能力的发展,又是情感和人格的完美。同时有意义学习的结果能得到自我确认,所以有效的学习应该是有意义的学习,而机械的学习虽然在一定程度上也能达到掌握知识的目的,但学习的结果常常不得不受到来自外部因素的强化,所以我们认为这是一种低效的学习。

有效教学理论认为,没有效果的教学是没有价值的教学,甚至是有害的教学。有效教学的理念主要体现在以下三个方面:(1)促进学生的学习和发展是有效的根本目的,也是衡量教学有效性的唯一标准。(2)激发和调动学生学习的主动性、积极性和自觉性是有效教学的出发点和基础。(3)提供和创设适宜的教学条件,促使学生形成有效的学习是有效教学的实质和核心。

基于以上的认识,有效课堂练习设计的实施可以这样安排:

1.有针对性的练习设计

教学内容的不同,重、难点也不同,根据不同的内容,从班级现状出发,抓住一节课的教学目标,对重点内容可采用集中性练习。对难点,既要抓住关键,又要适当分散。此阶段可以有以下几种练习形式:

(1)专项性练习。在教学过程中,对于学生很难理解的关键之处要花大力气安排专项练习。如在教方程的时候,首先要理解等式的意义,所以为了突出重点,分散难点,对等式两边同时加、减、乘、除一个相同的数(0除外)可以进行专项练习。口算教学的时候,也可以安排。但是练习后,必须有强化性的检测,才能达到理想的效果。

(2)验证性练习。在新授课的时候让学生先通过猜想,再进行验证,在学生自主的验证练习中掌握知识,从而突破了重点与难点。如:在教同分母分数加减法时,先让学生猜测,然后再让学生用画一画、想一想、算一算的方法进行验证练习,从而得出结论。

(3)反思性练习。在教学过程中,针对学生易错、会错的题型,有针对性地设计练习进行训练,会提高练习的效率。

2.探索"多样化"的练习设计

课堂练习要讲究"花样",按部就班地练是低效的,练习必须有针对性,安排不同的练习形式可以达到事半功倍的效果,对于那些易混淆的内容,要引导学生加以辨析。此时可设计以下几种练习：

（1）发现式练习。如在整数除法的估算时，我们可以通过一组计算让学生去发现估算方法。

（2）对比性练习。如在教学用分数解决问题中的单位"1"已知与单位"1"未知的时候教师可以设计此种练习。

（3）变式性练习。如在教学学生春游"乘船"、"乘车""搭帐篷"的问题的时候，可以穿插一些"做衣服"、"装车轮"的问题。让学生明白问题的本质，使学生的思维灵活性得以发展。

（4）反馈性练习。把学生在练习中的错题拿出来，让大家找一找，说一说错在哪里（重在说），这样的练习针对性强，效率高。

3."拓展延伸"的练习设计

在课堂练习中，适当增加一些原创题。让学生综合地运用已学的知识，解决有一定难度的习题（针对一部分学生），来满足学有余力的学生的求知欲望，激发探索、创新精神。这样的练习，不仅可以提高学生的思维能力、拓宽学生的知识层面、提高课堂教学效率，还能培养学生良好的学习品质。此阶段可设计以下几种练习形式

（1）"可变式"练习。通过一题多变的练习，让学生在变中思变，学会从不同的角度思考问题，既巩固了知识，又拓宽了解题思路。

（2）开放性练习。设计一些条件多余或不足，答案不唯一的练习，这样有利于学生的发散思维，求异思维的培养，更利于学生从模仿走向创新。

（3）生活中的数学练习。如"购物"问题、平面图形表面积的计算、立体图形体积的计算等，可以把书本知识融入我们的生活，让学生对"数学源于生活"有更深刻的体会，从而逐渐对数学产生兴趣。更多的练习形式有待于我们在今后的研究中逐渐发现和完善。

在平常的教学中，我们经常发现布置的作业越多，学生错的也越多，老师们的抱怨由此而起。因此，在课外作业上我觉得应该少布置书面作业，甚至可以不布置。用一些其他形式的课后作业代之。有这样几种作业形式课供参考：

（1）实践性作业。如在学习了百分数后，可以让学生到各个领域去寻找百分数，理解其中的意义；学了千克与克后，可以让学生到超市自由调查一些物品的净含量，这样的案例有很多。这样的实践性作业，不但培养了学生学习数学的兴趣，而且提高了学生分析问题，解决问题的能力。

（2）调查性作业。这种作业不仅使学生获得了课本上的基本知识，而且使

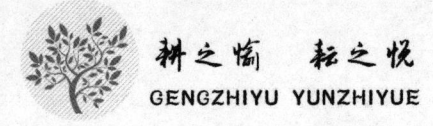
学生主动地把数学知识与现实生活联系起来,让他们真正理解数学在社会生活中的意义和价值。如在教了利息后,让学生向银行职员或家长调查,询问提前支取或延后支取的利息情况。

（3）研究性作业。通过设计一些小课题的研究,培养学生的反思能力和解决问题的能力。如让学生去研究"怎样提高计算的正确率"、"为什么要用草稿纸"、"用分数解决问题的最佳解决方案"等。在这样的研究过程中对自己的学习过程及方法进行反思。

总而言之,有效的练习设计要有针对性、趣味性,从生活中来,运用到生活中去,遵循学生思维发展规律和个体差异的原则,经过我们的归纳、提炼,努力实现练习的最优化。

# 加强小学信息技术课堂中
# 练习操作的几点尝试

## 王明奎

**摘要**:信息技术课堂中的操作练习是小学信息技术课堂中不可或缺的教学环节,有效的信息技术课堂操作练习是学生掌握知识,形成技能的重要手段,同时也是培养学生能力、发展学生智力的重要途径,也是沟通知识与创新的桥梁。现在的信息技术课堂操作练习,存在着练习内容不清晰,针对性不强,层次不清等问题,像这种单调的课堂练习会导致学生对学习的兴趣不浓,课堂效率低下,在信息技术课堂上如何进行有效的操作练习设计便成了当前教师研究的重要课题。因此,笔者试图立足信息技术课堂教学实践的基础上,以多年一线教学的感悟来阐述在小学信息技术课堂中教学的做法。

**关键词**:小学信息技术;课堂练习设计;有效性

小学信息技术课堂与其他学科的课堂教学相比有着自身的学科其独有特点,它以教学、练习、教学、练习这样一个循环模块式的方式进行着。因此,也就意味着小学信息技术课的操作练习有着十分重要且不可代替的作用,所以小学信息技术课堂中的操作练习设计的有效性就凸显出来。小学信息技术课堂中的操作练习设计的有效性直接决定着学生终身学习能力培养的成败、决定着学生的自主探索能力培养的成败。课堂教学中,教师如何能够将"讲"、"练"有机结合起来,充分调动学生的积极性,让学生在操作练习中主动去思考,主动去参与,从而提高课堂效率,我进行了以下的尝试。

## 一、以教材为依托,让学生掌握操作要领

教材是依据课程标准编制的、系统反映学科内容的教学用书,学习的人要

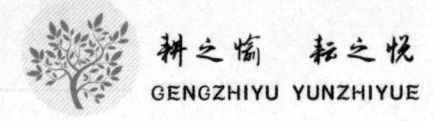
根据教材的内容学习相关的知识,所以教材在一门学科课程中是不可代替的,小学信息技术课也不例外,要按照小学信息技术教材的内容进行教学。学生可以在教材的框架内按照对应的认知年龄,由浅入深地学习相应的软件操作,同时也可以培养学生的自学相似应用软件的能力,如遇到了教材内容落后的情况,要根据实际情况选择"升级处理"或是"降级处理",且不可扔掉教材,自己随意发挥着讲。

我校使用的黑教版小学信息技术第一册中所讲的操作系统是 WINDOWS XP,而现在 Windows XP 系统已退出了操作系统市场,微软公司官方已不再提供 Windows XP 的补丁了。同时,我校的计算机网络教室为了系统运行更加的稳定,又将所有的学生机系统均升级为 Windows 7,所以造成了教材的内容与实际操作系统不相同,学生在进行学习的时候会有一定的差异。那么,我们是怎样做的,在学生机上做了 Windows XP 的虚拟系统,在上课时,先让学生在虚拟系统上进行 Windows XP 的学习,掌握操作系统的使用方法与技巧,这样遇到有不会的可以通过教材进行解决,当学生们对本堂课的内容已经掌握,可以将知识迁移到 Windows 7 上,让学生在本机系统上找到与虚拟系统的相同之处与不同之处,这样学生可以很自然的学会 Windows7 系统的操作。我们在充分尊重材料的基础上,对知识进行了更新,让学生能够不被时代所落下,同时对学生的自主学习也奠定了基础。

我认为,作为一门课程,我们必须要尊重教材,肯定教材的作用与地位,不能因为它的内容落后,我们就要否定它,我们可以在它落后的基础上更新它。虽然它的内容落后,但它内容的层次递进,由浅入深,是经过专家论证,反复研究过的,所以我们可以依托教材的内容进行知识更新,让学生从中收到最大的好处。

## 二、以兴趣为引导,让学生拓展操作内容

小学生的注意力,往往很短,这也是他们具有好动这个特点的原因所在,但是新课练习又往往都在是课堂的最后,学生经过了半堂课学习,本来就很疲劳,那些枯燥的练习和内容很难让他们感兴趣。因此设计一些有趣味性的练习,可让学生在轻松、愉快的氛围中巩固、总结新知识,大大提高学生的练习兴趣,从而达到预计的教学目标。

例如:在进行"画图"软件"复制与粘贴"教学时,我设置了如下情景:"又到了一年一度的植树节了,我们班的王若琪同学一共种了 5 棵树苗,崔浩同学一共种了 7 棵小树苗,而老师一共种下的树苗要比王若琪和崔浩同学加起来

还多2棵,现在问题来了:一是老师一共种了多少棵小树苗;二是现在在老师给出的画图里面只有一棵树。现在请同学们将每个人种的树补齐,看看谁操作最快,谁的方法最科学。"

情景中,都是学生的身边人,身边事,所以学生有很大的兴趣,还调动了学生的积极性,让学生在欢快,竞争中巩固新知,提高了自身的操作能力。

我认为,信息技术课堂中的操作练习要以学生的兴趣为引导,这样学生就会脱离那些枯燥无味的机械练习,将他们的情感投入其中,更加主动地参与到操作练习当中,这样会比以往的练习效率更好,事半功倍。

### 三、以学科为导向,让学生练习更有广度

现在的课堂教学强调信息与各学科深度融合,信息技术课也不例外,信息技术作为各学科辅助教学已必不可少。无论是教师备课和学生现在的学习,都离不开信息技术。因此,我在进行信息技术教学时,也与各学科进行融合,在操作练习时,拓展到其他学科中,为其他学科学习进行服务。

例如:在进行"WORD"软件中的"文字配画"教学时,要求学生在练习操作时,为自己喜欢的诗或短文插入适合的图片,并对文字与图片进行排版,然后在课堂上进行展示,评比出最好的作品,并让作者进行解说,说明自己的意图及操作方法。

此外,在进行"EXCEL"软件中的"统计图表"学习时,与数学学科相融合。"Flash CS"学习时与美术、科学学科相融合等等。

我认为,在练习时,将学生的练习内容应拓展到学生所学到的其他学科,这样让学生练习更有广度,有助于学生知识的积累,更能体现出信息技术在学生的学习生活中的重要作用,促进学生以信息技术为支撑,更好学习其他学科。

### 四、以认知为延伸,让学生练习更有个性

学生经历过课堂学习,学科学习,课外学习,对于人、事、物,都会有一定的认知以及他们独特看法。现在我们不再像以往一样强调学生的看法是对是错,而是注重学生的个性发展。所以根据这个原则我设计了让学生结合自己的认知去完成作品,让作品更有学生自己的个性,形成属于学生自己独有的作品。

例如:在进行六年级的《我的祖国》一单元内容时,让学生根据自己的喜好,去规划自己的作品、收集所需的素材、制作完成自己的作品,最后要形成一

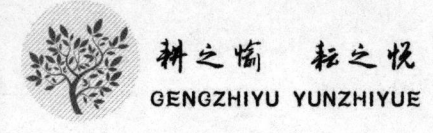
个完成的作品,有主题、有分类、有介绍,热爱祖国、歌唱祖国的作品,形式不限,可自由组合小组,人数不超 3 人。

这样,在统一的要求下学生可以充分根据自己的认知进行设计各自的作品。设计完成的作品具有鲜明的个人特色,使学生的认知得到了延伸,也发挥了学生的特长。

总之,在信息技术课堂中有效的设计练习是为了学生的成长,是为了学生的终身学习能力的提高,是为了学生学习各学科服务。让学生在有效练习设计中更多的体验成功,收获快乐。也让我们的小学信息技术课堂教学更加有效。

# 如何让音乐课焕发生命活力

## 张艳彬

我从事音乐教育教学工作已经 17 年了,在教育第一线工作中,特别是在新课程改革形势下,音乐教学发生了很大变化,音乐课堂上不再是教与学为主线,而是以引导激发与创造来搭建沟通情感的桥梁。让学生真正成为学习音乐的主人。那么如何让音乐课堂焕发生命的活力呢? 我谈谈自己的一些看法。

### 一、为学生营造宽松、民主、愉快的学习氛围

著名音乐家冼星海曾说过:"音乐是人生最大的快乐,音乐是生活中的一股清泉,音乐是陶冶性情的熔炉"。在众多艺术门类中,音乐的创造自由度是最高的,这就决定了音乐教学的过程不是封闭的、孤立的,而是动态的、变化的、发展的过程,是极具开放性的音乐教学过程,有利于为学生拓展音乐学习空间、创设广阔的音乐自主学习环境,教师应该为学生营造一种宽松、民主、轻松、自由、愉快的学习氛围,和学生之间建立一种良好的师生关系,真正能走到学生当中去,和学生之间拉近距离,成为亦师亦友的和谐关系,带领孩子们走进音乐殿堂,用音乐去陶冶学生情操,激发学生的学习主动性和创造性,充分发挥教师引导作用和学生主体作用。

### 二、发挥师爱魅力,激发学生学习兴趣

音乐教育家卡巴列夫斯基有这样一句名言:"激发孩子对音乐的兴趣,这是把音乐的魅力传递给他们的必要条件"。兴趣是学习音乐的基本动力,是学生与音乐保持密切联系、享受音乐、用音乐美化人生的前提。然而,在我的教学生涯中却遇到过不少对音乐学习不感兴趣的学生,如何激发他们的学习兴

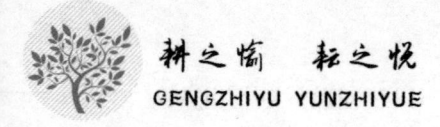
趣成了我的一个难题;我深知"兴趣是最好的老师",学生有了学习音乐的兴趣,便会对学习音乐产生强烈的需要,积极地投入学习,不再感到学习音乐是一种负担或者是无聊的事,所以说,兴趣是激发学生学习音乐动机的最现实最活跃的因素。心理学也指出:人的情绪和兴趣,对人的认识活动有很大的影响,情绪高涨、精神愉快,认知效果就好,学习兴趣强烈就积极主动地学,喜欢学和坚持学。作为一名音乐教师,怎样用自身的人格魅力去感染、熏陶学生,发挥师爱魅力,激发学生的学习兴趣呢? 正所谓:"亲其师,信其道"。一名学生如果喜欢老师,信服老师,就会喜欢这一学科,愿意学习和接受所喜爱的老师传授的知识。

1. 培养审美情趣,获得审美体验

良好音乐审美情趣的形成,首先在于对音乐艺术中存在的真、善、美与假、恶、丑的鉴别能力,即具有正确的审美判断力。这种健康的审美情趣,对音乐教育尤为重要。因为在音乐艺术的历史发展中,长期存在着优劣的斗争。作为一名真正合格的音乐教师,在现实生活中应该善于识别,以自己高尚的审美情趣,去影响和教育学生。教师常常把教学重点放在音乐知识的认知和音乐技能的训练上,或者说,主要看学生学了多少乐理知识,识会多少歌谱,会唱多少首歌曲等等。其实,这些都不利于学生素质的全面发展。我们教师应该多引导学生通过各种生动的音乐实践活动,培养学生爱好音乐的兴趣和音乐感受与鉴赏能力,提高音乐文化素养,丰富情感体验,陶冶高尚情操,让学生在艺术氛围中获得审美愉悦体验,做到以美感人,以美育人,这才是音乐教学所追求的主要目标。

2. 培养学生的音乐实践能力

心理学讲,参与学习的方法才是最有效的方法。一个人的兴趣只有在实践中才能产生和发展。教学有法亦无定法,贵在音乐教学中去培养、创造。音乐的实践有很多,我们可以把乐器引进课堂,充分调动学生的主动参与性。如:二胡、笛子、古筝等。随着时代的发展,现代的父母非常注重孩子的艺术教育,很多孩子学过乐器、甚至学过相同的乐器。父母希望能有一个舞台让自己的孩子在同学面前露露脸,所以,在同学们欣赏完比较熟悉的乐曲后,可以请几个能力较强、专业过硬的学生把欣赏过的曲子再表演一遍,既培养了能力,激发了兴趣,又使聆听的同学加深了印象。让学生把学到的技能在大庭广众中进行表演,不仅能陶冶学生的情操,增加他们的成就感,而且提高了学习兴趣,锻炼了各方面的能力,增强了他们的自信。通过这些方法,大大丰富了教学内容,开阔了音乐视野,为培养学生学习兴趣开辟了广阔天地。

3.有一颗关爱学生的心

　　教师必须尊重、关爱每一个学生,善于发现学生的闪光点,多表扬、夸赞学生;善于用亲切的眼神、细微的动作、和蔼的态度、热情的赞语等来亲近学生们,走进学生的心灵,培养学生的自信心。学生也就更加热爱、尊敬老师,喜爱老师的课堂。如果师生关系不融洽,就会对这门功课不感兴趣,那么学生在这门课上的学习质量和效率都会受到影响和制约。不利于学生的学习和发展。例如:"新学期开学第一堂课,面对新的学生和老师,相互之间不了解,可以做自我介绍。普通的介绍学生并不感兴趣。可以利用一首小歌曲,例如:《洋娃娃和小熊跳舞》来做介绍,边唱边介绍;也可以让同学们自己选歌介绍。这个颇具创意的设计让大家赏心悦目,同学们特别喜欢,还能抓住孩子的注意力。教室里欢声迭起,掌声如雷,同学们的节目一个比一个精彩。就这样,时间在同学们的欢歌笑语中悄悄溜走,一堂具有创作意义的自我介绍课结束了。这次活动的开展,不仅大家相互认识了,还拉近了师生的距离,更增进了师生之间的感情。

## 三、多媒体教学在音乐课上的运用

　　现在的音乐教师不能像以往那样观念守旧,一成不变地传授知识。因为,现在是一个充满生机又具有激烈竞争性的时代,一个充满希望但又具有危机的时代,这个时代以信息传播为特征,以创造性决定成败。随着社会的不断进步和发展,音乐课堂也不仅仅是一架电子琴、一台录音机就能应付得了的,在教学活动中,运用现代教育技术是课堂的必要手段。因此,在音乐课堂上,应尽快地运用并设计多种手段参与教学活动,特别是多媒体教学手段的运用,能让学生更好地理解音乐、表现音乐、创造音乐,使音乐教学更为生动活泼。

　　大家都知道,美是客观存在的。音乐除了声音的美之外,形式美也是至关重要的,因为它能被人的感官所接受。例如:欣赏《歌唱祖国》这首歌曲,通过放映多媒体课件,使学生从形象色彩、音乐旋律等视觉和听觉方面,身临其境地强烈地感受到了磅礴的气势美和中国人民奋起斗争的英雄形象美,从心灵深处接受了美的教育,美的熏陶,进而热爱美、追求美,就会更加热爱党、热爱祖国、热爱人民、热爱生活,并为这种美好的生活和未来而奋斗。学生在欣赏乐曲的过程当中,利用音乐、文字、图片、动画、动态视频等多媒体综合信息时学生兴趣浓厚,能更大限度地调动学生的主观能动性,从而更进一步感受乐曲所表现的意境和情绪,教学效果更好。

　　总之,一堂好的音乐课,必须从审美教育的角度把握音乐教学活动,创设

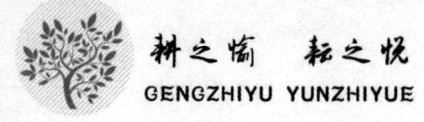

好的音乐情境,要在课堂中激发和培养学生的学习情趣,把情感作为音乐教学的依托。作为音乐老师在课堂教学中,要充分发挥自己的优势,使学生从这里不仅能学到书本知识,还能感受到美的熏陶。让音乐课真正焕发生命的活力。

# 在生活中寻找习作之源

## 路晓琳

在以往的习作教学中,一般由教师设定中心思想,然后让学生去寻找或编造生活素材的。这样的教学往往脱离学生的生活实际,使作文变得抽象,难度随之增大。因此,习作教学往往积弊难消。而《语文课程标准》明确指出:"写作教学应贴近学生实际,让学生易于动笔,乐于表达,应引导学生关注现实,热爱生活,表达真情实感。""能根据日常生活的需要,运用常见的表达方式写作。"这些论述集中体现了"生活本源"的教学理念。基于对习作规律的再认识,我认为习作教学理应回归生活,以生活为本源,才是返璞归真、正本清源的关键所在。

### 一、让作文进入学生生活

生活是作文的源泉。教师要善于引导学生关注天下事,关注身边的人和事、景和物,从生活中取材,提倡写生活的真实。

1.洞察生活,练就学生一双敏锐的"慧眼"

要解决习作内容缺乏、胡编乱造的问题,需要有一双慧眼。这样,才能在看似单调、平淡的生活中常有发现,感悟,获得习作的灵感和激情,并感受到习作的乐趣。学生"有了素材,就不会说空话;有了感受,就不会说假话;有了认识,就不会套话连篇,人云亦云了"。

(1)学会观察。对一个事物的观察,得让学生明白,眼睛是最灵敏的摄像机,它可以看到最具细节的地方。每架"摄像机"摄取的角度不同,内容也不一样。因此,要多角度、细致地看。如观察山茶花,除了指导学生看花的颜色、花瓣的形状外,还应引导学生注意许多不易看到的地方:看一看花瓣的纹路,花蕊柔柔的嫩黄,比较初开的花儿和枯萎的花儿之间的区别。鼓励学生努力发

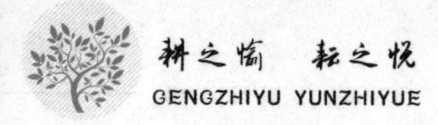
现事物与众不同的地方,日积月累,逐步练就学生认真细致"看"的能力。

（2）学会倾听。教学上,许多教师往往忽略了"听取素材"的指导。如写两个人争辩时的语言,不同年龄,不同性格的人说的话应该是不同的,可是在许多学生的作文中,却看不到这种区别。教师要引导学生认识"耳朵"的重要性,调动他们积极去学会倾听。可开展有创意的练笔活动:或让学生根据声音想象一种情景,并以之作文;或带领学生到街头巷尾,让他们动笔记录繁杂之音;或带领他们走进大自然,静听秋虫呢喃……这时才会聆听到"原汁原味"的生活。

（3）学会感触。除了看和听,摸和闻也是探寻生活宝藏的有效方法。鼓励学生去摸一摸春天的树叶,感受生命的灵动;掬一捧清澈的溪水,体会沁心的快意……人说"十指连心",没有十指的探索,心怎会波澜涟涟? 走进生活,亲近大自然,那花的芬芳,泥的清新……让学生感触到,原来,美的生活,就是这么纯,这么近。

（4）学会记录。"无论外界的事物或是内心的变化,都照当时所感受到的写下来,这正是记叙文的任务。"让学生时时处处做生活的有心人,应不放弃任何一个观察、体验、思考生活的机会,引导学生记录好各种观察卡。如观察景物,写出景物的现象和印象;动物则记录下它的外形和生活习性;人物要记录外表( 长相、穿着、语言、动作 )、内心;事情记录下时间、地点、人物、事情起因、经过、结果等。

2. 体验生活,培养学生一颗敏锐的"慧心"

儿童正处在思想活跃、感情丰富的时期,交际欲望非常强烈,喜欢表达自己的愿望,传达自己的情感。习作教学应引导学生运用这种方式来传达这些情感。当学生对生活有了特有的感受,就会用习作向别人诉说苦恼,学生对习作自然也会情有独钟。

教师可以指导学生写好心理日记。因为孩子在生活中往往会遇到诸多烦恼。如:学业上的沉重压力,考试前后的紧张焦虑,师生、同学及父母子女之间的冲突和摩擦等,都会使他们"心有千千结",产生种种心理矛盾。指导学生写"心理日记"是一种好办法,可以引导学生在宣泄喜怒哀乐、迁移情绪和升华情感的同时,不知不觉中培养出写作情感。

**二、源自生活,高于生活,让真情实感进入作文课堂**

小学作文教学要达到言与意的融合。生活是一回事,用语言文字表达又是一回事,习作教学并不是把"作文"与"生活"割裂开来,而是需要创造性地解决学生将已有认识向语言文字转化的难题。笔者的具体做法有：

1.创情境,诱真情。教师可以以"情感话题"进行作文创作。所拟的题目应符合不同年龄段学生的思维特征。小学生多形象思维,应从情感角度出发,选择一些有助于情感发泄、情感表现的题目。比如:《那次,我哭了》《再见了,小伙伴们》《暑假作业,离我远一点儿》等等,往往能触发学生心灵的琴弦,换得动情流溢笔端的佳作。

2.启心扉,诉真情。学生在回忆往事中,重温了往日的情感体验,点燃了心中的情感之火,此时引发学生倾吐心扉,动笔抒发情感便能水到渠成。

（1）吐真情,明对象。作文训练中常常碰到的问题就是学生动笔时心中没有读者对象,也不清楚自己是什么身份,因此感情无法定位,写作的激情也调动不起。教师应引导学生找"谈心对象",树立起读者意识。如关于旅游,若写给父母看,就以汇报为目的;写给他人看,主要以介绍为目的;写给自己看,则以愉悦为目的。对象不同,目的不同,材料的裁剪、语气的运用自然就不一样。

（2）诉真情,说真话。鼓励学生在真情表达中抒发情感。唯有真实的才是美丽的。教师引导学生在写人记事中说真话,吐真情,并做到感情"真",事例"实"。让学生做到人真、事真、景真、情真。

3.巧评价,品真情。"文章不是无情物",指导学生习作应努力让学生写出真情实感来,评议作文也要重视和学生感情上的交流。教师对学生作文的评改,是为了培养学生的写作情感,启发学生在作文中自由地表达情感。因此,剖析中,也应"以情评情"。充分肯定学生作文中情感的发现,指出哪些情感最真,哪些情感还可以再挖掘,真实的情感应怎样用更好的方式表达等等。对学生写作情感的评价不可采取教条式、家长式、武断式,而应采取交流式、关注式、启发式。

总之,评价应注重与学生内心感情上的交流,而不是做冷峻的评判。如有个学生的作文写自己怎样收养了一只被别人遗弃了的小猫,老师的评语写道:"小猫的遭遇真可怜,它在雨地里发抖的样子和凄凉的叫声,使我也忍不住流下了眼泪。现在它终于有了一个体贴的朋友了,我真为它高兴。"只有当学生知道自己所表达的情感为他人所理解时,才能感到自己的价值,从而体会到写作的乐趣。相反,如果把作文评价成法官的判决书似的,固然客观、全面,却很难引起学生的共鸣,反而会挫伤他们的写作积极性。

### 三、源自生活,创造生活,让名篇佳作进入学生脑海

学生有了生活积累,有了情感体验,如果脑子里积累的词句不多,在写作

时,同样会出现"言之无物"的困惑。要解决这个问题,要求我们的学生多阅读,在阅读中体验情感、积累语言。

1. 多阅读,加强情感积累

人的情感绝大多数是间接得来的。小学生的生活面相对狭窄,人际关系较为单纯,获得的情感体验也十分有限。何况,世上的事也不可能一一去亲历,更需要大量的阅读来洞悉生活,加强积累。对情感的积累,在指导上也应有更为开阔的视野。"厚积而薄发",从某种意义上说,阅读大量文学作品所产生的美感体验要比生活中所遇到的美感体验丰富得多,也深刻得多。

所谓"读书破万卷,下笔如有神。"而书本则是最好的习作教材。因为其中的文章大多是古今中外的名篇,大多是作者"情动于衷,不吐不快"的力作,是"情"的喷涌结晶。在语文教学中,重视对学生进行情感教育,让学生学会阅读,多阅读,加强情感积累。不能无视教材中宣泄奔腾的感情激流,无视字里行间跳动的感情脉搏,无视栩栩如生、有血有肉的人物形象,即便那些文学色彩较淡的文章,也有着作者的情感所在。

教师处处"撩情",时时"激情",学生则事事"蕴情",时时"存情";当学生有了反复的多方位层面的情感体验,内心世界就会随之丰富。只要教师善于调动学生的情感积存,学生就能写出血肉较为丰满的文章。

2. 重指导,提倡自由表达

重视作文指导,减少限制,让学生自主写作,乐于表达,尽情释放生命的活力,倾吐自己所见所闻所感。

教师应指导学生夯实表达基础,教给写作技巧,充分调动生活积累。如平时的日记练笔,想写什么就写什么。只要是学生真情实感、内心的表白,教师都应该鼓励支持。即便学生有这样那样的不足,也应在保护积极性的前提下,尊重学生的独特感受,鼓励学生快乐自由表达。或用词华丽,或用词质朴……都应予以细致耐心的指导,这样方始颗颗童心尽情飞扬。

# 怎样提高学生的数学应用意识和能力

## 徐淑英

数学应用意识是我们对于客观物质世界中存在的数学知识应用的反映。数学教学生活化是国际数学教育发展趋势,"现实数学"的思想充分说明了:数学来源于生活,也必须扎根于现实,并且应用于现实,数学教育如果脱离了那些丰富多彩的现实,就将成为"无源之水,无本之木"。因此对学生进行数学应用意识的培养,有利于激发学生学习数学的兴趣,有利于增强学生的应用意识,有利于扩展学生的视野。但更重要的是使学生认识到:数学与我有关,与生活相关,数学是有用的,我要用数学,我能用数学。这种意识将成为学生终生受用的财富。

义务教育阶段《国家课程标准》提出:"义务教育阶段的数学课程,将致力于使学生体会数学与自然及人类社会的密切联系,了解数学的价值,增进对数学的理解和应用数学的信心。"那么什么是数学应用意识?数学应用意识是我们对于客观物质世界中存在的数学知识应用的反映。因此对学生进行数学应用意识的培养,使他们逐渐形成数学应用的意识,是学生将来适应现代信息社会的需要。小学数学教学中学生的应用意识主要体现在以下三个方面:第一,面对实际问题,能主动尝试从数学的角度,运用所学知识和方法寻求解决问题的策略。主要表现在两方面:一是在实际情境中发现问题和提出问题的意识;二是主动应用数学知识解决问题的意识。第二,面对新的数学知识时,能主动寻找其实际背景,并探索其应用价值。第三,认识到现实生活中蕴涵着的大量的数学信息,数学在现实世界中有着广泛的应用。究竟怎样培养学生的应用意识呢,提高教师自身的数学应用意识和应用能力?

要培养小学生的数学应用意识,作为教师就必须要有较强的数学应用意识和应用能力,这样,才能使数学教学过程少一些纯数学问题,多一些实际应

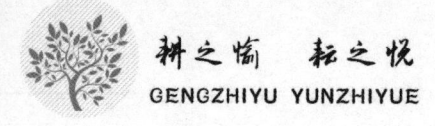

用问题,潜移默化地感染学生,使学生逐步形成数学应用意识。教师要提高自身的数学应用意识和应用能力,首先要认真研读新课标,领会课标的精神实质,以课标的教育教学理念为准绳,用以指导自己实施新课程的标准。其次,积极参加提高学历层次的学习,提高自身的专业水平和数学素养;再次,在平时的业务培训及自学中,有意识地学习有关数学应用意识和应用能力的内容,用以增强自身的数学应用意识和应用能力。

## 一、精心设计课前活动,注重数学知识的来龙去脉

就小学生而言,他们已有的生活常识、经验往往是他们学习数学的基础。小学阶段的许多数学知识,如概念的产生、计算法则的由来、几何形体的特征及有关公式等,无不渗透着数学在现代生产、生活和科技中的应用。而今使用的教材版本多,内容丰富、呈现方式也极具生活化,充分体现了"数学源于生活、服务于生活的理念",因此,要在教学中充分利用这一特点,在进行有关数学知识的教学之前,精心设计课前活动,让学生在课前活动中寻找生活中的数学,了解数学知识的来龙去脉,体验数学来源于生活。这样学生不仅真正体会到"数学有用、要用数学",而且激发学生的学习兴趣,使学生爱数学,同时,也为学生知识的构建积累必要的经验。例如:在教学"长方体的认识"时,课前我布置了这样的调查任务:1.预习课本的内容;2.观察并收集长方体或正方体形状的物体,并把其中的一个长方体和正方体带到课堂上来,以便上课的时候用。这样布置后,学生在预习课本内容的基础上深入生活去寻找去发现,一方面在观察、收集、比较中了解物体的特点,另一方面知道了生活中有很多地方,都用到了数学知识,由于学生课前充分的调查,课堂上,学生的情绪高涨,学得积极主动,纷纷汇报了自己收集到的材料,并且在小组交流讨论中找出了长方体、正方体的特点,并在教师的帮助下归纳总结了长方体、正方体的特点。

这样的学习,不仅极大地调动了学生的学习热情,更使学生真切地感受到数学就在自己的身边,认清数学知识的现实性和实用性,从而对数学产生了浓厚的兴趣。

## 二、开阔学生的视野,了解数学的应用价值

在小学数学教学中培养学生的应用意识,需要以知识、实践、能力的培养为基础。由于小学生的生活经验不足,对数学的应用价值不可能会有很全面的了解。在教学过程中,教师不仅应该关注学生对于数学基础知识、基本技能以及数学思想方法的掌握,而且还应该帮助学生形成一个开阔的视野,了解数

学对于人类发展的价值,特别是它的应用价值。例如:"包装的学问"中,将两盒糖果包成一包,怎样包装才能节约包装纸?(接口处不计)

本内容不但是综合运用表面积等知识来解决实际问题,也是包装中最常见的一种问题,具有很强的现实意义。在教学这一内容时,作为教师,我充分利用了现有的条件,让学生到超市参观了各种商品的包装,特别是最常用的餐巾纸,还让学生每人准备了四小包的餐巾纸,带到课堂上来,作为课堂教学的活教具,接着在教学中,让学生利用活教具自己进行包装,本环节学生可以直接模仿教材提供的包装方法进行包装,并计算出每一种包装所用的包装纸的面积。

方案①的表面积:$20 \times 15 \times 2 + 15 \times 5 \times 4 + 20 \times 5 \times 4 = 1300$(平方厘米)

方案②的表面积:$20 \times 15 \times 4 + 15 \times 5 \times 4 + 20 \times 5 \times 2 = 1700$(平方厘米)

方案③的表面积:$20 \times 15 \times 4 + 15 \times 5 \times 2 + 20 \times 5 \times 4 = 1750$(平方厘米)

通过计算比较,学生发现:第一种包装方法最节约包装纸。紧接着让学生尝试(四人小组合作):将三盒这样的糖果包装成一包,怎样才能节约包装纸?(接口处不计)学生在动手包装时提出了要求:请你一边包装一边想一想,不用计算,你能知道哪种包装方法最节约包装纸吗?随着包装活动的进展,学生在观察、比较、交流、反思中悟出了这样的一个道理:要节约包装纸,就要使包装后的表面积最小,要使包装后的表面积最小,在包装的过程中就必须得把要包装的物体的最大的面重叠起来。看到学生在动手"做"数学的过程中脸上洋溢出成功的喜悦,顺势让学生二度合作,把四盒磁带包成一包。要求:分别计算出每一种包装所用的包装纸分别是多少,并画出相对应的草图。在包装、计算、画图的过程中,学生又一次验证了:要使包装节约包装纸,就要把物体最大的面重叠起来即:尽量"减少"面积最大的面的结论。

如此的数学教学,不仅开阔了学生的数学视野,更真切体会到了数学在当今经济社会中举足轻重的应用价值,使学生在综合应用表面积等知识来解决问题的同时,体现了数学的优化思想,同时提高了学生解决问题的能力,感受数学的应用价值与实际生活的密切联系。

### 三、为学生运用所学知识解决实际问题搭建平台

培养学生应用意识的最有效办法应该是让学生有机会亲身实践。教学中,我努力挖掘学生所学的数学知识在社会生活、生产以及相关学科中的应用,精心设计问题情境,创造条件让学生运用所学的数学知识解决实际问题,让学生体验数学的应用价值,从而形成良好的应用意识。例如在教学"粉刷墙

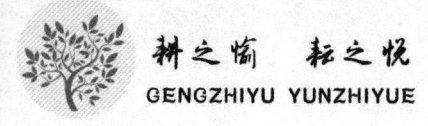

壁"时,我以小组合作的形式,让学生以下面的步骤进行:

测量计算

小组合作(一):

1.教室前后黑板共有多少块? 分别测量每块黑板的长和宽;2.分别测量教室的长、宽、高;3.教室左右两面墙共有多少个窗户,多少个门? 分别测量每个窗户的长和宽,每个门的长和宽。

小组合作(二):

1.如果想粉刷除地面以外的五面墙,"粉刷墙壁"测量数据记录表上需要粉刷的面积和要粉刷的墙面积是多少?

2.学生进行计算,得出正确结果。

购买涂料

某种涂料分大桶、小桶两种规格包装,根据经验,第一遍粉刷时,每平方米约用涂料0.5千克,此时粉刷教室共需要涂料多少千克?

这样从课堂到实践的数学教学是培养小学生数学应用意识最有效的办法。数学实践活动,是学与做的结合,学生在数学实践活动中认识数学的价值,逐渐形成数学应用意识。从课堂到实践,需要学生动手测量、查找大量有关数据资料,找出实际生活中的数学知识,灵活地运用一些数学知识来进行方案设计。要解决问题,学生需要通过自己搜集信息、处理数据、进行小组讨论等方式进行自主学习。在这个过程中,学生不仅体验到数学在实际生活中的作用,而且品尝到应用数学知识解决实际问题的甜头,从而对数学学习产生极大的热情。

## 四、搜集数学应用的事例,加深对数学应用的理解和体会

信息技术的社会化,数学与现代科技的发展使得数学的应用领域不断扩展,其不可忽视的作用被越来越多的人所认同。马克思曾指出:"一门学科只有成功地应用了数学时,才真正达到了完善的地步"。在数学教学中要让学生了解数学的广泛应用,不但可以帮助学生了解数学的发展,体会数学的应用价值,激发学生学好数学的勇气和信心,更可以帮助学生领悟数学知识的应用过程。例如,在教学"中位数和众数"时,在了解平均数产生应用的基础上,通过教材提供的材料向学生介绍了中位数和众数产生的必要性、必然性及实用意义,使学生懂得了在平时的一些比赛中,计算选手的最后得分时为什么不能直接计算平均分,而要去掉一个最高分和一个最低分,再计算剩下的得分的平均数的原因,从而使学生体会到数学不仅是有用的工具,同时也影响着人们的生

活方式,促进人类的进步、发展。

总之,数学教学生活化是国际数学教育发展趋势,"现实数学"的思想充分说明了:数学来源于生活,也必须扎根于现实,并且应用于现实,数学教育如果脱离了那些丰富多彩的现实,就将成为"无源之水,无本之木"。学生学习数学就应通过熟悉的数学生活,自己逐步发现和得出数学结论,并逐步具有把数学知识应用于现实生活、服务于现实生活的意识。

# 流行音乐在中小学
# 校园艺术节中的应用

翟 英

**摘要**：流行音乐和中小学生的思想政治教育两者之间存在重要的联系。具体表现在：流行音乐具有丰富中小学生思想政治教育内容的功能。目前以流行音乐为手段在中小学加强思想政治教育过程中取得了一定的成绩，但是同时利用流行音乐对中小学生进行思想政治教育也存在许多问题。在这种情况下，我们要提高大家对流行音乐重要性的认识，让流行音乐走进课堂，融入中小学校园文化来实施其正面的思想教育功能。

**关键词**：流行音乐，思想政治教育，活动应用

流行音乐起源于美国的爵士音乐。它包括丰富多彩的爵士乐、迪斯科舞曲、圆舞曲以及各种不同风格的各类小型歌剧的配乐等。流行音乐中器乐作品的特点是：节奏鲜明，轻松活泼或抒情优美，演奏方法多种多样，音响多变，色彩丰富，织体层次简明。声乐作品的特点是：生活气息浓郁、抒情、风趣、音域不宽，手法通俗、曲调顺口、易于传唱；浅显易，易为听者接受和传唱；歌手多是自成一格的流行歌星，发声方法各有千秋，不受声乐学派的约束，演唱时感情重于声音技巧，动和自由不羁，自然亲切，易引起听众的共鸣。由于流行音乐具备上述特点，所以就能够和中小学生连在一起，无论文化水平的高低，都易于接受。

## 一、流行音乐在思想政治教育中具有重要的功能

丰富中小学生思想政治教育内容、创新中小学生思想政治教育形式，即为流行音乐的思想政治教育主要功能。流行音乐把抽象的社会理性转变成生动

有趣的感性形式,它包含了醇厚的政治思想内容以及伦理道德内涵。中小学生在欣赏流行音乐真、善、美的同时,也可以净化自己的心灵,升华自身的道德情操,完善自己的人格魅力,最终达到崇高的精神境界

## 二、发挥流行音乐对思想政治教育促进作用的措施

在实践探索中如何发挥流行音乐对思想政治教育的促进作用应该做到以下几点:

1. 提高流行音乐育人重要性的认识

流行音乐中充满了不同的创作背景元素以及丰富而深的文化内涵,思想政治教育的重要内容就是要培养学生对民族文化的认同感,只有认同民族文化,才能树立民族自信心,完成中华民族的伟大复兴。今天,我国的社会和经济发展已经进入了新时期,面对西方发达国家对文化的扩张和渗透,我们必须有清醒的认识,大力倡导欣赏和演唱优秀的流行音乐,以此来弘扬我们的民族文化,把我们的思想政治教育同民族文化教育有机结合起来,成为树立正确世界观、人生观、道德观、价值观的根基,这是新时代的要求,也是民族振兴的要求,并不是可有可无,而是不可或缺。

2. 让流行音乐走进课堂

流行音乐具有近乎完美的艺术形式和巨大深远的艺术魅力,蕴蓄着取之不尽用之不竭的优秀的思想道德品质和人文精神,等待着中小学广大学生去勘探开采,认真学习,充分汲取。在课堂教学中,小学思想政治教师可以利用流行音乐长时期熏陶濡染、沉浸滋润广大学生,就一定能增强思想政治教育课堂教学的感染力和亲和力,一定能收到潜移默化之功,渐渐塑造学生们的人生观、价值观,形象气质,精神风貌,知识结构,思想品质,使他们拥有分清是非,明辨美丑,告别粗鄙,疏离低俗的能力。

3. 让高雅音乐融入校园文化

校园文化是中小学的文化根基,因此,中小学校应该大力发展自己的校园文化,而流行音乐就是撬动中小学校园文化的重要支点。在建设校园文化的过程中,弘扬流行音乐的人文精神和思想道德情操,让流行音乐融入校园文化可以避免当代中小学生在功利主义盛行的市场经济时代,成为只有知识没有文化,心理不健康,自私利己的技术人、工具人。我们要在学校的广播、影视中不断播放、演唱流行音乐;特别要在"六一儿童节"、"七一党的生日"等特殊日子中举办以高雅音乐为基础的音乐节、晚会、唱歌比赛等,以弘扬民族音乐和民族文化,提高中小学学生的综合素质和品德素质。中小学生通过欣赏、演唱

流行音乐,提升自己对生活的感受力、鉴赏力和创造力,完善品格内涵,开拓思路,增长才干,提高中小学生的欣赏品位、人文素质和陶冶其高尚情操。

校园文化艺术节是学校教育的一个重要组成部分,是明确写进国家教育教学大纲的重要内容,教会学生认识美、发现美、欣赏美、创造美是学校教育责无旁贷的使命。学会发现美、欣赏美和创造美,做一个有审美情趣和审美能力的人,也是我们学生成才的必修课,高尚的审美情趣和卓越的审美能力也是一个当代中小学生的重要素质。艺术节是展示全校师生的思想、美的情感,通过举行艺术节活动,展示学校艺术教育的成果,推动我校艺术教育的改革和发展,建设良好的文化艺术节教育氛围,让学生在浓厚的艺术氛围里开启多种感知通道,打开情感的闸门,激发学生对艺术的兴趣与爱好,促进综合技能的发展。

### 三、中小学生喜爱流行音乐的原因探析

今天,全世界的青少年都热衷于流行音乐,从音乐审美心理的角度来看,流行音乐或强劲有力,或优美抒情的旋律,直诉心声的歌词和现场表演对于感官的冲击力等,都与青少年这一时期的心理、生理期待不谋而合。德国教育家维恩在研究中曾就这一现象提出如下四个原因:

1. 青少年期是情绪、情感突变的时期,古典音乐对他们来说不"过瘾",不能满足要求,因而他们更热衷于能够表达原始感情且歌词语言通俗的流行歌曲;

2. 他们亲身感受到流行歌曲中以切分节奏为主的旋律变化以及爵士节奏,使其产生快感;

3. 少年们对比自己年长的青年人的行为和爱好感到羡慕,并模仿他们,从而产生了对流行音乐的兴趣;

4. 学习古典音乐在技巧上困难太多,而流行音乐无论是演唱或者是演奏均比较容易,所以,他们更爱流行音乐。

既然学生喜欢流行音乐有这些不可抗拒的原因,作为教师我们就该正视这一现象,并采取相应的措施。

### 四、新课程标准精神

新《中小学音乐课程标准》指出:"关注和重视学生音乐兴趣,发展学生的兴趣与爱好,既是音乐学习的重要基础和基本动力,同时亦是学生在音乐上持续发展,终生热爱音乐的根本保证。"《课标》中还提出:"应以开阔的视野,体

验、学习、理解和尊重世界其它音乐文化,通过音乐教学,使学生树立平等的多元文化价值观,以利于我们共享人类文明的一切优秀成果。"面对这样科学、包容的指导思想,我们可以开动脑筋,音乐课已不能仅仅局限于课本,要真正培养和维持学生对音乐的兴趣,还必须注重课外音乐内容的收集,并根据学生的审美需求进行有目的、有选择、有引导的教学延伸,选取健康、优秀、学生喜爱的流行音乐作品与课堂教学有机的结合,对学生进行有益的引导,从而达到提升审美的目的。

### 五、让流行音乐走进课堂,挖掘使用价值

1. 雅俗共赏,激发学生的学习兴趣。

俗话说:"诗言志,歌咏言",歌为心声。一首歌曲(乐曲)要与学生生活产生共鸣,贴近学生的心声,才能让学生产生兴趣,吸引学生。所以在教学中,可以选择与当堂课程联系最紧密的作品,把流行音乐与传统的古典、民族音乐结合起来欣赏,让流行音乐为我们的教学发挥作用。如在欣赏莫扎特《第40号交响曲》时,先给学生听 S. H. E 组合唱的歌曲《不想长大》,学生听后可兴奋了,都跟着唱了起来,接着我问学生这首歌好不好听呢?学生们齐声说"好听",然后我告诉学生其实这首歌的主旋律借鉴了一首古典名曲,"是哪个作曲家的曲子这么好听呢?"学生都很感兴趣,想知道是什么样的古典名曲。于是我播放《第40号交响曲》,学生惊奇地发现两首曲子的主旋律是一样的,找到了这两首歌的共同点。由于我成功地引入让学生产生了共鸣,学生很快沉浸到了莫扎特的音乐中。这样的导入还很多,如欣赏《刘三姐》时可以先引入斯琴格日勒的《山歌好比春江水》,介绍民族乐器的时候可以先观看《女子十二乐坊》的演奏,学习京剧的时候可以先听《唱脸谱》……这样的引入,既提升了学生的兴趣,还可以让学生感受到流行音乐、古典音乐和民族音乐的密切联系和相互交融,激发了学生对相关知识的求知欲。

2. 古今结合,提升学生的审美水平,传承中华民族优秀文化。

众所周知,我国传统文化博大精深,但现在有多少学生对中国的文化传统了解?有多少这方面的知识?在音乐教学中,每当接触到传统音乐时,学生总认为是老古董,不喜欢。我们作为音乐教育者,不但要教授学生技能,还应该把中国优秀的东西传承下去。

我们可以利用学生对流行音乐喜欢的特点,在教学中将流行歌曲与古典音乐、民族音乐进行比较、讨论,挖掘出流行音乐的使用价值,既加深了学生对自己喜爱的那类流行歌曲的理解,又能对其它音乐文化(古典音乐、民族音乐

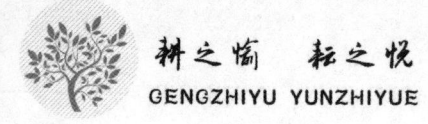

等)产生兴趣并实现学生自主地研究性学习。

在《中国古诗词音乐欣赏》一课中,我播放了《阳关三叠》和周杰伦的《东风破》,然后设置问题,组织学生讨论,引导学生从词、配器、调式上来对比讨论两首曲子异同之处,学生很快发现《阳关三叠》的词是来自于王维的诗《送元二使安西》,《东风破》也很有古诗词的味道,《阳关三叠》中有古琴的声音,而《东风破》中则有二胡、琵琶的声音等。这种讨论因为融入了流行歌曲,学生都兴趣盎然,连平时最不爱说话的学生都争着发言。然后进一步给学生详解,《阳关三叠》是唐代著名的琴歌,三叠的意思是将其中某些诗句反复咏唱三遍,是民族调式中的商调式。而《东风破》的"破"是写词的一种手法,即刻意打破原先词牌的节律,曲破,是指一种词调,整首歌曲仿古小调曲风。两首歌曲都融入了古诗词,用了民族乐器,民族的调式。讲到这时,学生对他们平时不感兴趣的古曲古风充满了赞叹。接着又让学生列举有中国风的流行歌曲,学生有了以上的学习,都开始注意用学到的音乐要素去分析平时他们喜欢的流行歌曲,列举出了《菊花台》《折子戏》《牡丹江》等,并能主动运用音乐要素进行评析。从而让学生正确、全面地理解了音乐作品中蕴含的内涵,在诗情乐韵中提升了学生的审美水平,拉近了与祖国民族文化的距离,产生了深厚感情。

3. 内化高雅情致,渗透德育教育

音乐教育同其它艺术教育一样,主要功能是审美教育。音乐的特质就是情感审美,通过情感的体验来美化学生心灵,陶冶学生的情操,培养和提高学生的审美理想、审美情趣和审美能力。而有些流行音乐容易满足人生理上的感性刺激和发泄需求,在音乐的制作上也越来越粗糙。社会的音乐生活呈现出十分复杂的情况,良莠混杂美丑难辨,现实生活中,学生对流行音乐通常是"来者不拒",教育家苏霍姆林斯基说过:"音乐教育并不是音乐家的教育,而首先是人的教育。"这种不良习惯如果不在音乐教学中积极地加以纠正,会影响学生的听觉分析能力和音乐鉴赏能力,会不同程度地影响着学校的德育教育,所以对学生进行正确的引导非常重要。有的歌曲内容无聊、低级无趣,如《那一夜》《香水有毒》等根本不适合学生,应教育学生正确认识这类歌曲。而有的歌曲却很优秀,如在 5.12 地震时可以利用有相似背景的歌曲《天亮了》,来歌颂亲情和生命;在奥运会来临之际利用《北京欢迎你》来增进民族自豪感;利用《精忠报国》《将军令》来歌颂民族美德;利用《朋友》来赞美友情;利用《真心英雄》《蜗牛》《阳光总在风雨后》来激励学生积极向上。以流行音乐的另一种形式呈现教学主题,丰富教学内容,而不只是为了迎合学生而将欣赏课变为流行音乐课。

从我的教学体会来看,将流行音乐引进课堂,是切实可行的,与其对流行音乐遮遮掩掩,让学生产生逆反心理,造成师生关系紧张,不如大大方方带入课堂,结合相关的音乐知识,引导学生进行有益的鉴赏,把他们引导到正确的轨道上来,同时提高他们的审美和鉴别能力,面对纷繁的流行音乐世界,能够做出属于自己的客观理性的评价。

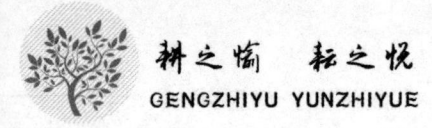

# 小学音乐课堂如何提高学生的学习兴趣

## 徐佳伊

"兴趣是学习音乐的基本动力,是学生与音乐保持密切联系,享受音乐,用音乐美化人生的前提"。新课程标准把这样的课程理念置于十分突出的位置,把"培养音乐兴趣,树立终身学习的愿望"列为音乐课程的目标之一,足见培养学生音乐兴趣不仅仅是为了获得音乐学习的动力,也将影响儿童在情感、态度与价值观层面上的表现与发展。正如美国音乐教育家穆尔和格连所说,"假如我们能在一个孩子身上唤起对音乐的一种强烈的热忱,他将为自己建立一个更好的生活空间和一个更广阔的个性"。在几年的教学实践中,我体会出让每位学生从兴趣入手,在音乐学习上体验成功,享受快乐,是我们应该关注的焦点和努力的方向。俗话说:"兴趣是最好的老师"。那么如何激发学生的学习兴趣呢,我认为要从以下几个方面入手。

### 一、根据儿童心理特点,营造让学生感兴趣的教学环境

小学生天生好玩、活泼好动、好奇心强、想象力丰富,他们总是喜欢通过肢体的动作和语言来表现对音乐的感受。教师应该培养孩子们自由表达的能力与胆量,让他们大胆的"说起来"、"动起来"、"跳起来"。把他们从座位的束缚中解放出来,让他们既动口、动手、动脚,也动脑,愉快地迈进音乐的殿堂,营造一个轻松而愉快的学习乐园,让孩子们不仅学到音乐知识、技能,同时也受到美的熏陶。低年级的同学对音乐的态度处于"写实阶段",他们喜欢与不喜欢的作品的刻板标准是像和不像。例如:他们喜欢的歌曲多是拟人化手法所写的动物、植物,或者是贴近生活的人和事,像《动物说话》《鸭子拌嘴》《跳绳》等,这些音乐作品因其形象鲜明而使他们兴高采烈、手舞足蹈。在音乐课上,他们往往对唱歌、律动、音乐游戏等内容感兴趣,并以教师或某一模仿对象作

为评价优劣的标准。低年级小学生在校内音乐学习中,一般以教材和教师的选择为喜欢标准,很少有异议,只要老师教得好,学生都会以积极、欣喜的态度对待学习内容。

### 二、抓住学生好奇心,创设感兴趣的音乐意境

"成功的教学所需要的不是强制,而是激发学生的兴趣",我们都知道好奇心是儿童十分宝贵的内在素质,他们天生就有对动听、悦耳音响的好奇心。成人司空见惯的现象,对儿童来说很可能完全是新鲜的。教师要通过良好的身体语言、动作语言、神态语言等创设好学生感兴趣的音乐情景,在音乐教学中抓住学生的好奇心,让学生发挥他们对音乐的美感与兴趣,让他们自然的参与体验,使学生的好奇心得到极大的满足,从而形成良好的兴趣品质。例如:《新疆好》的教学中,我设计了这样一个环节。我穿着新疆服迎接学生,学生都好奇地看着老师:"老师穿的是什么衣服啊? 好漂亮。"有同学就迫不及待地说,"我知道,是新疆服。"播放背景音乐《新疆好》。老师:"同学们想不想到新疆去玩呢? 老师先就带同学们去哪个美丽的地方,去看看那里的风土人情,地域文化。"然后出示课件。同学们热情沸腾,议论着"他们的服装真漂亮;舞蹈真好看;帽子和辫子真美;他们爱吃羊肉、抓饭、奶茶……"采用这些方法,充分激发了学生的兴趣,吸引了学生的注意力。

### 三、激趣导课,激发学生学习音乐的愿望

小学音乐教材内容丰富活泼,本身具有一定的吸引力,可以激发学生的求知兴趣。如果在导入环节中加以利用,创设相关的故事情景,会使课堂变得生动活泼,引起学生学习的兴趣和探索的动机。导课,是音乐教学的重要环节。它是通向学习新歌的桥梁,可以吸引学生注意力,激发学生学习欲望。好的导课设计,可以更好地引发学生学习音乐的兴趣。我采用了以下几种方法:故事导入法,猜谜导入法,游戏导入法,提问导入法,看图导入法,意境导入法等,收到了很好的教学效果。例如:在《小蜜蜂》的教学中,以猜谜导入新课。"一生勤劳忙,专飞百花中,回来献一物,香甜盛过糖。"经启发学生一致认为是蜜蜂。

### 四、欣赏体验,创造表现,激起学生兴趣

小学生受年龄、文化、心理特征的局限,好动爱玩是他们的天性。他们的学习能力和探索能力是非常有限的。例如在《洗手绢》一课时,我设计了"排列歌词"的音乐游戏:让学生拿着带有图画和歌词的图片。教师边弹边唱歌

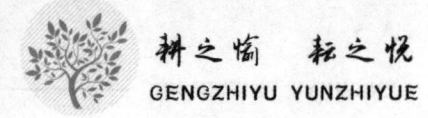
曲,学生从座位用跑、跳、飞等动作到前面根据歌词顺序排队。这样不但帮助学生记住歌词,而且活跃了课堂气氛,学生们兴趣很高,争着参与。又如关于动物的一课内容教学中,我走下讲台,在欢快的音乐背景中对学生说:"我们今天来做个游戏:你最喜欢哪种动物?请你表演给大家看!"学生们一听,高兴极了,一头钻进了资料堆里,七手八脚地剪裁、穿戴、模仿、嬉戏,课堂"乱"成了一锅粥,我不但没有生气,反倒要为这种"乱"鼓掌叫好——多好的学习兴趣!一阵忙碌后,在优美的音乐中学生一个个亮出了自己的"绝活":长鼻子的大象笨拙的走来;红头冠的公鸡"喔喔"叫;竖耳朵小白兔蹦蹦跳;猴子、老虎……学生们载歌载舞,一直"玩"着学会了歌曲。总之,教学中的游戏活动能有效地组织和引导学生通过主动的"玩",充分体验音乐作品的旋律美、节奏美、速度美、力度美,培养学生树立正确的审美趣味,积极参与学习、主动探索,提高学生的探索能力。让学生在玩中学,学中玩,做到有趣地学习,主动地学习,创造表现,激起学生兴趣。

## 五、选择吸引学生的教学方法和教学手段,提高学生学习积极性

一堂好的音乐课是一件精美的艺术品,在备课的过程中教师应有创作这件艺术品的灵感与愿望,要把整堂课思路清晰地完整地串成一条线,这样才能有效地激发学生的兴趣,使他们积极主动投入到富于创新精神的音乐意境之中。要激发学生的兴趣,提高音乐课的质量,我们还得把音乐与"视、听、唱、奏、动、写、记、创"等要素结合起来。如:游戏、舞蹈、美术、文学、自然等等。让学生当起小小音乐家,画的画、奏的奏、跳的跳、演的演,以激发学生的兴趣,使他们拥有愉快的情绪。把抽象的音乐概念和枯燥的技能训练,转化为活泼有趣的游戏、舞蹈,使之具体化、形象化、趣味化。如:《金孔雀轻轻跳》的教学中,我就融入了舞蹈的元素,使学生感受傣族音乐和舞蹈的柔美。在《小青蛙找家》的教学中,我把音乐与游戏结合,都收到不错的效果。把美术、音乐、文学融为一体,能达到活跃气氛、愉悦身心、陶冶情趣、诱发灵感、开发智力的教学目的。比如:在课外郊游时,树叶沙沙作响,小溪欢快地流淌,鸟儿放声歌唱,这不就是大自然演奏出的美妙乐曲吗?在不知不觉中,同学们都随着这美妙的自然音响哼唱起来,曲调清新、自然、淳朴,脸上露出了幸福的微笑,感受到了音乐的存在,生活的美好。当然,我们不仅要选择吸引学生的教学方法和教学手段,还要占有大量的音响资料、录像资料、文字资料、图片资料等来充分调

动学生的积极性。

另外,要提高学生的学习兴趣,还要拉近师生的距离,做到感情融洽、气氛和谐,善于走进学生的感情世界,把学生当作朋友,用心去感受他们的喜怒哀乐,让美的音乐去感染他们的心弦,与孩子的心灵靠近。教师的教态应自然、亲切、有亲和力、吸引力,教学应充满激情、善于激发和调动学生的情感,课堂要丰富多彩。除重视教师的音乐教学基本功外,尤其是教师的人格、态度、方法、知识结构对学生的学习兴趣,学习效果都能够产生非常重要的作用。

兴趣是创新的基础和源泉,成功中的喜悦和乐趣,会极大地唤起学生的创新热情。目的就是让学生不断品尝到学习音乐和获得创新的成功乐趣,和谐融洽,激起学生兴趣。

总之,作为音乐教育者在加强自身素质和先进技能学习的同时,也要跟上时代的步伐,更新教学观念,努力为学生营造良好宽松的自主探索氛围,注重培养学生学习兴趣和自主性,培养学生的学习探索能力,从而达到提高学生艺术素质的最终目标。

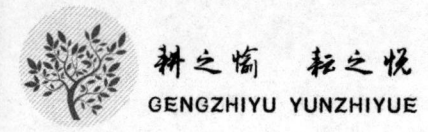

# 运用夸张手法　激发学习兴趣

## 谢　冰

小学生的学习兴趣不是先天就有的。如何在小学英语教学中激发学生的学习兴趣,减轻学习上的焦虑情感呢? 心理学研究表明:学生的学习兴趣,是在学习的过程中,由于经常体验到学习的乐趣,多次获得成功的满足,逐渐形成了一种比较稳定的学习动机和求知欲望。因此要在教学中为学生积极创造能够获得学习乐趣和成功的机会,从而激发学生学习的兴趣,提高学习的效果。为此,我们从符合小学生年龄特点的角度出发,遵循教育学、心理学、教学法、语言学等有关原则,在小学英语教学中大胆运用夸张手法,使之成为有效的教学方法之一。

### 一、夸张手法激发学习兴趣

夸张手法的特点符合小学生年龄特点,能从以下三方面激发学生产生学习英语的兴趣。

1. 能把握英语教学的特性。英语教学的特性表明,凡是对教学内容的表达比较强烈,对比明显,不断变化,带有新颖和刺激的艺术效果,都会引起学生学习英语的兴趣。教师抓住时机,用贴切的语气带领学生说句子。本身没有多大吸引力的两种物体,经过教师与学生的合作所产生出的情趣,带给小学生一种新奇感。

夸张手法在此表现出来的诙谐、幽默特点,使学生在学习英语时心情舒畅,轻松愉快,肌肉自然放松,减轻了学生的压力感和身心上的紧张焦虑情绪,从而排除心理障碍,使学习处在一种愉快和安全的环境中。在这种环境中学习英语,学生在心理上的许多积极因素被调动起来,使学生对学习内容在感官上出现了好奇和兴奋,学习的兴趣也由此产生。

2. 能把教学内容与学生已有的知识经验密切地联系起来。夸张手法在学生已有的知识经验基础上重复、深入浅出地运用,能满足学生想获得新知识的欲望,使学生学习兴趣能够持续。学习过程充满了趣味性,学生更容易接受了。

3. 能够使学生的自尊、自信、愉快、惊喜等情感因素在英语学习中得到积极的体验。夸张手法营造了一种融洽的师生关系,使学生感到自己的求知热情得到尊重,学习的信心进一步增强。学生更喜欢与教师共同合作,学习兴趣也得到加强和稳定。

创设这种师生之间的合作互动的形式,会呈现出一种开放、自由的课堂氛围,所以很受学生的欢迎,它更体现出一种平等的师生关系,非常有利于课堂教学活动的开展,也为学生拓展了学习、体验、交流英语知识的环境空间。

教育学研究表明:当教育能引起学生兴趣时,就可使学生在学习中集中注意力,更好地感知、记忆、思维和想象,从而获得较高、较牢固的知识与技能。

## 二、夸张手法提高学习效果

在小学英语教学中运用夸张手法,能够活化教学内容,能够把书本上的教学内容立体化地呈现给学生,这一点与其他教学手法相比,在提高小学生学习英语的效果上,夸张手法更有以下几点明显的作用。

1. 帮助学生调动有利英语学习的积极因素

小学生活泼好动,记忆力强、模仿力强,通过夸张手法能够使小学生的特点转变成有利英语学习的积极因素。除了借助原有的教学资源(如教材、图片、录音、录像等),运用夸张手法时还可以利用语言和非语言的表达(如身体姿势、表情、动作等)方式,或将两种形式相结合(如童话、故事、小品、游戏等)的方式。总之,夸张手法的运用,能够更有效调动英语学习的积极因素。

这些积极因素都有各自的特点和优势。例如,表情所能表达的意思就很丰富。据有关科学家分析,人类面部可以做出一万多个表情,可以表达愉快、感兴趣、惊奇、悲哀、恐惧、厌恶、愤怒等情感。

各种积极因素的丰富含义,在夸张手法的作用下,创造出丰富多彩、生动活泼的情景,并且深深吸引和感染了学生,也培养了学生获取新知识的能力,使学生感到学习英语非常有趣。他们就会主动地去模仿学习夸张手法表达过的那些有趣的情景和内容,在这种模仿学习中,学生的肢体及各种感官也被积极地调动起来。心理学研究表明:让学生动眼、动耳、动手、动脑、动心、动情,将有助于学生全面、主动地发展。

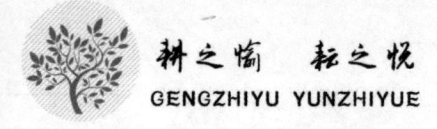

在这种模仿学习中,由于学生的心情愉快,学习态度就会从被动转为自觉和主动,学生在英语学习上分析和解决问题的能力都明显得到提高。苏霍姆林斯基认为:"成功的快乐是一种巨大的精神力量,它可以促进儿童好好学习的愿望。"学习效果的提高,使学生有一种成就感,这种成就感又会使小学生学习英语的信心更足,学习兴趣更加浓厚,对进一步提高学习效果形成了良性循环。

随着学习内容的加深,学生不再满足已取得的学习成果,他们会逐渐认识到学习英语的重要性,会发自内心产生出要努力学好英语的愿望,这是小学生学习英语的提高和升华。他们学习英语的动力会更大,收获也会更多。

2.学习内容更直观易懂

夸张手法属于直观教学法范畴。在教学中,教师借助了非语言行为的身势、表情、情景等外部直观和语言内部直观等积极因素,其中非语言的外部直观比语言的内部直观作用更大。

人们在发出有声语言时,常伴着身势、表情的动作加强情感表达,这是人们语言交谈的需要。而且在语言交谈中,非语言行为比语言行为在加强情感因素方面起着更重要的作用。有人统计,在两个人交谈中,35%的信息是由语言交流方式传递的,而65%的信息是由非语言交流方式传递的。

3.巩固知识,增强记忆

英语学习的效果,很重要的一点是,对所学知识的巩固和熟记,直至最终能学有所用。学习英语普遍面临着一个遗忘率高的问题,这其中有两方面的原因:一是学校的英语课时较少,小学生日常能接触英语机会不多,所学英语知识的复现机会少,使所学英语知识无法得到必要的强化,因而容易被遗忘。二是小学生自觉性较差,课后又缺少必要的督促和辅导等。如何利用夸张手法去弥补上述问题的缺憾,对此可以从以下三方面分析。

（1）对生动的形象印象较深。夸张手法使教学内容生动形象,新鲜有趣,往往有如同小品、相声那样,一个包袱的出现,引起人们好奇,当包袱解开是,趣味凸显,回味无穷。因为人们对夸张的形象和情节,印象较深。在进行"I have a ...I dont have a ..."的教学时,教师选用的都是常见的、普通的物品,如学习用品、水果、动物之类的内容,此时,师生之间、学生之间的对话一般也是比较平淡的,因而不易记忆。当教师用下面的方法,则产生了截然不同的效果。首先,教师对师生都有的物品进行练习:T: I have a pen / book / pencil - box. Ss: Me too. 当师生交流非常流畅时,教师突然像魔术师一样,变出了一支长长、粗粗的铅笔,说 I have a big pencil. 看到如此大的铅笔,学生一下子愣住了,不知如何与教师对答,教师又重复了一遍 I have a ` big pencil. 然后启发学生说 I don't have a big pencil. 夸张产生了奇特的效果,夸张手法活化了教学内容,使教学内容具有更生动的形象而更容易记忆。

（2）对同一内容,多种夸张,印象加深。因为夸张手法可利用的因素很广泛,所以对同一教学内容,不妨多设计几种不同的夸张,从多种角度设计出不同的生动形象和情景,这样能大大拓展学生对所学英语内容的想象空间,丰富的想象使学生对所学内容理解更全面、更准确,只有理解了学习内容,搞通搞懂了,印象加深了,才能学得扎实,记得牢固。

（3）精心布置课外作业,印象更深。前面提到,夸张手法能调动学生的肢体和各种感官的作用,但这一效果在有限的课堂时间内难以得到充分发挥,所以在布置课外作业时,除了要求学生完成必要的抄写和背诵外,要精心设计编排作业内容,经常组织学生参加英语竞赛,演讲、游戏等活动。鼓励学生在这些活动中模仿学习夸张手法的运用,促使学生有目的地主动地在课后去准备和练习。生动有趣的课外活动,一方面能引导学生互相帮助,互相督促,共同提高,把团结协作精神化作学习英语的动力,以弥补课外学生因自觉性差,缺少督促和辅导的缺憾,另一方面,这类活动,为学生创造提供更多的英语复现机会,对学习内容印象更深,使所学的英语知识得到强化和巩固,遗忘率也明显降低。

4.“洋腔洋调”的真实效果

随着社会的进步和科学技术的不断发展,我国与世界各国的交流越来越多。我们也经常能从各种媒体上接触了解到许多英语国家的文化,从中给人的感觉就是英美国家的人在讲英语时,所表现出来的语气、表情、动作等有其特别的“洋”味,这种“洋腔洋调”告诉我们:这就是正宗的英语。如同京剧强调字正腔圆一样,学习英语不能没有“洋腔洋调”。

夸张手法在小学英语教学中所表现出来的“洋腔洋调”特征非常明显,也更接近真实,夸张手法的运用,帮助小学生从初学英语开始,就受到“洋腔洋调”的熏陶,步入正轨,少走弯路。这种独特的效果,是小学英语教学中,其他教学方法所不能替代的。

# 在小学音乐教学中如何渗透
# 社会主义核心价值观教育

## 杨 丹

音乐教育作为教育事业的一个重要组成部分,在社会主义核心价值观教育中起着特殊的意义和作用。近一年来我们学校无论在教育、教学中都渗透社会主义核心价值观内容,让价值观贯通整个学校。通过音乐课特有的形式手段把高度发展的社会理性转化为生动、直观的感性形式,通过强烈的艺术感染力,使学生在提高他们的艺术素质和音乐审美能力的同时,受到美的陶冶,身心得到健康全面的发展,形成良好的社会主义核心价值观,达到育人育才的双重目的。在音乐教育中实现社会主义核心价值观渗透,主要通过课堂教学、作品欣赏、音乐课外活动、教师的自身形象等途径,使音乐教育和社会主义核心价值观教育完美结合。

### 一、小学阶段实施教育孩子的社会主义核心价值观的重要性

社会主义核心价值观对于孩子们的成长非常重要。小学生正处于人生观、价值观养成的关键时期,他们的思想观念还未成熟,具有较大的可塑性;核心价值观在社会中起支配作用,也是一个社会必须长期遵循的基本价值准则,具有相对稳定的特点。要实现社会主义核心价值观就要从小学开始灌输教育,这是非常重要的。

### 三、小学音乐教学中渗透社会主义核心价值观教育的必要性

小学音乐教学是进行美育的重要手段之一,它对于建设社会主义精神文明,培养全面发展的一代新人,具有重要作用。音乐学科的特点在于它属于美育的范畴,具有美育的功能。在教学过程中,美的内容和形式对于学生有很大

的吸引力,因此它一旦和教育学原理相结合就会使这种吸引力变成巨大的教育力量。正如音乐课标中指出的那样:"通过音乐教学,启发学生高尚理想,陶冶优良品格,培养高尚情操"。因此,在小学音乐课堂中融入社会主义核心价值观教育显得尤为重要。

## 四、社会主义核心价值观融入小学音乐教学的有效途径

在小学阶段,老师应根据课标的要求,按照教材有目的,有计划,循序渐进地引导学生自觉掌握基本知识与技能,发展学生视唱、练耳、唱歌、创作、演奏乐器的能力和感受音乐、鉴赏音乐的能力。上述能力就构成了学生的音乐素质,而这些素质就是我们对学生精神境界提高的基础。正如马克思所说,如果你要鉴赏艺术,你应当是一个艺术上有修养的人。

学生在学习过程中,每获得一些新的知识和技能,求知的欲望就会增加一分,学生的自尊心、自信心也会随着增长起来。而自尊心和自信心是长知识、长智慧和发展道德品质的主要心理因素。因此我们要把知识的传授与精神境界的提高结合起来,达到相互作用的目的。

1.立足课标与教材,寻找音乐知识和德育感悟的最佳结合

教师要认真地分析本学科对于学生而言独特的发展价值,深刻领会素材背后的德育内涵,而不仅仅只关注这节课堂教学的知识重点与难点。要做到以音乐知识为载体,以传授音乐基本知识为途径,确立明确的德育目标。

例如:通过人音版《国旗国旗真美丽》的讲解,让学生明白热爱国旗就是热爱祖国,要树立从小好好学习,长大报效祖国的爱国情感。

例如:《义勇军进行曲》流传四方的爱国旋律,唤起了"不愿做奴隶的人们",把血肉筑成新的长城,为赶走侵略者,为建立和平的国家,做出的不朽贡献。总之,就是要使学生明白:在唱歌的时候,除了要感受歌曲的意境之外,还要注意向音乐家学习,学习他们的求学精神,学习他们的做人态度,学习他们的爱国情怀。

还有像《游击队之歌》,很容易把我们带到战争年代,激起了我们的爱国热情。因此,在教唱类似的歌曲时,我们有意识地帮助学生了解当时的苦难、当时的艰辛,引导学生感受中国人民不屈不挠的精神和战士们乐观主义的情怀,以及中华民族的艰苦奋斗,自强不息的优秀传统,使他们受到强烈的爱国主义教育,增强了自尊、自重的民族感情。

2.以情育人,陶冶品德

音乐是一门情感艺术,通过把受教育者置于某一情景中,通过情感的体

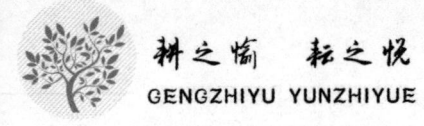

验,产生对客观事物肯定或否定的审美态度和审美评价,进而在心理上产生感受,在情感上产生共鸣,在品德上得到陶冶。

音乐对学生品德的陶冶,从内容上看与德育培养学生良好的道德品质是一致的,所不同的是音乐是依靠自身美的魅力来感染人达到净化人们灵魂的目的。"晓之于理,动之以情,导之于行"这是德育对学生进行思想品德教育行之有效的好方法。在"理、情、行"中,"情"是关键。因为情感随人的认识活动产生,反过来又能调节人的认识活动。正如列宁所说,没有人的情感就从来没有,也不可能有人对于真理的追求。从某种意义上来看,一个"情"字就把美育与德育紧紧联系在一起,共同担负着提高学生精神境界的重任。当然这种情感对人的陶冶是一个漫长的内心体验的过程,是在潜移默化的渗透之中,不知不觉由量变到质变。

例如在我校高年级有位学生,原来学习成绩与表现都比较差,但他对音乐却很感兴趣。老师抓住这个特点从兴趣入手进行教育,通过感受音乐——情感陶冶——磨炼意志——树立理想的途径。经过四年的艰苦努力,不仅提高了他的音乐水平与技能(他独奏的"赛马"乐曲曾多次在市电台播放,并获得市二胡独奏三等奖),而且音乐的美还陶冶了他的品德,克服了他身上那些不美的行为,从而萌发了美好的理想。他说:"长大当个二胡演奏家是我的理想,拉几支动听的曲子让人们得到欢乐是我的愿望。"音乐的美也启迪了他的智慧,各科成绩名列前茅,被同学们一致评为优秀少先队员和"三好"学生,正如冼星海同志所说,音乐是陶冶性情的熔炉。

总之,在小学音乐课堂教学过程中渗透社会主义核心价值观教育可以引导学生树立起正确的世界观和人生观。对正在长身体、长知识,心理尚未成熟的少年儿童,我们应该从各方面进行疏导。音乐课要帮助他们树立社会主义核心价值观,陶冶他们的情操,提高他们的艺术素质和音乐技能,使他们真正做到全面发展,成为一名合格的社会主义事业接班人。

# 合唱教学方法的实践研究

## 张艳彬

小学阶段合唱教学是音乐教学的重要内容,对培养学生的审美感和集体主义观念有着重要的作用。同时,合唱教学也是一种高层次的歌唱,是学生综合音乐素质的体现。作为一名音乐教师,应该注重培养学生的合唱能力。让学生树立正确的合唱观念,掌握正确的呼吸和发声方法,培养学生唱谱能力,训练学生音准和节奏。让学生了解,音乐的学习与合唱的训练不仅仅是"唱",更多的是善于去"听"、去"感悟"。近几年,我对班级合唱教学做了一些尝试与研究,摸索出了适合小学生合唱教学的一些方法。

1. 激发学生主动

在以往的合唱教学中,我总是安排学生的高低声部,使学生不能选择自己喜欢的声部进行合唱,导致学生缺乏主动性。何不让学生自由选择声部,老师进行调控呢?

我的做法:我与学生进行交流,遵循学生的意见,共同选择适合每一次合唱学习的方法和形式,让学生成为合唱学习的主人。还有在解决合唱声音及歌曲情感处理的问题时,可以充分发挥学生的主动性和创造性,提出多种处理方案,让合唱教学在强调共性的同时,又能促进学生个性发展。

2. 师生情感互动

在教学中,我和学生尽量同处于一种愉快的状态,都获得美感,都感到兴趣盎然。这要依托于师生情感的共鸣,以此来感染学生自觉自愿参与到合唱中来。而师生间的情感共鸣是师生面对同一音乐审美对象,共同参与音乐活动,获得相同或相似的情感体验,并互相给予尊重和欣赏。通过语言描绘、启发、点拨,让学生轻松感受和声美,再加上适当力度、速度的变化来范唱,丰富歌曲的表现力。教师的示范及语言的启发,对师生情感互动有着积极的作用,

可让学生从内心起歌。如在《柳树姑娘》的教学中,我把二声部的合唱设计成第一声部是柳树姑娘梳着长辫子柔美的歌唱,第二声部是顽皮风儿的伴唱,让学生在角色变换中体会第一声部音乐的舒展和第二声部的跳跃。

3.让特殊生动起来。

在班级合唱教学中,需要关注一些特殊生的表现,让他们真正动起来,积极参与到音乐活动中来。"特殊生",在这是指声音特殊、性格内向、缺乏自信、音乐素养较弱的学生。对于这些学生,我尽量耐心地去接近他们,让他们感觉到老师对他们的信任。

我的做法:对于那些特殊学生,我采用在课堂上多关注他们,树立其合唱的自信心,使他们明确自己在合唱中的作用和意义,并利用课余时间对他们进行个别谈心辅导,教会他们合作的方法,用爱和心灵的交流激发他们对合唱的喜爱,使其在合唱时注意自己的声音与其他同学的融合,保持合唱的统一与和谐。

4."唱—奏"互动教学法在合唱教学中的运用

合唱教学是学校音乐教学的重要内容,对培养学生的审美感和集体主义精神有着重要的作用。同时,合唱教学也是一种高层次的歌唱,是学生综合音乐素质的体现。对一般的小学教学班来说,合唱教学最需要解决的是如何引导学生把握好各声部的音准,提高合唱的兴趣。

"唱–奏"互动教学法,是利用竖笛的吹奏与合唱训练相结合,使二者相互支持、配合的一种合唱教学法,以帮助学生唱出准确、和谐的和声。

"唱–奏"互动教学法的作用:(1)互动性。学生通过唱唱、奏奏、动动、听听的循环互动的合唱教学过程,达到口、手眼、耳、脑的互动,促使学生主动参与音乐活动中,从而丰富教学手段,提高学生对合唱训练的兴趣。(2)互补性。竖笛的吹奏能为学生进行合唱训练提供旋律的支持和依靠,有效地解决音准问题。对学生掌握正确的歌唱呼吸方法也有很大的帮助。经常做吹奏练习,也可提高学生的肺活量,增强歌唱的表现力。

"唱—奏"的教学过程可分为"以唱带奏""以奏助唱""以奏优唱"三个阶段。"以唱带奏"就是通过学生准确地视唱,带动旋律的吹奏,达到合奏的目的。"以奏助唱"就是通过唱奏结合,帮助学生把握音准的稳定性。"以奏优唱"就是运用竖笛的伴奏,丰富合唱的效果,提高合唱的表现力和感染力。这三个阶段具体可分以下几个步骤:第一步,把学生分成高低两声部,完整地欣赏歌曲,让学生体会歌曲的和声效果,并能听出各自声部的基本旋律,跟着音乐哼唱。第二步,两个声部学生分别轻声视唱各自的旋律,教师可在钢琴上弹奏几个关键音,给学生适当的支持。第三步,两声部学生用竖笛吹出各自的旋律,可适当放慢速度,但要注意节奏的准确。第四步,竖笛合奏。要求在合奏的同时,仔细感受和声效果。第五步,每个声部再一分为二,一半学生吹奏,一半学生演唱。这样,在竖笛旋律的支持下,避免了声部的"串门"现象。然后,逐步减少吹奏人数,增加合唱人数。第六步,高声部学生演唱第一声部,低声部学生吹奏第二声部。然后进行互换,以达到锻炼学生的声部抗干扰能力,保持音准的准确性。第八步,在巩固新歌时,教师可编配简单的钢琴伴奏(以节奏型和弦为主),再加入一些打击乐器,使合唱效果更加丰富,并活跃课堂气氛。

总之,音乐是令人向往的,音乐是浸化人心的,用好的方法教合唱,对孩子而言,是一种享受。美妙的音乐,把学生心中的热爱燃起,动听的和声,让学生快乐无限,幸福无比。我努力把合唱教学的各个环节做扎实,引导学生感悟合唱的美,创造集体的美,班级合唱教学,唯有高质、高效,才能让学生入耳、入神、入心,优美的歌声才会从学生的心里流出。

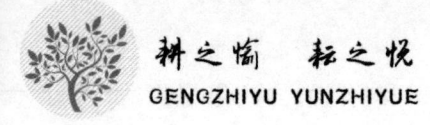

# 浅谈小学数学素质教育

魏  伟

**摘要**：在我国大力开展教育体制改革的新形势下,所有学校都在响应国家号召,开展素质教育。人们都意识到小学教育是基础教育的基础阶段,学科教育是小学教育的主要渠道。作为教育工作者应该自觉发挥小学数学教学的整体功能,突出主体,强化主动参与,面向全体施教,努力挖掘素质教育因素,不断探索提高学生全面素质的途径和方法。

**关键词**：开展素质教育；突出主体

随着我国教育体制改革的不断深入,全社会也普遍开始重视基础教育的改革,掀起了新一轮基础教育课程改革高潮。随着教育改革的不断深入,素质教育的完善,人们都意识到小学教育是基础教育的基础阶段,学科教育是小学教育的主要渠道。所以,从素质教育的高度改革小学数学教学是历史赋予我们的重任。而在素质教育理念指导下展开的素质教育,就是以激活学生智商与情商为目的,以真善美教育为方向的教育。学生掌握数学基础知识与基本技能,形成数学能力,发展个性品质和形成科学的世界观是我国数学教学大纲规定的数学教学目的。但是,因为长期受应试教育的影响,数学教育大大偏离了素质教育的轨道,使学生的数学素质停留在低层次上,削弱了数学素质在人的综合素质中所占的比例。所以,确定数学素质教育内容时必须从整体教育观上挖掘专业素质教育的内涵与外延,使其既有理论指导意义,又具实际操作意义。

### 一、在小学数学课堂上实践素质教育要注意下面几个问题

1. 注重社会实践

小学生已经具备了一些生活经验,其中包括大量的数学活动经验,他们有强烈的好奇心,有较强的求知欲。教师应充分结合学生的这些心理特征,以教材为依据,但又不局限于教材,大胆处理教材,尽可能使问题情境贴近学生身边的事情,让学生体会到数学与现实生活的密切联系,加强社会实践,从而利用自己的生活经验和已有的数学知识,探索新知识,解决新问题,掌握学习的本领。

2. 培养科学精神

开展小学数学素质教育时,要重视培养学生自觉地将一个个知识当作一个个科学的问题来对待的学习态度。在小学数学素质教育中,应该将知识的认知掌握看作是问题的解决。因为科学的方法论是科学精神的核心,要在这飞速发展的社会中获得高质量的生存与发展,最重要的就是要改变"储蓄式教育"被动的和单纯的知识储存,利用科学探究的态度与方法去认识、去发现、去创造、去改变。

3. 加强情感体验

在小学数学素质教育中,教师特别要关注如何刺激学生的学习兴趣,并能有意识地不断强化这种刺激,使之成为有行为倾向的兴趣。而其中最重要的就是在学习中尽可能地满足学生在群体中受到赞扬与尊重的欲望,从而避免因在群体中受到多次的失败与谴责而产生焦虑和抵触情绪。

### 二、在小学数学课堂上实践素质教育的方式

1. 以多种方式激发学生的学习兴趣

心理学统计表明,在需要的基础上才会产生兴趣,兴趣是通过人的实践活动形成和发展的。有了学习兴趣,学生在学习中才能产生很大的积极性,从而产生某种肯定的、积极的情感体验。现代教育理论曾经提出过"三主"的观念:即课堂教学应以学生的发展为主线,以学生探索性的学为主体,以教师创造性的教为主导。在教学中应适时地创设和谐、愉悦的求知环境,激发学生乐学、爱学数学的动力,诱发学生的学习兴趣。同时,教师可通过游戏、动手操作,让学生自己去探索等方式来培养和激发他们的学习兴趣。

如我在教学《乘法初步认识》一课时,我设计了学生熟悉的儿童乐园布置大门的游戏,有 4 盏灯笼为一组的 3 组;6 面小旗为一组的 2 组;5 朵小花为一

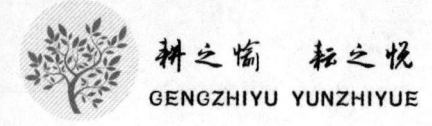

组的 4 组;还有不规则摆放的 10 只气球和 7 棵小树。让学生选出最喜欢的装饰品,用已经学过的方法算算一共有多少个? 孩子们通过列式 4 + 4 + 4 = 12;6 + 6 = 12;5 + 5 + 5 + 5 = 20;1 + 3 + 4 + 2 = 10;1 + 2 + 3 + 1 = 7;发现这些算式有的有相同的地方,有的没有。相同的地方是前面的三个算式中都有相同的加数,通过引导很快地得出有 3 个 4 相加,2 个 6 相加,4 个 5 相加。我马上加大难度,有 30 个 4 相加用加法算式要怎么列式呢? 同时抛开用纸条事先准备好的 30 个 4 相加的加法算式,学生一下子就感悟出加法算式太麻烦了,想寻求简便一点的方法,从而引出了乘法的认识。再让学生对比 30 个 4 相加的加法算式和乘法算式,学生立刻得出有相同加数相加的时候用乘法算式比较简便。通过给学生创设这些方式,让学生自己去探索、操作、发现问题、解决问题并得出结论,这样学生的求知欲望就会被有力地激发出来,把被动学习变成主动学习。

2.培养学生解题的思维能力

为了使学生解题的思维能力得到最大的提高,首先就要提高学生的智力,发展他们的思维。心理学认为:智力的核心是思维能力。实际上,现在的学生难以养成思维习惯,解题不灵活,常常错误百出,我们要从学生的思维角度和学生的解题实际出发来培养学生解题的思维能力。

3.培养学生的创新意识

创新是小学生天生就拥有的、潜在的一种朦胧意识。要培养学生的创新意识,要在教学目标、教学过程、教学联系三个方面进行有意识培养。在教学过程中,要培养学生"会学"而不是"学会"的能力。创新意识,确切地说不是在"学会"中形成的,而是在"会学"的基础上形成的。"学会"侧重于接受知识,积累知识,以提高学生解决问题的能力,而"会学"侧重于掌握学法,主动探求知识,目的在于发现新知识,提出新问题,解决新问题。"学会"是"会学"的前提,"会学"是"学会"的创造。在教学过程中,学生在"会学"中可以逐步形成创新意识,而创新意识的巩固与提高,要在教学练习中得到保证。因此,在教学实践中要注意练习题的设计。设计习题时应该注意以下几个方面:一是层次分明,既要设计出以基础知识和基本技能为主的巩固题,又要设计出培养学生创造才能的发展题;二是形式要新颖有趣,就是说练习题既要来源于学生的生活,又要高于学生的生活,使学生乐学善思;三是条件要发散多变,使学生认识到,结果不能唾手可得,需要认真思考、反复实践才能解决;四是适当运用一题多解等等。

### 三、学习素质理论统一思想认识

由于我国的基础教育在"应试教育"的轨道上运行多年,人们在思想观念、政策导向、管理体制乃至教育的内容与方法等诸多方面,都形成了一整套固定的模式,因此,要实现从应试教育向素质教育的转轨,决非轻而易举的事。1992年,我市将素质教育作为教育科研的主攻课题,成立了由市教委陈昌清副主任为首的课题领导小组。为了统一大家的认识,课题领导小组于1992年暑假业务学习时组织全市教师开展了素质教育大讨论。通过讨论,大家认识到:素质教育是一种旨在谋求学生身心发展的教育;是一种承认差异,重视个性的教育;是确认学生主体,从学生个体实际出发的教育;是一种根据社会需要,给学生的素质发展以价值导向与限定的教育;是一种重知识,又不唯知识,以提高民族素质为最终目的的教育。通过学习,大家一致认识到了"应试教育"的种种弊端,加深了对实施素质教育必要性的认识,增强了从事素质教育的自觉性。理论上的武装和认识上的提高,为素质教育真抓实干提供了前提和保证。为了在实践中少走弯路,课题领导小组决定选择具有代表性的六所小学先试点,总结经验,然后推广。同时明确提出各年度的主攻任务是:1992年,系统学习素质教育理论,全面更新教育观念;1993年,编制学科素质教育目标,提出具体实施建议;1994年,编写活动课程教材;1995年,总结试点校经验;1996年,区域性推进素质教育;1997年,全面推广素质教育。自1992年以来,课题领导小组和试点校教师举行各种素质教育研讨会达20多次。我们认为,素质教育在我市起步是早的,步子是稳的,进展是顺的,效果也是好的。

### 四、确立素质目标提出实施建议

遵循党的教育方针,根据小学数学学科特点和小学生的年龄特征,着眼于小学生身心潜能,我市于1993年编制了小学数学素质教育目标和实施建议。

分低、中、高三个学年段,从文化素质、智能素质(包括学习能力、表达能力、应用能力)两个方面分别确立目标,提出实施建议。例如,高年级数学科智能素质的目标,我们是这样分三个方面加以描述的:(1)学习能力:进一步培养绘画、制作的动手能力;进一步养成听讲、看书、看图学习新知识的习惯,听讲能抓住重点,看书能发现不懂的地方;能对比较抽象的事物进行分析综合,对比较复杂的事物进行归纳、概括;能运用抽象的概念进行简单的推理判断;能对常见图形进行分析;能运用集合图的办法对某些概念进行区别;能运用线段图对某些应用题进行分析。

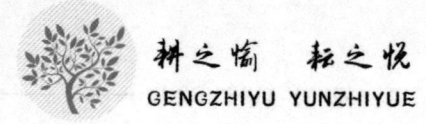

（2）表达能力：能运用"假如……就……"和"如果……那么……"等句式进行分析、综合、归纳、概括、判断、推理，清楚地表达自己运用知识、解决问题的思路；能在作业中采用正确的书写格式和叙述自己的见解。

（3）应用能力：能运用概念对是非问题进行判断，能运用规律指导计算；能根据几何图形的特征进行组合图形的分析和有关计算；能运用所学知识解决日常生活中的实际问题，并在解决实际问题中显现出一定的逆向思维和创造性思维。

### 五、落实"课程计划"开设"数学活动"

国家教委颁发的九年义务教育《课程方案》把义务教育阶段的课程划分为学科课和活动课两大块。这是新中国建国以来学校课程设置上的一项重大改革，它对于全面贯彻教育方针，发展学生个性特长，全面提高学生素质有十分重大而深远的意义。

为了解决小学活动课无"纲"可依，无"本"可据的困难，我们于 1994 年上半年主编了用于小学数学的一套活动课丛书（试用本）共六册，每年级一册。这套丛书具有以下四个特点：一是指导思想明确，它是为学校落实课程计划、开设活动课程服务的；二是紧扣现行大纲和教材知识点、层次分明、循序渐进，适当拓宽学生知识面，集思想性、知识性、趣味性于一体；三是精心设计活动，体现课型特点，突出学生主体，充分让学生动手动脑，发展兴趣特长，尽力增强活动方案的可行性；四是根据活动课的教学时量适当留有余地，有利于教师创造发挥。

# 如何提高课堂的有效性的思考

## 李　鸽

夸美纽斯说:"假如没有一个学生违背本人的意志,被迫去学习任何学科,我们就不会有发生厌恶和智力受到抑制的情形了,每一个人都会顺着他的自然的倾向去发展。"这与基础教育课程改革的核心理念"以学生的发展为本"不谋而合。这就要求教师的教学要帮助每一个学生进行有效的学习,使每一个学生得到充分发展。

课堂教学是教学的基本形式,是学生获取信息、提高技能和形成思想观念的主渠道。然而课堂教学的时间是有限的,要实现以最少的时间获得学生的最大进步与发展,中小学新课程改革必须面临的一个问题就是如何使课堂教学效益最大化。而提高课堂教学有效性是一重要途径。有效教学在推进素质教育的背景下受到越来越多的关注。

### 一、什么是有效教学

"有效教学"主要指在一定的教学投入内(时间、精力、努力),通过教师的教学,学生所获得的具体的进步和发展,带来最好教学效果的教学,是卓有成效的教学。学生的进步和发展是衡量课堂教学有效性的唯一尺度。

### 二、如何评价教学的有效性

评价教学是否有效,不是以教师是否完成教学内容或教学任务或教得认真不认真,而是指学生有没有学到什么或学生学得好不好。它所关注的是教师能否使学生在教师教学行为影响下,在具体的教学情境中主动地建构知识,发展自己探究知识的能力和思维技能,以及运用知识解决社会生活中的实际问题的能力。如果学生不想学或学了没收获或收获不大,即使教师教得再苦

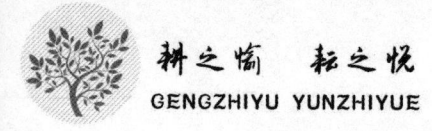
也是无效的或低效的教学;如果学生学得很苦,而没有得到应有的发展,那么这样的教学也是无效的或低效的教学。

### 三、课堂有效教学的策略

小学数学的学习与实际生活联系紧密,如何在课堂教学中提高其有效教学的效果,一直是一线教师不断研究探索的内容。作为从事小学数学教学多年的我,经过大量的实践工作经验,慢慢发现,同样是 40 分钟的课,不同的人来上其效果会截然不同,为什么会有这么大的差距,关键在于课堂上是否进行了有效教学,那么如何提高课堂的有效性呢? 我有以下几点思考。

(一)建立良好的师生关系。和谐、民主、平等的师生关系,是实现课堂有效性的首要前提,在今天强调"以人为本"的教育理念中,尊重学生、关心每一个学生是教师必须具备的教育理念,新课程强调师生之间的互动、互学,构建和谐的课堂教学环境是实现教学有效的保障。在课堂上要让学生"亲其师而信其道"。只有学生"亲其师"学生才能"信其道"。

(二)在开始创设情境导入教学阶段就要紧紧地抓住学生的思维,使他们从开始上课就保证以高昂的精神来进入到新课的学习当中。那么如何创设学生感兴趣的情景呢,我认为选材一定要有新意,要贴近学生的生活实际,并且符合他们的年龄特点,而且目的性要强,要让学生一下就明白这节课要解决什么样的问题,这样才能抓住学生的注意力展开教学。例如:我在讲《重叠问题》一课时,开始我就创设了猜动画片名字的情境,动画片是孩子最爱看的,通过让他们亲自猜一猜,极大地调动了他们的积极性。

(三)教师要深刻钻研教材,充分开发教材,才能使知识点正确,教学重难点突出,在进行教学设计时才能做到胸中有数,讲练比例适中,这样在实际的教学实践过程中才更有实效性和针对性,不打无准备之仗,只有深度挖掘教材,教师才能更好地掌控课堂,提高课堂的实效性。与此同时,教师还要研究有效的学习方式,教师的教只是起到引导作用,而学生是否真正学会了,学懂了,则是我们最终所要达到的目的,因此在备课时,我们的重点不是把更多的精历放在探讨教师如何去教,而是要把备课的重点放在研究学生如何更高效地学,只有这样,我们的数学课堂才能更具活力,才能真正地成为学生的学堂。以前,在我的课堂上有一个平时看起来非常聪明的小男孩,我本以为他会很优秀,可是他非但学习成绩不理想,而且还敢公然在课堂上违反纪律,弄得我束手无策,常常拿他没办法。后来我采用了用任务单导学的方式进行教学,结果发现上课他表现得异常活跃,回答问题也非常积极,每堂课他都是在全神贯注地听讲,学习研究。究竟是什么让这个孩子变化这么大呢?通过反思我发现,是任务单式的教学符合学生的认知规律,能让孩子在任务的驱动下进行主动学习,这是一种有效的学习过程。

(四)数学问题要联系生活实际,贴近学生的生活,这样才更能激发他们解决问题的欲望。我们说,数学知识来源于生活,那么我们学习数学知识最大的用处就是运用数学知识去解决实际问题。这样和现实贴近的数学问题更能让学生在解决之后有成就感。例如:很抽象的集合问题,如果把它赋予一定的数学意义就会变得很有趣。我采用了让学生亲自到黑板前面来给自己找位置的教学设计,学生很主动地去思考如何能让自己的名字在两个圈内都出现,从而很自然地解决了数学问题。要想提高课堂的效率,进行有效教学,就要给数学问题创设一个有趣的情境,毕竟小孩子的思维是形象的具体的,他们只对感兴趣的实物才有兴趣。

(五)教师要不断对自己的教学行为和学生的反应以及教学效果不断地进行反思总结,从中发现好的,有效的方法,摒弃不好的,低效的方法。只有这样,我们的教育思想,理念和方法才会不断更新。因为,我们的每一节课都不是完美的,一定有许多不足,只有通过反思才能发现问题,改进方法,使我们的教学更趋于完美,从而提高课堂的有效性。在我的每个教案后面都写有我对这节课的感受,以及上完这节课后的得失,通过日积月累,当过了一段时间后,再翻看的时候就会发现,当时的反思有多么重要,因为当时记下的点滴感受都是一时间火花的碰撞,只有及时记下才能有闪现。同时教师要尽量为学生减轻负担,不增加他们机械作业数量,把孩子的时间还给孩子。这样做才能真正做到提高课堂的有效性。要想减轻学生的负担,就需要教师从大量的习题中筛选出含金量高的习题,能起到举一反三作用的习题,在边讲边练中训练学生的能力,而且习题的选择要抓住重点和难点,使学生少走弯路。在习题的练习中口算要坚持不懈,因为口算是一切数学计算的基础,只有把基础打好了,别的知识才能发挥运用得更好,就仿佛口算是数学习题金字塔中最底层的基础一样,所以要利用好零散时间,不断进行口算练习。

(六)问题要有思考性。对于课堂上的每一个问题教师都要仔细斟酌,是否是无效的提问,提问要有思考性,启迪性和层次性。这样才有可能训练他们思维,否则没有了思想的支撑,又怎么会有深刻的思考呢?

那么教师应该提什么样的问题才算是有实效性的呢?问题是要在学生能力范围内出题,要让他们跳一跳就够得着的,也就是只要动脑思考就会成功解决。

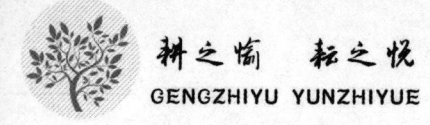
　　以上是我对提高课堂的有效性基于实践的几点思考，作为课堂的引导者合作者，教师要密切关注课堂中出现的问题，及时做好调控，以便提高课堂的有效性。"教学永远是一门遗憾的艺术"。的确，新课程改革形势下的课堂教学也不能例外。任何一堂课，哪怕是千锤百炼的示范课，当我们课后静静反思时，总会觉得有一些小小的不足和遗憾。然而，正是在不断找寻策略、解决不足、弥补遗憾的过程中我们的课堂教学的有效性才有了一次又一次的提升和飞跃。

# 浅谈小学生阅读能力的创新

## 侯艳伟

（一）怎样培养学生的阅读志趣，使阅读成为自觉的行为习惯

在《语文课程标准》中指出："阅读是学生个性化行为，不应以教师的分析来代替学生的阅读实践，应让学生在主动积极的思维和情感活动中，加深理解和体验，有所感悟和思考，受到感情熏陶，获得思想启迪，享受审美乐趣。"因此，教师要充当引导者的角色，发挥学生的主体作用，使其主动阅读、热爱阅读、享受阅读，养成良好的阅读习惯。使阅读成为学生的行动或意志的趋向，从而形成志趣。

（二）兴趣是最好的老师，注重培养学生的兴趣

学生要想更好地了解文章主要内容和基本思想，在阅读教学中学生对阅读对象是否感兴趣，直接决定着学生的阅读动机与学习，直接关系到学生阅读活动的开展，关系到阅读教学的成败。因此，在教学中我们并不是将文本简单地进行还原，更为重要的是要调动学生的生活体验，让学生将学习与自己的现实生活结合起来，在学生充分阅读、主动思考的基础上我们还要鼓励学生大胆发言，将自己的见解与看法表达出来，在学生间展开充分的交流与讨论，这样才能真正实现个性化阅读。真正打破传统教学中以教材为中心，以教参为中心，一切以标准答案来约束学生的封闭教学观，真正解放学生的思想与思维的枷锁。

在进行学生语文阅读训练时，掌握正确的阅读方法是关键。

朗读和默读相互结合，对于提升语文阅读能力有重要作用。学生要想更好地了解文章主要内容和基本思想，就要理解文章的重要词语和句子。对于文章中的精彩句段，教师应该给学生机会，让他们充分表达出所思、所想、所悟、所疑、所惑，然后再让他们自由答辩。这样在锻炼小学生理解能力的同时

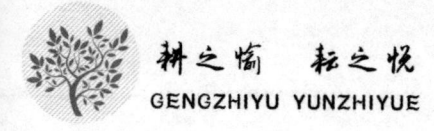
也提高了他们积极发言的自信心。

在目前的阅读实践中,学生不应该只是被动地接受知识,而是应该拿出自己的见解跟教师讨论阅读中遇到的问题。真正的阅读形式应该是互动式。这样,不仅没有打消学生对文章的兴趣,而且提高了他们自主思考、大胆提问的信心。由此可见,鼓励学生进行广泛的探索性阅读是提高学生阅读能力的重要途径。

学生阅读,如果没有相应的检查督促制度,很可能会流于形式而达不到目的,所以必须有一套合理而完善的制度作保障。因此,教师应精心选择读的形式和方式,如齐读、指名读、分角色读、引读、对读等。教师应根据读的内容和时机,选择不同的阅读方式,使学生读中品味,并始终处于一种积极兴奋的读书状态。

在对学生进行阅读教学时,让学生边读边思,一直是我不断尝试和始终恪守的原则。引导学生阅读前,我对每篇文章都充分咀嚼,力求提出精、巧的问题,让学生在解决问题时,既思考了文章的内容,又明白了文章的内涵,从中感悟出文章要传达的真谛。

在阅读一段时间后,关键要组织学生积极探讨,由一开始的兴趣阅读逐渐过渡到探索性阅读,有目的地自觉阅读,这样才有可能让阅读教学为小学生插上腾飞的翅膀,在知识中总结探索得出一些最关键的问题,然后带着问题进行第二次深入阅读,这时要充分发挥学生自主阅读的能力,鼓励探索、思考,进一步提高阅读效率。以听说读写结合为主要渠道,把重点字、词、句、段再进行精读,并且深入研究一些值得思考和记忆的内容。

(三)提倡对话互动,给予学生表达和言说的机会,为阅读提供氛围

为使阅读能达到相互交流从而达到共同发展,教师应知晓活泼民主的课堂氛围、融洽和谐的师生关系才会给人以勇气、安全和自由。

如果在阅读的时候,充分发挥思维,积极思考,借助课文的内容和结构的某些特点,就能掌握作者行文时的种种意图,预测下文内容,把握文章思想脉络,领会文章主旨,甚至能对课文进行升华思考,得到更进一步的收获。可见,通过合理想象,能使课文的情节更完整,形象更丰满,而且在合理想象过程中,会集合每个学生的想法,达到"百花齐放"的良好效果,教师要始终坚持"批判性教学",就是说课堂上要多让学生提出个人见解,正确引导学生对课文进行合理质疑,不局限于课文的思路,运用自己的经验去揣摩,从而得出不同甚至截然相反的见解。"知其然"仅仅是教学的初始目的,更深层次的目的则是"知其所以然",所以在语文教学过程中,要有目的地引导学生去探求事物或人

物背后的背景或原因,去寻求与之相关联的各方面材料,再进行纵向思考,找出事情发展的来龙去脉。

　　培养学生的创造性阅读需要的是一个平等友好、互相尊重的环境氛围,这样才能让学生积极主动地阅读,才能让学生不断迸发出创新灵感。教师如能根据学生的需求和学习内容的特点,营造一个生动活泼、民主和谐、充满情趣,富有创造性和挑战性的学习氛围,让学生置身于轻松愉悦的情境中,使学生真正成为知识的主动探索者和课堂学习的主人,学生就会学得轻松起劲,将不时地闪现创新的火花。

　　要培养出良好的创造性阅读的能力,教师就要摒弃之前的"标准答案论",要以包容的态度,审视学生的各种见解,要以尊重为前提,以鼓励为原则,不以标准答案去求全教学,只有鼓励学生的创见,尊重学生的异见,宽容学生的误见,学生的创新意识才能被激发,创新思维的火苗才能闪得更亮,才能使学生真正养成终身受益的创造性阅读习惯。

　　总之,在阅读教学中,我们要以培养学生的创造能力为目标,通过多种途径,引导学生开拓思维,激发学生的创造性,包容并鼓励学生的各种各样的思考成果,深入挖掘教材里的创造性教育因素,运用灵活多样的教学方法,使学生在创造性阅读实践中学习创造,成为有创新能力的人。

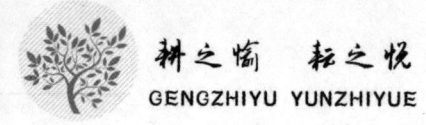

# 浅谈如何提高小学生的写作能力

## 贾丽娜

语文是最重要的交际工具,是工具性与人文性的统一。在教学中包括听、说、读、写的训练,这四个环节在语文教学中相辅相成,有一项欠缺,就不能全面提高学生的素质,而提高学生的素质的关键环节,我认为是"写"。会听、会说、会读的学生多,会写的学生少,而写得好的学生更是屈指可数。因此,我认为写作教学是语文教学中的重中之重。如果我们教学不能正确引导学生写作,那么他初中、高中写作也将受到极大的影响。为此,我认真摸索、反省、总结着自己的教学并取得一定的成绩。下面是我的一些体会。

### 一、关注现实、热爱生活、引导观察

生活如源泉,文章如溪水,源泉丰富而不枯竭,溪水同样活泼的流不停。写作的源泉是生活,它的丰富多彩为小学生写作提供了取之不尽,用之不竭的素材。要想写好作文,必须对现实投入热心、信心和耐心。即关注生活,进行仔细观察,同时善于思考和感悟生活。关注生活,要做生活中的细心人,要善于捕捉那些稍纵即逝的事物的异常之处和变化之点。一般老师讲作文写作技巧时,往往会说,要写好作文,首先要养成善于观察习惯。这话说起来容易,做起来却颇伤脑筋。曾经有一位家长给我讲了这样一个故事:他领着7岁孩子走过田野,那时正值春天,麦苗刚刚返青,孩子一见麦苗就对妈妈说:"看那些韭菜多好呀,给我捏饺子吃吧。"妈妈赶紧纠正说:那是麦苗,不是韭菜。这个故事引起了我的反思,也许在这个地方、这件事上妈妈可以及时纠正这个错误,如果家长不在身边呢? 那这个错误将会持续一段时间。假如当孩子有这样的错误出现时,家长拿出一些韭菜与麦苗放在一起,让他亲自去辨认,不但纠正了错误,还可以教给他区辨事物的方法,以后遇到其他事情,他也会想办

法去分辨,学会观察。这就是常说的"授人以鱼,而不及授人以渔。"

## 二、善于思考,发挥想象

小学生的心理世界比较单纯明净,没有半点世俗的杂念。他对外部的世界充满了好奇。所有认知都是感性的不能上升为理性的分析。因此,我在教学中善于抓住学生的好奇心,因势利导,并启发学生展开丰富的想象与假想,捕捉他们心灵的火花。

一次,我给学生布置了一篇作文,题目是《假如我是一片落叶》,让学生认真思考,然后展开丰富的想象。突然一个学生问我:"老师,什么是想象?"我随即讲了一个科幻作家叶永烈的故事:上小学时,老师给学生出了一道题:"冰化了,你看到了什么?"同学们无一例外的回答:"看到了水,冰融化成了水。于是大家都得了满分。"只有明明得了"0"分。因为他的回答是,冰融化了,我看到春天。故事讲完了,同学们也明白了什么是想象。

接着,我在其他老师的帮助下爬上房顶,让同学们都来即兴观看,我用力一扬那些落叶在微风的吹拂下,飘飘扬扬落下来。进教室后,同学们争先恐后说出自己的想法:

"假如我是一片落叶,我将化作肥料,换来农业的丰收。"

"假如我是一片落叶,我将把自己投入到熊熊烈火中……"

"假如我是一片落叶,我将成为一块砖瓦,为祖国建设事业尽自己一份力。"

同学们纷纷打开想象的闸门,海阔天空,有的要与嫦娥共舞;有的要化作一缕火苗去温暖卖火柴的小女孩那冻僵的手;有的要做一把扫帚……正当我惊奇同学们想象如此丰富的时候,突然,有一个学生问我:"老师,假如你是片落叶,你会怎样?"我微微一笑,转过身来,到黑板前拿起粉笔画了一片叶子,又在正中间写上了自己的名字。我又启发学生重新鼓起想象的翅膀去解读其中的寓意。

## 三、为有源头活水来积累

九年义务教育阶段的阅读量应在 400 万字以下。教学中,我带着学生努力达到这个目标。首先,指导学生做好摘抄,将课文内的名言、含意深远的课文主旨摘抄下来,时时翻阅背诵,成为写作素材。同时学生的思想也能受到熏陶,为形成正确的人生观、世界观打下基础。如第六册第八课《藏羚羊的跪拜》,这个故事反映了好几个问题:一是保护野生动物;二是神圣而又庄严的母

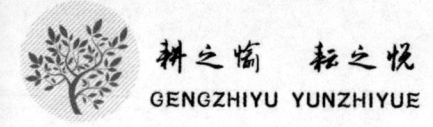

爱;三是人类的悲哀与觉醒。如果将这个故事反映的问题记录下来,将对孩子的思想教育极为深刻。美到处都有,缺少的只是发现。积累材料的方法很多,关键是学生不会发现。这就要求老师要做个有心人,随时发现可积累的内容。如同步练每课前有名言警句,课后有我的收藏夹,这些都是绝好的素材。如《秋色》课前的名言是:秋天表示着成熟和繁荣,也意味着丰收和欢乐。我的收藏夹中写道:香山的秋色是最著名的,最具有特色的,也是最迷人的,每逢秋霜来到时,漫山遍野的黄栌树舒枝展叶,美如锦,红如火,艳如霞。那神奇而迷人的景色真是令人流连忘返。课前、课中、课后都围绕着同一个主题"秋"来写,让学生全身心感悟秋天,赞美秋天。这样学生既积累了素材又陶冶了情操。

　　积累材料的另一个途径是指导学生做课外阅读,并养成记笔记的习惯。小学阶段,课外读物需要老师的推荐,可以是历史故事、科学常识,儿童生活素材;体裁也多种多样,可以是诗歌、散文、童话、寓言等。而我们手边最现成的读物是同年书架,指导学生概括内容,写心得、读后感,让学生根据自己的兴趣选择自己喜爱的方式做笔记,这样可以提高读书的兴趣,通过这样的日积月累,潜移默化,当学生在长期的积累中建立了语言的"仓库"后,运用起来得心应手,水到渠成。

# 让爱与责任托起教育的一片天

## 景 坤

伟大的文学家冰心曾说:成功之花,人们往往惊羡它现时的明艳。然而当初,它的芽儿却浸透了奋斗的泪泉,洒满了牺牲的血雨。在多年的教育教学追求与实践中,让我更加懂得教师这一职业之所以承载着无上光辉,就是因为教师所付出的爱与责任。教师的职业神圣,责任重大,教育人、塑造人,培养人才,用爱与责任托起教育的天空。

人们感恩教师的工作,因为教师的工作是出于对知识的传承与敬重。关于教师,社会现实中有许多赞美之词,诸如:老师是红烛,照亮了别人,燃烧了自己;老师是园丁,默默地悉心耕耘,让贫瘠的土壤变得美丽;老师是人类灵魂的工程师,在学生心灵的白纸上挥写最新最美的文字,等等。细细斟酌,人们敬重的、赞美的其实是知识,教师也只是知识的传播者而已。当然赞美中也包含着社会和人民群众对教师的期望和鼓励。从我自己的内心感觉,我认为教师更像一首儿歌,充满着温暖与呵护;教师更像一扇窗,给人带来空气与阳光;教师更像一粒粒种子,能够使嫩芽变为金黄的果实……教师的生命就是琅琅的书声和桃李芬芳的硕果。

人们之所以感恩教师的爱心,因为教师的爱心是源于对学生的友谊与尊重。教师赋予学生的首先是爱和包容,爱学生的一切,包容学生的优、缺点。尤其是对一些遭遇家庭变故的学生,教师更要付出细心和无私的爱,尽量尽快使学生走出挫折、自卑、愤懑、抑郁和孤僻,使学生增强信心,克服畏惧和恐惧,克服猜疑和妒忌,等等。教师的友谊对每一个学生都至关重要,因为教师的友谊对学生来说就是一种力量、鼓励与期盼,它像一道开启的光,能使学生摆脱挫折而崛起,摆脱高傲而自信。教师的友谊对学生来说就是一首欢乐的歌、一股推动的力,能使学生摆脱苦闷而前行,摆脱畏惧而奋进。有时教师对学生的

一次劝慰和鼓励的话，就能够使学生消除疑心而激荡，走出自卑而奋进，甚至会影响学生的人生观与价值观。

我很庆幸，在我心中的天使就是接受我教育过的每一位学生。这些学生有聪明的、懦弱的、乐观的、自卑的、健康的、残疾的……从他们那不染风尘的眼神里，我沐浴到了人性的光辉。我刚接手一年级班主任工作时，就有一个叫小溪的女学生，是早产儿，言语发音受阻，生活勉强自理，每天课间、午休时我都主动牵着她的手，生怕她受到伤害，可谓形影不离。发新校服时，带着全班同学去国旗台前高唱国歌。看着小溪那强有力的手举过头顶时，我的心一颤：多爱国，多有志气的孩子呀！命运跟她开个玩笑，我就是派来替她"背阳光"的人。是呀，我们每位教育者们都在用爱心去诠释着教师的灵魂、教师的本分、教师的道德。

那么什么样的爱才是对学生真正的爱呢？我认为，这应该是教师要思考清楚的问题。

首先，教师的爱应当从引导开始，要对学生多一些方法、耐心、宽容、欣赏、诚恳这方面的帮助。

教育是对生命个体的尊重和唤醒，是对人的内在潜质的开发和拓展，应该让学生像花朵、小树一样自由快乐地茁壮成长！这就需要教师有平和的心态、宽大的襟怀、独特的魅力去帮助和感化他们。一个班级，几十名学生，各有特点，内在需求不同。因此教师要力求因材施教。在教学工作中针对不同的学生情况捕捉每个学生的闪光点，发现学生的优点和长处，帮助学生正确认识自身成长的有利因素，启发学生自悟，鼓励学生自尊、自信、自强。教学管理中要考虑学生的心理需求、个性特点及具体场合确定不同的赏识和激励，给学生尽可能多一些指导和鼓励，让他们在教育教学中学到做人的道理，做事的方法，说话的艺术，用教师的言传身教使学生学会心存感激、感动，孕育学生的感恩之心，学会深刻的自省之法。

作为求学之人，每一个学生都渴望得到老师的爱和关注，尤其是那些家庭有过特殊变故和家庭困难的学生。所以，教师要学会把学生当作和自己一样自尊、有尊严、有追求、有自我情感的生命个体，从尊重出发，学会体贴，学会倾听，学会理解，学会宽容，学会欣赏，懂得赞美学生，理解学生，包容学生。欣赏和赞美，可以驯服桀骜和乖张，体贴和包容，可以化解狐疑和惊恐，可以抹去自卑和哀伤，唤回自信和自尊！因为是学生，每一位都不可能是十全十美的，身上肯定都存在着优点和缺点，教师应该根据学生的特点挖掘其内在的闪光点，理解信任他们，不断予以善意的欣赏和鼓励。

其次,教师的爱就是要多听学生的心声,走进学生的心灵,充分体现出对学生的爱护、信任和尊重。

每个人的内心都有一个灿烂的世界。教师要以一种真诚的心态来倾听学生的声音,让学生感受到老师真正倾听自己心声的诚意;同时,教师还要把学生当作一个与自己平等的生命来看待、接纳,让学生感受到生命之间的平等,感受到一个生命对另一个生命的尊重。教师要善于倾听学生的心声,要尊重学生的隐私,要理解学生的心事,要做到在行动上、语言上、表情上、眼神上尊重和信任学生。所以,在教育教学过程中,教师要注重对语言的选择和正确恰当的应用,这一点尤为重要。对学生而言,有时教师的一句话,创造性的会让学生受用一辈子,侮辱性的可能会伤害学生一辈子。试想:语言如果加上一件温暖的外衣,这语言就像春雨一般滋润到学生的心灵,让学生真切感受到老师对自己的爱。这样老师就很容易获得学生的信任,使平时的教育教学变得自然顺畅,自然而然,学生也会很愉快地接受老师的教育。正所谓,欣赏和宽容有如阳光可以照耀人的心灵,一句鼓励的话也许对老师来讲可能是微不足道的,但对学生来讲,它可能就是希望的火种,是温暖学生心灵的制剂,一句鼓励的话可能就是燃起学生要求进步的火焰。

再次,把自己定格在最美的位置上,是教师的爱的升华。用爱的阳光来伴随学生快乐成长。

这就要求教师要多揣摩工作方法,对学生多一些理解和鼓励,少一些埋怨和批评,用爱的阳光伴随学生快乐成长。教师要做到经常反思自己:我做到爱生如子了吗? 我尽到教师的责任了吗? 我让学生笑了吗? 我把微笑留给学生了吗? 我还有哪些做的不够和不好的地方,以后要怎么改进,等等。作为教师要真诚善良,去伪存真,要真心赞美学生的长处,使学生去其害增其益;要对学生嘘寒问暖,关怀备至,要注重克服板脸训人和无奈说教;要激浊扬清,要以帮助后进生为己任,要以自己的良好情绪感染和感化学生;要用和畅之风熏陶学生,用爱影响教化学生,让学生感受到老师是在最美的位置和他们对话、交流,这对学生的影响和教育是最有说服力的。

第四,教师的工作仅有爱是远远不够的。为人师表,无私奉献……这一切都源于教师职业的责任。

教育家叶圣陶说:"教育工作者的全部工作就是为人师表。"教师是精神的支柱,行动的楷模,受到审视最多的是教师,受到挑剔和批评最多的是教师,受到赞扬最多的是教师,受到感激最多的还是教师。

如今社会,人们生活水平日益提高,越来越关注自己的子女,越来越严格

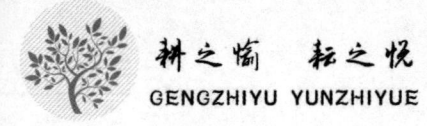

审视教自己子女的教师。教师的一个动作,一件入时的着装,甚至是简单的一句话,任何一个小细节都逃不过学生和家长的眼睛,在不同范围内都会造成不同的影响。因此,教师的责任就更为重大。家长把孩子交给我们就是为了把孩子培养成才,帮助学生学到各种知识,做到家长做不到的事情。在实际工作中教师在为人师表的前提下,要对学生负责。不管学生到校的目的如何,行为如何,教师都要对其尽职尽责,尽到对学生的教育、指导、帮助等多方面的责任。

综上所述,成熟的教师理解学生的天真,温和的教师懂得童心的可爱。教师只有把每个学生都放在心坎上,关注同学们一个个会心的眼神,一次次开怀的大笑,一声声忧愁的叹息,一个个有价值的提高,一道道做错的题目,从细微处入手,思学生之所思,想学生之所想,关注每个细节中蕴涵的教育真谛,进行循循善诱,悉心指导,耐心沟通,让每个学生的潜能都得以挖掘和发挥,真爱才能得以催发。

如此,教师当初奋斗的泪水、牺牲的血雨才能换得成功之花的明艳持久,才能用爱和责任演绎出无悔的教育的诗篇,托起一片天空!

# 浅谈在班级管理中渗透心理健康教育

## 李　季

何为健康？就是身体强壮？不！世界卫生组织给"健康"下的定义是：不但没有生理的缺陷和疾病，还要有心理和社会适应能力的完美状态。心理健康是现代健康观念中非常重要的一部分，一个心理健康的人，可以在学习、工作和生活中不断取得进步。他可以用坚强的意志战胜困难，用坚定而乐观的心态面对挫折与失败；他会在任何顺境中一路领先，也会在任何逆境中奋勇崛起，取得事业的成功。

当代小学生未来将面临着激烈的竞争和挑战。要想发展成为时代需要的人才，不仅要具备广博的知识、良好的能力结构，而且要有健康的心理素质。高段小学生正在步入青春期，生理上的显著变化和心理上的急剧发展给他们带来许多新的问题。多数孩子都是独生子女，心理承受能力差，挫折意识不强。如果这一阶段缺乏引导，很容易导致心理疾病，影响学生的健康成长。因此，非常有必要对高段小学生加强心理健康教育。心理健康教育可以通过多种方式展开，如学科渗透、心理咨询、团队活动等。

### 一、班主任的角色定位和角色冲突

班主任开展心理健康教育是指教师在班主任的日常工作中，自觉地有意识地运用心理学理论和技术，帮助学生提高心理素质，有效地解决学生一系列成长中的心理问题，从而帮助学生形成良好个性品质。一般情况下，班主任是任课教师、班级管理者和心理辅导者三种角色的集合和统一。复杂的角色使班主任在实际工作中，经常遇到教师、管理者与心理辅导者的角色冲突。经常有班主任出于维护班级名誉的需要，对班里违反校规的学生给以严厉的批评，却忽视了对学生的心理问题的疏导。其实，角色冲突的矛盾隐含着角色互补

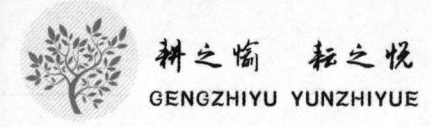
的统一。德育旨在塑造完美的品德,心理教育则旨在塑造完美的人格;德育是一个道德内化的过程,心理教育则是一个自我成长的过程;德育的核心是人生观问题,心理教育的核心则是发展问题。认真分析角色冲突的原因,为解决学生的发展问题找到更科学、更完美的解决途径已是一个刻不容缓需要坚决做的问题。

### 二、对学生进行心理健康教育的方法、途径

1. 摸透学生心理,因势利导

高段小学生从年龄上讲,已开始走向青春期,他们较以往的同龄小学生的人生阅历和社会经验更为丰富;同时也承受更大的心理压力,存在诸多的心理问题。我们可以清楚地看到社会变化对小学生心理上所产生的折射。他们的外表给人以更成熟的印象——大方、圆滑,有较强的交际能力和虚荣心。但在这一外表深处却有比以前的小学生更脆弱的一面——孤独、不愿合作、缺少爱心、自以为是、承受挫折能力弱等等。这些现象在当前小学生中体现得更为明显,因为:

（1）就我本班来讲,大多数学生的学习成绩处于中等或中等偏下,有一定自卑心理、胆怯心理和自私心理。

（2）在学习之外的某些方面有一定特长,有强烈的被人认同的需要。

（3）大多数学生都是独生子女,而且目前学生家长离婚率也较高,城市生活的环境使他们有较多的机会接触社会,受外界影响也更为明显。

正是由于这些因素的存在,造成了班主任工作难度的增加。要纠正不良因素的影响,班主任就必须及时了解学生的心态,掌握学生的思想,分析学生的心理特点,把工作重点放在学生健康心理的培养上,放在对学生情感需求的关注上,依据学生的心理发展规律及特征培养学生良好的个性心理品质,激发学生的学习热情,使他们能主动完成学习任务。首先,教师必须要热爱学生,要善于了解学生心理的一般规律及个体差异,在此基础上有的放矢地进行"诊断"和"治疗"。高中学生处于向少年人过渡的心理发展阶段,其独立性、依赖性、自觉性和幼稚性相互交杂,其心理行为还不稳定,往往缺乏自我控制力。他们开始把自己的学习动机与社会需要结合起来,但是由于他们的思维在很大程度上还不是经验型的,其独立意识和分析批判能力还很弱,所以极易受社会上各种思想的影响。了解这些特征,班主任就比较容易地把握学生的心理活动规律,进而有效地制定出教育措施,实现教育转化。

2.树立良好教师形象,发挥教育辐射作用

心理学告诉我们,小学生逐步具备了初步评价别人的能力,他们特别关注教师的教学工作是否认真负责,处事是否公正,对学生是否真诚且充满关爱,他们在评价别人的过程中,有选择地模仿和学习。身教重于言教,班主任的精神风貌直接影响到学生的身心发展。孔子曰:"其身正,不令而行,其身不正,虽令不止。"榜样的力量是无穷的。模范遵守职业道德、社会公德,遵纪守法,时时处处地为学生展示社会行为规范,对学生良好心理的形成能起到潜移默化的作用。一名既有广博的学识,又有竞争的意识,还有勇于拼搏的精神和务实的作风,以积极健康的心态对待生活中的苦与乐,得与失,理智、豁达、洒脱、悦纳他人的班主任,是学生一心向善,自尊、自重、自爱、自立、自强不息的必要条件。

3.强化心理暗示,激励学生自尊

提到"暗示",我们首先会想到心理学上最著名的"皮革马利翁效应",其核心内容告诉我们:你想它是什么,它就能成为什么;"爱"是它的主题。据此理论,美国有心理专家已在一些学校成功地进行了这项实验,那些原本并不特别的学生在老师的特别关注下,一段时间后,各方面均取得显著进步。"皮革马利翁效应"的实验给教师一个启示:在日常教学中,只要教师多给学生一个肯定的眼神,多给他们一句鼓励的话语,就能帮助学生建立自信心,激励学生自尊自强。

优秀学生的教育是相似的,而后进生的教育却各有不同,好学生人人会教,而能把成绩不理想的学生,尤其是存在心理问题的学生教育成功,这才能真正体现出班主任教师的价值。

心理学家威廉·詹姆斯说:"人性最深刻的原则,就是恳求别人对自己的关怀。"这样的形式很多,一个眼神、一句话、一个动作等等都能体现出教师的关怀。因此,多给予落后学生一些关怀,注重全体学生的发展是班主任当前的重要工作之一。"晓之以理,动之以情,导之以行",通过个别谈心,帮助落后学生认识自己的不足和闪光点,制定出具体可行的目标,让他们通过目标的实现体会成功的喜悦,逐步走向自尊、自信和自强。

此外,对不同个性的学生应采取不同的教育批评方式,还要把握好批评的场合和时机,尊重学生的人格,唤起学生改正缺点的强烈愿望。古人云:"教也者,长善而救其失也"。教育的目的在于改正错误,让学生得到提高。

4.增强集体凝聚力,推动班级全面进步

心理学告诉我们:人都有合群的倾向,一个让人喜欢的群体,可以使每个

成员都愿意遵从群体的意志,进而自觉地按照群体的态度行动。由于现今社会,小学生的自我为主导思想极其严重,因此,班主任要把主要精力用在培养一个富有凝聚力的班级群体上,引导每一个成员认识到自己是集体的一员,将自己融入集体中。在集体心理形成过程中,班主任也是其中重要的一员,决不能以长者自居,疏远了自己与学生之间的关系。在人与人之间的交往中,每个人都渴求平等、渴求尊重;在苦恼时,都渴求倾听;在无助时,都渴求受到保护。个人是弱小的,集体是强大的。班集体应成为每一个成员的心理依托。一个健康的、富有朝气的、目标一致的班集体,每个成员都会以遵从它的意志为荣,以为这一集体做贡献为自豪,这样的班集体才是培养学生的熔炉。在这样的集体里,每一个成员心中都充满关爱,对集体都有一份强烈的责任感。

班集体中的良性竞争是集体前进的动力之一。班主任要多组织和开展各种集体活动来调动学生的好胜心理、竞争意识,让他们在竞争中施展才华,在竞争中奋发图强,全体学生的共同努力必将推动集体的发展。通过竞争激励学生发挥个人的才智和爱好,树立拼搏精神和开拓精神,激发他们热爱集体,为集体倾注自己汗水的情感,使他们乐于参与集体活动,从而加强全班同学的团结,形成良好的班集体。

5.发动家长参与,共同推进心理健康教育

家庭和社会是中学生心理健康的发展重要制约因素。其中,家长作为学生成长与发展中的重要人员,关于心理健康教育的认识和观念将直接影响学生心理健康的发展和学校心理健康教育的开展。班主任配合学校或者独立地与学生家长沟通,通过召开专题家长会或对家长进行心理健康教育的培训,可以极大地促进和改善对学生的心理健康教育水准,促进学生的全面发展。在对学生进行心理健康教育时与家长达成共识十分重要,只有在帮助家长建立现代的、科学的人才观、获得家长的支持和认同,创设出全体成员共同参与和支持的心理健康教育的环境与氛围后,心理健康教育才能扎扎实实地开展下去。

班主任工作是探索人的心灵奥秘的工作,班级管理的目标应是让每一个学生都健康快乐成长、发展。要做好这些工作,我们教育工作者要在熟悉教育心理学、发展心理学原理基础上,进一步摸索学生心理活动的规律。"冰冻三尺,非一日之寒",培养学生健康心理,任重而道远,但我们必须承担。让我们从"心"做起,用"心"面对。

# 浅谈如何发展学生平面图形的思维能力

## 徐荣荣

　　图形与几何是小学数学学习领域不可缺少的重要组成部分,主要研究现实世界中的物体、几何体和平面图形的形状、大小、位置关系及其变换,它是人们更好地认识和描述生活空间并进行交流的重要工具。如何更科学有效地实施教学,真正达到新课标所提出的要求,围绕"图形与几何"这一专题,笔者进行了深入的实践与思考,对图形与几何的有效教学策略有了一定的认识,现结合具体的案例谈谈体会。

### 一、图形与几何的教学应注重生活性

　　《新课标》指出:学生的空间知识来自丰富的现实原型,与现实生活关系非常紧密,这是他们理解和发展空间观念的宝贵资源。在教学中,教师要按照儿童认识事物的规律,向学生提供丰富的现实生活原型,让学生按照一定的目的,有顺序、有重点地观察,帮助学生积累几何形体丰富的感性经验,逐步形成空间观念。

　　弗赖登塔尔说过:"数学来源于现实,高于现实,用于现实"。学生年龄虽小,但在生活中积累了一定的生活经验,形成了不少的数学表象,教师在教学中应利用学生已有的生活经验,引导学生把课堂中所学知识和方法应用于生活实际中,让学生运用所学知识,解决生活问题,学以致用。这样既可以加深对数学知识的理解,激发学生在头脑中"再加工",又能让学生切实体验生活中处处有数学,同时也锻炼了学生的思维,培养了学生的创新意识和实践能力。如在教学《圆的认识》一课时,在学生探究发现掌握了圆的基本特征后,教师用多媒体出示图片创设了学生熟悉的投篮游戏,提出了问题:"玩投篮游戏时同学们应站成什么队形,为什么?"学生根据生活经验和学到的新知,回答:"同学

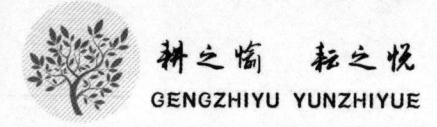

们应站成半圆形,因为这样公平,每个人离篮筐的距离相等。"接着老师又问:
"车轮为什么都要做成圆形而不是三角形、正方形、椭圆形呢?"学生结合圆心
到圆上的距离相等的知识推理出,用圆形做车轮,车子行驶时平稳,而三角形、
正方形、椭圆形的中心到边上的距离不等,车子行驶时不平稳的结论。老师把
学生生活中所熟悉的事例作为数学素材,紧密联系学生的生活实际,反映学生
身边数学,使学生感到亲切、自然、有趣,增强了学生对数学的理解和应用数学
的信心,学会运用数学的思维方式观察、分析现实社会,解决现实生活中的
问题。

## 二、图形与几何的教学应注重操作性

空间观念的形成,只靠观察是不够的,教师还必须引导学生进行操作实验
活动,让他们自己拉一拉、比一比、折一折、剪一剪、拼一拼、画一画。动手操作
不但增强了学生学习"图形与几何"的趣味性,激发了学生学习的兴趣,而且能
够增加学生思维的直观性,增加学生学习的参与程度,使学生经历观察、操作、
推理、想象等探索的过程,给学生带来了探索问题的平台,带来了成功的机会。
如在教学《认识线段》一课时,由于线段这个概念比较抽象,再加学生年龄小,
抽象逻辑思维能力水平比较低,因此教学时要把这一抽象的数学概念变成学
生看得见的"数学事实",采用直观、形象、生动的教学方法深入浅出地教学,从
而有效地帮助学生建立抽象的概念。为了让学生在头脑中牢固建立线段的直
观形象:直直的,有两个端点。教学时我们首先让学生观察一根放在桌上的弯
曲的毛线,想一想怎样把这根毛线变直? 放手让学生自己操作,从一根弯曲的
毛线,通过拉的动作,变直了,由此进行曲直对比,体会"直"是线段的一个基本
特征,接着让学生摸一摸两手间的线段,找一找、指一指线段的端点,学生通过
操作,牢固地建立了概念,只要是有两个端点,直直的就是一条线段。而且就
在拉、拿的过程中学生同时发现,不管老师怎么拿,只要拉直了就是一条线
段;最后又让学生折一折长方形纸,认识到折痕也可以看作一条线段,并让
学生通过不同的折法,折出了长短不一的线段,由此体会线段有长有短的这
一特征。

在这一教学环节中,学生通过拉一拉、摸一摸、找一找、指一指、折一折这
一系列操作活动,在玩中学,学中玩,积极参与到新知的探究中去,学生在学习
活动中经历了从直观到抽象、从感性到理性的认识过程。

### 三、图形与几何的教学应注重探究性

数学教育研究表明,空间观念只有在丰富多彩的探索活动中才能形成与发展。因此,在图形与几何教学中,我们应更多地留给学生感悟的时间和空间,让感悟过程丰富多彩。教师应从学生的生活经验和已有的知识背景出发,向学生提供充分的数学活动和数学交流的机会,要善于利用探索的具体过程,鼓励学生动手操作实践,帮助他们在自主探索的过程中真正理解和掌握基本的数学知识和技能、基本的数学思想和方法,获得广泛的数学活动经验,在操作实践中发展空间观念。如在教学《认识线段》画线段这一环节,老师没有先给学生示范画线段,而是让学生尝试在白纸上独立画线段,并请学生介绍自己不同的画线段的方法,然后师生共同评价。老师给学生提供了一个自主探究的空间,让他们自己创造。学生根据对线段的认识,想到了不同的方法,有的先画一条直直的线,再画上两个端点,有的先画一个端点,再从这一点画一条直直的线,最后再画一个端点。当然也有的学生出现了错误,有的只画了一条直直的线,没有画端点,有的在画的过程中尺子出现了移动,导致画的线不直。这时让这些学生进行展示交流,师生共同评价,一些原来画错的同学明白了错误的原因,掌握了正确的画法。在这一教学过程中,学生不仅在自主探究中掌握了正确画线段的方法,同时通过对错画线段的辨析,加深了对线段的认识。学生这种探索的热情真正体现了"不同的人在数学上得到了不同的发展"的理念。

### 四、图形与几何的教学要注重估测性

估测活动不仅是发展学生空间观念的载体,也是发展学生空间思维的途径。在教学中要注重培养学生实际的估测能力。学生的估测不是凭空想象,应该是一种有根有据的判断。特别是低年级的学生以具体形象思维为主,他们的观察能力、推理能力、估算能力相对较弱。在教学中,我们要有意识地给予学生有效的引导,让学生充分暴露自己的思维过程,及时了解学生的思维动向,要引导学生对估计进行反思,并结合已有的学习和生活经验适时调整,在交流和讨论中总结出科学、合理、可行的估计方法,从而完善自己的估计方法,提高自己估计的精确性,发展学生的空间观念。如在学生认识了厘米后,让学生分别估计自己中指的长度、数学书封面短边的长度、文具盒的长度等,再分别量一量,检验自己估计得是否合理。在认识米后,又让学生估计教室门的高度,再量一量。通过像这些的估计和测量的比较,既培养了学生自觉估测物体

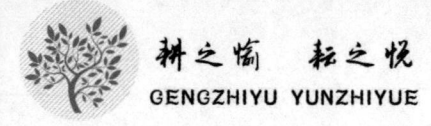

长度的意识,同时又使学生真切地感受估测的实际价值,并逐步积累估测的经验,提高了学生的估测能力,发展了学生的空间观念。

　　总之,在"图形与几何"的教学中,教师应紧密联系学生的生活实际,让学生在充分感知、动手实践、自主探索、估计反思的过程中学习认识空间图形,发现图形的特征,发展学生的空间观念和思维能力。

# 如何提高学困生对语文拼音的学习兴趣

## 景　坤

"有教无类,因材施教"这是孔子治学之道。若是将这点运用到现今课堂上,针对学困生在班级消极、不作为等现象,却让教师无所适从。教学中增进学困生对语文尤其是拼音课程的兴趣,对提高语文总体教学质量是有很大帮助的。几年来,本人立足于汉语言教学,虽然没有固定的格式可循的,但在学困生的教育方法上却采取举一反三、触类旁通的方法,终大有裨益。

众所周知,国家新课标对汉语拼音提出了新的教学要求:帮助识字、阅读和学习普通话;能够准确、熟练地拼读音节;有条件的可以做到直呼音节。由此可见,对汉语拼音要求的提高,充分显示了小学汉语拼音的重要性。为了适应一年级学困生对汉语拼音的掌握,本人有针对性地潜心研究,并向致力于拼音教学的同仁们相互讨论,归纳出自己的一点心得体会,仅供参考。

首先,要理解一年级学困生的概念

刚踏入校门,有的学生在幼儿阶段教育过程中家庭和幼儿园中教学或多或少地已经形成懒散、任性的模式。一年级的学困生也通常泛指德、智、体、美、劳其中某一方面落后于教育目标所规定的要求指标,表现比较差的学生。这类学生的性格特征表现为心神不宁、固执、不合群、哭闹。行为特征表现为:每天不做家庭作业和课前预习,读书时有口无心。学困生内在的心理现状比我们想象的要错综复杂。因此,在我们语文教育教学中要有效地培养学困生,就要了解学困生的心理特点,有针对性地消除心理障碍,使他们早日跨入优秀生的行列,成为德、智、体、劳全面发展的四有新人。

其次,努力提高学困生对语文拼音的学习兴趣

语文是一门综合性、应用性极强的学科,学好语文的前提是基础夯实,即汉语拼音的掌握。针对学困生的拼音学习,我把自己多年的拼音教学心得和

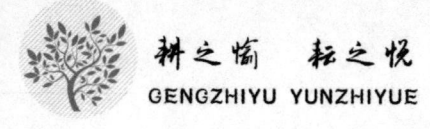

大家一起分享一下。

## 一、以实物来学拼音

什么是实物？顾名思义，就是指实际应用的真实的东西。学困生从认识的实物中来领悟拼音的读法、写法，不适为一举两得的做法。例如，在初学单韵母 i 时，师问：自己的上身穿的是什么？生回答：衣服。师问：观察自己衣服的样子，有什么配件？生答：纽扣。纽扣代表 i 的哪一点，纽扣与纽扣之间的距离代表哪一竖，而且读音也读"衣"；生答：拉链衣，长长的拉链就是"丨"那拉头就是"·"，学生自己学会了"i"还认识了不同的衣服及服饰配件。由此，教师再适时点拨学习 i 的四个声调。在认识拼音教学中，用实物学会拼音的例子还有很多。如学 a、o、e 等等都可以举一反三地去学习。

## 二、用卡片来识拼音

说起卡片大家都不陌生，它是一种最直观、最常用的识拼音方法，并且卡片也很灵活，可以和绿色磁板吸附上。教师把卡片贴在绿板上，红、黑字、声、韵母等随意搭配、移动，进而引起学困生的注意，提高了学习拼音的兴趣。依据这样的方法，也可以让学生自己在家制作简易卡片，并学会如何拼读。例如，学完了 6 个单韵母后，让学生自己回家制作卡片。这样，在制作的过程中，既复习了 6 个单韵母 a、o、e、i、u、ü，又让学生掌握了写法、读法，还让学生有了合作的意识，更训练了学生动手动脑的能力和做好卡片的技巧。

## 三、利用生动的插图来识拼音

现行的《语文课程标准》指出：教材应符合学生的身心发展特点，适应学生的认识水平，密切联系学生的经验世界和想象世界，有助于激发学生的学习兴趣和创新精神。新的科教版教材，版本新颖，色彩明快，清新。所以，学生一拿上教材，就爱不释手，他们最喜欢漂亮的画面、插图。在学习拼音第一课 a、o、e，第二课 i、u、ü，各创设了一幅情景图，而每一幅情景图就是一个生动的故事，在讲这些生动的画面时会发 a、o、e、i、u、ü 的音。这样，把抽象的拼音字母与生动具体的故事情节结合起来，有趣易学，不枯燥，不单调。

## 四、利用儿歌来学拼音

新的科教版教材中，穿插了很多的儿歌来学习拼音。这也激发了学生的学习兴趣，尤其学困生，很容易在朗朗上口的儿歌中产生强烈的共鸣。在这些有着优美韵律的儿歌中,学生学起来感觉十分轻松。可以先学儿歌,在儿歌中领悟拼音的读法、写法;亦可以先学拼音的读法,写法,再在儿歌中巩固。例如,教学 j、q、x 和 ü 相拼时,总是分不清两个点留还是不留,这时 ü 就显得很淘气。我们就这样来学习它们的拼读,如:j、q、x 小淘气,见到雨点就挖去。在儿歌的潜移默化中学到了知识,掌握了拼读方法和拼写方法。明白了它们在一起的时候就去掉了那两点,从而还让学生也感受到了平、仄、韵等,如此,拼音不再"猛于虎"。

《论语》云:"工欲善其事,必先利其器。"正所谓"要想给学生一杯水,教师必须有一桶水"。我始终认为:作为汉语言教师首先要尽可能地学识渊博,这样才能为提高学困生语文,乃至基础拼音的兴趣打下坚实基础。拼音就像是通往渊博知识的第一层台阶,教师必须穷尽一切可能让学困生把拼音基础夯实。试想:当我用标准的普通话饱含深情地吟诗颂文,那举手投足间一颦一笑地真情流露,绝对会让自己幡然醒悟:这不就渐入佳境了么!

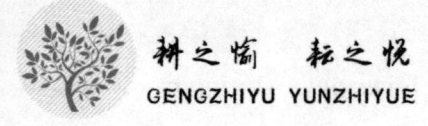

# 如何在小学体育教学中进行德育的渗透

## 杨代英

素质教育的关键就是培养学生具有良好的思想品质。就教育核心而言，是教会学生怎么样做人。因此，学校的德育工作无疑就成为素质教育的重中之重。体育教学中渗透思想品德教育是对学生进行素质教育的重要一环，体育教学与其他学科不同，教学环境主要是操场。教师与学生的接触更直接、更频繁。在情感交流上也就更加容易。因此，在体育教学中对学生进行思想品德教育也就更加容易接受。

### 一、结合运动项目本身特点进行德育教育

1.队形队列练习。教学中对一些学生纪律散漫的特点，通过对体操的对形队列练习，加强学生的组织纪律性。教育学生向中国人民解放军学习，集体行动中要动作迅速、整齐，服从组织，遵守纪律。

2.学习球类、田径跑、集体项目时，要不失时机地向学生进行集体观念和集体主义教育。让学生在战术配合中体会集体协作的力量，要有意识地关心和协助学生形成良好的团结协作的集体荣誉感，利用集体荣誉感，对学生进行感化教育。

3."耐久跑的极点"现象，对学生就是一种考验。有个别同学因为身体胖而速度较慢时，会有些同学边笑边喊："太笨啦！跟狗熊似的。"还故意做出一些怪动作。教师针对这种情况应该及时的、鲜明旗帜的，对那些克服困难、坚持到底的学生进行表扬、鼓励，批评制止那些不良倾向，让学生经过一次次的磨炼后，逐渐养成顽强奋斗，吃苦耐劳的意志品质。

## 二、结合体育课的组织形式进行德育渗透

1.分组轮换是教学中常用的组织形式,教师要针对练习中可能出现的问题,提出明确要求,使学生在 练习中养成听从指挥,服从分配的良好习惯。

2.在教学中组织教学比赛和达标测验是经常要做的事情,教师应很好利用这一机会对学生进行挫折教育,培养学生豁达、开朗的性格和永不服输的心理品质。

3.在理论教学中,在讲解体育基础知识的同时,应介绍我国体育发展史及中国健儿为祖国荣誉奋勇拼搏的事迹。比如,介绍我国在奥运上从实现金牌零的突破到金牌大户、到体育强国。向学生讲述中国女排如何取得"五连冠";是如何团结协作,顽强拼搏为国争光的。从而激发学生的爱国热情,增强爱国意识,其他类型的课也是如此,只有这样抓住有利时机在课堂上向学生进行德育的渗透,才是体育这一具有特色的活动课所具有的特点。所以体育老师应结合这一特点,不断地向学生进行爱国主义教育,潜移默化,久而久之,使学生对自己的国家产生一种稳定、持久真挚而深厚的热爱之情。

## 三、体育教学中渗透思想品德教育的要求

在体育教学中渗透思想品德教育与其他学科相比,具有其鲜明、突出的特点:

1.注重教学中使学生直接参与

一般说来,其他学科中的德育,往往以"说教"为主,通过向学生阐述伦理道德,让学生明事理,分善恶,辨真伪,进而提高他们的思想道德水准,而学校体育中的德育,则是让学生亲身参加各种体育活动,并通过其内在的独特教育性,达到育人的目的。例如,长跑可磨炼学生的意志和培养吃苦耐劳精神,各种球类运动可培养学生勇敢顽强的精神等。体育运动的内容丰富多彩,其育人的作用也各有特长。在体育教学中我充分认识到学校体育的育人特点和作用,通过学生的直接参与性,把握时机,配合恰当的"说教",取得了较佳的育人效果。

2.注重教学的动态性

在学校体育教学过程中,由于学生不是静坐在教室里听讲,而是离开了教室的限制,在运动场直接参加各种体育活动,因此使寓于其中的德育具有鲜明的动态性。学生的学习态度、动机、注意力、自觉积极性、纪律性等心理问题,都非常容易显露出来,因此,我学会了善于抓住"机会",因势利导,进行教育

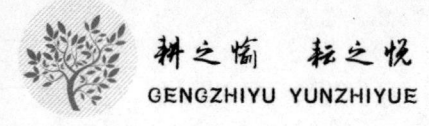

渗透。

3.注重角色的培养

在体育运动过程中，参加者往往根据一定的体育需要担任某种体育角色（如裁判、体育委员等），并按照规定的体育规则和体育道德标准，进行正当的体育活动。由此，学生可以体会人们在现实社会中，各种角色都应承担相应的职责和义务，进而通过体育运动培养学生遵纪守法的行为。

## 四、结合室内理论课渗透教育

（1）上好引导课

引导课一般安排在每学期开始的第一次室内授课，其教育目的是通过有关情况介绍，动员与组织学生认真上好体育实践课，并引导学生对学校体育教育的任务、地位作用再认识。上课时，在总结上学期体育课内容的基础上，提出本学期体育教学任务、要求、教学内容、考核项目与标准等，使学生做到心中有数，明确学习的任务，以激发学生为祖国现代化建设而上好体育课和参加体育活动的积极性。

（2）重视理论讲授课

这种课大多利用下雨天在室内进行，理论基础知识既是提高学生体育卫生文化教养，指导学生体育实践，培养和发展智力的基本环节，同时又是对学生进行思想教育，帮助学生树立科学世界观的基本环节。教材中就有十分丰富的理论基础知识，其中很多内容本身就是直接的思想教育的生动材料。如讲授我国体育事业的伟大成就，亚运会、奥运会简介，激发了学生的爱国主义和民族自豪感。因此，我总是深入钻研教材，认真备课，把所讲知识的系统性、科学性、思想性有机地结合起来，不断提高讲课质量。

## 五、充分发挥体育教师自身言行对学生的示范教育作用

教师的一言一行，一举一动，对学生都会产生影响，这就要求体育老师不断加强自身修养，在教学中随时随地注意自己的言行。在体育教学中，向学生进行思想品德教育，关键在于教师的言传身教。作为教师必须有扎实深厚的理论基础、专业技能和强烈的"敬业精神"外，还要有高尚的思想道德素养。教师应举止大方，谈吐文明，教学中，讲解清楚、示范规范、言行一致，给学生树立一个良好的教师形象，使学生在潜移默化中受到熏陶，达到进行思想品德教育的目的。

体育教学中的德育教育，关键要灵活多样，结合实际，因势利导，这样自然

会收到水到渠成的效果。在教育过程中,为师者要以身作则,做出表率,做到耐心细致,因材施教,以理服人,以情感人,讲究实效。作为体育教师,要加强自身修养,勇于探索。

总而言之,在体育教学中,德育的渗透是多方面的,多渠道的,随时随地都进行的。只要我们把握时机,采取积极有效的措施,将学生的思想道德品质教育融合在体育教育过程中,不仅仅是可能的、更是行之有效的。

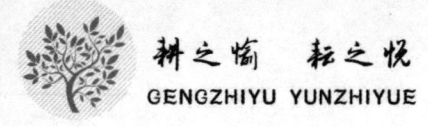

# 任务驱动小学信息技术教学

## 王　晶

### 一、科学定位任务驱动教学法

信息技术课堂中的任务,主要指利用信息技术手段完成相应的事项,在计算机上编辑文章和图画,做电子表格,制作多媒体课件,建设与维护网站等。任务应该具有真实性、整体性、开放性、操作性等特征。驱动强调的是学生在任务的引领和刺激下,通过同伴的协助,调动多种教学和学习资源,采用自主与合作探究等学习方式,达到建构信息技术知识体系与提高应用能力的效果。任务必须围绕教学的重难点进行,这样才能促进达成小学信息技术课堂实际效果。

(一)密切联系现实生活与学生实际

信息技术不是单纯为学会理论而设置,应该在课堂中用信息技术处理学生喜欢和熟悉的社会生活中的现象,培养小学生对计算机的爱好。教学难度要适当,避免过于简单或者过难,这才有利于教学目标尽快实现。

(二)任务设计要具有可操作性

信息技术课是一门实践性非常强的课程,学生亲自上机动手实践远比听老师讲、看老师示范要有效得多。通常,教师对知识进行讲解、演示后,关键的一步就是让学生动手实践,让学生在实践中把握真知、掌握方法。教师在进行"任务"设计时,一定要注重"任务"的可操作性,要设计出只有通过上机操作才能完成的"任务",以此来提高学生完成任务的实践能力。

## 二、把握任务驱动法的特征

（一）提升教师的主导效果

任务驱动法必须充分发挥教师的主导作用,精心设计课堂教学过程,认真对小学生学习辅导和协助,进行合理评价和激励。教师能够设置适合的学生活动,进行正确的学法指导,提高小学生的探究意识和创新精神,促进他们在合作互动中养成良好学习习惯,培养热爱科学的品质与团队精神。例如,教师在使用信息技术制作图画时,可以结合具体的教学内容与学生的实际情况,寻找到两者的最佳契合点,针对小学生的学习兴趣安排操作方案,让小学生设计制作电子书信,将自己的心里话或者祝福语送给父母、同学、老师。教师可以启发小学生充分运用画图工具中的图形、文字、线条等功能,提高小学生的计算机操作能力,培养小学生的想象力和人文主义情怀。

（二）调动学生的主动性、创造性

小学信息技术教学必须改变片面关注技能的方式,要让小学生在观察和分析中提高感悟力和应用能力。任务驱动法能够结合信息技术课程特有的实践性和操作性,调动小学生在课堂中的积极性,能够主动参与到教师创设的情境中,自觉运用教师教授的知识分析和解决问题,充分发挥学生的创造力,学会在各自情境中灵活迁移知识,实现举一反三的教学效果。

（三）发挥内容的建构性

在小学信息技术课堂上,任务驱动法以具体明确的任务为教学主线,促进学生有计划、有目的地开展信息技术活动。例如在制作电子演示稿时,教师可以布置一个有关"我可爱的家乡"为主题的任务,学生在搜集资源的过程中,逐步学习电子演示稿制作知识和技术,同时增加对于自己所在城镇的了解,利用各种途径搜集关于家乡的信息、照片。学生可以结合自己整理的资料与信息技术相结合,设计出各具特色的电子演示稿。开放性的课堂内容,有利于丰富小学生的想象力,促进信息技术课堂中的个性化教学,积极、向上、健康、人文的教学主题,能使小学生的情感、态度、价值观得到升华。

## 三、控制任务驱动法在课堂中的各个环节

（一）营造情境,布置任务

首先教师要布置具体的教学任务,推动学生对教材展开学习,任务设置必须合理,结合小学生的认知水平和教学目标,将教学内容划分成若干板块,将知识蕴含在趣味性探究任务中,让小学生产生对问题的兴趣,主动投入到完成

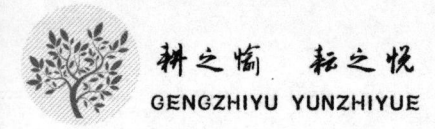

任务的过程中,在课堂生成过程中逐步实现教学目标。信息技术教师要注重教学情境的营造,抓住小学生心理和认知规律,从一个社会生活中的常见问题或者现象作为切入点,提出问题,对学生的认知方向进行正确引导,促进学生对信息技术的内在驱动力。例如,黑教版三年级《我用线条来作画》中,教师可以布置任务:同学们共同欣赏海洋里的小鱼。教师引导小学生将教学主题分为小任务:首先,在生活中,哪些事物是用到直线,然后根据所观看的各种品种、各形态的鱼类。了解完成任务的途径,如上网搜集资料、运用电子演示稿制作幻灯片等。学习会为完成画小鱼任务而产生对信息技术操作的好奇和探究欲望,在新旧认知冲突中产生进一步自主学习的主动性。

（二）设立方案,确定任务

小学生要在特定情境下,利用适合的工具和手段,合理整合教学和学习资源,制定出完成任务的可行性方案,使任务更加细化和深化。教师可以为学生提供完成任务的方法和欣赏观看,指导学生如何通过生活中的线条,来用直线工具去作画。方案制定和完成的过程,能有效地提高学生对问题的自主解决能力,有利于培养学生良好的思维能力和动手能力。

（三）探究、合作,完成任务

小学生的思维方式和认知能力都较低,缺乏科学系统的学习方法,因此教师必须给予学生正确的学法指导,让学生的思维品质得到循序渐进的提升,促进任务得到更好的完成。教师要在信息技术课堂上为学生搭建良好的自我展现的平台,让学生进行充分的自主探究,钻研信息技术和布置任务之间的联系,同时还要让学生进行高效的合作学习,在互动与讨论中寻找切实可行的办法。教师可以将学生分成若干学习小组,每组大约6－8人,小组内进行合理分工协作。教师全程指导,正确掌控任务执行的整体进度和方向,让学生充分探索和反思,在合作中相互提高与促进,培养学生对自然科学与社会科学的热爱,进行合理的思维训练,形成良好的认知习惯和体系。

（四）小组分析,评价任务

合作探究不能完全地放任给学生,教师应该给予恰当点拨和评价,及时反馈小学生信息技术的研究状况,调动小学生在今后的课堂中进一步完善自我和提升能力。学生完成幻灯片的教学任务后,教师组织各小组在班级中展示自己的创作成果,由其他同学和教师进行评价、提出修改意见。学生对同伴的点评和教师的总结进行反思和重构,逐步完善与更新现有的知识层次与思维方式,促进信息技术水平的飞跃。学生在学习过程中,知识储备会有不同程度上的欠缺,但由于孩子的生理和心理特点,好胜心较强,很容易出现过于重视结果,而忽略过程的现象。当教学过程中采用小组协作的方式进行讨论或研究时,有的学生会存在侥幸心理,降低参与度。因此,教师不仅要加强教学过程的科学性,还要提高监督意识,对学生参与过程中所出现的问题及时进行正确、积极的引导。

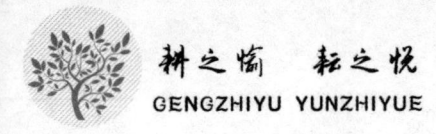

# 探究小学英语课堂教学的高效

## 于官雪

**摘要**:课堂教学是教育教学活动的中心环节,课堂教学的效果不仅直接关系到教学的质量,也关系到对学生的综合培养,提高课堂的效率,使课堂具有高效性是现代教学的当务之急。

**关键词**:小学英语;课堂教学;高效性

作为一名英语教师,我时常在思考:课堂上老师尽力的教,学生尽力的学,可为什么很多基础知识都没有掌握呢? 看来,有时,课堂效率是高还是低,并不是指教师有没有完成教学内容或者教的认真不认真,而是指学生有没有学到什么,或者学生学的好不好,如果学生没有兴趣学或者缺少学习的方法,即使老师教得很辛苦,也是无效教学,同样,如果学生学得很辛苦,却没有得到很好的发展,也会是低效或者无效教学,也就是说,学生的是否进步、是否发展是教学有没有效益的基本指标。那么,什么是有效课堂,有效课堂是指在教学活动中,教师采用多种有效的教学方法,用最少的时间,最小的精力投入,取得尽可能多的教学效果,实现特定的教学目标,满足社会和个人的教育价值需求,为此组织实施的活动。本人结合自己的教学经验和教学实践,对小学英语课堂小学活动的高效性进行了探析,以期待对英语教学有所助益。

## 一、构建优质有效的英语课堂的关键在于优化教学的各个环节

在小学英语课堂教学环节中,环环相扣的各种教学活动贯穿于整个教学中,多媒体技术给英语课堂带来了翻天覆地的变化,同样也提高了学生对英语课堂的兴趣,但在英语课堂上盲目使用多媒体,会分散学生的注意力,使学生抓不到课堂的重点,从而影响课堂效率。我们指导小学英语教学主要是课堂

教学,充分利用多媒体技术并做到恰到好处,才是提高课堂效率的压舱石。

## 二、优化课堂内容,激发学生的课堂兴趣,是提高课堂教学的启明星

托尔斯泰说过:"成功的教学所需要的不是强制,而是激发学生的兴趣。"考虑到儿童的心理、生理及年龄特点,小学英语宜进行愉快教学,激发听说兴趣,在教学中可采取穿插歌曲、游戏等多种形式的辅助教学方法。通过这些活动激发学生的学习兴趣,调动学生的学习积极性,增强学生的求知欲,让学生在轻松愉快的气氛中学习,使他们感到学习不是一种负担,而是一种乐趣。教学内容生动有趣,如韵律诗、儿歌、游戏、会话表演等,可满足小学生的表演欲,因此也能引起他们的学习兴趣。例如:在上到五年级的 Shopping game 一课时,为了使学生更易于学习 May I have……? 这一句型,我将这堂课设计为发生在一个 Snack Bar 中的一段情景对话,先让学生当 assistant,由教师充当 customer 指着图片说出 May I have……? 然后再由学生上台表演,再接着让学生分组操练,在同学面前表演出来。这样一来,学生的积极性就出来了,学得也特别快。教学的内容、语言真实可见,实用性强,学生可以在上课时通过边用、边学、边做,让他们在用中学、学中用,反复实践,学用结合能使他们对所学知识记忆更为深刻。如在上 My body 时,教师可利用洋娃娃,头像等进行五官教学,并且可以做出一些动物的头像让学生贴在其脸上各部位。在学生对这些有一定认识后,由教师发出 Touch your ……。的指令让学生分组表演并比赛,也可以将这些内容编成小诗。

## 三、注重情感交流,树立学生自信,是提高课堂效率的奠基石

教学不仅是教与学的关系,同时也是师生双方思想和感情的交流过程。师生关系直接影响和制约着学生的情感和意志,影响学生的认知活动。一般说来,学生对某位教师喜欢,其课堂气氛就会显得活跃,学生的学习兴趣就会油然而生。同时,教师真心关爱呵护学生,也会让学生更加喜欢你,教师要重视感情的投入,用自己真诚和爱架起师生间情感沟通的桥梁,用宽容与理解唤起师生的情感共鸣,用赞美与赏识增强学生"我能行"的自信。使得学生在学习中敢于尝试勇于体验,不怕出错误,从而培养和发展学生在学习中的积极情感。教师也只有在关爱和理解学生的同时,才能博得学生的信赖与尊重,这样教育教学中才会出现情景交融的绮丽彩虹。总而言之,教师要用自己的教育

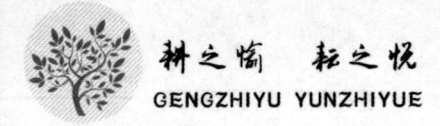
和爱心来培养和唤起学生对学习的热爱，让学习成为他们积极自觉的,乐于参与的活动。如此才能体现真正的教育实质,实现教育的真谛! ——我的学生XX他是留守生又属学困生,在同学们眼中他是一个丑小鸭。不自然的生活状态和懒散的学习习惯使他缺乏上进心,对学习失去自信。针对这种情况我平时有意识多接近他,从生活方面给他多一份的关怀和帮助,在学习上为他提供自由表达和展示的空间。久而久之他渐渐变得开朗自信了,学习成绩也得到了迅速提高,课堂上经常会看到他高高举起的小手和充满自信的眼神,听到他准确流利的英文领读。这不正是我们教师所期待的吗?

### 四、采取分层教学,倡导赏识激励

每个人都渴望成功,并成为众人眼中的焦点,这种思想在学生身上便体现为希望自己的成绩进步,能够引起老师和同学们的注意。这就需要我们在学生评价方面采取多元化激励性评价,使全体学生在不同程度不同方面得到大家的认可和肯定,从而获得自信。在教学中教师应因材施教,根据学生实际布置不同程度的作业(包括训练要求也要有所不同),使他们在各自有所得的同时找到成功的感觉,激发学生学习的欲望。为学生的兴趣学习、长足发展注入活力。法国教育家第斯多惠说:“教学的艺术不在于传授本领,而在于激励、唤醒、鼓舞。”教师应通过多种教学手段,激发学生内心强大的内驱力,唤醒其潜在的学习语言的活跃细胞,鼓励他们更加主动地去研究探索。这样,我们的课堂教学才会真正地走向艺术化,学生也会获得更大的收获。

总之,教师在教学时应采用各种有效方式,鼓励学生积极进取。

### 五、改变传统的教学模式与方法,要重体验、重实践、重参与、重创造

1.要从现阶段儿童的心理和生理特点出发。改变传统的灌输式教学方式,要让学生通过亲身体验和实践习得英语,传统的课堂教学主要为了让学生在初级阶段学好音标,学好语法,记忆一定量的词汇,这一方式导致了课堂教学时的教师中心化,学生总是处于被动状态,实际上,在教学过程中,只有通过学生主动、积极的学习、体验、参与、实践、创造,才能真正在教育这一主动过程中,获得认知和语言能力的发展。

2.小学生特别是低年级的学生具有模仿力强、求知欲强、自我表现欲强、创造精神强等特点,这些都成为他们学习英语的优势所在。

3. 当然,从辩证唯物主义的角度来说,任何事物都不可能只有优点而无短处,小学生学习英语时有优势,但不可否认的,他们的理解能力相对较弱,注意力不易集中,对事物的学习往往又缺少持久性,并且不喜欢单调的重复操作和机械式的训练。这都给小学英语教育者的正常教学增添了一定的难度,而如果我们只要小孩子单调的学习和理解所学知识,背语音及语法规则,记忆词汇,就恰恰忽视了他们学习英语的优势、长处,而学生本身也会因为学习的单调乏味及困难而跟不上学习进度,久而久之就会放弃英语学习。

## 六、在教学评价时,要从多方面着手

教师在对学生的英语学习进行评价时,应重视学生的态度,参与时的积极性,努力的程度,交际能力以及是否具有合作精神等,通过观察学生各方面的活动,进行准确评价,以免造成对学生认识及评价的片面性。

总之,在目前这个以知识为基础的经济时代,在教育改革的浪潮面前,英语教师要想取得良好的教学效果,就必须很好地把握住小学英语教学的特点并努力遵循一些原则性问题。

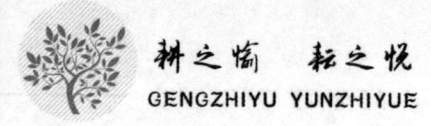

# 在数学教学中培养学生能力

于丽丽

"质疑,是发现的设想,是探究的动力,是创新的前提。"(巴甫洛夫语),显然,加强学生质疑问难能力的培养,即培养学生自己发现问题,提出问题的能力有极重要的意义。那么教师在课堂上如何引导学生提出问题呢?

## 一、建立民主平等的师生关系,给学生提问的勇气

首先要建立平等的师生关系,在课堂上我们要以表扬鼓励增加学生的自信心,以自己饱满的教学热情,激发学生高昂的学习热情,这样学生感到宽松、融洽、愉快、自由、坦然,没有任何的压抑,他们才敢于质疑,勇于争论,才能自由与自主地思考、探究、提出问题。其次,学生崇拜老师,崇拜书本,在他们眼里,老师、书本都是不可能有错的,他们从来没有想过对老师的讲解、书本上的内容提出疑问,因此,我们要引导学生树立"不唯书"、"不唯师"的思想,敢于挑战,另外我们还要善待学生提出的问题,善待提出问题的学生,保护学生提问的积极性,使课堂形成一种积极思考、勇于探索的热烈气氛。

## 二、改进教学方法,给学生提问的机会

传统的课堂教学,以教师讲为主,一是没有给学生思考的余地,哪来的问题;二是没有提出问题的时间和空间,即使有了问题也没法提出;三是有些问题来自一时的灵感,如果没有机会及时提出,也就一闪而过。因此,在平时教学中我们要改变传统的教学方法,按照新课标的要求在课内外给予学生足够的时间和空间。

1.教师在备课时,依据教学内容和儿童的认知特征,设计开放的空间,给学生提问的余地,让学生利用合作学习、小组讨论、动手操作等多种方法,通过

思考提出大量的问题,既能满足不同层次学生的需求,又有利于激发学生的发散思维,推动学生展开多角度、多方向的探索活动,获得新奇独特的问题,从而培养学生的创新精神。

2.减轻学生的课业负担,设计一些开放性的作业,使学生有更多的时间走向社会、走向生活,参加实践,在实践活动中结合所学知识联系生活实际,提出问题。

3.设立"提问卡",把预习或自学中产生的问题,写在"提问卡"上,教师课前收集卡片,进行综合、归类,在课堂中有针对性地组织学生展开讨论,让学生自己探索或在教师的指导下找到解决问题的办法,逐步提高学生提出问题的能力。

### 三、"授之以渔",教给学生提出问题的方法

1.鼓励阅读,让学生提出问题。

数学课本是学生获取知识、了解世界的窗口和工具,教师应该引导学生在相互交流阅读中发现问题。例如:在学习"异分母分数大小比较"时,我让学生自学课本,这时,班上有一位同学大胆质疑:"为什么比较异分母分数非得先通分? 不通分行吗?"我立刻意识到这一问题的重要价值,并顺势将问题抛给了其他学生。不想,他们的思维迅速向多方位展开,经过小组讨论与争辩,他们竟获得比较异分母分数大小的许多富有创造性的思路:(1)当分数的分子相同时,可以直接根据"分子相同,分母越大(小),分数值越小(大)"进行判断;(2)当分子也不同时,要以根据分数的基本性质先"通分子",然后再进行比较;(3)找个中间数作参照;(4)求剩余数后再比较……。试想一下,如果没有这个问题,学生的这些充满求异,创造火花的方法与策略又从何而来呢?

2.引导学生从日常生活中提出问题。

数学来源于生活,在我们的身边处处有数学问题,关键在于我们能否发现问题、提出问题,所以积极引导学生观察身边的事和物,就能提出许多数学问题。如:学校开运动会,400米比赛,一些学生观察到,每位运动员都不在同一起跑线上,于是提出了"400米赛跑为什么运动员不在同一起跑线上?"、"400米赛跑,相邻跑道的运动员起点的距离应该多大?"等有意义的问题。

3.让学生在实践活动中发现问题。

学生有了问题,才会有思考和探索,因此,在教学中要创设好适宜学生探究的问题情境,让他们能自己提出问题,并进行探究,在实际探究中再生成新的问题,直到最终掌握知识。如:在教学"统计与可能性"时,教师在出示了装

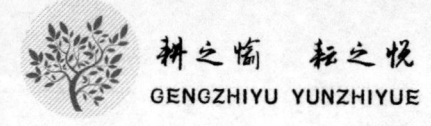

有 3 个红球和 3 个黄球的口袋后,先让学生预测摸球的结果,再让他们进行实际操作,在得出结果后,再让学生质疑"假如只有 1 个红球"会有什么样的结果呢? 这样学生又会生成一些新的问题。

4.引导学生从结论的反面提出问题。

一些常见的数学结论,人们常常使用,习以为常,好像提不出什么问题,然而,认真推敲,从它的反面也可以成为问题的来源。如:"0 没有倒数"。这个结论学生早已熟悉,但有一位学生却提出了"0 为什么没有倒数?"这样一个问题,反而把全体同学难倒了。经过教师引导,学生讨论,终于从倒数的意义、求倒数的方法两个方面证明了 0 没有倒数这个结论。

总之,正如伟大的物理学家爱因斯坦所说:"提出一个问题,比解决一个问题更重要,因为解决问题也许仅是一个数学或实验上的技能而已,而提出新的问题,从新的角度去看旧的问题,却需要创造性的想象力。"质疑问难,作为一种新的教学方法,燃起了学生思维的火花,因此,我们在平时教学中要努力创设各种机会,让学生在学习、实践活动中自己去发现,自己去提出问题,使每一个学生都能学会质疑,真正成为学习的主人。

# 音乐，一把开启素质的钥匙

## 张智红

随着素质教育的深入，美育也就日益引起关注。美育的重要组成部分之一就是音乐教育。音乐教育就是用音乐对学生进行教育。就音乐而言，它的本质是科学，它的内容是哲学，它的表现是艺术，而它的功能是育人。在全方位的音乐教育中，它是以音乐为主体，以德育为灵魂，以智育为脉络，集德、智、体、美、劳五育大成。所以说，音乐教育对提高学生的全面素质有着特殊的功能。这一点我们的祖先早就有灼见。早在两千多年前的春秋时期，思想家、教育家孔子就提出"移风易俗，莫善于乐"并把"乐"作为他给学生开设的六门课程之一。可见，音乐教育作为审美教有乃至素质教育的重要手段和内容，是教育科学中不可缺少的重要组成部分。在中华民族悠久的历史中也有着源远的文化积淀。故此说，音乐是一把钥匙。

### 一、塑造心灵的钥匙

音乐，它大不同于其他学科。它是情感的艺术。在三音乐教育中注重的是对学生进行情感的教育和启发，引导学生在学习音乐的过程中体验音乐所表达的情感，并努力使之与其产生共鸣，从而美化学生心灵，陶冶学生的情操，培养学生健康的人格，从这个角度说，音乐是用艺术美塑造学生的心灵，进而启迪开智慧的大门，培养和提高学生识别美丑的能力，从而增强学生对不良文化侵蚀的抵御能力。所以说，音乐教育绝不仅仅是教唱几首歌而是作为塑造学生美好心灵，发展学生高尚道德品质的社会主义精神文明建设的重要组成部分。大量的实践证明，音乐教育不仅仅具有辅导和强化德育、智育的功能，而且有着德育和智育所不能替代的独立的教育功能。所以说音乐是开启心扉、塑造心灵的钥匙。

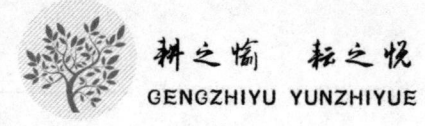

## 二、以美益智的钥匙

个人的智力,主要指的是记忆力、想象力、思辨力、创造力和反应的敏捷性。而这诸多功能的形成不是靠教师讲得如何好、如何多。常言说得好,"知识能教,能力难传。"难怪有人说,教师的职责应在"传道,授业,解惑"中再加上一个"训能"。而音乐就恰好是培养诸多能力的最理想的手段。因为,音乐教育能以其形象性、感染性和愉悦性有效地激发学生的情感和积极性,调动学生发挥出全身心的潜能,展开想象的翅膀,在感受美、表现美的同时去创造美,从而培养起学生多方面的综合能力。特别是在歌曲学习和音乐欣赏中,尤其利于启迪学生的思维,发展学生的智力,引导学生始终在形象的感染中进行抽象的思考。这样就既提高了学生的表现力和鉴赏力,同时在很大程度上丰富学生的想象力,这也正是因为音乐强调创造,而创造就亟切需要幻想和思维的敏捷。所以说,音乐是启迪学生美妙的想象非常重要的手段,也就是以美益智的一把钥匙。

## 三、培养协作的钥匙

随着大科学时代的到来,"手工作坊"式的科研活动时代就去不复返了。据美国女科学家米克曼的统计显示:在诺贝尔奖奖金设立的第一个25年,合作研究获奖人数占41%,第二个25年占61%,第三个25年则上升到了79%,到了这几年,已极少有单人夺魁了。这一统计表明:科学工作者之间的协作日益显得重要了。所以有人说:"21世纪没有著名的科学家,只有著名的科学家团体。"这话可能说得太绝对一些,但是,在大科学时代,善于协作将是时代发展的必然,以美国的"阿波罗登月计划"而论,共耗资250亿美元,直接参与工作的科技工作者达42万人之多。可以说是84万只手托上月球的。试想,大家各自为战,没有协作,岂能有阿波罗登月的壮举?而我们的学生,百分之九十九是独生子女,各个是独往独来的"小太阳",何谈什么协作!要培养这种大协作精神,唯有音乐教育可显示出神奇的功效。在合唱的学习与训练中,在班级器乐教学活动中,音乐教学一方面可以引导学生全身心地投入,统一意志,步调一致,另一方面又可以培养学生之间的相互配合和协调能力,以及如何正确对待自己所处的位置,从而更好地去配合整体的行动。这是独特的功能,所以说是培养协作精神的一把钥匙。

### 四、拓展视野的钥匙

成语说得好"少见多怪"、"经多见广"。它告诉我们一条真理,就是说看见的东西少,所以看见到新东西就觉得奇怪。《牟子》:"少所见,多所怪"。反之,经历的事物多了,见识自然就广阔。这就道出了"见识"的重要。这个"见识"就是人的"视野"。我们的学生不可能去走南闯北增长见识,而音乐教育就刚好填补了这个不足。在中小学的音乐教材中很重要的部分是对我国的优秀民族音乐作品的介绍。同时也接触和了解到许多外国的优秀音乐作品。我们知道,每一个民族的音乐都体现着本民族的特色和风土人情。学生在学习这些优秀作品的同时,教师会引导他们去深切地感受每一个民族的悠久文化和特色,以及与这个民族相关的人文知识、风土人情、民族趣事等等。这无疑就丰富了学生的知识面,开阔了他们的视野,所以说,音乐教育是开阔视野的钥匙。

### 结束语

我国有五千年的悠久文化积淀。中华民族的精神铸就了极其丰富多彩的民族音乐。因此可以肯定地说,音乐教育对于培养学生的民族自尊心、自豪感、自信心、责任感,培养正确的人生观、世界观、价值观都具有重要的意义。对处于青少年时期的广大中小学生的全面发展是不可缺少的,也是其他学科所不能替代的一门艺术教育。所以说,音乐教育是一把多功能的金钥匙。

# 关于小学生应该如何读书

## 裴 兰

"三日不读书,便觉语言无味,面目可憎。"在今天,宋人黄庭坚的这句话或许会被很多人认为太矫情。读书成了难为,不为的事。当今社会,知识更新速度已经是与时俱进了,读书,更应该是生活中不可或缺的一部分。

在"世界读书日"前夕,中国出版科学研究所再次发布的"全国国民阅读调查"结果显示,我国国民图书阅读率连续 6 年持续走低,国民阅读率首次低于 50%;而在我国的图书阅读者中,每人每年平均阅读图书不过 4.5 本。调查更是表明,中小学生每年读书不超过 3 本。而放眼世界,我们看到的却是各国对阅读的日益重视。据报道,美、英、法、日、德、俄等许多国家都设立了全国性的读书节;犹太人每年每人读 64 本书,是全世界读书最多的民族;美国正在实现每年每人读书 50 本的目标,他们的"阅读优先"计划,投入数目庞大,目的就是让所有学童在小学 3 年级以前具备基本的阅读能力。

数字让人忧虑,对比让人尴尬。而事实上,近年读书风气越来越淡薄的社会现象早就给人们留下了深刻的印象。家庭连一本藏书都没有的情况并不鲜见。不知书则不达礼,则难以知荣辱,一个国家、一个社会如果学习风气淡薄与缺失,这个国家的国民素质、民族创造力和发展潜力就难以保障。

民族的兴亡靠教育,教育的兴亡靠教师。作为老师,就应该以名著作陪,与经典为伴,行走在教书与读书之间。让阅读成为我们生活的必需,让书籍成为我们精神的伴侣,一切凝聚着人类文化精神的读物都应进入我们的视野,这样我们才能成为人类文明之火的传薪者。

我们不仅仅是把知识传授给学生,更是把文化传递给孩子们。这其中的一个重要环节就是要做"有文化"的教师。而"有文化"的教师的一个重要特征恐怕就是爱好读书,把读书当作是自己安身立命的一种责任。

浮躁的心态,功利的时代,老师要想静中求定,潜心读书,确实挺难。可是,每一个教师自己也都很清楚:不管教师读书难的理由有千条万条,作为教师,我们应该读书,而且必须读书。因为在众人的眼里,教师,就是一个读书人,一个职业的读书人。教师读书,理所当然,既为了提高自己的修养学识也为了促进学生的进步与提高,所谓"腹有诗书气自华",这份书香味的熏陶就是给学生们最好的影响。

为了孩子,为了自己,我们必须坚持读书。当我们事务缠身时,一定要给自己留一点读书与思考的空间,就像温家宝总理说的那样,要多留一点时间给自己仰望星空。我认为:这星空就是精神的家园。作为老师,读书,还有更深一层的意义。

首先,这是一种熏陶,是言传身教。教师带头读书学习,这本身就是对学生的一种言传身教。爱读书、有学养的教师,往往都是学生心目中的偶像,教师的一举一动,都会让学生刻意揣摩效仿,有很多学生就是在老师的影响下爱上读书的。很难想象,一个不喜欢读书学习的教师,能培养出爱读书学习的学生。

其次,读书能让人保持平淡的心境。有人把读书比做精神的呼吸,这话很有道理。工作累了,读上一段,在浮躁的现实中寻得一份宁静平淡,这种感觉是做其它任何事情都难以比拟的。当对一本书、一篇文章,甚至一句话产生深深的认同和共鸣的时候,会觉得读书成了心灵的一种寄托。

读点什么?对我们这种工作性质而言,还是应该有所选择的。我们不能为读而读,书籍浩如烟海,而应有所选择。

1.读点学生爱读的书。抽空我们可以看看孩子愿看的《长袜子皮皮》,和《淘气包马小跳》《环游世界80天》,和《皮皮鲁》一起去冒险,和《爱丽丝梦游仙境》,和《窗边的小豆子》一起重温调皮的往事,感受《父与子》的幽默,幸福。当今社会,孩子们思想早熟,朱德庸的《绝对小孩》让我们重新审视自己的视角,了解学生的心理,走近学生的心灵,找到跟学生交流的共同话题。当我们手捧《安徒生童话》,带着孩子们和《时代广场的蟋蟀》一起看世界,徜徉在《夏洛的网》中,和《猫武士》去构建团队,去感受友谊。此时,感悟美丽的童话世界,给我带来童年的美好回忆,心底最纯最真的情感自然流露,这时的自己,没有了尘世的俗念,没有了功利的伤痛,有的是对真,善,美的坚持。既为交流,又能娱乐,而且能和孩子尝试"接触零距离,沟通无障碍",何乐而不为?

2.读点教育理论和专著。我们可以读些好的教育经典名著,这样可以学到在实践中无法直接体会到的真谛,从而使教学少走弯路,减少失败。

新世纪,做一个什么样的教师?《不跪着教书》让自己能不卑不亢,荣辱不

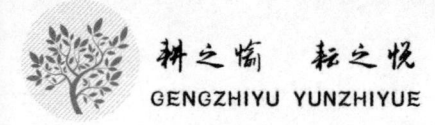
惊;教学中遇到了困惑,怎么办? 去苏霍姆林斯基《给教师的一百条建议》中找找答案;怎样上好课?《名师备课经验》系列中,李镇西、窦桂梅、于永正这……这些名家会与我一起感悟课堂,让自己受益匪浅;课堂上,遇到了不听话的学生,怎么办?《赏识你的学生》会明确地告诉我;如何激发孩子学习的动力? 卡耐基的名言:"给他人一个美名,他会为之奋斗努力。"可以引发我深深的思考;面对孩子的成长,怎么去有效沟通? 教师要处于什么位置?《孩子,把你的手给我》,让我更能做到换位思考,更能体会到学生的心情,把教育做到润物细无声;面对不懂教育的家长,无条件地宠溺孩子,《发现母亲》《男孩穷着养》《女孩富着养》可以给我们很多指导;当自己的视野闭塞,闭门造车时,《彼岸的教育》会让我茅塞顿开……

3.读点文学作品。专业著作、理论书籍教师要读,事实上,我们更要多读些文学类的书籍,特别是语文老师。这样可以增加自己的文化底蕴,使自己内涵更丰富些。一册在手,八面来风,神游古今,其乐无穷。读书的意义在于使人开茅塞,除鄙见,得新知,增学问,广见识;读书的意义在于使人虚心,通达,不固陋,不偏执;读书的意义还在于涵泳性情,修持道德;读书的意义更在于使人明晰地认清现象与本质,从而认识自己,塑造自己。

对于坎坷曲折的人生道路而言,读书便是最佳的润滑剂。面对苦难,我们苦闷、彷徨、悲伤、绝望,甚至我们低下了曾经高贵骄傲的头。这时,书籍可以给予我们希望和勇气,将慰藉缓缓注入我们干枯的心田,使黑暗的天空再现光芒。读罗曼·罗兰创作、傅雷先生翻译的《名人传》,贝多芬,米开朗琪罗和托尔斯泰的故事,让我从伟人的生涯中汲取生存的力量和战斗的勇气,帮助我担当起命运的磨难。读《海伦·凯勒》,一个个真实而感人肺腑的故事,感受遭受不济命运的人所具备的自强不息和从容豁达,从而让我在并非一帆风顺的人生道路上越走越勇,做命运真正的主宰者。在书籍的带领下,意志得到磨炼,心灵也将渐渐充实成熟。面对教育的利与弊,工作的得与失,心里难免会有波动,怎么调试自己的情绪是至关重要的。"我是源泉,我引发"让自己从负责任的角度去看问题,不再抱怨,不再痛苦,心会宁静,情会真挚;当自己的信仰有动摇时,《三杯茶》如涓涓细流,告诉了我关于承诺的故事,信念的力量。"没有千锤和百炼,但水的舞蹈将乱石吟唱成完美"。读书也是如此啊!

读书能够荡涤浮躁的尘埃污秽,过滤出一股沁人心脾的灵新之气,甚至还可以营造出一种超凡脱俗的娴静氛围。读陶渊明的《饮酒》诗,体会"结庐在人境,而无车马喧"那种置身闹市却人静如深潭的境界,从"采菊东篱下,悠然见南山"的浑然天成,感悟作者高深、清高背后所具有的定力和毅力;读《巴黎圣母院》,让我们看到美丽而又善良的女神艾丝美拉达,和相貌丑陋却品德高尚的敲钟人卡西莫多,他们演绎着一段传奇,令人久久不能忘怀。

阅读中国古代经典书目,更能增添老师的文化底蕴。品《三国》故事演义,悟《红楼》人生梦,这中间的文化,就是我们民族的精髓啊!《八千里路云和月》的追求,唤醒的是英雄主义,重振的是民族精神。再次感受这民族的复兴之路的艰难,让我的血液沸腾,重振汉唐的气魄在心底涤荡,《上下五千年》的求索,《东周列国志》的寻觅,感悟中华民族领先于世界的辉煌,心痛中国近代史的屈辱,时而痛心疾首,时而欲哭无泪,时而拍案愤起,时而扼腕长叹!《大国的崛起》指日可待!

一个教师,只有有了自己的精神,才能去感染学生。而这精神世界,是用书营造的。

4. 根据需要再读点社科类的图书。教师不是故步自封的团体,这个职业注定了自己要博览群书,要视野开阔,要是一个"杂家"。朱老夫子说过:"问渠哪得清如许,为有源头活水来。"当你满腹经纶的时候,相信你定能旁征博引,左右逢源,充分展现自己的教学魅力了。

《世界是平的》,面对"全球化"这个词,不再彷徨,不再无助。网络的力量,使一切变得简单。"开放源代码"、"外包、""离岸经营、""供应链和搜索技术"等这些词汇,我们要耳熟能详,知道自己的位置是多么的重要!越来越多的发展中国家,特别是中国,印度,俄罗斯等国成为世界变平的重要力量,并充分享受着平坦化带来的伟大变革。正如作者所说的,我们还在睡觉,工作已经外包出去了,当我们醒来里,邮箱里已经有我会所需要的东西了,这便是时差带给我们的好处。作为教师,一定要知道外面的世界是什么样。《关系管理学》让我们重新审视自己的视角,不去愤青;繁重的工作让自己的身体倍受考验,如何爱自己更是作为老师的首选课题,《不生病的智慧》《求医不如求己》《易经》让我们懂得的不仅仅是保健,更有中华文化的内涵!读王蒙的《宽容的哲学》、林语堂的《生活的艺术》以及古人流传于世的名言警句,这些都能使我们拥有诚实舍弃虚伪,拥有充实舍弃空虚,拥有踏实舍弃浮躁,平静而坦然地度过每一个晨曦每一个黄昏。

选择了教师这个职业,就是选择了一种承诺。《鸟的迁徙》中,鸟儿们行程万里历尽艰辛,只是为了完成一个回家的承诺。鸟和人要面对的并无不同:孤独、疲惫、不能支撑和致命伤害。我们都不是完美的人,在面对这些的时候,捧起一本书,任情绪静静地流淌,原来,生活可以这样美好。

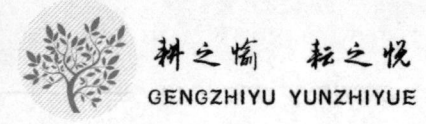

# 体育教学中的德育渗透

## 李　刚

在体育教学中渗透德育教育时一定要摒弃形式主义,摒弃理论空话与教条,认清新时期德育教育的基本问题,不能夸大或只做表面文章。在这里,有必要再提一下体育教师的道德人格问题,因为它决定着教师的以身作则,以身立教。由于体育教学的特殊性,与其他学科教师相比,体育教师与学生之间更存在着一种"亲密性",在这种"亲密接触"中,体育教师可能比其他教师更多一份人格暗示与辐射。因此,体育教师要以自己语言的优美、行为的文雅、生活的朴实、衣着的整洁、态度的积极、思想的进步和作风的正派,给学生以耳濡目染。所以,体育教师首先应具有希望在学生身上建构起来的普通公民道德,还必须率先修养希望学生们在体育教学过程中养成的一些特有的良好品质(如尊重他人、公平竞争、敢于争先、民主、果敢等)。"身正为师,学高为范",教师必须实事求是,脚踏实地去完善自己。可以说,当体育教学中的"育"与教师人格不一致时,真正起到有效性教育作用的只能是在言传身教中的教师的道德修养,而不是"育"。在体育教学中贯彻德育,应该做到以学生为本,这样,才能从学生的心理特点出发,系统地构建德育的环节。通过把学生推上德育的主体地位,让学生做到自我认识,自我评价,自我激励,自我总结。教育者退入后台,只做点拨,不做指令,尽量发挥学生的主体作用。

## 一、教学中德育渗透的途径与方法

在体育教学中既要发挥其德育渗透的优势,有效利用其可能性,还要根据事态形成发展过程适时进行教育,因此每位教师都应当在课中把握住有利的时机培养学生的优良品质,具体途径与方法如下:

1. 教师的仪表和教师的语言

在体育教学中,向学生进行思想品德教育,关键在于教师的言传身教。作为教师必须加强自身修养,提高自身素质。教师应举止大方,谈吐文明,教学中,讲解清楚、示范规范、言行一致,给学生树立一个良好的教师形象,使学生在潜移默化中受到熏陶,达到进行思想品德教育的目的。"亲其师,信其道"、身教重于言教"。这两句话同样证明良好的德育形象在课堂教学中的深刻意义。作为一名体育教师既要有一般教师机智严肃的风度,要充分体现其职业的特点——健康而朝气。通过教师的仪表来感染学生,并增强学生对仪表美及其重要作用的正确认识。教师用语要文明、简练,有较强的逻辑性,幽默是可取的,但切忌低级庸俗。教师通过自己的语言来影响和感染学生,使学生养成文明用语的良好习惯。因此,我认为体育课堂教学时应做到"六规范":规范语言——使用普通话和文明用语;规范示范——动作正确,熟练优美;规范板书——字迹工整,格式正确;规范仪表——衣着合乎运动特点,精神饱满;规范行为——举止大方,遇事得体;规范环境——教具摆放有序,场地设计合理优美;体育教师严于律己,率先示范,带动着学生的自我教育和良好的行为习惯的养成,这至关重要。

2. 教师与教师、教师与学生之间

体育教学中教师之间的配合十分重要,不仅要共同研究教学工作,而且要经常在一个"大课堂"里一起上课。教师之间的关系往往会使学生联想到人与人之间的关系上来,所以教师之间必须互相尊重,密切配合,互相帮助,使学生从体育教师这个团结战斗的集体中学到助人为乐、团结协作的优良品质。教师尊重学生、关心学生既是教师高尚品德的表现,又是一种教育手段,在塑造学生的灵魂中是一种巨大的力量。特别是对那些能力较差、组织纪律较差,以及不重视体育学科学习的学生要耐心帮助,决不能用讽刺的语言刺激他们,侮辱谩骂学生。在教学中应创造机会给技术水平较差的学生锻炼的机会。例如,在体操练习的最后讲评时,除找出较好的学生示范小结外,还可以请虽然完成动作较差,但在某一环节有所进步的同学,再做一、二次练习,肯定他们的进步,并要求大家热情鼓励。这样有利于增强他们完成动作的信心和感到集体的温暖。对体育骨干和运动能力较强的学生则从严要求,绝不能袒护他们的缺点。教师关心并严格要求学生对学生来说虽说是外部条件,但能促使学生内心产生积极的情绪,从而转化成为学生接受教育的内部动力,培养学生对人、对事的正确观念。

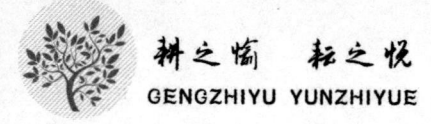

## 二、结合教材特点进行渗透

课堂中,选择合理、科学的组织教法,教材的灵活应用是教师教学能力的体现,也是对学生进行思想教育的有效途径。教师要善于把学生的心理活动和身体活动结合起来,尊重人格和自主性,利用课堂的组织教法中的各个环节对学生进行思想品德教育。注重学生自我管理能力、独立性、自主性、创造性以及热爱美、鉴赏美、表现美和情感美的培养,促使学生个性的全面发展。大地复苏的春季,许多学校为了保护草坪,常用栅栏和绳子将草坪围住,形成一道"不雅"的风景。如果我们在此时的体育课的准备部分经常让学生吟诵"小草才露尖尖角,我的脚下把情留;等到绿草如茵时,我在上面跑跳投"的诗句,我们能想象,无论是操场上还是同学们的心中,一道美丽的风景线已经形成了。含有保护自然、保护环境的德育目标,入情入理,自然会拨动学生们的心弦。

在三年级下册《模仿动物走》中,我只示范了两个动物的模仿动作,之后,就安排让学生自己模仿、自己想象动作进行练习5分钟。在这5分钟里,学生模仿了各种动物形象,并且有的学生还模仿起动画片中的英雄人物和动物玩起游戏,使整堂课保持浓厚运动氛围。

## 三、评价中进行渗透

心理学家认为"赞美有如孩子的营养剂"。一句由衷的赞美,便可使丧失信心,挫败的儿童悬崖勒马,表现不错的孩子更加积极上进。在体育教学过程中,教师应敏锐地发现学生的闪光点,并及时表扬、鼓励。在运动之前用适当的语言鼓励和表扬,使其放下心理包袱,轻松地完成运动,从而调动起学生的学习兴趣和积极性。从学生实际出发,对进步学生鼓励,培养他们的责任心、荣誉感及自觉学习、刻苦拼搏的精神。批评时,根据学生心理,把批评放在赞扬之后,可取得很好的效果。如有一学生的体育技能较好,但纪律观念差,在集体中不能与同学友好相处。我赞扬他的长处之后,点出要当一名优秀学生,还需得到同学们的信任和支持,学生听后,慢慢自然收敛。《孙子兵法》中有句名言叫"赏罚分明",其意不仅是说赏与罚之间必定要有道清楚的界限,更意味着有由才赏,有由才罚的道理。

# 浅谈小学美术教育

## 王冠琳

小学新课标的美术教育,以促进学生的美术素养为核心,探究性美术实践活动为主线,人文性单元为结构。它说明了美术教学活动的整个过程中,必须以培养学生的美术素养为主要目标。然后,美术素养的培养又需要以一系列的欣赏、创作(制作)、交流、评价等师生、生生间的活动来承载和体现。如何才能更好地体现和达到这一目标,是我们每一个美术教师都应该认真探究的问题。下面谈谈我在美术教学活动中的一点尝试和肤浅的体会,借以抛砖引玉。

### 一、美术教师应该具备的基本素质

新课程改革再怎么改,再怎么"新",也不能脱离了"教师"这一最基本的要素。如果教师没有具备一定的素质,怎么能进入课程,又怎么能去实施新课程呢? 因此,我认为作为课程改革中的美术教师,应该有以下的基本素质。

1. 树立以学生发展为中心的教育观念。

基础教育课程改革首先强调转变教育观念,传统的教学比较习惯于教师中心、书本中心、课堂中心组织教学,在一定程度上脱离学生的生活经验,忽视了学生的发展需求,如我小时候美术最常用的一种方法就是让你一味去临摹。但在如今的新课程下能行吗? 这不是误人子弟吗? 所以美术新课程要求教师立足于学生的生活经验组织教学活动,注重学习过程与学习方法,调动学生积极的情感体验,使他们内在的发展需求和美术教学相吻合,实现学生身心全面健康的发展。

2. 构建超越学科的生态型知识结构。

美术教师大都具有美术专业知识和积累了一定的教学经验,对强调学科知识的常规教学胜任自如。美术新课程却更强调学生的综合能力培养,强调

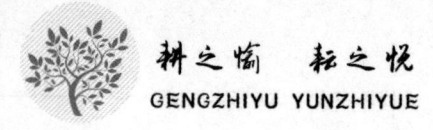
美术课程与社会生活的联系,强调培养人文精神和审美能力,这些要求促使我们美术教师要紧随社会发展,学习与美术课程相关的其他新技术、新知识,学习促进学生思维和人格发展的教育教学方法,形成开放状的生态型知识结构,真正实现教师与新课程共同成长。

3.掌握教师和学生共同发展的互动教学方式。

在美术新课程中由于贯彻新的教育理念,格外关注学生的身心发展,因此带来美术课堂丰富多彩的互动教学。为了让学生学得更主动、更积极,美术教师要根据实际不断创设新的教学情境,营造适合学生成长的课堂氛围,满足学生发展的需求。同时,互动教学活动将不断促使教师更新自己的教学方法。在美术新课程中,教师将是一个开拓者和创造者,多样化和选择性的课程要求使美术教师只有在教学中不断地完善自己,在课程改革的实践和探索中不断提高思想素质和业务能力,才能为自己走进新课程提供最基本的、最有力的保障。与新课程同行的美术教师将拥有和展现教学的青春活力。

## 二、美术教师角色的转换

新课程标准下理想的美术教师不仅应具有美术学科知识和艺术实践能力,艺术和美学理论修养的人文素质,还应该善于引导学生通过自我对事物的积极感知和深刻体验,掌握和使用以视觉艺术的原理来认识艺术作品的构成和规律。他在课堂上应表现出好奇和思想开放,以此激发学生学习美术的兴趣和创造力,发挥每一个学生的潜能,他不一定是有名的艺术家,但却引导和培养了有创造性的艺术家和完美人格的社会人。因此,我认为,新课程标准下的教师应该实现以下角色的转变。

1.在美术教学过程中,教师应成为课堂活动的参与者。

在中国100多年历史的班级授课制中,强调教师的权威,教师唱主角而忽视教师与学生的合作关系,教师一直扮演"知识传授者"的角色。师生交流的方式是单向的,缺乏师生互动。新课程标准要求教师和学生之间的交往方式是合作式的,师生共同营造课堂气氛,教师参与到学生活动中去,师生相互协调,相互配合,同感受同体验,交流信息,互通有无。这就要求每一位教师要尊重学生的人格和自主意识,不把自己的观点强加给学生,建立一种民主、平等、和谐的新型师生关系。

2.在美术教学活动中,教师应成为学生学习的促进者。

美国人本主义教育家罗杰斯曾说:"教师必须是学生自主学习的促进者,而不是传统的只注重'教'的教师。"教师的促进应是以积极投入为前提,让学生感受到教师的存在和教师对他的认同,给学生以心理安全的感受。教师要以开放的心态和包容的气度对待敢于质疑传统、挑战教师、个性鲜明的学生;要以博大的爱心和崇高的师德爱护、关心学生;要引导学生独辟蹊径,使学生拥有活跃的头脑,丰富的想象力;要指导学生认真观察周围生活,从中感受美、发现美,用自己的笔来表现美。在整个教学过程中,教师应成为学生学习的促进者,使每一位学生都能实现不同的发展。

3.在美术创作中,教师应成为学生的欣赏者。

新课程强调以人为本,注重学生的身心发展。爱学生,是负责任的教师的共性;会爱学生,才是好教师的灵魂。教师关注的应是学生的长处和优点,让他们在"你很有见地"、"你很棒"、"你的想法很新颖"、"你启发了我"、"你很有观察力"的赞扬中进步。每个学生都有自己独特的内心世界和个性,而美术往往是人们表达内心情感的一种方式,教师只有走进学生的心灵,才可能为他们提供尊重和满足。获得认可和欣赏是人人都具有的心理需要,渴求赏识是上进的动力。教师应成为学生的欣赏者。

4.在美术新课程的实践中,教师应成为教育教学的研究者。

多年以来,教师总认为自己只是知识的传递者,很少把自己向教育学者或教育专家的角色上靠拢。实际上,教师不仅要具有较高的文化素质,还应具有较强的教育科研意识,每一位教师都应走出一条适合学生发展和自身发展的道路。一个只埋头画画的人,充其量不过是个"画匠";一个只知道低头教书的人也不过是一个"教书匠"。

在终身学习时代,教师从"独奏者"向"伴奏者"的角色转变,由传授知识为主转为帮助学生去发现、处理和运用知识,激发创造的欲望。美术教师应善于将美术知识与其他相关知识融合,并把各种问题融入追寻美的游戏中,从而使学生能在其答案和更广泛的问题上建立一种无比亲切的联系。这是新课程教育改革提出的要求,也更是美术教育工作者实施素质教育的最佳途径。为此,教师必须不断地充实自己。

## 三、学会运用新的教学方法

新课程的实施使教师不得不改变一些已有的教学方法,不是说这些方法不好,只不过适应不了这个前进的社会。可以把原先的一些较好的教学方法保留下来,但必须补充新鲜的"血液"。

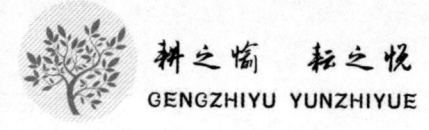

1.多媒体进入美术教学。

鉴于传统的课堂授课方式的局限性,教学手段需要更新,现代媒体教学融入课堂已成为必然。一方面,传统的美术教学模式中知识的传授,素质的培养主要以教师的讲解、学生练习、巩固为主。理性知识太多,感性材料太少,不能充分发挥学生认识的主体性。另一方面,时代在发展,需要有"发展的眼光"。运用立体的、动态的、连续的、全面的表示方法反映美术教学过程,多媒体教育已越发显得重要。它利用现代媒体的形、声、色并茂,表现手法丰富多样,富于变化的优越性,达到优化教学过程,提高教学质量的目的。多媒体教育中,运用课件教学不失为一个非常有效的教学手段。教师在课前运用计算机把课件做好,上课时只须将学生带到多媒体教室。电脑展示的画面色彩丰富,有动画效果,有故事情节,有优美的音乐。学生的学习积极性将被最大限度调动起来,使美术课堂真正做到寓教于美,美中育人。于是我就自学了几个制作课件的软件,实现自己能亲自制作,我制作的课件,在运用中使学生感受到什么是"美",让我明白传统教学过程中教师的口头讲授方法,已不能满足学生的所需。而现代多媒体教学技术具有形象直观性,声像同步性,画面的动态选择性和时空的可变性等优势,使学生对于学习美术的信息来自各方面,呈现出令人难以想象的效果。

2.新的课堂教学模式必不可少。

新课程对教师提出了更高的要求,我们就要多学习,尝试新的课堂教学模式,提高教学效果。美术教师首先通过示范,提供给学生该绘画过程的感性认识,同时要注意引导学生参与观察、思考和分析,领会其中的道理,亦可展示可行的几种方法,让学生边思考、边选择、边模仿、边体验。如在学习《水墨画的笔墨技法》时,对于课中涉及的中锋、侧锋、逆锋、拖笔等内容,单单通过口头表述恐怕学生难以领会,只有通过教师的示范,让学生认真观察、思考、同时伴以适当练习,才能达到较好的教学效果。特别要注意的是必须避免简单的缺少学生参与的师讲生听和机械模仿,尽量弥补该模式可能造成的认识活动的不完整性。

尝试教学法是数学课中最常用的,美术课不常用这种方法,其实这是培养学生创造力的一种最有效的方法。我认为在教学中应让学生(个人或小组)自主尝试来学习绘画方法,而教师的指导分析贯穿在学生尝试学习的实践活动之中。让学生边学习教材、边尝试绘画、边商讨、边探寻方法。在学生尝试绘画和教师针对性的指导(有时包含部分的示范)的基础上,再经过进一步的实践活动来完善并获得技能和得到体验。在《神奇的肥皂粉》《风筝的魅力》的课中,让学生根据制作图自己动手操作,教师的指导贯穿在学生动手过程中,让学生自主尝试,可培养其独立能力。在此值得注意的是,教师要不断激发学生尝试绘画的兴趣,使其具有挑战性;并不断鼓励学生持续尝试的勇气和信心。

3. 面向全体分层教学。

教师要根据每一个学生的特点,在适当的时间以适当的方式对其进行有针对性的帮助,体现因材施教的原则。在安排学习任务及各项教学环节中,要尽量考虑学生的差异,分别让不同的学生都有机会在各自特长的方面表现其领先的优势,让他们有机会"露一手",并给予积极的评价,以使他们树立起自信心。如在教学漫画中让学生有 4 个作业选择,分别是:(1)根据生活中的趣事画一张漫画;(2)为理想中的自己画一张漫画;(3)为喜爱的卡通动物或者人物设计一个完整的故事。(4)选择自己最喜欢的卡通画并且临摹一张。学生不用再为一道不愿做的作业烦心,他们可以自由选择难度大还是难度小的作业,心情肯定愉快而又轻松。

4. 给学生更多的机会。

小学低年级的学生由于其画画正处在涂鸦阶段,往往是想到哪里画到哪里、落笔成章,不会再去做进一步的修改了。因此,教师在整个教学活动过程中要尽量做到精讲少讲,让学生有最多的时间进行练习。在学生进行练习时,教师要勤于巡视,看到能较好地表现作业要求的作品,及时表扬,同时,把他的作业作为范例来讲解,引导学生观察这位学生是怎样作画的,让学生从身边的榜样中学习知识技能。指导学生修改完善自己的作业,不要怕影响学生的学习积极性,只要让学生看到每一次修改都会有新的收获、新的喜悦,学生不但不会降低学习积极性,反而会因看到自己的进步而欣喜若狂,信心倍增,更乐于参加到整个教学活动中来。

另外,不要固定学生的创作(作业)时间。有很多情况学生可能一节课里无法完成作业,可以给学生安排 2 节课或者更多的时间,也可以让学生请他们的爸爸妈妈、哥哥姐姐帮助,当然这个帮助不能是包办代替,而是请他们指点,作业还是要学生自己完成。这样有助于提高学生的绘画和自主创新能力。

5. 美术技能与审美教学的和谐统一。

素质教育提出了新的要求,要智、能结合。怎样结合呢? 我认为:一是教师在授课时,不仅要注意学生对知识的了解掌握程度,更重要的是要让学生对所学知识的运用,传统的美术教育对此还重视不够。二是要引起学生的重视。美术课虽非主科,但它对于培养学生审美的眼光,良好的行为,对生活的热爱,

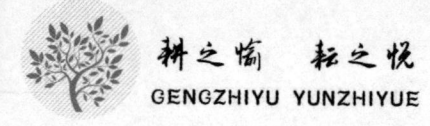

德、智、体、美、劳全面发展,培养学生的综合素质,都起到了不可忽视的重要作用。甚至对学生未来的生活都有着深远意义的影响。

当然,每个人对教学的认识各不相同,每个人的经验也不相同,以上仅为我个人的肤浅认识,不足之处和值得认真推敲之处在所难免,希望各位同行和老师多多指教。

# 游戏在小学英语教学中的应用

## 裴 兰

小学英语新课标要求我们改革传统的教学手段，创新教学模式。教育游戏的出现，为小学英语课程教学改革带来了新的希望和曙光。将教育游戏应用于学科教学，突破了传统课堂教学的局限，为课程改革提供了新的思路，并且丰富了信息技术与课堂整合的理论研究。现将游戏在小学英语教学中的应用浅谈如下：

### 一、教育游戏在英语教学中的教学优势

1. 游戏符合小学英语教学任务目标。小学英语教学中学习的任务不是那么重，教师可以根据教学内容适当设计每部分英语教学中的游戏活动，适当结合每个班级学生的学习情况进行设计，让学生在游戏中积极参与和做到认真游戏，通过游戏构建轻松愉快的学习氛围，使英语课堂教学其乐融融。

2. 游戏的教学方式符合新课改的教学要求及因材施教的原则。游戏教学充分改变了教学中死记硬背的学习方式，让学生在游戏中发挥学习的主体作用。教师在游戏中作为学生的引路人，帮助学生不断提高英语认知水平，通过游戏增强学生的实践能力。在小学英语教学中，一段好的游戏活动，完全可以解决学生学习和玩的矛盾心理，让他们在学习的时候主动参与，全体学生合作共同进步。

### 二、游戏在小学英语教学中的具体应用

在游戏的时候要根据英语学习的特殊性，进行多种多样的教学设计，设计内容要符合小学生的心理特点，还要考虑每个班级或者不同阶段小学生英语学习的情况，这样才可以让游戏发挥出特有的教学辅助功能。

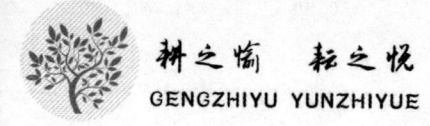
1.设计情景游戏,增强学生的听、读、写能力,通过这类游戏的设计,培养学生的活泼性格。教学前根据教学任务适当准备好字卡和图片等,教学的时候可以通过教师读、学生听取回答的方式进行互动游戏,锻炼学生的听读能力。如在教学 up,down,right,left(上、下、左、右)这四个方位词的时候,教师采用贴鼻子游戏的方式教学,教师让学生在黑板面前根据其他学生的方位提示,贴中鼻子的位置。上、下、左、右四个方位词在这样的游戏活动中,学生通过反复的游戏练习,不断加深英语知识印象,把这些单词深深烙印在心里。通过这类小游戏,学生表现的同时也收获了知识。

2.适当设计游戏竞赛,游戏竞赛模式可以培养小学生在英语学习过程中参加竞争的意识。小学生具有较强的学习好胜心,可以根据这一特点设计符合他们学习的知识竞赛,把他们的思维吸引到游戏活动中,让学生在竞赛中不知不觉地学到英语知识。适合竞赛类的游戏有抢认单词、拼读游戏、模仿情境,等等。如进行单词训练的时候,教师可以将全班分成两组,教师发给每个学生一张字母卡片,不常用的字母(如 Q,Z)可以一人多拿几张,游戏开始,教师说一个单词,如:ship,或出示一张轮船的图片,两个小组内持 S,H,I,P 字母的学生应立即站到讲台前按顺序站好队,先按正确次序排好队的为优胜。在这个过程中,学生对单词的印象会逐渐加深,单词中字母的顺序会记忆得更加清楚,教师适当地指挥引导,调节气氛,学生在轻松愉悦的课堂氛围中自然而然地实现知识的掌握。

3.适当地在英语教学中加入表演游戏,培养学生多方面思维动作的能力,活跃学生的英语思维方法。游戏表演可以说是小学英语教学游戏活动中的重要组成。在小学英语课堂上适当地通过一些真实性的景象,深化英语知识学习的内容,通过表演让英语知识融入生动的生活情景,让小学生当明星,在表演游戏的过程中学到英语知识,把英语知识运用到实践中,培养他们的英语交际能力和灵活变通的能力,这样就完成英语教学重要任务,并学以致用。如教师可以适当加入一些课外阅读或者小故事,以"Out comes the baby birds"(《小鸟出壳》)为例,教师在课前可以做好故事中出现的道具——蛋,然后将其出壳的步骤图制作成多媒体课件,在课堂上出具"蛋"这个教具,然后使用多媒体播放小鸟出壳的过程。学生的注意力一下子被吸引,表演欲望被激发,这个时候教师可以让学生表演,将故事中出现的词语大声说出来,体验学习英语的乐趣。

### 三、总结

英语教学中游戏的形式要多种多样,将学生吸引到学习英语中,让学生和教师共同完成教学任务,完成和谐愉快的课堂互动,进而提高小学生的英语交际水平,让他们在英语学习的过程中树立学习信心。教师要帮助小学生提高自我学习意识,克服学习英语的困难,引导他们认识到自己学习英语知识的优势和不足之处,在游戏的过程中,挖掘自己的潜能,思维也会更开阔。游戏教学法符合因材施教的原则,很好地利用小学生的特点,因此在英语教学中合理使用,必然会收到良好的教学效果。

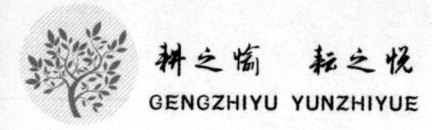

# 浅谈色彩在小学美术教育中的重要性

## 左迎乾

美术课程的改革,让美术课堂充满了生命活力,给了小学美术教育一个崭新的发展空间。美术课程是一门小学必修的艺术教育课程,也是培养学生核心素养的一个重要方面。色彩是美术课堂中传播艺术魅力的一种重要形式,它不仅是一种视觉的感受,也是小学美术教育中不可缺少的一项艺术体验。而色彩在小学美术教育中有何重要地位? 我们该如何把握好小学美术教育中色彩的运用? 怎样让学生能在色彩中感受到美育带来的快乐? 这些都值得我们共同探讨与研究。美术课程是小学生喜爱的课程之一,它注重孩子们的自由发挥能力、动手能力以及丰富的表现能力和想象能力的发展。它通过各式各样的美术工具,在画纸中,运用点线面关系,产生各种各样不同的线条、形状、色彩与明暗关系,最后形成一幅主题鲜明的艺术作品。那么,如何将色彩巧妙地运用在小学美术教育中,引导孩子们更快乐的学习美术,这是本文中主要研究的内容,同时也是需要我们共同探讨的一个问题。

一、传播美育的快乐种子——色彩在日常生活中,如果大家仔细观察会发现,春、夏、秋、冬,一年又一年的不断交替,让我们都能感受到大自然带给我们的礼物——色彩。孩子天性好奇,对世界充满着疑问,而不同的色彩给孩子们带来的是不同的世界。色彩是丰富多样的,从类别上可以分为两种,一种是无彩色系,另外一种是有彩色系。通常情况下无彩色系主要是白色、黑色,有些时候还包括黑白两色之间相互调合而形成的不同深浅的灰色。彩色主要是由光的波长和振幅决定的,通常情况下,波长是决定色相,振幅决定的是色调。有色彩系是指红色、橙色、黄色、绿色、青色、蓝色、紫色等颜色。然而不同的明度和纯度都是属于有彩色系。在小学美术中,色彩知识应用所占的比重是比较大的,也是比较广泛的,几乎每一课都与色彩有着密切的关系,无论是绘画线条还是制作手工,学好色彩的搭配都是非常有必要的。五年级下册的《形的魅力》这课,我让学生们不仅从线条上学习形的奇特,同时,让孩子们通过色彩拓印的方法来感受色彩的奇妙,领略形的另一种魅力,正是有了色彩的直观性,让学生们对美术中不同的形状产生了浓厚的兴趣,在接下来的课程中,使得学生不仅学会了用线条来表现形状这种方式,同时也感受到了色彩带给我们的惊喜。

通过对色彩的认识,从我们课堂中可以发现,学生们学习的色彩,主要是具有以下这基本特征:色相、纯度和明度,在色彩的概念中可以理解为色彩的三大要素,在课堂中正确学会使用色彩以及对色彩的特殊运用有着基础的作用。由于色彩有着不同的色相、纯度和明度,因此,当人们在视觉上感受不同色彩的同时,也会从心理上发生不同的变化。而孩子的童年是最美丽的,他们缤纷多彩,看到他们活泼乱跳的样子就会觉得开心,他们喜欢穿着鲜艳,喜欢奇妙,当你走进孩子的乐园时,你就能感受到豁然开朗,同时你的心情也会变得非常的舒畅,经过你的仔细观察,你会发现他们喜欢的地方,颜色都比较鲜艳,色彩丰富。通常的情况下,美术老师能够根据孩子喜欢的不同色调,从他们的潜意识中了解到他们的心理特征,从心理学上来看,色彩偏好与性格有很大关系,他们对色彩的选择,可以显露出他们在绘画时的情绪是愉快的还是悲伤的。俗话说:"眼睛是心灵的窗户。"同样色彩也是孩子认识世界的窗户,色彩在世界各个地方都存在着,不同的民族有着不同的色彩喜好,同样也代表着不同的含义。尤其是纯度高、明亮的以及饱和度大的色彩,它们对人们的视觉的冲击力比较强。人们很容易被色彩鲜亮的图片所吸引,因此许多儿童玩具、童装等儿童日常用品,商家都抓住了儿童的心理,采用鲜艳、视觉冲击力较强的色彩。所以,作为老师,我们要给孩子们营造宽松且自由的环境,要充分发挥他们运用色彩的创造力和想象力,让他们能在自由的环境中发散思维,不断创造与改变。由此可知,美育少不了色彩,对于儿童它不仅仅是传播美育的快乐种子,同时,也是美术教师在课堂中,少不了的一种绘画表现形式及应用,它对孩子的心理健康与个性发展有着重大意义。

二、彩色在小学美术教育中有着举足轻重的地位。小学美术教育,同样也是全面贯彻国家教育方针中不可缺少的内容,绘画中的色彩同样也是实施美育的一种重要表现方式和手法。课堂上,同学们挥动着画笔,聚精会神的彩绘出他们的童真与快乐,其中饱含着他们对世界充满的兴趣与对未来世界无限的追求。首先,色彩是在美育中可以理解为较为抽象的绘画形式,它能拓宽学生们的感知能力,扩宽他们对知识的认识面,能推动智力的开发。经过对美术

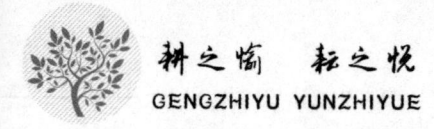
课程的改革,我们已经从传统的美术教育方式,转变成灵活、主动、有创造力的教育方式,不再是单一的临摹与训练,更注重的是学生们的自我创造能力与手脑结合能力。色彩的运用也是多样的,随着科技的发展,色彩工具的多样化也促进了学生们更方便学习。色彩在小学美术教育中的发展,同时也推动了美育事业的发展。其次,目前有许多的教育专家,他们不断提出新型绘画教学方式,即利用绘画中的色彩来开发新型的绘画教学,即以主体的形式添加带有彩色的线条与块面。为学生们营造一个充满五颜六色的自由化、和谐化、欢快的学习氛围的同时,也让他们能够自由的、充满兴趣的积极参加,让他们尽情发挥,并画出自己任何想绘制的内容。最后,色彩的不限定性,能够打开学生们的遐想空间,引导他们走出课堂,拓宽他们的活动空间,并且让他们能通过绘画中色彩这一方式来充分发挥其创造力与想象力。

三、如何把握好色彩在小学美术教育中的运用提高学生对色彩的感知力,学会基本色彩概念,是小学美术教育中最基本的内容。在课堂教育实践中,我会与学生讲解最基本的概念,让他们懂得本节课最基本需要了解的知识点。例如:在人教版的小学美术中,第七册《色彩的冷暖》一课,本课的教学目标主要体现为,让学生们能够了解色彩冷暖的含义;并且能够学会如何运用色彩的冷暖,且学习冷暖对比这种较为强烈的色彩对比。其中,重点是让学生能深刻感受到色彩的美,并且引导学生能够正确表达自己对色彩的感觉;难点是了解色彩冷暖含义及冷暖对比,补色对比,通过此课的学习,培养出学生学习色彩的兴趣。我对本课的教学设计主有以下几个方面的准备,首先,根据本节课的要求制作美术课件;其次,通过播放各种色彩缤纷的图片、视频来提高学生的积极性,从而导入新课;再次,备课期间在投影机中示范并录好,准备一段微课视频,示范如何使用色彩的冷暖,为同学们节约课堂时间。这样不仅能让学生从感官上认识色彩的冷暖,也能从心理上体验色彩的魅力。主要课堂过程是:首先,我在灰色的背景上播放缓慢的音乐,并且逐渐地播放不同绚丽色的大型色块,结合音乐的节奏,播放着同一地点的不同季节照片,让同学们能感受到冷暖关系。当播放到动感的音乐时,同步播放鲜艳,靓丽,以红色,暖色调为主的景色照片,如:日出、火锅等代表暖色的照片。这个时候,学生们就会随着音乐和照片而非常兴奋,同时也享受到了色彩给他们带来的无比喜悦和美感。

因此,关于色彩在小学美术教育中的运用,有许多未开发的空间,需要各地专家及老师来共同探讨与研究,通过以上举例,证明了色彩在小学美术教育中的运用并不是单一的,而是复合式的,只有让色彩在课堂中的表现形式更多样,才能开辟更多有特色的美术课堂。通过多学科的知识应用,引导学生体验更多色彩魅力。目前小学阶段开展了许多科学性的课程,例如科学课,美术课堂也能与科学课相结合起来,例如 2014 年成都市青白江区电化教育馆开展的中小学动漫大赛,比较具有代表性。在平时的训练中既能让学生们了解电脑技术知识,同时也能将平时学到的美术知识运用到这次实践中,而色彩在这次实践活动的作品中是起着重要作用。目前,计算机的运用逐渐进入千家万户,色彩在电脑软件中的应用与小学生美育有着重要联系,平时在色彩教学中,美术老师讲解色彩知识的时候,通常情况下是运用水粉或者水彩颜料来作为讲解的工具,而一堂课中,颜料需要经过多次的调和与稀释,色彩的色相、饱和度等都有一定程度上的下降,让讲解时绘制的色彩不够精准。然而,在计算机中,应用电脑绘画软件中的色彩,就不会出现以上情况,而且用电脑绘制的图片更加的清晰、精准与快速,能更加高效地为学生们讲解。因此,在新课标改革下的小学美术课程中就有了《电脑美术》这堂课的课程,让色彩能更加的多元化的应用在美术教育,推进了小学美术课堂的发展。我们不仅能在电脑课中感受到色彩的魅力,还能通过播放美妙的音乐,在声乐中来感受色彩带来的快乐。在上人教版小学美术第七册《色彩的冷暖》一课时,在新课导入阶段,我会与学生一同欣赏乐曲,首先播放的是悠扬缓慢的轻音乐《渔舟唱晚》,让学生们心情平静下来,引导学生感受音乐的节奏、旋律,让学生随着悠扬的乐曲进入平静的遐想,感受到冷冷的湖面和湖水的安静,在他们丰富的内心体验基础上进行引导,并让他们展开想象;然后播放第二首歌曲《欢天喜地》,让学生从平静的状态下,感受到跳跃的节奏,并且引导学生们用手打节拍,感受乐曲带来的喜悦与温暖,之后让学生之间相互交流,互相诉说自己的独特感受,从中我会进行提示,讲解悠扬、缓慢的音乐能呈现一种和谐的画面,而欢快、喜悦的歌曲给人带来温暖和快乐。再次播放歌曲时,边听音乐,边看图片,能够让他们将音乐和图片结合起来,加深体验的感觉,在视觉和听觉上得到统一。所以,无论是科学还是音乐,它们与美术色彩都有着密不可分的联系,色彩的奥秘需要大家一同去探讨与寻找。

四、从游戏中感受色彩的快乐,活学活用。这种方式从美术发展史中就一直存在,据了解,美术起源于游戏说,古人们在游戏中愉悦,在游戏中用图形和色彩进行交流与学习。在小学美术课程中学习三原色,就可以运用做游戏的方法。老师可以出示黄、红、蓝色彩卡片,让学生们进行搭配与摆放,从游戏中感受到色彩的奇妙,在游戏中培养学生们对美术学习的兴趣。例如:在美术教材人教版第七册《最受尊敬的人》一课中,我设计的课程是用游戏的方式,让学生们将我提前制作好的彩色图形,依据图形的大小特征与颜色,分别拼贴在三

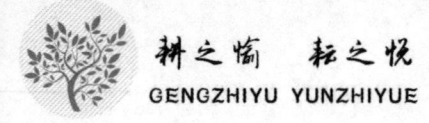

个人物中,最后完成三个不同职业人物的特殊穿戴,从而学习了受尊敬的人的职业面貌特征,同学们在游戏中思考,同时也在游戏中学习,认识与分辨不同色彩的含义,从而达到了活学活用的效果。

　　色彩与美术作品评价在学生完成了一副美术作品后,要及时进行评价与鼓励。特别要注意不能打击孩子的自信心,要以鼓励的方式来评价作品,因为每个孩子,在不同年龄阶段有着不同的思想,色彩,是比较抽象的一种美术表现方式,一般而言,是在一定具有局限性的空间里进行创作,所以,美术作品中的色彩能反儿童的心理世界,老师了解了学生的心理活动后,对于开展其他的学科学习与美术教育,都有着一定的帮助。例如:梵·高的《向日葵》油画,许多学生会比较喜欢这幅油画,因为颜色响亮,富有一定的想象空间,能给学生一种真实的感触。而梵·高的著名作品《星空》有些学生就不一定喜欢,这幅油画的整体色调比较冷,画面效果抽象,与另一幅比起来要难懂一些,这个时候,老师就能根据不同学生的喜好程度来布置课堂作品,让内向的学生多临摹或者练习颜色响亮或者鲜艳的绘画,从而让学生能更加自信,拥有更完美的人格。对于色彩与美术作品评价主要有以下几个方面可以进行探讨,首先,我们要不断地了解学生在美术课上或者课后的发展特征,从学生的作品中探讨出此学生的身心发展的优点与特质。例如有些学生性格比较孤僻,但是这位同学对画画有着浓厚的兴趣,我们就能从心理学的角度对这个学生进行开导,用美术中色彩进行正确的引导,让这位孤僻的学生变得更开朗。同时老师也能根据学生的个人作品及其色彩的心理来进行评价,分阶段总结出学生的美术发展状况,寻找出特征,并且能为往后的美术教学活动提供更好的素材和记录。其次,我们要及时对过往的美术课堂进行小结与教育反思。不仅要在理论方面提高自己的能力,还要学会能在实践中,不断总结与学习。美术的殿堂是七彩斑斓的,色彩的运用在美术教育活动中有着举足轻重的地位,不论是日常生活,还是在课堂内,学生的每一幅作品都与老师有着密切的联系,都是美育与学生自我特征的结晶。作品的展现,在一定的程度上不仅反映了学生在课堂中的情况,同时也反映了教师的一定教学水平。因此,将色彩与美术作品评价结合起来,一方面是对学生学习态度的肯定与评价,另一方面能促进教师本身的自我学习,从不足中寻找更好的教学方法,不断的提出问题、解决问题,并且总结课堂内外的经验,提高教师自身的教学水平与能力。

　　总而言之,色彩的运用在小学美术教学中,担当着极为重要的角色,它是美术作品表现的一种方式,也是美育教学组成部分。它不仅能够让学生思想富有感情且充满变化,同时也能陶冶情操,愉快地、有效地进行学习,在美术创作中,巧妙运用色彩因素,能让学生体会在色彩中寻找变化的感受,熏陶学生在人生中不断追求的毅力。色彩是大自然赐给人类最宝贵的财富之一,它赋予我们发挥与应用的空间,让我们的生活充满了生命力,我们要珍惜这份财富,与孩子们共同描绘出五彩斑斓的未来世界。

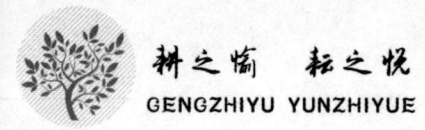

# 论美术教育的创新思维

## 赵景慧

梁启超曾经说过:"少年强则国强。"意思是说,学生是祖国的未来,只有学生各方面都强大了,祖国才能以强者之姿态屹立于世界民族之林。纵观世界,现在的综合国力就是考察一个国家的科技创新能力和教育创新水平,所以从宏观角度来说,当代的中国教育只有积极发展创新思维和创新思想,才能为中华民族实现民族复兴的伟大历史任务做出应有的贡献。而国内小学生的创新能力和创新水平与许多发达国家的孩子都有着较大的差距,培养中国小学生的创新能力可谓迫在眉睫。

美术,是艺术的一种表现形式。它根植于生活的土壤,形成于人类思维的宝库,更因为人类的创新思维而大放异彩。创新思维在我们的艺术创作中占有很重要的地位,美术创作是最贴近我们真实生活的,因为它的灵感来源于我们的生活,通过我们的改造而高于生活。众所周知,美术作品在表现上往往是静态的呈示,然而我们关注到它所表现的内容又往往是动态的。由动态向静态的转变自身就是一种创造,画疾驰的汽车、飞翔的小鸟、流动的溪水等。用静态作品来表现动态美也是美术的一种表现手段,重在创造的美术创作学习活动,要求教师尤为关注在提供素材、指导观察素材的过程中展示素材的情境空间创设,这是呼唤学生与素材产生共鸣的主要手段。小学生在培养创新思维的过程中可以凭借自己的眼睛发现生活中的美,开发学生的本性解放学生的思想,让学生不再局限于被教师、家长所设定的固定模式中,一旦学生形成了这种创新性思维,那么一方面,学生美术学习潜力是巨大的,因为他们可以从生活中攫取无穷的灵感;另一方面,对于学生长远的学习生活而言,学生也能够以灵活、独特的思维去应对。

1. 改变观念,释放本性

我们都知道,人人都有创新能力,尤其是思维活跃的小学生,对他们创新能力的培养是小学教育过程中不可缺少的重要部分,而且它在小学美术教育中被赋予了更加丰富的内容:创造性的想象力、敏锐的洞察力、对周边事物独特的看法以及对事物独特的理解。也许这些都是学生对于这个世界不切实际的奇思妙想,但是教师要明白这些都是创新思维的源头,所以最好不要对学生的这些奇思妙想做出过多的干涉。在过去的美术教学中常常会出现这样的场景:某学生不仅将鲜花涂成了绿色,还将树叶涂成了蓝色,那么这个学生必定会受到周围同学的嘲笑,教师还可能会命令学生将图画改成"红花绿叶"。这是因为此时的教师和同学都认为这个学生的作品违反了他们对花朵和树叶的认知,违反了生活常识,而这些常识都是学生从小被教育要遵守的,一旦违反便是犯了大错。殊不知,这样的教育教学只会将学生的思维禁锢在一个狭小而封闭的空间内,学生的思维失去了自由、失去了活力,自然就没有创造性思维可言了。所以,现在的美术教师,要鼓励学生以不同的视角去看待这个世界,并且要勇于将自己的思想表达出来,与此同时,还要尊重不同的意见。只有在这样活跃、自由的氛围中,学生才能展开想象的翅膀,创造出新的东西。

2. 积极创新,注意方法

教师能够解放学生的思想,还学生以思想自由,这只是培养学生创新思维能力的一个基点。创造力与奇思妙想的最大不同之处就是,创造力是符合客观事实的,是人们可以根据一定的客观努力而实现的一种新想法、新观念,而奇思妙想则可以是不切实际的空想。所以,学生产生的新想法不一定都是创新,所以,真正的创新是需要客观培养的。创造力的培养与小学阶段文化水平的培养是截然不同的,它不需要教师讲很多知识,也不需要学生做许多习题,他所需要的是学生在教学中的积极参与、积极动脑。如此灵活的培养方式,教师也必须注意教学的方法,教师大都知道爱因斯坦的"科学创新原理"即"经验—直觉—概念、假设—逻辑推理—理论",这一理论来源于心理学对人类创造力的研究,"人的直觉洞察力越高、想象力越丰富,那么人的创新能力就越高。"根据这一原理,教师在课堂上给学生对美术的定义就不应该是一个一成不变的定义,而是具有更广泛外延和审美体验的活动。所以,在美术教学中,我们可以鼓励学生用直观的审美体验对一个或者多个对象做出判断,并根据这些审美判断做出足以表达自我的作品。这样灵活、自由的教学方式,让学生的思维可以自由地表达,更提高了学生对美的感情体验,激发学生艺术表现的欲望。

3. 着手生活,养成习惯

一切艺术的源头都来自于生活,所以教师在培养学生创新意识的同时,更要教会学生主动地感受生活。和其他一切的学问一样,创新能力也需要不断积累,教师可以鼓励学生留意自己在日常生活中、脑海中或者家人、朋友所提及的思维的"闪光灯",因为这些新奇的想法只要稍加整理就能变成学生自己的创新储备,学生就能经过自己的加工将这些想法发展成为自己的创新。

以上便是我对于如何在小学美术课程中培养学生创新思维和创新能力的一些意见和一些方法,然而这些方法都不尽完美,需要我们广大教育工作者在小学的教学实践中对其进行不断完善。

# 农村小学体育教学现状及
# 对策研究的调查报告

## 李　刚

**前言**:体育教学的目的是"通过体育教学向学生进行体育、卫生保健教育,增进健康、增强体质,促进德、智、体全面发展","为提高全民族素质奠定基础",这足以说明体育在整个教育中的重要意义。而小学体育教学又是体育的基础,对学生的健康成长有着巨大的影响,因此小学体育教学是不容忽视的。然而,纵观小学体育教学现状,是不乐观的。农村小学体育教学的问题到底出在哪里? 我通过调查的形式进行分析,表达以下几点我个人的看法。

**关键词**:体育教学;小学生;兴趣;研究;调查

### 一、研究方法、对象、结果

(一)研究方法:采用试卷调查法、口头询问法、统计法;

(二)对象:本校学生、教师及外校学生、教师;

(三)结果:为了全面、详细地获取材料,我不仅只限于我工作所带班级的调查,而且还跨班级、年级调查,甚至还到其他教师所在的学校调查。重要的调查形式是发放调查问卷。同时,我也积极地找学生谈话,同老师交流,以便更好地了解情况。在此,我介绍一下自己的调查的结果,谈谈对小学体育教与学的一些看法,其中有些问题可能是前人已经叙述的或者是老师们常谈论到的,但我想这对于我们实习生来说,是一次真正意义上的体验和感受。希望我的认识能对自己以后的工作有些帮助。

1.首先,从教师的角度来谈一下体育教学的情况。

(1)我调查发现,现在的体育课堂教学,大多数老师所使用的教学方法是正确的,它符合教学的实际情况。很多体育老师在备课时,设计了很多的教学

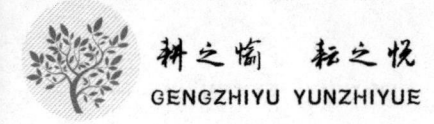

计划,以便上课时学生能积极主动参与到其中。调查中有的体育老师对我说现在的学生比较懒,对学习不是很重视,尤其是体育这门课,认为体育与文化沾不了多大的了关系,不影响他们的升学情况。因而,你让他们课余时间去锻炼身体,大多数学生基本上是不会做的。因此课上多设计教学,这样才能迫使他们在课上多参与教学,达到教学的要求。在小学体育教学的过程中一定要多设计游戏,这一方面可以使老师和学生交流,另一方面也可以进一步激发学生参与到体育中来的兴趣。我自己在实习的教学中也采用了此方法,成绩果然不错。

（2）一些先进的教学方法和教学理念我发现在现在的小学教学中并不是很受欢迎,重要的原因就是采用这种教学方法取得的效果不是很理想。因为现在的学生认为能够让他们真正参与到体育教学中,让他们有时间玩,才是最好的方法。现在这种教学方法在该校比较适用,教师强调学生的自由,而不是按照教学要求来安排教学计划。

（3）老师们认为一个班里的学生体育成绩有很大的差别,可以把学生分为几等。一个老师要想让所有的学生都把体育学好,几乎是不可能的事情,要看学生的具体情况,视个人的情况不同而对学生有不同的要求。对于成绩特别差的学生一些老师就采取了放弃的态度,他们认为不能因为某个学生成绩差而牺牲了大家的利益,那样是不值得的,而且老师的精力也是有限的。老师们也承认他们在教学的过程中存有偏见,但这也是没办法的事情。老师不能平等地看待学生,这一点老师们能很坦诚地同我讲,确实是难能可贵的。

（4）在体育教学的过程中,老师们对课堂常规工作抓得很紧、很仔细。因为小学生比较活泼,喜欢动,注意力不容易集中。调查中,低年级教师采用儿歌的形式要求学生做到排队整齐,动作一致。反复地读,以致于只要教师的一个眼神就能使其明白。高年级的教师则采用批评与教育的方式进行课堂常规教育。让他们明白个人与集体的关系。在调查中我还发现有经验的老师进行教学时,课堂气氛相对和谐。如果气氛过于活跃,课堂就会乱哄哄,难以克制。而且学生的自主学习能力差,合作能力欠缺,实际效果未达到但花去了大量的时间,从而影响教学进度。

2.其次,从学生的角度来谈一下体育教学的情况。

（1）在调查中,部分学生对我公开表示他们对体育不感兴趣,不想上体育。他们认为体育从小学一年级到现在一直都在学,对自己没有太大的用处,对他们升学就业没有多大的影响。现在的学生是多么有个性,我想学好体育还是有不少好处的。毕竟身体是最重要的,人生道路可能不同,但是以后踏入社会后,没有一个良好的身体做保障是不行的。

（2）调查中,学生希望老师能关注他们。无论是成绩好的学生还是后进的学生,对这一问题的看法是一致的。调查中有一个学生问我如何看待老师只关注成绩好的学生,还问我今后要是当老师的话会不会也这样。我回答他们说:老师关注成绩好的学生是因为他们能听老师的话,而一般情况下后进生的自觉性差,经常不听话,自然惹得老师不开心。老师也是人,存在一定的偏差是正常的。但我在具体的实践当中发觉,只要能多关注后进生,他们会很感动、进步很大。看来老师要用一种平等的心态去对待学生,多鼓励后进生这一点对于老师和学生的沟通很重要,好的沟通有利于老师更好地教学,也有利于学生更加爱学习你所教的那门课。

（3）大部分学生喜欢那种上课幽默的,不爱批评学生的,能够和学生很好相处的老师,他们都希望老师能够多关注自己,即使是成绩差的学生也这样,这种愿望甚至比其他学生更加强烈。他们希望老师多了解他们的真实的想法,宽恕他们的叛逆心理,同他们做好朋友,而不是老师用一种居高临下的气势去对待他们。而且,有的学生还喜欢关注老师,对老师的衣着,对老师日常工作中所发生的一些事情都感兴趣。看来我们做老师的要好好和学生进行及时的沟通,以了解学生的真实想法,以便自己在教学中更好地开展工作。

## 二、分析研究

（一）学生在体育课堂教学中的状况:

1.通过统计发现,实施体育新课标,使体育课堂发生了变化。但,也有5%的学生对体育表示出讨厌。调查发现,有些学生因在校时曾被体育教师惩罚过,对体育锻炼有"恐惧感",对体育锻炼失去兴趣;作为体育教师要做到爱岗敬业,对学生充满耐心和爱心。对个别学生要采取谈心的形式,通过组建帮困小组对他们进行帮助。体育教师发现低年级学生对学习体育的动机不是很清楚,随着年龄的增长,对体育动机有了更清晰的认识。

2.调查中发现,学生除了对常见体育项目（如篮球）外,对羽毛球、足球、乒乓球等项目表示出相当大的浓厚兴趣,说明学生对技术性项目还是非常喜欢。另外还发现,学生,特别是低年级的小朋友对跑还是挺喜欢的,并非教师想象中的那样,体育教师要努力使老教材上出"新花样"。因为兴趣是最好的老师,教师要尊重学生的选择。针对学生喜爱的体育项目,教师在平时的教学以及课间锻炼中要尽可能多开设学生喜欢的项目。

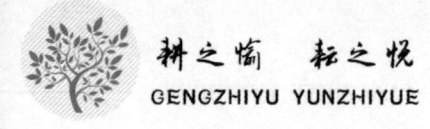
（二）学生对体育教师、班主任及学校的希望

1.能对学生面带微笑,对学生多加鼓励,这是实施体育新课标后发生的可喜局面,说明体育教师正不断转变自己的教育观念。然而并非对所有的体育课都管用。各个年级由于学生年龄、心理特点不同,因此要求教师采取不同的教学方法,不能一味强调"微笑、鼓励",有时也需要严肃。在课堂上,对于低年级学生应多采取活跃的气氛,而对于高年级适可而止,有秩序、有组织的课堂教学仍然少不了。已经有越来越多的学生开始发挥主观能动性,他们需要得到老师的尊重与认可,内心希望能有自由选择的权利。

2.之前,我们总以为班主任老师不会支持学生参加体育锻炼的,但从学生的调查问卷发现,班主任老师对学生的支持率还是很高的,而少数教师也是出于对学生学科成绩的关心而少支持,特别是期中或期末考试阶段。这说明体育教师与班主任老师之间需要多交流与沟通,为了孩子全面发展,需要大家共同关心。

（三）学生在家庭以及社区中的状况

1.低年级学生在家或社区进行体育锻炼的时间相对长一些;而中高年级,特别是高年级学生在家进行体育锻炼的时间逐步在缩小,特别是在期末复习阶段根本没有时间进行锻炼,这说明学生到了高年级以后,学业任务正逐渐加重,很令人担忧,这不得不引起我们体育教育工作者的思考。学生家长陪孩子进行体育锻炼的状况不容乐观,他们中的部分家长不是没有时间,而是认为没有这个必要,却有空闲沉溺于麻将、打牌等。

2.从调查中发现,学生关心体育新闻的程度不是很高,可能与家庭条件以及家长的知识、观念有关。从询问中我们还发现,有些家庭对于学生过于苛刻,以禁看电视等作为惩罚孩子的手段,其实这是不正常的现象,教育的真正效果也并不好。

3.学校体育离不开家庭、社区的支持。然而从调查中发现,体育新课程标准的实施对社区、家庭的影响不大,并未引起家庭及社区的重视。

## 三、建议

通过以上的调查,我认为在今后的体育教学中,老师应该注意以下几个问题:

1.培养学生学习体育的兴趣,只有学生对他所学的科目提高兴趣了他们才有可能很快地提高成绩。老师可以多组织一些体育活动课,让学生积极地参与进来。上课时老师可以多设计一些游戏,讲一些体育趣闻。让学生有个直观的感受,而不仅仅是理论上的枯燥理解。最好能贴近生活,最好是当下发生的,人们关注的事情,让学生展开讨论,进而使学生兴趣更进一步增强。

2.对待学生要一视同仁,赏识每一位学生。无论学生的成绩好与差,老师都要充分尊重学生的人格,这也是一个合格教师的基本要求。现在我们讲尊重,不仅仅只是要求学生尊重老师,而且还要求老师尊重学生,作为一个老师要知道,你只有尊重学生,学生才能更好地尊重你。另外,对于成绩差的学生也要积极地鼓励他去学习,这样的学生只要一有进步,就应该及时表扬,表扬是促使差生进步的一种好的方法。在平时的教学中尽量少批评学生,以鼓励为主,即使是批评学生时,也要注意方法,语言最好不要尖锐刻薄,不要伤害学生的自尊心。有批评错的地方也应该向学生道歉,这一点恐怕老师们很难做到,其实学生的宽容之心并不比老师差,真心地向学生承认错误的老师可能会更加受学生尊重的,我在实际调查的过程中就有这样的感受。

3.除了做好自己的本职工作以外,我认为体育老师最好能多参加学生们组织的一些活动。参与其中与同学生交流,了解学生的真实想法,对学生的组织成果给予肯定,这样能和学生更好地融合。多主动同学生谈心,做学生的好朋友,消除老师和学生之间的鸿沟,促进教育、教学更好地展开。

总之,以上就是我这次调查的有关情况。其中有些看法也许不尽正确,但毕竟这是我通过实际调查得到的结果,我会从中吸取一些优秀老师的做法,结合自己实际的水平应用到今后的教学中去。我想只要我能够以积极的心态坚持下去,多了解当下的教学情况,解放思想、实事求是、与时俱进,我在不久的将来会成为一名合格的人民教师,但愿我的想法能变成现实。

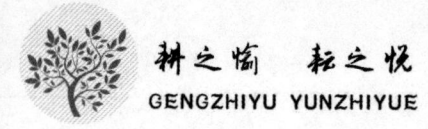

# 语文教学中如何渗透德育教育

## 于　淼

《语文课程标准》要求语文课应培养学生热爱祖国语言文字和中华优秀文化的思想感情,重视学生的品德修养。在语文教学过程中,要使学生受到爱国主义、社会主义思想品德教育,培养学生的创造力,培养学生爱美的情趣,发展健康的个性和健全的人格,养成良好的意志品格,逐步形成积极的人生态度和正确的价值观。在语文教学中进行德育渗透,是提高学生道德素质的重要途径。

### 一、小学语文教学中进行德育渗透的必要性

德育是当今学校教育中的重要组成部分,尤其在小学语文教学中,它的作用更是不容小觑。首先,小学生正处于由儿童向青少年过渡的关键时期,其道德思想正处于形成阶段,此时的德育教育会对小学生以后的发展起巨大的推动作用。其次,小学阶段的语文教育属于基础教育,和其他学科相比,语文学科的任务则更具特殊性。最后,小学语文新课标明确强调德育渗透的重要性。

### 二、小学语文教学中德育渗透存在的不足

（一）德育渗透意识淡薄

部分小学语文教师过多地关注学生对"双基"知识的掌握,忽视其个性和思想品德的发展。智育是教学中的一个重要部分,但是德育在小学生的发展中也起着极为重要的作用,如果小学教师过于重视智育而忽略德育,易影响小学生品德的健康发展。

（二）知识传授与育人方法相割裂

部分小学语文教师在进行德育教育时忽略学生的接受情况,致使德育渗

透成为教师的个人教学行为,效果不佳。在小学课堂教学中,语文教师如果仅仅是讲述大道理,不注重与生活实践的联系,不仅不会产生良好的德育效果,反而还会加大教学难度。

（三）育人内容

"假、大、空"现象存在于一些语文课堂教学中,虽然教师采用的教学方式多种多样,教学气氛活跃,但实际上教学内容却脱离现实生活,不具备可行性,教育活动成为浮于表面的表演。一些教师为了实现德育渗透,选取了与教学内容不符的德育内容,这不仅不利于学生情感的升华,而且也不利于学生理解教学内容。

## 三、小学语文教学中德育渗透的对策

（一）转变教师观念,加强德育意识

《教师法》中明确规定教师要以身作则,教书育人,并且在日常教学中,教师有责任和义务对学生进行思想和行为的教育,从而促进学生全面而和谐地发展。所以,小学语文教师要以学生的全面发展为重,转换教学观念,充分认识到德育教育与小学语文教学的重要性,以及两者之间的有机结合对促进小学生的和谐发展的重要性。

（二）选择恰当的德育方法

小学语文教师要根据本班学生的具体特点来选择恰当的教学方法。如果教学方法选择不得当,就无法很好地将德育和教学联系起来,进而直接影响到小学语文课堂教学中德育功能的发挥。而如果方法运用得当,学生就会很好地接受德育内容。

（三）提高语文教师的德育教育能力

小学语文教师提高自身德育教育能力的基础是准确解读新课标中的德育要求,并根据语文这门学科的独特特点,以及学生自身的特点加以实施。1.在教材内容解读上进行德育渗透。在小学语文教学中,德育渗透要做到与知识讲解、情感传递紧密结合。如学习《我的战友邱少云》时,教师需要积极引导学生树立集体意识并运用于日常生活中,进而提升学生团结奋斗的道德品质。总而言之,为了使小学生形成健全的人格、良好的道德素养,教师可以通过钻研教材、发掘教材内涵,做到全面理解教材,进而充分展现教材中的德育成分。2.在朗读教学中进行德育教育。朗读是小学生最初的阅读活动。但是,朗读并非简单地将课文读出来,而是通过把握整篇课文的感情基调来理解作者的写作意图,进而用自己所领悟的情感将文章赋予感情并朗读出来。所以,小学

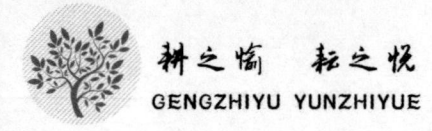

语文教师可以根据不同文章不同的感情基调对学生进行德育教育。3.在写作教学中进行德育教育。写作的思路与内容主要来源于日常生活中的点点滴滴,语文教师在写作教学中要注意引导小学生感受和领悟生活,引导他们去体会生活中各式各样的情感所带来的不同感受,使他们能够仔细地观察生活。但不容忽视的是,小学生的认识能力还很浅显,这就需要教师的点拨、指导,教师需要正确引导小学生观察生活、体会不同的情感。

总之,新时代背景下的小学语文教师,不仅要教好书,还要育好人,落实好教学中的德育渗透,让学生在学习的同时思想修养也能得到提升,为社会输送品德优良的建设者。在小学时期,德育是非常重要的,会给学生的一生造成重要的影响。利用语文学科进行德育教育非常明智。因此,我们要把语文德育渗透贯穿于语文教学的全过程,培养学生高尚的品德和健全的人格,让学生从小树立爱国之志,长大成报国之才。